スター女優の文化社会学

戦後日本が欲望した聖女と魔女

Kitamura Kyohei
北村匡平

作品社

スター女優の文化社会学

戦後日本が欲望した聖女と魔女

目次

序章　映画スターと日本の〈戦後〉　7
1　映像体験の彼方　7
2　不純な「スター女優」　15
3　映画スターの誕生　20

第一章　スター女優の時代――戦後日本の映画スターダム　28
1　戦後の日本映画――占領政策／大衆娯楽　28
2　戦後の映画観客と国民的映画　31
3　女性の身体へのまなざし　34
4　ファン雑誌というメディア　39
5　スター女優の変遷　44

第二章　躍動する身体――原節子の反―規範的な身振り　53
1　国家の記号《ナショナル・シニフィアン》としての原節子　53

2 『わが青春に悔なし』における受容 58
3 黒澤明の映像表現 68
4 若者観客と誇張された〈青春〉 73
5 原節子の烈しさとエロス 78
6 戦中映画における原節子の「モダニズム」 86
7 潜在化するモダニズム的感性 108
8 メディア・テクストとしての原節子 114

第三章 接触する身体——京マチ子の〈情動的身体〉 123

1 肉体派女優としての京マチ子 123
2 初期映画におけるプロモーション 130
3 戦後のヴァンプ女優——「陽性」のエロティシズム 142
4 循環する肉体——京マチ子の「脚」の表象 146
5 暴力的な肉体の強度 155
6 メディア・テクストとしての京マチ子 161
7 京マチ子の両義的な身体イメージ 165
8 敗戦のヒロイン——接触／切断 168

第四章　敗戦のスター女優——原節子の〈離接的身体〉　173
1　映画スターを解剖する　173
2　占領期におけるスクリーンの原節子——一九四六—一九四九　177
3　戦後の新しい女性イメージ——「理知性」と「意志」　193
4　原節子のスターペルソナ——「孤立」するパフォーマンス　202
5　「敗者の身体」——パンパンと「接吻映画」　209
6　〈抵抗〉する潔癖な身体　214
7　アメリカ映画とイングリッド・バーグマン　225
8　敗戦のヒロイン——離接性／超越性　233
第五章　ポスト占領期における古典美——京マチ子の「静の演技」　241
1　国際派女優の誕生——『羅生門』の衝撃　241
2　『地獄門』の快挙——製作と受容　251
3　「国際派グランプリ女優」のパフォーマンス　264
4　日本の理想と西洋の欲望——『長崎の歌は忘れじ』と『八月十五夜の茶屋』　275
5　京マチ子の言説変容——重厚感と格調　288

第六章　ポスト占領期における〈屈服〉——原節子の〈超越的身体〉　298
1　喪われた伝統美——『晩春』の原節子　298
2　変遷する指導者——『白痴』と『白雪先生と子供たち』　320
3　『麦秋』における〈集合的記憶〉　325
4　「戦争未亡人映画」としての『東京物語』　336
5　『めし』における共犯的イデオロギー　351
終　章　聖女と魔女——原節子と京マチ子　376
1　「永遠の処女」と「肉感的な魔女」　376
2　〈理想化の時代〉の終焉　382
3　〈日常性の時代〉の原節子と京マチ子　386
註　392
あとがき　426

凡例

・引用文の［……］は中略を表す。また、引用文中の傍点が引用者によるものである場合は［傍点引用者］と註に記す。
・引用文中の〔　〕は引用者による補記を示す。また、引用文中のルビは原文にはなく、本書で付け加えたものがある。
・旧字体・旧仮名遣いは、原則として新字体・新仮名遣いで表記する。ただし、知名度が高い監督・俳優・批評家の名は旧字をそのまま使ったものもある。
・邦訳のある外国語文献の引用に関して、原典を参照した場合、適宜、訳文を変更したところもある。その場合は邦訳文献を示さない。邦訳文献のみの引用には〔　〕に原著の出版年を記す。
・註における出典の人名は、出版された邦訳文献の表記を優先するが、本文や出典表記以外では筆者の母語での発音に配慮した片仮名で示す。
・参考文献の引用に関しては、各章ごとに初出のものに関してはすべて明記し、次からは「同前」あるいは「前掲」とする。
・スターの人気投票・世論調査に関する得票数は、「点」や「點」を使わず、すべて「票」で統一する。映画のベストテンに関しても、得票数は「票」で表記するが、採点方式の場合は「点」を使用する。
・〈　〉は、強調以外にも、本書の特殊な語句や概念、造語を示すときに用いる。
・アメリカ映画に関しての表記は、作品の後に公開年を記すが、日本での公開がアメリカでの公開と異なる場合は、（［一九四三］一九四六年）と表す。これは、一九四三年にアメリカで公開され、一九四六年に日本で公開されたことを意味する。
・各章で初出の日本の映画作品の後に（監督名、公開年）を表記するが、文脈によっては再掲する。また、必要に応じて公開年月日まで表記する箇所もある。

序章　映画スターと日本の〈戦後〉

1　映像体験の彼方

敗戦の映画館

敗戦を迎えた日本で、一本の映画が公開された。その作品は、日本が世界に誇る巨匠のものでありながら、そして日本を代表する映画女優がヒロインを演じながらも、偉大な映像作家のフィルモグラフィーのなかでは評価されないまま今日にいたる。黒澤明の『わが青春に悔なし』（一九四六年）――映画館でこの作品を観た当時一四歳の観客は、その映像体験について次のように記している。

> 十四歳、中学三年生の私は、こんな輝かしい青春を持ってはいなかった。戦時中の過去においても持ってはいなかったし、未来においても持てそうにもなかった。私が生れてはじめて女の子とあいびきなるものをした時、私ははじめて革靴というものをはいたのだが、それはまだしばらく先の話だった。ということは、『我《ママ》が青春に悔なし』を見た頃、私たちはまぎれもなく、下駄か地下足袋かはだしだったのである。そのような青春のなかにいたからこそ、私たちは「若葉を洩

れる太陽の斑点」のなかを美しい女子学生と駆けぬけてゆく青春を燃える憧憬のまなざしで食い入るように見つめつづけたのだった[1]。

少年の名は、大島渚。若き日の自身の体験を綴《つづ》ったこの文章のなかで、「私」の映画経験に、「私たち」という共同意識が織り込まれていることを見逃してはならない。軍国主義によって自由が奪われ、行動や思想が厳しく統制された戦中、そして敗戦直後の貧困と劣悪な環境のなかで、彼は憧憬のまなざしをスクリーンに注ぐ観客たち、思春期を戦争に捧げ〈青春〉を喪失した若者たちを代弁している。

ヒロインを演じたのは、原節子。映画は、冒頭で原節子と学生たちが吉田山を駆けていく〈青春〉を映し出す。だが、この「輝かしい青春」は、たった五分間のシークェンスにすぎない。大島渚は続けて次のように述べる。

> 私はあの冒頭において「青春」が「輝かしいもの」として提示された時に、すでに感動のとりこになっていたのである。そんな私にとっては、八木原幸枝のエキセントリックな性格も、農村における泥まみれの苦難も、すべてそれらが「青春」である以上何もかも「輝かしいもの」と見えてしまうのだった。このように『我《ママ》が青春に悔なし』が、十四歳、中学三年の私に見えてしまったということは、どうにも動かしようもない事実なのである[2]。

あるシーンが、他のすべてのシーンを読み替えてしまうほど強烈なインパクトを与えること。過度の精神主義から解放され、自由と貧困を同時に得た敗戦後の大衆にとって、映画は過酷な現実からつかの間の解放を得る手段であると同時に、これからの民主主義国家の未来を投影する文化装置であった。当時の様子を記した記事を引いてみよう。「低下した日本映画でも、敗戦後の慰安に飢えた大衆は押すな押すなと常設館にむらがった。〔……〕すべてがバラック仕立てであったので、掛け小屋の田舎芝居よりはましだと思っていたに違いない。どんな粗末な映画にでも客はむらがった」[3]。戦後の日本人にとって、映画を観ることは日常の営みだったのである。「自己を主張しぬく女性を描くのだ」と黒澤が宣言し、忘却されたフィルム。当時、その映画を一六歳のときに観たという佐藤忠男も次のように記している。

黒澤明の意図がそうであるならば、『わが青春に悔なし』における黒澤明のメッセージは、私という十六歳の観客にはほぼ完全に伝達されたと思う。私は、ほとんど仰ぎ見るようにして、この幸枝という女性を見ていた。私はそこに、日本人の未来があるように感じたのである[4]。

映画を愛する二人の偉人。やがて松竹ヌーヴェルヴァーグを牽引してゆくことになる映画監督・大島渚は一九三二年生まれ、日本を代表する映画評論家・佐藤忠男は一九三〇年生まれ。思春期と戦時体制が重なり〈青春〉を戦争に奪われた世代――「戦中派」である。新進気鋭のシネアストと映画の女神《ミューズ》が織りなす映像が、二人の視覚に強烈に訴えかけたことが、彼らの言葉からひしひしと伝わってくる。

いま、映画はこういう訴求力をもってはいない。映画産業がかつてのように大衆娯楽の頂点にはなく、娯楽が多岐化し、タレントやモデルは次から次へと消費され、映画スターが文字通り（手の届かない）「星《スター》」のごとく輝いていた社会ではないからだ。だから、現代の日本において「国民的スター女優」は存在しない。だが、映画が大衆娯楽として最も隆盛していた日本に、それは確かに存在していたのだ。戦争が映画を必要とし、映画が民主主義とは何かを教化した時期、すなわち、映画が国家（国体）と密接に関わっていた時代に。激動の昭和を生きた映画は、歴史に翻弄されながら、その時代の理想を体現するスター女優を創り出したのである。

　だが、映画スターのイメージは決して固定的なものではない。たとえば、『わが青春に悔なし』で民主主義の伝道師として新しい戦後女性を演じた原節子が、戦中は国家や男性に献身する従順な淑女として、軍国主義の女性規範を体現していたように。あるいは、小津安二郎との運命的出会いによって、民主主義の象徴とは異なる家父長的なノスタルジーと崇高な美をスクリーンに投影したように。また、スターイメージそれ自体が歴史とともに変容するだけでなく、その時代を生きる観客によってもまったく異なるものとしてイメージされる。現代の多くの観客が想起する彼女は、おそらく小津の原節子だろう。一九五〇年代のオードリー・ヘップバーンと二〇一〇年代のオードリー・ヘップバーン、そのイメージは異なる時代を生きる人々が抱くイメージであり、決定的にずれがあるといってもいい。同時代的なまなざしに寄り添いながらスターを眺めること。本書に課せられているのは、戦後を生きた人々の視点から歴史的に映画スターを救い出すという態度に他ならない。

〈戦後〉を可視化するスター女優の身体

「すべてのスターは自分自身の力で生まれるというより、常に大衆が生み出すものであることを教えられる。だからまた、スターは常に同時代の象徴でもあった」[▼5]。なるほど、確かに現代の有名人が敗戦直後に人気を博すとは考えがたい。逆に戦前のスターである入江たか子、山田五十鈴、田中絹代が今日のスターになれるかといえば、それも難しいように思われる。何かを美しいと思う基準は、いうまでもなく時代によって大きく異なっているのだ。だが、そもそも「映画スター」とは何なのか。時代を具現するほどのスターは、どのような条件で成立し、私たちは何を認識してスターと呼んでいるのだろうか。

　日本を代表する映画女優のなかでいえば、吉永小百合は他のスターに比べ、スキャンダルが少なく一貫してスターイメージを維持した稀有な女優である。だが、それでもデビュー当時の日活青春スターとしての彼女を知っている観客と、大女優となってから人道的発言を重ねる「実在」する吉永小百合から知っている観客とでは、そのイメージにずれが生じるはずだ。それでは、若尾文子はどうだろうか。若尾文子といえば、妖艶な美貌でスクリーンに重厚な美とエロティシズムを投影する、日本映画史が誇る大女優である。だが、一九五二年にデビューした彼女が、ファン雑誌の人気投票でトップを獲得する一九五〇年代中頃、その人気は、むしろ「庶民的な味わい」でどこにでもいる「決して美人じゃない」少女だったことに由来する。▼6「映画女優」と「スター女優」、ともに女優を指し示すこれらの言葉はいかに異なるのだろうか。

もっとも杉村春子に「スター女優」という称号はふさわしくない。最初から最後までスターである時期はなく、徹頭徹尾、「映画女優」である。それならば、若尾文子や岡田茉莉子、あるいは岩下志麻はどうか。彼女たちは、「スター女優」として華々しいデビューを飾り、「映画女優」として見事に大成した女優だ。田中絹代、高峰秀子しかり。対して、津島恵子や桂木洋子は一挙にスター街道を駆け上がったものの「映画女優」に転身することはなかった。本書が想定する「スター女優」――歴史をその身体イメージで体現する女優は、「映画女優」であってはならない。ある時期だけ異様なまでに大衆の欲望の対象となることによって、スターダムの頂点へと祭り上げられ、資本原理と関わり合いながら、社会的現象を巻き起こす時代の寵児としての「スター女優」。

＊

本書は、「スター女優（映画スター）とは何か」を考えるのと同時に、そういったスターイメージを通して〈大衆意識〉を捉えようとしている。もっと単刀直入にいっておくならば、「スター女優」のイメージから日本人の〈戦後〉を解明すること、これが本書の掲げた大きな目標である。ある作家による書物、あるいは創作物はその時代の社会や文化のなかから生み出される。だが、集合的欲望によって構築されるスターは、個人的な創造物以上に、時代の感性や美意識、大衆の意識を反映しているはずだ——個人的な欲求や願望ではスターは成立しない。

映画《シネマ》と国家《ネイション》とは、歴史的にも構造的にも深い影響関係にある。ベネディクト・アンダーソンに従って、ネイションを実在する客観的なものと捉えず、人々の心のなかに想像され構築された表象イメージとしての共同体と考えるならば、それらに共通する要素とは、〈演出〉され表象される想像力である。[7] ジャン＝ミシェル・フロドンの卓見を借りれば、「国民も映画も、同じメカニズムによって存在し、またそれによってしか存在することができない。すなわち〈投影〉のメカニズム[8]」なのである。映画と国民国家は、〈投影〉（projection）という構造的な親和性をもち、それぞれの地理・歴史的コンテクストにおいて集合的に想像されるその様式は、社会とは分離して考えることはできない。映画スターとは、人々の欲望や社会的危機、あるいは理想を〈投影〉する存在なのである。

現代の感覚からすれば、映画スターが国家や戦後意識を表象すること自体に違和感があるかもしれない。だが、大衆の日常生活の営みのなかに常に映画があった時代、映画の黄金期と呼ばれる時代は、そのまま日本人が最も映画スターに熱狂していた頃と重なっている。パソコンもゲームもテレビもなかった時代——人々が映画館に集まり、ファン雑誌の映画スターに熱狂し、スターイメージを通してこれからの未来を想像していた頃。敗戦を分水嶺とし、軍国主義から民主主義へと大きく舵を切るなかで、日本人は、封建的な家父長制が規範とした戦前・戦中の女性像を否定しながら、スター女優に「新しい女性像」を欲望し、彼女たちから民主主義・自由主義における身体、身振り、立ち振る舞い、しぐさ、ファッション、化粧を学んだのである。

このような映像文化を通じた日本人の身体の規律化は、決してアメリカによる権力の押しつけではない。むしろ、アメリカの「豊かな」文化や生活を渇望し、これからの理想の国民国家を想像していた日本人が多くいた。敗戦後の日本人は、民主主義を啓蒙する占領下の映画を、プロパガンダ映画としてではなく、「文化の源泉」として享受していったのだ。戦後の日本とアメリカを接続する映像文化、そのなかでもとりわけ重要な役割を担ったのが「スター女優」なのである。

本書が描こうとしているのは、スター女優が「国民的スター」として存在することができた最初で最後の時期——映画と戦争が協働しながら理想の帝国を築こうとし、一つの国家が映画に描かれた民主主義を目指した時代の「国民的スター女優」である。日本映画を支えてきた入江たか子、山田五十鈴、田中絹代、原節子、高峰三枝子、高峰秀子、京マチ子、美空ひばり、淡島千景、若尾文子、山本富士子、浅丘ルリ子、吉永小百合といったスター女優たちの存在は常に国家の記号《ナショナル・シニフィアン》だった。だが、社会の集合的欲望が作り出すさまざまなスター女優のなかで、なぜ彼女たちでなければならなかったのか。この問いを突き詰めれば、現代社会を生きる私たちの意識とも直結する戦後の日米関係や日本人の美意識の系譜など、日本人の〈戦後〉を異なる視点から解明してくれる。すなわち、彼女たちの身体イメージから、戦後日本のナショナル・アイデンティティが透けて見えてくるのである。集合的欲望としてスクリーンに投影されるスターこそ、潜在的な意識を顕在化させる文化装置——あるいは抽象的な欲望を具現化する媒体《メディウム》なのである。

占領期／ポスト占領期——〈理想化の時代〉

本書が主に対象としているのは「占領期／ポスト占領期」である。ここでは映画史観に基づき、アメリカの厳重な検閲が敷かれた敗戦から一九四九年前半までを「占領期」（一九四五〜一九四九）、旧映倫（映画倫理規定管理委員会）が発足し、映画の自主管理体制が整った一九四九年後半から一九五〇年代中頃までを「ポスト占領期」（一九四九〜一九五四）とする。この時期区分は、映画研究者の中村秀之が「奇妙に不鮮明な時代」という「ポスト占領期」（一九四九〜一九五六）とおおよそ重なっている。▼[9]

同じく映画研究者の木下千花も、占領「後」であり経済成長「前」であるために捉えがたいこの時期は、「それ以後に成立した社会とは異なる価値と言説の編成があったにも拘わらず、それが忘却されてきた」[10]と述べる。これから明らかにしていくように、スター女優のイメージと価値づけに関して、一九四九年には決定的な切断面が見られるだろう。だが、「占領期／ポスト占領期」には、観客の欲望モードに同質な連続性も見出される。

本書では、スター女優の歴史的な検証をした後に、戦後の大衆文化を〈理想化の時代〉と〈日常性の時代〉という二つの概念を用いて捉える。すなわち、敗戦から一九五四年までの「占領期／ポスト占領期」を〈理想化の時代〉として、一九五〇年代後半を〈日常性の時代〉としてスター女優への欲望モードがいかに変遷したか、その社会的コンテクストを分析する。むろん、歴史はさまざまな領域が重なり合っているため都合よく時期区分できないが、後で詳述するように一九五五年頃には、スクリーンに欲望するスターに決定的な歴史的転回が見られるのである。

西洋と日本の関係性や日本人の美意識の基盤は、欧米文化が花開いた両大戦間期に萌芽し、「占領期／ポスト占領期」に強固に再構築され、いまもなお、そのパラダイムのなかにいる。アメリカを欲望し、賛美する感情（アメリカナイゼーション）と排除しようとする感情（ナショナリズム）、二つのベクトルへと向かうねじれた感情が現代の日本の根底に存在し続けているのだ。スターの身体とは、ナショナルな境界線の外部へと突き抜けてゆく力と、ローカルな境界線を幾度も引き直そうとする諸力が交差し、葛藤し、交渉する〈場〉であり、大衆の集合的欲望が政治的なイメージとして浮かび上がる特異な場所である。そのような絶え間ないダイナミズムを本書は捉えていきたいと思う。

だが、大衆の感情や感性を捉えるために、具体的にどのスターを論じるべきなのか。まずは本書が扱う対象と目的を簡潔に述べておこう（スターの選定基準は後述する）。本書は、日本を代表するスター女優の見取り図を描き、原節子と京マチ子を中心としたスターイメージを比較しながら、彼女た

ち を取り巻く大衆の欲望、価値づけ、実践、まなざしを分析することによって、日本の〈戦後〉を解き明かしていくことを目指している。

2　不純な「スター女優」

「映画スター」とは何か

少し個人的な話をするならば、日本映画が誇る最大のスター女優である原節子のことを私が知ったのは、小津安二郎の映画を通してである。戦後生まれの観客にもそういう人が少なからずいると思う。大きな瞳でじっと見つめながら微笑《ほほえ》む写真のようなイメージ、彫刻のような造形によって美をシンボリックにスクリーンに映し出す映画の女神のような存在感。だから、原節子という映画女優を形容する「アルカイック・スマイル」、「永遠の処女」、「日本の恋人」、「モナリザの微笑み」といった、もはや一人の人間を超越しているかのような呼称も違和感なくしっくりときたし、女性の美の観念のようなイメージをもつ原節子の訃報を耳にしたときも、すでに神話化している彼女がもう俗世にいないことは当たり前のことのように思えた。だが、戦前の女性を想起させるような従順で古風なイメージは、世界的な巨匠・小津安二郎の映画の圧倒的な力が時代を超えて規範的に機能したことが大きく、同時代（戦前・戦中・占領期）の「原節子」の姿は見過ごされてしまっている。むしろ、本書が明らかにしていくのは、小津映画が固定化してしまった原節子とは対照的なイメージ、頑強な意志の貫徹を身振りや表情で表現する情動的で急進的な原節子である。

京マチ子は、着物をまとう時代劇のヒロインとして『羅生門』（黒澤明、一九五〇年）、『源氏物語』（吉村公三郎、一九五一年）、『雨月物語』（溝口健二、一九五三年）、『地獄門』（衣笠貞之助、一九五三年）などに出演し、ヨーロッパの国際映画祭で数々の賞を受賞した伝統美の象徴のような大女優である。古き時代のしとやかな東洋の女性を体現することで、外国人の東洋趣味（オリエンタリズム）を満足させ、「国際派女優」とまで呼ばれた京マチ子が、実は「肉体派女優」、あるいは「ヴァンプ女優」としていきなりスターダムにのし上がったことはずいぶん後になって知った。男性に従順で、おっとりとした想像上の古典的な日本女性像を視覚化する京マチ子は、作家主義的に語り継がれてきた巨匠の作品群による（現代の観客にとっての）個人的なイメージにすぎなかった。さらに厄介なことに、「ヴァンプ女優」として絶大な人気を誇った初期の京マチ子はスクリーンのイメージであり、彼女が映画以外のメディアで構築したパーソナリティは、それとはまったく逆なのである。映画スターには、このように歴史を超えて固定化していくイメージと、流動的イメージが少なからず存在する。

原節子の追悼インタビューで蓮實重彦は、聞き手の「観客が生身の俳優を直接知らない限り、俳優は映画のビジュアルイメージを通して形成されていくメンタルイメージに過ぎません」という意見に同調し、次のように語った。

原さんが亡くなってから、小津の映画は一本も見直していません。なぜか。［……］映画で俳優を論じるときに重要なのは、本来なら、メンタルイメージではなくビジュアルイメージです。［……］私は、ジョン・ウェインが死んだとき、もっぱらビジュアルイメージによる追悼文を書きましたが、ビジュアルなイメージは当然のことながら演出と深くかかわってくるので、そこには、想像的な俳優像とフィルム的な現実としての俳優像との微妙な混同が生じる。小津映画の原節子は、その混同を惹起する典型的な例だと思えたからです。▼11

蓮實が重視するように、「ビジュアルイメージ」を特権化し、「メンタルイメージ」を限りなく消し去ったところで成り立つ批評もむろん存在する。たとえば知らない俳優しか出演していないフィルムを批評するとき、私たちは「フィルム的な現実としての俳優像」しか受け取れない。あるいは、現代の批評家がはじめて原節子の出演作を観て批評するときにも、そういった関係性が成立するだろう。だが、こうした批評の営為からは、映画と（当時の）観客の間に当然あったはずのノイズがされいさっぱりぬぐい去られてしまう。むしろ、俳優と観客が同時代的に共有した「時間」や「経験」にこだわること。映画スターを歴史的に掘り起こそうとしている私たちは、こうした「俳優論」を次のように言い換えなければならない。

俳優とは映画のビジュアルイメージを通してのみ形成されていくメンタルイメージではない。映画で俳優を論じるときに重要なのは、ビジュアルイメージだけではなく（さまざまなメディアを通じて構築される）メンタルイメージである、と。

なぜか。ここで蓮實に語られている「混同」とは、映画と映画のずれであり、原節子などのスターにあっては、そのずれは、映画と他のメディアとの関係において捉えなければならないからである。映画スターをスクリーンで観るとき、他の映画のイメージだけでなく、さまざまなメディアでのパーソナリティとしての情報《ノイズ》が必然的に入り込んでくるのを誰もが経験したことがあるだろう。それでは、こうした存在を私たちはどのように捉えればよいのだろうか。まずは、スターを成立させるための前提条件を次のように整理しておこう。

（1）大衆を惹きつける魅力や才能をもった実在する人間の存在
（2）そのスターを売り出そうとする産業の存在

（3）そのスターイメージを欲望する大衆の存在
（4）娯楽産業とスターと大衆を結びつける複数のメディアの存在

重要なのは、大衆は映画館でのみスターイメージを受け取っていたわけではないということ。つまり、非日常的な空間である映画館のスクリーンにおける映画スターのイメージを媒介し、日常のなかでスターのパーソナリティを構築しながら、スターイメージを変形させるような映画以外のさまざまなメディア、そこにこそ映画スターの本質があるのだ。

メディア・テクストとしての「映画スター」

映画研究者のリチャード・ダイアーによれば、スターのイメージは、プロモーション、パブリシティ、映画、批評と解説という「メディア・テクスト」による構築物であり、同時代のメディア環境によって大きく規定される。ここでいう「パブリシティ」とは、特定のイメージの文脈を意識的に創出する「プロモーション」とは対照的に、「意識的なイメージ形成ではない」もの――新聞や雑誌、ラジオやテレビのインタビュー、ゴシップやスキャンダル等――である。[12] スクリーンのイメージのみに限定された映画スターの純粋な映像体験――フィルム的な現実としての俳優像を受容すること――を、私たちの意識が許してくれないことを誰もが経験的に知っている。「想像的な俳優像」は、映画を観る前に、すでに私たちの意識に何らかのバイアスをかけているだろう。映画スターとは、その言葉の簡潔さとは裏腹に、きわめて捉えがたい存在なのだ。

逆にいえば、どんな役でもこなす「性格俳優」、あるいは「新人俳優」は、さしてこうした「混同」を引き起こさない。こうした「混同」は、その俳優がスターであり、かつ映画以外でもそのパーソナリティが構築されていること、すなわち、映画を超えたさまざまなメディアを通してスターイメージが構成されることにより引き起こされるのだ。要するに、数々の映画群との関係によってのみ作り上げられる「想像的な俳優像」というのは、映画スターの場合、端的にいってありえない。映画のみにしか出演しない「性格俳優」と違って、スターを規定するのは、むしろそのスターの「実在性」や「真実性」を作り出す他のメディアであり、「想像的な俳優像」は、映画と他のメディアとの間で構築される想像的イメージとして捉え直さなければならないのである。

したがって、複数のメディアを通じて大衆に認知されるスターを捉えようとするならば、まずはその時期のメディア環境を把握する必要があるだろう。つまり、書物、新聞、雑誌、ラジオ、映画、テレビ、インターネットなど、どの時代に、どのメディアが隆盛しているのか、あるいは映画というメディアが他のメディアとどのような関係を取り結び、スターイメージを循環させていたのかを理解しなければならないのである。現代であれば、スターが出演するテレビ、インターネットのゴシップ、SNSによるスキャンダルの拡散などが大きくイメージに作用する。だが、大衆娯楽の中心に映画があった時代——パソコンやテレビが家庭にやってくる前は、何がスターイメージに大きな影響を与えていたのだろうか。

*

テレビ時代の前夜、当時のメディア環境のなかで、人々がスターに触れ、そのイメージを「実在性」とともに視覚的に構築するメディアとして、決定的な役割を担ったのは映画雑誌、とりわけファン雑誌を中心とするメディアである。映画のファン雑誌として占領期に愛読されていた『映画ファン』や『近代映画』、大衆娯楽雑誌として一九五〇年代を席巻した『平凡』——後で詳しく述べるが、これらの大衆を魅了した雑誌は、当時、もう一つのスクリーンとしてスターの「真実の姿」を大衆に接続するメディアであった。

スターをスターたらしめているのは、スクリーン上のイメージだけではない。すなわち、その外部において複数のメディアを通じて拡散されながら、スクリーンに投影されるイメージを観客の意識において変形させるような事態、すなわち「間メディア性」のなかで捉えられる人々の経験の地平へと、私たちは視野を拡げていかなければならない。スターイメージが継起し、再構築される〈場《メディア》〉それ自体を注視しなければならないのだ。

映画俳優においては、殊更《ことさら》に、そして饒舌に語られるスクリーン・イメージ。その一方で、パーソナリティを構築することに最も寄与したファン雑誌は等閑に付される。強力にスクリーンのパフォーマンスによって印象づけられるスターイメージを、なかば無効化するほどの再帰的な雑誌メディア。複製技術でありながら保有できない映画《フィルム》に対して、何度も繰り返し眺めて読むことが可能な所有メディアとしての雑誌《マガジン》。男性知識人の言説から表象やイデオロギーを語るのではなく、スターが日常に生成する磁場を捉え、大衆のメディアとの関わりを唯物論的に捉え返すこと。インテリ男性批評家の「高尚」な評論からではなく、大衆に最も近いメディアにおける簡易的なテクスト――「座談会」の対話、「お宅訪問」での視覚イメージや語り、インタビュー、ゴシップ、読者投稿、あるいはスキャンダル――そういったテクストから映画と相互規定的なスターイメージを救い出すこと。映画と批評だけではなく、私たちはプロモーションからパブリシティまで、メディアを超えて循環するスターイメージがどのように構築されていくのかをつぶさに捉えていこう。

3　映画スターの誕生

二〇世紀映像文化の「カリスマ」

序章を終えるにあたって、本書の鍵概念となる「映画スター」と「ペルソナ」という言葉を説明しておきたい。まず「映画スター」とは何か。かつてダニエル・ブーアスティンは、写真、映画、広告、テレビなどのメディアの時代において、「有名人」は、重要な功績によって知られる「英雄」の代用品になったと述べた[13]。ブーアスティンは、かつて人が英雄であるがゆえに有名であった時代と、新しい情報伝達手段としての新聞、映画、テレビなどに現実が製造される事態を大きく対立させているが、メディア史のなかでより綿密に「有名性」の変遷をたどるなら、一九世紀までの「英雄」と映画メディアの「スター」、テレビやインターネットの「有名人」をわけて考える必要がある。「スター」とは、確かに「有名人」だが、「有名人」がすべて「スター」であるかといえばそうとも言い切れない。たとえば、話題性・事件性のある人物が大衆に認知された場合、それは「スター」ではなく「有名人」となるだろう。このように「有名人」が必ずしも「名声」をともなわないのに対し、「英雄」や「スター」は「名声」がともなう存在である。

　特別な能力をもつ「映画スター」が、それを「崇拝する熱狂的な人々」との関係によって成立するものであるならば、これらがいかに結びつけられているのかをあらかじめ確認しておく必要があろう。映画観客は、理性ではなく、感情的な価値判断で「映画スター」に惹きつけられている。すなわち、観客が特定のスターを崇拝するのは、顔や演技や声などを含めた映画スターの資質（カリスマ）に対して、情動的に惹きつけられるからだ。宗教社会学者のマックス・ヴェーバーは、預言者や軍事的英雄、政治的英雄など例外的資質をもつ人物の非日常的な存在と、それが純粋に個人的な感情や情動に作用することによって成り立つ関係を「カリスマ」という概念で捉えたが、私たちはこのような関係性を二〇世紀のメディア文化のなかで考察する必要がある[14]。たとえば、宗教集団における「教祖」と映像メディアにおける「スター」の違いを考えてみよう。それは端的にいって、メディア・イメージへの崇拝であるか否かだ。カリスマとしての宗教的指導者が、必ずしもメディアを必要としないのに対して、「スター」のカリスマ性は、メディアを媒介にしてオーディエンスに感受されるのである。

すなわち、二〇世紀の到来とは、大衆にとって「有名性」の知覚に関わる大変動が起きたことを意味するのだ。以下、「映画スター」という存在を歴史的に概観しながらその特異性を捉えてみよう。

まず、神や王に替わるカリスマとしての「英雄」とは、政界・財界の偉人や文化的な天才であり、これらの人物は、近代の活版印刷術時代にあって、もっぱら活字メディアや伝聞によって「知られる」対象、すなわち「概念的な存在」であった（「英雄」の時代）。だが一九世紀における、さまざまな視聴覚メディアの発明を経て、一九世紀末、大衆と結びついていく映画という娯楽メディアが誕生すると、「カリスマ」は異なる仕方で伝達されるようになる。すなわち、映画のカメラ・テクノロジーは、特定の個人の資質（カリスマ）を視覚的に大衆＝観客に伝えるようになるのである。二〇世紀初頭から映画が斜陽化を迎える一九六〇年代頃まで、娯楽産業化した映画メディアとマス（大衆）によって、映画館という空間で創出される「カリスマ」は、概念イメージではなく、メディアを媒介とした視（聴）覚的――聴覚よりも視覚を優位とする――イメージとしてオーディエンスと結びつき、スターは「見られる」対象となったのである（「映画スター」の時代）。

映画産業の衰退を決定的にした要因は、よく知られるようにテレビ・メディアの登場が大きい。テレビが家庭に普及していった一九六〇年代から一九九〇年代にかけて、映画館よりも家庭のなかで、タレント・アイドルが活躍する時代へと移り変わっていった（「有名人」の時代）。そこでは、名声をともなう「スター」という称号よりも、話題性・事件性をもつ「有名人」という呼称がふさわしい場合が圧倒的に多い。むろん、こうした消費が加速化していくテレビ時代もまだ「視（聴）覚的時代」のパラダイムのなかにある。だが、決定的に違うのは、スクリーンで輝く映画スターとお茶の間のアイドルが観客／視聴者ともつ距離感と、そのカリスマ性の質的な差だろう。

映画が日常生活に根ざした娯楽として存在しながらも、日常とは切断された非日常的空間において演出される映画スターの存在は、ヴェーバーの言葉を変奏すれば、非日常的な視（聴）覚イメージによって情緒的に人々を魅了する「カリスマ」である。メディアが生活空間に入ってくるテレビの時代とは、その神聖性の程度に差異があるのだ。そして、ポスト・テレビ時代の現在に生きる私たちは、パーソナルコンピューター、ワンセグ、デジタルサイネージ（電子看板）、スマートフォンといったテクノロジーの発達につれて、生活空間どころか、身体に付随し、人々の移動にまで常につきまとう「有名人」イメージの遍在化の時代を迎えている。[15]そこにおいて、かつて観客と映画スターを結びつけていた「カリスマ性」は明らかに縮減しているのである。

本書が対象とする「映画スター」の到来、つまり、活版印刷術の時代から映像メディアの時代への変化で最も重要なことは、「知られる対象」から「見られる対象」となったことである。「スター」の社会的機能をメディアの地平から捉えること。カリスマとしての「英雄」は、大衆メディアが媒介する視（聴）覚的イメージに取って代わられる。すなわち、ある特別な資質をもった人物が虚構の空間で集団から「見られる」対象となったことが決定的に違う点であった。だが、注意すべきなのは、映画の起源と同時に「映画スター」が誕生したわけではなく、そこにはややずれが生じている点だ。[16]

俳優が固有名をもち、スターとして認識される前の初期映画のスクリーンでは、電車が到着する駅、ジェットコースター、人々の行き交い、外国の風景など、感覚的な刺激を与えるものが主題として選ばれた。そこではまだ「映画スター」は必要とされなかった。映像が動くこと自体に観客は魅了され、映画というテクノロジー自体に歓喜したからである。スターシステムの誕生、すなわち、スターをスターとして認識する映画産業とマスとしてのオーディエンス共同体とが結びつくことによって、はじめて二〇世紀メディア文化における（カリスマ的）映画スターは誕生したのである。かつての「英雄」とは違い、二〇世紀の映像文化のなかでは、「視覚的認識」によって映画スターに「聖なるもの」（社会的価値）としての「カリスマ」が付与される。ファン雑誌との関わりなどを考えると、スターをスターとして規定するときの視覚優位は、この時代において絶対的だろう。したがって、次のように問う必要がある。映像メディアは、それ自体の効果として、どのように擬似的神聖性を生み出し、スターを「カリスマ」的な存在として表象するのか。

クロースアップという映画技法

ヴェーバーによれば「カリスマ」とは、ある人物が非日常的なものとみなされる資質であり、その資質ゆえに、超自然的で超人的な力や性質が付与されているものと信奉者に主観的に評価される。▼17 なるほど、こうした資質を二〇世紀の文脈で考えるなら、「映画スター」が有する資質としてあげられるのは、スターがある役柄を「演じること」によって伝達される特殊な才能や恵まれた相貌だろう。だが、それだけでは、演劇スターと変わらない。では、何が異なるのか。

映画スターを「カリスマ」たらしめるもの、映画に固有の条件、それは、時間芸術が織りなす「物語」のなかで特定の人物の「顔」を焦点化する「クロースアップ」という技法である。これこそ二〇世紀映像文化において人々の視覚に情動的に訴求する最大の技術だといっていい。それまでの「英雄」の「抽象性」に対して、映画というメディアが創出する顔や表情の「具体性」。演劇界のスターが肉眼によって視認される生身の存在であるなら、映画は原理上、異なる時空に存在する過去の再現《リプリゼン》前化《テーション》であり、そこにはもういない人間の身体の部分が色々な角度からフレームに切り取られ、クロースアップで拡大されるのである。

映画学者のバラージュ・ベーラは、演劇における顔はドラマ全体の一要素にすぎないのに対し、「映画ではクロースアップによって一つの顔がスクリーン全体に広がると、数分のあいだ顔が〈全体〉となり、ドラマはその中に含まれる」と述べている。「生組織の個々の細胞を我々の眼の前にもたらし、具体的な生の素材と実体をふたたび我々に感じとらせる」映画のクロースアップは、「世界の主観的映像を作り、カメラの持つ即物性にもかかわらず、世界を情熱の色彩の中に、感情の光の中に描き出すことが可能」であり、眼が放射する魂は情緒を与えるのである。[18]
顔はそれ自体がクロースアップであり、クロースアップはそれ自体が顔であるとして、情動《アフェクト》と結びつけたのは哲学者のジル・ドゥルーズである。クロースアップは、たんに対象を拡大することではなく、あるいは対象から部分を切り離すことでもなく、移動であることをやめて表現へと生成するような運動の変異、すなわち、対象を時空座標の全体から抽出し、表現される限りでの純粋な情動を出現させる感情イメージ（The Affection-Image）である。[19]
また、映画の詩的特性を「フォトジェニー」という概念で捉えたジャン・エプスタンは、「クロースアップは、近接する印象によってドラマを変化させる。痛みは手の届くところにあり、私が腕を伸ばせば、親密にあなたにふれるのだ[20]」と述べた。岡田温司は、エプスタンのクロースアップが、静止し固定されたものではなく、運動によってその効果を高めるといった点に言及し、「だからこそ、ほとんど触覚的なやり方で観客の身体と感情に働きかけてくる」と論じている。[21]メディア技術が、顔や肉体を解像度の高い具体的なイメージとして拡張し、生身の人間を超越した虚像を創り上げる。
端的に映画というメディアは、演劇やダンスの身体を破壊しながら、別のかたちで人間の身体を創出する力をもち、そのようにして技術に媒介されたスクリーンの「映画スター」は、経験したこともない知覚を観客から引き出すのだ。すなわち、大衆が皮膚感覚を刺激され、触知的に「観ること」によって「映画スター」は神聖性を帯びるのである。
映画というテクノロジーがクロースアップを発見したとき、物語の展開にともない実在する人間の先天的な顔や身体が「視覚的」に拡張され、大衆の情動に働きかけることによって、特定の俳優は「映画スター」となった。そして、ある人物の顔や身体イメージが、その時代の人々にとっての美的感覚を揺さぶる強烈なイメージとして感受されるとき、スターはスターダムにおいて重要な位置を占めることになるのである。

スターペルソナ

ここまで映画メディアの技法がいかに人物にカリスマ性を付与するかを述べてきた。しかし、スターのイメージは、もちろん俳優自身の方からも自覚的に演出される。それを本書では「ペルソナ」という用語で捉えている。もともとラテン語の仮面《マスク》の概念に近い意味をもつ「ペルソナ」とは、オーディエンスにキャラクター／パーソナリティのアイデンティティを伝える形式であり、ある効果のための自己呈示やパフォーマンスの仕方、換言すれば、「コミュニケーションの戦略的形式」、あるいは、「戦略的な公共のアイデンティティ」である。[22]

いうなれば、基層（実態）を覆い隠す表層（仮面）、つまり、真実の自己を呈示するものではなく、むしろ社会に呈示するために構築された自己の実践である。社会学者のアーヴィング・ゴッフマンにならうなら、あるゲームの世界——ここではパーソナリティを構築する雑誌メディア——において行為者（パフォーマー）は、自身の欲求充足のためだけではなく、常に状況の秩序を壊さないように他者（オーディエンス／読者）に気を配りながら振る舞い、自己呈示をしているが、この自己イメージは、上演の効果（原因ではなく結果）として産出されるものである。[23] 本書においては、スターの身体が映像テクストにどのように埋め込まれているかだけではなく、スターが異なる〈場《メディア》〉で、社会に向けて自己《ペルソナ》をいかに構築し、呈示しているのか、そして、それがどのような言説を構成しているのかが分析される。すなわち、メディア・テクストとしてのスターイメージと、それを意味づけ、価値づけようとする言説の分析である。

したがって本書は、いわゆる「映画研究」や「映画女優」の書というわけではない。むろん、小津映画を中心にスクリーンで「静止状態のまま観念的な威厳を保ち続ける美[24]」としての原節子、すなわち、映画ファンを超えて多くの人々に共有されてきた原節子のイメージを覆すこと、あるいは戦後派スター女優として鮮烈なデビューを飾り、すぐに国際派女優にまでのぼりつめたにもかかわらず、見過ごされてしまった京マチ子を映画史に位置づけることも目指されている。だが、本書が企図しているのは、「映画史」や「女優論」をはるかに超え、戦後を生きた人々の〈意識〉を、集合的欲望であるスターイメージから捉え返すことである。もう少し具体的にいうならば、本書の狙いは、戦前から人気を博し占領期に絶頂期を迎えた原節子と、戦後派ナンバーワンのスターとして鮮烈なデビューを果たした肉体派女優・京マチ子のペルソナを通して、日本人の〈戦後〉を解き明かすことである。そして、そこには同時に「映画を観る」とはいかなることか、という視点も織り込まれている。

だが、なぜ戦前派スターである原節子と戦後派スターである京マチ子を比較する必要があるのか。そもそも、なぜ男性のスターではなく、スター女優を分析するのか、あるいは〈戦後意識〉なるものを解明するのに、なぜ映画なのか。そういった疑問がおそらく湧き上がってくるだろう。いささか遠回りする必要があるが、まずはこうした疑問点を一つずつ明らかにしておきたいと思う。

第一章　スター女優の時代――戦後日本の映画スターダム

1　戦後の日本映画――占領政策／大衆娯楽

占領政策としての日本映画

まずは、なぜ映画が大衆にとって最も重要なメディアであったかを確認していこう。女性に対する美意識や西洋に対する日本人の劣等意識、あるいはアメリカに対する反米／親米が入り混じった感情、こうした現代まで通ずる〈意識〉を規定していった「占領期／ポスト占領期」を、本書は一九四五年からの約一〇年間に設定している。この時代の映画は、日常生活の営みのなかに根ざした大衆娯楽であり、敗戦からの国家の再生と歴史の再構築に、最も深く関わったメディアであった。

日本は一九四五年、ポツダム宣言の受諾を通告し、翌日の昭和天皇のラジオによる終戦の放送を経て、九月二日、戦艦ミズーリの船上で正式に降伏文書に調印した。これにより日本はアメリカ主導の連合国軍の占領下に入った。日本政府はサンフランシスコ講和条約の調印（一九五一年九月八日）を経て、占領から約七年後、条約の発効（一九五二年四月二八日）により国家としての全権を回復した。この七年間が歴史的な意味での占領期であり、日本は実質的にアメリカの支配下にあった。

ＧＨＱ／ＳＣＡＰ（連合国軍最高司令官総司令部：General Headquarters, Supreme Commander for the Allied Powers, 以下ＧＨＱ）は、家父長制などの封建的な思想によって抑圧されてきた女性の解放や軍部によるファシズムの一掃、民主主義や自由主義を広く啓蒙することを日本国家の再建の大きな目標とし、徹底的なメディア政策を実施する。なかでも、新しい思想を植えつけるための重要なメディアとされたのが映画であった。米国政府は、戦中に製作された日本映画が国民を戦争に動員するために効果をあげたという結論を下していた。占領軍は、日本国民を主体化して国家の再編成を目指すため、厳しい検閲を実施しながらプロパガンダとしての映画の力を利用したのである。[1]

アメリカは占領政策において、「アメリカ映画の絶対的優位を確保するために、占領軍検閲によりソビエト映画やヨーロッパの進歩的作品を事実上輸入禁止」[2]とする。各映画会社は、ＧＨＱ幕僚部の民間情報教育局（ＣＩＥ）に呼び集められ、軍国主義の排除、自由主義の促進、平和主義の定着という三つの占領目的と、それを遂行するためには、どのような題材や方向性がよいかが示された。映画の企画と脚本は、事前にＣＩＥと民間検閲支隊（ＣＣＤ）の二重検閲を受けることとなり、一九四九年六月に映倫が設立されるまで続いた。その後もＣＩＥによる事後検閲は実施され、一九五二年四月の占領終了まで続けられた。[3]アメリカは日本映画にある政治的・思想的な側面を細部から統制し、日本を再編しようとしたのである。

大衆娯楽化する映画

一九二〇年代後半から三〇年代にかけて急速に発達した映画は、地域の土着的な自己アイデンティティを大きく揺さぶる都市文化の近代的イメージを拡散し、少なからぬ影響を及ぼした。戦後、映画はいっそう大衆娯楽化していく。映画製作者たちはＧＨＱの指導のもとに映画を作り、観客は、映画を通して新しい戦後民主主義の理念、新しい女性のイメージを学びとろうとした。ここでは、映画が

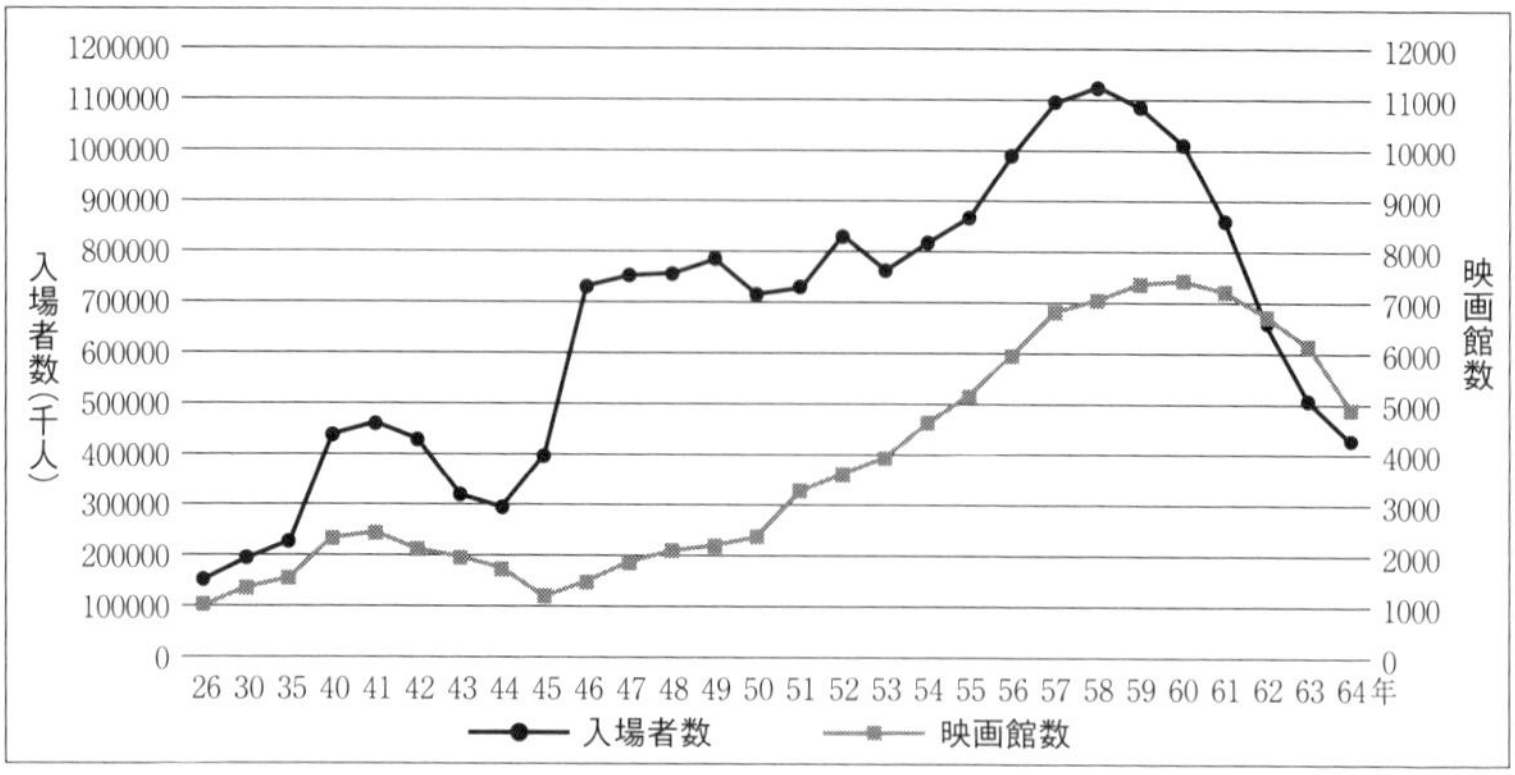

表1-1　映画館数と入場者数の推移

娯楽として大衆の生活のなかにどのように存在していたのかをデータから捉えていく。まずは、戦前から戦後にかけて映画館数と入場者数がいかに変化していったのかを確認しておこう。

戦前から戦後にかけての推移を見ると、どちらも戦中に減少するが、戦後は、地方にも普及し大衆化していく。たとえば、洋画の影響を強く受けたといわれるモダンガール論争が巻き起こった一九二六年の入場者数は約一億五四〇〇万人（映画館数一〇五七館）、三〇年代から四〇年頃にかけて一気に上昇し、戦中の一九四一年は絶頂期で約四億六三〇〇万人（二四七一館）にまで達した。戦争が過酷になるにつれ、やや落ち込みを示すものの敗戦の翌年、一九四六年には、約七億三三〇〇万人（一五〇五館）、一九五二年には約八億三二〇〇万人（三六三六館）と、復興とともに驚くべき増加を見せ、戦前・戦中の絶頂期を優に超える。そして第二次黄金期である一九五八年は、約一一億二七〇〇万人（七〇七二館）、一九六〇年は約一〇億一四〇〇万人（七四五七館）で、前者が入場者数の最高値、後者が映画館数の最高値を示している[4]【表1-1】。

一九四〇年と一九五〇年の映画館数の割合を比較した原田健一の調査によれば、戦前は映画館が東京や大阪などの大都市に集中していたのに対し、戦後の激増は、特にそれ以外の

郵便はがき

料金受取人払郵便

1 0 2 - 8 7 9 0

麹町支店承認

9089

差出有効期間
2020年10月
14日まで

切手を貼らずに
お出しください

1 0 2

［受取人］
東京都千代田区
飯田橋２―７―４

株式会社 作品社
営業部読者係　行

【書籍ご購入お申し込み欄】

お問い合わせ　作品社営業部
TEL 03(3262)9753／FAX 03(3262)9757

小社へ直接ご注文の場合は、このはがきでお申し込み下さい。宅急便でご自宅までお届けいたします。送料は冊数に関係なく300円（ただしご購入の金額が1500円以上の場合は無料）、手数料は一律230円です。お申し込みから一週間前後で宅配いたします。書籍代金（税込）、送料、手数料は、お届け時にお支払い下さい。

書名	定価　　円	冊
書名	定価　　円	冊
書名	定価　　円	冊
お名前	TEL　(　　)	
ご住所 〒		

フリガナ
お名前

男・女　　　　歳

ご住所
〒

Ｅメール
アドレス

ご職業

ご購入図書名

●本書をお求めになった書店名

●ご購読の新聞・雑誌名

●本書を何でお知りになりましたか。

イ　店頭で

ロ　友人・知人の推薦

ハ　広告をみて（　　　　　　）

ニ　書評・紹介記事をみて（　　　　　　）

ホ　その他（　　　　　　）

●本書についてのご感想をお聞かせください。

ご購入ありがとうございました。このカードによる皆様のご意見は、今後の出版の貴重な資料として生かしていきたいと存じます。また、ご記入いただいたご住所、Ｅメールアドレスに、小社の出版物のご案内をさしあげることがあります。上記以外の目的で、お客様の個人情報を使用することはありません。

地方都市での増加によるものであった[5]。戦後の映画興行は地方の都市へと拡大していったのである。続いて、映画が他の娯楽や趣味と比べてどれだけ戦後の大衆と結びついていたのかを見てみよう。

2　戦後の映画観客と国民的映画

映画観客の内実

軍国主義から民主主義への転換によって、民主主義の名の下に、日本各地で「世論」をすくいあげようとする調査が行なわれるようになった。一九五一年に『読売新聞』が六大都市で実施した世論調査（回答一七三八票）において、「あなたは娯楽や趣味では主として何に興味をもっておられますか」という質問の回答で、最も多かったのは映画である[6]【表1-2】。では、戦後観客のジェンダー比率や年齢層はどのように構成されていたのだろうか。一九四七年、二〇歳前後七二九名を対象に「現在モッテイル娯楽」のアンケート調査を行なった結果、合計では、男女ともに第二位の読書を大きく引き離し、映画が第一位を占めている[7]【表1-3】。

時事通信社による一九四六年の調査によれば、映画観客層は一〇代が一五%、二〇代が七〇%、三〇代が一二%、四〇代以上が三%であった[8]。また、『キネマ旬報』により一九四九年、約二五〇〇人を対象にして都内各地区の映画館九館で世論調査が実施されている[9]【表1-4】。その結果、男性五二%、女性四八%で、年齢別では、一七歳から二〇歳が男性一二・五%、女性一八・二%、二一歳から三〇歳が、男性二七・一%、女性二二・九%という結果になっている。注目すべき点は、占領期の東京の映画観客は一七歳から三〇歳で八〇・七%を占めており、映画が若者を中心とした大衆

1	映画	36.5%
2	演芸	31.7%
3	音楽	29.8%
4	読書	25.9%
5	スポーツ	23.7%
6	演劇	19.5%
7	和洋裁	11.4%
8	その他	46.3%
9	なし	4.5%

表1-2　『読売新聞』1951年12月3日

	女専女高	農村女性	職業婦人	合計（女）	男子中学	農村男性	合計（男）	総計
1. 映画（劇能）	79（24.8%）	9（41.0%）	115（46.2%）	203（32.2%）	19（26.7%）	23（49.0%）	42（35.0%）	245（33.6%）
2. 読書	92（28.2%）	1（4.6%）	32（12.8%）	125（20.4%）	14（19.8%）	0	14（11.9%）	139（19.0%）
3. 音楽	59（18.5%）	3（13.7%）	36（14.5%）	98（16.0%）	6（8.5%）	3（6.4%）	3（7.6%）	107（14.7%）
4. スポーツ	46（14.5%）	2（9.1%）	21（8.4%）	69（11.7%）	20（28.2%）	8（17.0%）	28（23.8%）	97（13.6%）

表1-3　『サーヴェイ』1947年6月号

性別・年齢別（%）	男性	女性	計
16歳以下	1.9	1.4	3.3
17-20歳	12.5	18.2	30.7
21-30歳	27.1	22.9	50.0
31-40歳	5.4	2.5	7.9
41歳以上	4.0	1.6	5.6
不明	1.1	1.4	2.5
計	52	48	100

表1-4　『キネマ旬報』1949年10月号

娯楽芸術であったこと、それから一七歳から三〇歳で男女比を比べると、男性が三九・六%に対して、女性が四一・一%と若い女性観客が予想以上に多いことである。一九五五年の浅草における一万八三六八人を対象とした観客調査では、一九歳以下が二五・六%、二〇〜二九歳が四八・六%、三〇〜三九歳が一三・八%、四〇歳以上が一二%であった（『読売新聞』一九五五年一一月三日付）。

このように本書が主に対象とする敗戦から五〇年代中頃までの映画では、データから見ると一〇代から二〇代の若者を中心とする大衆娯楽であり、女性にもかなり浸透していたことがわかる。

むろん、映画ジャンル、都市と地方、あるいは時間帯でデータに差は出るだろう。だが、映画評論家の登川直樹が、観客が「年代において30才以下が85パーセント」の絶対多数を占め、これが「映画の大衆性の内幕」であり、「映画は老若男女を問わず都会人も地方人もあらゆる人々が……といった軽率な言い回しは控えねばならない」[10]というように、総じて若者観客が大半を占める娯楽とみなされていた。一九五四年においても、大映社長であった永田雅一の「八〇%、八五%は十六歳から二十七歳なんだ」という指摘や、当時、松竹の副社長であった城戸四郎の「十八歳から二十五歳までが五割五分、それから二十五歳から三十歳前後が約二割五分」という調査からも、若者中心の娯楽であったことがわかる。[11]重要なのは撮影所の製作者たちが、このような若者観客に向けて映画を作り宣伝をしていたということ、さらにファン雑誌における批評家の作品の解釈やスターの価値づけは、主に若者読者を想定して記述されていたということ。つまり、〈送り手＝製作者〉や〈解釈者＝批評家〉たちも、〈受け手＝読み手〉に向けたある種のパフォーマンスを実践しているのであり、こうした観点を念頭に置いて、言説は分析されなければならない。

「娯楽映画」／「芸術映画」

大衆娯楽としての映画を分析する意義は述べたが、映画のなかでも、なぜ映画作家ではなく、スターを対象とするのか。これまで映画を対象とする研究や批評は作家主義的な傾向が強く、小津安二郎、溝口健二、黒澤明、成瀬巳喜男などの限られた作家や作品に集中して日本映画史が構成されてきた。近年の映画研究はこうしたメインストリームから距離を取る方向へと変化しているが、いまだに作家主義的な分析は根強い。本書は、このような作家の特権化に真っ向から反対するつもりはない。むしろ、映画スターのパフォーマンスを考えたとき、監督による演出はきわめて重要になってくる。だが、本書は、作家からスターへと焦点をずらすことで見えてくる大衆文化の実相を救い出すことを目指している。なぜなら、一般大衆にとっての映画は、作家による「芸術作品」ではなく、人気の高いスターを中心とした「娯楽映画」だったはずだからである。

長谷正人は、戦後の日本映画を代表する映画監督といえば、誰もが「日本的」な特徴をもち、欧米で高く評価された黒澤明、溝口健二、小津安二郎を真っ先に思い浮かべることに、日本映画のアイデンティティをめぐる分裂を見出している。「黒澤・小津・溝口」の作品が国際社会のなかで作られた日本映画のアイデンティティである一方で、一九五〇年代から六〇年代にかけて「普通の日本人が日常的に見ていた日本映画は、もっと別の作品群」、すなわち、スターを中心としたジャンル映画であり、それこそが大衆的娯楽映画として「日本人たちに愛されたもう一つの国民的映画だった」と長谷は主張している。[12]そこで芸術的な「黒澤・小津・溝口」に対比されて、シンボルとしてあげられているのが、大衆的なスター「錦之助・裕次郎・高倉健」である。長谷の論点は、日本人が普通に観ていたスター中心の国民的映画が恥部であるかのように隠され、大衆文化を超えた芸術的な映画が「日本映画のアイデンティティ」として西欧に紹介されてしまう「ねじれ」にある。

スター目当ての一般大衆の熱狂に支えられた「娯楽映画」と、それとは異なる次元で構築される「芸術映画」、こうした分裂があるならば、映画史を記述してきた批評家や研究者たちは、明らかに後者に傾斜してイデオロギーやナショナリズムを分析してきたといえよう。もちろん、こうした二項対立は便宜上のものであり、明確に切り分けられないのも事実だ。

たとえば、黒澤明は、国際的に評価されることによって「芸術映画」として作家主義の対象となっていくが、もとは「大衆映画」として圧倒的な人気を博した映画監督だった。また、「芸術映画」が一貫して売れなかったわけでもない。高峰秀子や原節子など、当時のトップスターを主役に迎えて一九五〇年前後に撮られた小津映画の興行収入はきわめて高かった。だが、いずれにしても、一般大衆にとっての映画は、スター中心の「大衆映画」であったことに変わりはないだろう。したがって原節子映画ならば、小津安二郎の「紀子三部作」だけではなく、他の出演作品群も並置して扱わなければならない。映画スターに着目することによって、作家や作品だけではなく、当事者としての文化の担い手である大衆の主体性を、人々の経験の位相から浮かび上がらせることができるのである。

3　女性の身体へのまなざし

スクリーンに返り咲く映画女優

次に〈戦後意識〉を明らかにするために、なぜ男性ではなく、女性の身体に着目する必要があるのか。なぜスター女優なのか。それも明らかにしておかなければならない。戦後日本の文脈においては、日本映画がもつ特有の歴史的背景が大きく関係している。戦前から戦中に入り、政府の統制もさらにいっそう厳しくなるなかで、映画製作、物語、俳優も大きな影響を被ることになった。

一九三九年から施行された映画法において「映画企業の許可制、文化映画・ニュースの強制上映、監督・俳優らの登録制」が定められ「表現、鑑賞、職業の自由は国家統制の下におかれた」のである[13]。大衆を戦時体制へと動員するための生産増強映画、戦意昂揚映画など、さまざまなプロパガンダ映画が製作されるなかで、女優の出番は少なくなり、多くの男性兵士役が必要とされた。戦前に子役としてデビューしてから戦後にいたるまで、長いキャリアをスター女優として過ごした高峰秀子は、当時の映画界の様子を次のように語っている。

> 戦争。日本映画界は、「兵隊もの」一辺倒になり、女優の出る幕はまったくなくなってしまった。男優はみんなイガ栗頭になり、陸海軍人に扮して活躍した。軍隊ものはどうしても人数がいるので、それまで大部屋でくすぶっていた連中まで駆り出され、それがかえって個性的な顔だと言われたり、性格俳優として人びとの人気を得たりした。［……］男優に出演の場を奪われた女優たちは、もっぱら兵士慰問のために、にわか仕込みで歌や踊りを習っては部隊から部隊へと慰問に走りまわり、けっこう忙しかった[14]。

戦後、戦意昂揚映画に代わって「民主主義啓蒙映画」や、女性解放を描くメロドラマが作られるようになる。女性の身体を使って「民主主義」とは何か、「自由」とは何かを日本国民へと啓蒙する時代、多くのフィルムがＧＨＱの厳しい監視のもとで「不自由」に製作されていたのは、いかにも皮肉なことであった。だが、それにともない、再び女優の時代がやってくる。

昭和二十三年。〔……〕戦時中、凍りついていた人々の心がこのころとつぜん解けはじめたのか、人々は飢えたように娯楽を貪った。映画、演劇、レコードなど、提供する側がてんてこまいをするほどだった。映画ならなんでもよかった、なにを作ってもお客は映画館に入り切れずに溢れていた。中でも甘いメロドラマと喜劇が喜ばれて、ふたたび女優の活躍がはじまった。昭和二十四年からあとの七、八年は、正に映画の黄金時代で、私たち女優は次から次へと、それこそ恋をするひまもなく映画作りに追いまわされた。[15]

当時の状況が高峰秀子の文体から生々しく伝わってくる。すでに確認したように、女性観客がかなり多かった時代である。産業界においても、大映の宣伝課長が「女性の見に来るような映画でなければ、当らない」、松竹の宣伝担当重役が「女性を中心にした映画を作れば当るという安全性が考えられる」[16]と話すように、戦後初期から流行した恋愛映画、メロドラマ、青春映画、「母もの映画」は、すべて女性のヒロインを必要とした。[17]また大映の宣伝課長は、男はよほど芸がうまくないと駄目で、うまくなるには数年必要なのに対して、女のスターは「カンタンで宣伝と美しくアップ（大写し）を撮ることでファンを引っ張って行ける」[18]とスター女優の作りやすさについて述べている。

「スター女優」の歴史的転換

スクリーンに女優があふれたのは、こうした理由からだけではなかった。親米民主主義のイデオロギーを伝える「使者」として女優が必要とされ、再びスター女優がスクリーンに返り咲いた時代にあって、より政治的な文脈としては、家父長制が称揚する女性像を否定し、日本を「民主化」するための「新しい女性像」が必要だったのである。こうして「新しい女性」の身体をめぐる激しい議論が、敗戦直後から巻き起こった。だが、女優たちが体現したのは、民主主義が理想とする女性イメージだけではない。あらゆる社会的現象を映し出す映画は、戦後に登場したさまざまな女性の社会的身体を投影しなければならず、女性の身体をめぐる言説があふれた時代でもあったのだ。

詳しくは後述するが、映画史において重要なのは「接吻映画」の登場である。日本人にとってプライベートな性交の一種であり「汚らしく恥ずべきもの」であった「接吻」という行為を、民主主義における「男女平等」の理念のもとに、映画で提示するように要請されたのである。外国映画であっても戦前は、日本文化を退廃させるものとして、一貫してキスシーンをカットしていた日本において、今度はパブリックな場で、アメリカの権力によってキス*させられる*ようになったのだ。それまで禁忌であった「接吻」を見世物とした「接吻映画」が、ＧＨＱの指導のもとで多く製作されたが、映画会社としても集客が見込めるということで、待ってましたとばかりに商業目的で「接吻映画」を製作したという。

また、戦中の過剰な身体統制と精神主義からの「解放」、そして田村泰次郎の『肉体の門』などの影響もあり、女性が「肉体」をさらす文学、大衆小説、演劇、映画が増え、カストリ雑誌――敗戦直後から占領末期に流行したエロ・グロを特徴とする大衆向け娯楽雑誌――も大量に消費された。これまで覆われていた女性の身体が、いたるところでさらされるようになる。女性の身体を見世物化する「ハダカ映画」も多く製作された。

そして、最も重要な社会的現象として、当時の映像文化で重要な役割を担ったのが、敗戦意識を喚起するパンパンの出現であった。都市や米軍基地周辺に米兵相手の街娼たちがあふれて社会問題となったのである。こうした現実を背景に、パンパンを演じるスター女優も必要とされ、女性の身体表現に観客や批評家のまなざしが集中した。日本女性のジェンダー／セクシュアリティ規範の急激な変動期、国体をかけた〈生／性〉の倫理として、身体をめぐる権力と抵抗が織りなす言説空間において、主題化されるのは常に女性の身体であり、男性のそれではない。「女性」の位置は常に言説の客体であり、男性の言説によって構築されている。だからこそ、女性の身体を客体化する言説が生起する〈場〉、あるいはそこでの語り方から当時の欲望が垣間見えてくるのである。

歴史的に見ても、女性の身体へのまなざしの集中は必然であったといってよい。『思想の科学』における討議で、敗戦後の映画スターと歴史を相対化する視点から、戦後の男性と女性のイメージの差異に関して次のようにいわれている。

戦後の日本の男性は、戦争参加への内的処理をじゅうぶんにとげることなく、戦後民主主義運動に加わったことで、決定的に、戦後男性像を結晶させる条件をうしなった。こうして、男と女との基底的な分裂は、戦後史を一貫して実在した。▼19

戦後、男性は、戦争参加と責任の点で「新しい男性像」を提示することが困難だったのに対し、女性は敗戦の規範の転換により、過去を断ち切る「新しい女性像」を提示しやすかった。なぜなら、詳しくは第四章で述べるが、パンパンや「接吻映画」などに代表される「敗者の身体」と、それに対する「理想化された身体」の類型が明確に存在していたからである。〈戦後意識〉は、戦勝国かつ占領国であるアメリカと、敗戦国である日本のジェンダー／セクシュアリティの構造に密接に関わっている。女優への注視、女優へのまなざしの過度な集中と言説が過剰にあふれていた時代。これらに貫通する一つの主題とは、敗戦という歴史的トラウマであり、敗戦意識に潜在するのは常に「アメリカ」に対する日本人の意識である。

4　ファン雑誌というメディア

スクリーンと日常を接続する

ここまで、〈戦後意識〉なるものを解き明かすために、なぜ映画で、しかもスター女優を分析する必要があるのかを述べてきた。そしてようやく、戦後日本映画におけるスター女優の見取り図を描くところまでたどり着こうとしている。その前にここでは、映画スターを大衆に接続する当時のファン雑誌が、いかに強力なメディアだったのかを、その役割と出版状況から確認しておきたい。敗戦後ほどなくして、『映画春秋』の「後記」に次のような批評家の言葉が掲載されている。

> ファン雑誌の文化的使命というものは十二分にあって、なにも俗悪だの、低級だのと軽蔑するのは了簡の狭い話であって、ファン雑誌は映画と大衆を結びつける最も強力な機関に違いないのである。▼[20]

占領初期からテレビが家庭に入ってくるまでの間、ファン雑誌が果たしていた機能（まさにテレビ的役割）はきわめて大きなものだった。本書が設定する対象、すなわち、どのスターをその時代の代表として扱うかは、当時、発行部数が多く、大衆に最も読まれていたファン雑誌における映画スターの人気投票の結果に基づいている。とはいえ、映画のみがスターの人気を決定するわけではないことは、「映画雑誌の魅力」というトピックで書かれた次のような言説からも明らかである。

> 終戦後、統制の枠のとれた出版界は、活発に動き出した。しかしすぐ戦時中の貧しい印刷技術を

とりもどしたものは、少かった。その中にあって、いちはやく往時の美しい形にかえりつつあるのは、美術雑誌ではなく映画雑誌であった。〔……〕映画雑誌への魅力は、映画への速力と同じく、モードや化粧への参考にする点にもある。だから映画そのものへの予備知識を養うためにも役立つが、映画でみのがした細かい点をスチールで学びとろうとするためにも歓迎される。そしてスタイル・ブックとしても使われるのである。この意味から、映画雑誌は高くてもうれるし、種類も増えてゆく。読みすてるものでなく、くりかえして眺めるし、あるページは切抜いて部屋へも飾られる。もう一つ映画雑誌のもつ特徴は田舎にいて映画に接することのできないもの、または都会にいても映画をみることのできないものにも愛される。〔……〕忙しかったり、病気だったり外出をとめられていたりする女たち、また片田舎でめったに映画など来ないところに住む女たちも、映画雑誌を通して十分楽しむことができる。こういうスチール・ファン、シネマ・マガジン・ファンも相当いるものだ。[21]

映画興行の格差を埋めるメディア、あるいは一回性の消費に終始することが多い映画に比べ、所有される複製メディアとして、繰り返し読まれながら強力に記憶やスターイメージに作用する映画雑誌。映画スターのイメージを観客に媒介しながら、その過程においてそのイメージをも変形し、あるいは強固にするメディア的特性がわかるだろう。たとえば、『新映画』の読者欄では、次のような投稿も見られる。

いつまでも御綺麗な原節子さま、今度のグラビアに「晩春」の原節子さまの大きな御写真が出ているのでとてもうれしくなってしまいました。「晩春」の封切がとても楽しみです。これからも原節子さまの大きなポートお願い致しますわ。[22]

この読者は『晩春』を観る前に、一枚の写真イメージを繰り返し見ることによって、物語の前にイメージを作り上げている。厳密にいえば、こうした特定のイメージを植え付ける戦略は、撮影所宣伝部のプロモーションに属する領域である。したがって、映画鑑賞のモードは、映画の内容だけではなく、このような間メディア性の実践のなかで捉え返す必要があるのだ[23]。占領期のファン雑誌としては、『映画ファン』、『近代映画』、『新映画』など（アメリカ映画を対象としたファン雑誌は『映画の友』）、評論が中心の雑誌としては『キネマ旬報』、『映画評論』などがあげられる。視覚情報が中心で、スターの「リアル」な「日常」が取り上げられたテレビ的メディア、一般大衆に読まれていたのは、むろんファン雑誌である。

反復されるスターイメージ

本書が要諦とするのは、「芸術的映画」とそれについて分析する評論誌におけるインテリ男性批評家の戦後意識ではなく、「国民的映画」＝大衆映画とそれを語る大衆の〈戦後〉であった。したがって、時代を画するスター女優が出演する映画、そしてそのスターイメージを外在的に作り出すメディア・テクストこそが重視されなければならない。

映画評論家の飯田心美は、一九五〇年に出版された映画雑誌で、評論誌的な性格をもったものとして『映画評論』、『キネマ旬報』、『映画春秋』、『映画芸術』をあげている[24]。これらは視覚情報ではなく、テクストを中心とするインテリ向けの読み物であった。それに対して「今日（一九五〇年）のファン雑誌でトップをきっているのは「映画ファン」と「近代映画」だというのが一般の定評だ[25]」と飯田は述べている。評論誌系の雑誌との大きな違いは、発行部数の差にあった。評論誌に比べ、スターのイメージを多く扱い、テクストも平易な『映画ファン』と『近代映画』こそが、当時の一般大衆と強く結びついており、そのような雑誌だからこそスターの人気投票を行なうことができたのである。大衆は占領期、『平凡』よりもこの二誌を読んでいた。

一九五〇年代の大衆娯楽雑誌として知られる『平凡』は、一九四五年に刊行が開始される。一九四五年一二月号は三万部を売り切ったが、休刊していた雑誌が戦後復刊すると、次第に売れ行きが落ち、一九四九年頃までは全然売れなかったという。[26] 一九四八年二月号の発行部数は四万部だったが、一九五〇年頃から急激に部数を伸ばし、一九五〇年二月号は二七万九〇〇〇部、一二月に発売された一九五一年二月号は五三万部、一九五三年一月号でついに一〇〇万部を突破する。絶頂期の一九五五年八月号は一四〇万部と、『平凡』は一九五〇年代前半に飛躍的に発行部数を伸ばして他誌を圧倒する、まさに一九五〇年代は『平凡』の時代となった。[27]

占領期に「ファン雑誌でトップをきっている」といわれた『映画ファン』、『近代映画』だが、こうした発言を裏付ける史料を確認しておこう。当時、紙不足により、臨時に総理府に新聞出版用紙割当局が設置され、各出版社に用紙が割り当てられることになっていたが、その申請のために全四半期の部数が記載されたものがある。一例をあげれば、「昭和二六年度第一・四半期（四―六期）」には、一～三期の『映画評論』が八〇〇〇部、『キネマ旬報』が一万部なのに対して、『近代映画』は八万部、『映画ファン』も八万部、『新映画』は五万部と表記されている。[28] また、出版物の発行部数もCIEに報告が命じられていたため、その内部報告書からもファン雑誌の発行部数の多さがわかる。たとえば、CIEの情報課に属する新聞・出版係の一九四七年の報告では、評論誌系の『映画春秋』が二万部、『キネマ旬報』が五万部なのに対し、ファン雑誌である『新映画』は一〇万部、[29]『映画ファン』は一五万部[30]と記載されている。

ちなみに、『映画ファン』、『近代映画』が大衆に訴求力をもっていたのは、デザインなどの視覚的イメージの革新性によるところも大きい。『映画ファン』を発行していたのは映画世界社だが、『近代映画』の当時の編集者は、映画世界社から独立した松浦幸三という人物であった。飯田心美はこの会社のデザインに関して次のように書いている。

映画世界社という社はキネマ旬報社とまったく対蹠的で、キネマ旬報社が評論壇に多くの人材をおくっているのに対し映画世界社は編集割付の人材をおくっている。だから雑誌の仕上げのみごとさ、記事や口絵の配置の巧さという点になると映画世界社の卒業生にはちょっと敵する者がいない。▼31

飯田のいうように、占領期に次々と創刊される映画雑誌のグラビアや記事の配置に関するデザインの編集は、『映画ファン』と『近代映画』が圧倒的に先を行っていた。『平凡』についていわれるような視覚イメージの配置の斬新さ、企画によるスターの「親近性」は、これらのファン雑誌が『平凡』をはじめとする他誌に影響を与えていったと思われる。こうした雑誌は、『平凡』よりも前にスターの「親近性」と「真実性」を大衆へと接続するメディア、すなわち「テレビ的雑誌」として最先端のメディアだったのだ。複製技術でありながら「一回性」の経験を中心とする映画に対して、複製技術としての「再現性」の効力をもつ雑誌は、戦後の日常のなかで保有され、繰り返し読まれ、眺められることで、スターイメージを映画の外部から作り上げていったのである。

このように整理しておこう。占領期、発行部数からいって、一般大衆に最も読まれ、スターイメージに作用していたのは、『映画ファン』や『近代映画』を中心とするファン雑誌であった。そして、そのような発行部数の多いファン雑誌によるスターの人気投票は、一九五〇年代前半から「一〇〇万部雑誌」と呼ばれる『平凡』が、圧倒的な発行部数を誇り中心的役割を担うようになっていく。後で見るように、ファン雑誌もこの間、継続して人気投票を行ない、映画スターの変遷に関する類似した傾向がつかめる。もちろん、一〇代から二〇代が読者層の中心であるファン雑誌・大衆娯楽雑誌の人気投票が、当時の映画観客を完全に代表しているとはいいがたい。だが、すでに示したように、当時の映画観客は若者が大半だったことからも、こうした雑誌の読者層と映画観客がかなり重なっていたことは間違いないだろう。

5　スター女優の変遷

ファン雑誌の人気投票

ようやく私たちは「占領期／ポスト占領期」のスターダムの見取り図を描くところまで到達した。ここで重要なのは、まずスターダムの変遷を捉えた上で、どの映画スターを分析するのが妥当なのかを明らかにすること、すなわち、時代を代表する映画スターの選定である。ここでは、スターと大衆を結びつけていた三誌『映画ファン』、『近代映画』、『平凡』の人気投票を中心に、適宜、他のデータも参照しながら、実際に当時のスターダムの見取り図を描いていこう。

まずはファン雑誌である『映画ファン』、『近代映画』の人気投票結果を発行順に並べた【表1-5】から判断すると、占領期から一九五〇年代前半に最も人気が高かったのは原節子と高峰三枝子である。そして、そのデータに一九五一年から映画スターの人気調査が行なわれている大衆娯楽雑誌『平凡』の人気投票【表1-6】を加えると、占領期が終わり一九五五年に向かって若尾文子の人気が急激に高まり、一九五〇年代後半まで持続していることが読み取れる。投票において、歌手と映画スターをわけていない『近代映画』を見てみると、一九五八年から美空ひばりが若尾文子を超え、ナンバーワンへとのぼりつめていったのがわかるだろう。▼32 各雑誌が毎年必ずスターの人気投票を実施していたわけではなく、調査を行なっていない年もある。『映画ファン』は「第一回映画ファン世論調査」の結果を一九

スター女優(日本)	第1位	第2位	第3位	第4位	第5位
『近代映画』1946年8月	高峰三枝子(144)	高峰秀子(140)	轟夕起子(132)	山根寿子(112)	月丘夢路(100)
『映画ファン』1947年4月	原節子(1163)	高峰三枝子(1057)	高峰秀子(873)	田中絹代(864)	轟夕起子(682)
『近代映画』1951年4月	原節子(14486)	高峰三枝子(13830)	高峰秀子(12936)	木暮実千代(10441)	淡島千景(10037)
『映画ファン』1951年5月	高峰三枝子(1945)	原節子(1588)	津島恵子(922)	高峰秀子(895)	木暮実千代(652)
『映画ファン』1952年5月	津島恵子(2876)	原節子(2318)	高峰三枝子(1541)	京マチ子(1185)	桂木洋子(1159)
『近代映画』1953年4月	津島恵子(5552)	高峰三枝子(4232)	原節子(4065)	岸恵子(3105)	淡島千景(2597)
『映画ファン』1956年2月	若尾文子(10173)	有馬稲子(7130)	岸恵子(5293)	千原しのぶ(4634)	高峰秀子(3330)
『映画ファン』1957年2月	若尾文子(6553)	山本富士子(4745)	有馬稲子(4200)	美空ひばり(3267)	千原しのぶ(2631)
『近代映画』1957年2月	若尾文子(3198)	千原しのぶ(1980)	山本富士子(1641)	美空ひばり(1604)	有馬稲子(1487)
『映画ファン』1958年1月	美空ひばり(6931)	若尾文子(6752)	山本富士子(5465)	岡田茉莉子(4705)	有馬稲子(3454)
『近代映画』1958年3月	美空ひばり(15011)	若尾文子(6948)	山本富士子(3833)	有馬稲子(2323)	丘さとみ(2320)
『映画ファン』1959年2月	美空ひばり(4326)	山本富士子(4125)	若尾文子(4069)	浅丘ルリ子(3981)	岡田茉莉子(3838)
『近代映画』1959年3月	美空ひばり(28298)	若尾文子(15366)	山本富士子(13872)	丘さとみ(12666)	大川恵子(11118)
『近代映画』1960年3月	美空ひばり(34215)	山本富士子(17235)	有馬稲子(14748)	大川恵子(14736)	桜町弘子(14334)
『近代映画』1962年4月	美空ひばり(22185)	浅丘ルリ子(12948)	丘さとみ(12468)	岡田茉莉子(11965)	桜町弘子(10845)

スター女優(日本)	第6位	第7位	第8位	第9位	第10位
『近代映画』1946年8月	山田五十鈴(68)	水戸光子(52)	原節子(48)	田中絹代(40)	宮城千賀子(32)
『映画ファン』1947年4月	水戸光子(562)	折原啓子(455)	山田五十鈴(279)	山根寿子(268)	三浦光子(190)
『近代映画』1951年4月	京マチ子(9136)	津島恵子(8780)	桂木洋子(8323)	水戸光子(5559)	月丘夢路(5492)
『映画ファン』1951年5月	桂木洋子(642)	淡島千景(543)	久我美子(401)	角梨枝子(325)	乙羽信子(314)
『映画ファン』1952年5月	木暮実千代(1065)	高峰秀子(877)	淡島千景(754)	久我美子(726)	島崎雪子(524)
『近代映画』1953年4月	島崎雪子(1796)	木暮実千代(1723)	京マチ子(1610)	高峰秀子(1440)	香川京子(1348)
『映画ファン』1956年2月	美空ひばり(3162)	山本富士子(3009)	久我美子(2166)	高千穂ひづる(2094)	香川京子(1875)
『映画ファン』1957年2月	久我美子(1939)	高千穂ひづる(1883)	岸恵子(1848)	高峰秀子(1717)	司葉子(1455)
『近代映画』1957年2月	高千穂ひづる(1476)	田代百合子(1015)	岸恵子(652)	川上康子(539)	久我美子(492)
『映画ファン』1958年1月	浅丘ルリ子(2638)	長谷川裕見子(2622)	丘さとみ(2449)	久我美子(2328)	千原しのぶ(2125)
『近代映画』1958年3月	千原しのぶ(2067)	長谷川裕見子(1849)	浅丘ルリ子(950)	瑳峨三智子(911)	北原三枝(842)
『映画ファン』1959年2月	有馬稲子(3004)	北原三枝(2028)	丘さとみ(1863)	桜町弘子(1598)	大川恵子(1253)
『近代映画』1959年3月	岡田茉莉子(10716)	桜町弘子(10635)	北原三枝(9754)	浅丘ルリ子(7438)	花園ひろみ(5556)
『近代映画』1960年3月	丘さとみ(10848)	若尾文子(9279)	岡田茉莉子(8289)	浅丘ルリ子(7959)	北原三枝(6021)
『近代映画』1962年4月	大川恵子(9120)	吉永小百合(8829)	星由里子(5805)	佐久間良子(4335)	芦川いづみ(3948)

表1-5　スター女優の人気投票『映画ファン』『近代映画』(筆者がデータを集計し作成)

スター女優(日本)	第1位	第2位	第3位	第4位	第5位
『平凡』1951年9月	津島恵子(28677)	高峰三枝子(27699)	原節子(24650)	高峰秀子(21140)	桂木洋子(13948)
『平凡』1952年8月	津島恵子(102285)	原節子(40754)	高峰三枝子(28449)	桂木洋子(20366)	岸恵子(19241)
『平凡』1953年9月	津島恵子(117351)	岸恵子(44283)	香川京子(35519)	若尾文子(23816)	桂木洋子(13542)
『平凡』1954年9月	岸恵子(100332)	津島恵子(74798)	若尾文子(73754)	香川京子(26672)	南田洋子(9014)
『平凡』1955年9月	若尾文子(66816)	千原しのぶ(33645)	高千穂ひづる(22401)	岸恵子(19095)	津島恵子(15618)
『平凡』1956年9月	若尾文子(32432)	千原しのぶ(19674)	高千穂ひづる(11330)	山本富士子(6247)	岸恵子(5401)
『平凡』1957年10月	若尾文子(27125)	山本富士子(10777)	千原しのぶ(7041)	丘さとみ(6795)	有馬稲子(6483)
『平凡』1958年9月	若尾文子(53528)	山本富士子(36164)	丘さとみ(15699)	北原三枝(15215)	浅丘ルリ子(13019)
『平凡』1959年9月	山本富士子(48794)	若尾文子(36195)	浅丘ルリ子(19399)	大川恵子(17907)	桜町弘子(16774)
『平凡』1960年9月	山本富士子(47394)	浅丘ルリ子(38305)	丘さとみ(17345)	若尾文子(16932)	大川恵子(16402)
『平凡』1962年3月	浅丘ルリ子(46573)	吉永小百合(34728)	山本富士子(28500)	丘さとみ(25469)	岩下志麻(21319)
『平凡』1963年3月	吉永小百合(51864)	浅丘ルリ子(26089)	星由美子(22759)	丘さとみ(19462)	姿美千子(19260)
『平凡』1964年6月	吉永小百合(43452)	本間千代子(35713)	浅丘ルリ子(28633)	姿美千子(27318)	和泉雅子(25123)

スター女優(日本)	第6位	第7位	第8位	第9位	第10位
『平凡』1951年9月	京マチ子(9591)	乙羽信子(9117)	淡島千景(7035)	木暮実千代(6782)	久慈あさみ(3236)
『平凡』1952年8月	高峰秀子(15999)	京マチ子(15419)	香川京子(10618)	久我美子(9707)	淡島千景(9607)
『平凡』1953年9月	高峰三枝子(13117)	原節子(11629)	高峰秀子(8211)	紙京子(7691)	久我美子(6704)
『平凡』1954年9月	京マチ子(8015)	久我美子(6719)	有馬稲子(6605)	山本富士子(6224)	淡島千景(5762)
『平凡』1955年9月	田代百合子(8712)	香川京子(8571)	山本富士子(7741)	高峰秀子(6290)	野添ひとみ(5678)
『平凡』1956年9月	田代百合子(4939)	有馬稲子(3750)	野添ひとみ(3288)	香川京子(3088)	津島恵子(2514)
『平凡』1957年10月	小山明子(6131)	浅丘ルリ子(5899)	田代百合子(5764)	高千穂ひづる(5622)	長谷川裕見子(5212)
『平凡』1958年9月	桑野みゆき(10004)	有馬稲子(9480)	千原しのぶ(9174)	司葉子(9156)	長谷川裕見子(7641)
『平凡』1959年9月	有馬稲子(15787)	丘さとみ(14879)	桑野みゆき(13358)	岡田茉莉子(12786)	佐久間良子(10798)
『平凡』1960年9月	桑野みゆき(16067)	桜町弘子(13579)	佐久間良子(13551)	有馬稲子(12341)	北原三枝(10295)
『平凡』1962年3月	芦川いづみ(19163)	星由美子(18752)	笹森礼子(16800)	岡田茉莉子(15266)	佐久間良子(14673)
『平凡』1963年3月	三条江梨子(15974)	倍賞千恵子(14899)	松原智恵子(14869)	笹森礼子(12683)	岡田茉莉子(10534)
『平凡』1964年6月	松原智恵子(24058)	星由美子(18320)	高田美和(14930)	佐久間良子(12608)	倍賞千恵子(11562)

表1-6　スター女優の人気投票『平凡』（筆者がデータを集計し作成）

四七年四月号に発表した。『近代映画』の本格的な調査は、一九五〇年一二月号（結果発表は一九五一年四月号）での創刊五周年を記念した人気投票であり、一九四六年八月号で行なった調査は、会社に直接連絡した愛読者の一部に、どの俳優が好きかと非公式で尋ねたものだとしている。確かに、この調査方法は「出版会社に直接電話をかけるファン」にとって人気の高いスターというバイアスがかかっているのと、サンプルデータの母集団が他と比べて少ない点で妥当だとは考えにくい。だが、それにしても第八位で四八票の原節子と第一位で一四四票を獲得している高峰三枝子の人気の差は歴然としているように見える。他のデータを補足していこう。それによって、原節子か高峰三枝子かが明らかになるはずだ。

原節子の時代

一九四六年に創刊された世論雑誌がある。九州世論研究所が出版していた『九州世論』という雑誌だ。これは、同誌による福岡の福岡松竹、ハカタ日活、有楽映劇での街頭調査であり、男女問わず一番好きな俳優は誰かを聞いた結果である[33]【表1-7】。二位の佐野周二の約二倍の投票数を得て、さらに高峰三枝子を圧倒的な数で引き離して原節子が一位となっている。

しばしば勘違いされているのだが、原節子は『河内山宗俊』（山中貞雄、一九三六年）のヒロインに大抜擢された直後、ドイツの映画監督アーノルド・ファンクに見出され、『新しき土』（一九三七年）で一躍有名になったため、戦前に最も人気が高かったスターだとみなされる向きがある。確かに戦前から戦後にいたるまで一貫して「スター」であることは間違いないが、実は、戦前・戦中に彼女がスターダムの頂点にのぼりつめることはなかった。たとえば、一九三九年の『新映画』の「売れるスタア、売れぬスタア」というトピックの座談会で、「売れるスタアが売れぬ例は原節子、売れぬスタア

	俳優	票数	割合
1	原節子	336	17.2%
2	佐野周二	175	9.0%
3	藤田進	154	7.9%
4	長谷川一夫	126	6.5%
5	田中絹代	119	6.1%
6	高峰三枝子	112	5.7%
7	佐分利信	92	4.7%
8	小杉勇	91	4.6%
9	大河内傳次郎	77	3.9%
10	上原謙	71	3.6%
11	高峰秀子	51	2.6%
12	片岡千惠蔵	49	2.5%
13	阪東妻三郎	43	2.2%
14	榎本健一	42	2.2%
15	轟夕起子	41	2.1%
16	水戸光子	37	1.9%
17	古川緑波	36	1.9%
18	月形龍之介	35	1.8%
19	その他	266	13.6%
計		1953	100.0%

表1-7　『九州世論』1947年1月号

を売ってるのは、百円スタアの江波和子や戸川弓子」[34]と東宝のスターの売り方が松竹に比べて下手であることが話題になっている。その一方で、敗戦後には次のように語られている。

あれほどの美貌の持ち主でありながら、原節子はいつまでたっても人気の出ない女優であった。それが、ここ一年ぐらいの間にぐんぐんとファンの人気を獲得し、昨年度の某映画雑誌の人気投票では、高峰三枝子を離して第一位を占めているし、また各映画会社の助監督で組織されている監督新人会の人気投票でも三十九票の差で田中絹代を抜いて、第一位となっている。[35]

ここからも、原節子が戦後から急激に人気が高まったスター女優だったことがわかる。だが、具体的にいつ頃からなのか、何がきっかけで爆発的な人気を手にすることになったのだろうか。『近代映画』の「非公式」な調査が、一九四六年八月号であるとすでに述べた。繰り返すが、そこでは、原節子は第八位、高峰三枝子が第一位であった。その一方で、『九州世論』の調査結果では圧倒的な差をつけて第一位に原節子が、第六位に高峰三枝子が選出されている。『九州世論』の調査報告は、一九四七年一月号、調査は一九四六年末に実施されている。決定的なのは『映画ファン』の「第一回映画ファン世論調査」の結果だ。一九四七年一月号で開始された世論調査の結果が、一九四七年四月号に掲載され、原節子が高峰三枝子を抜き第一位になっている。高峰三枝子に圧倒的な差をつけられていた『近代映画』(一九四六年八月号)、それに対して一挙に第一位にのぼりつめた『九州世論』(一九四七年一月号)と『映画ファン』(一九四七年四月号)。この間に何があったのか。

そう、黒澤明の『わが青春に悔なし』が一九四六年一〇月に公開されたのである。

男性批評家に酷評され、忘却された黒澤映画。このフィルムには、敗戦国の観客を圧倒する黒澤明と原節子の協働が刻印されている。二人のいびつな実践は、戦後の観客の情動を強烈に刺激し、戦中派を中心とする若者は、瑞々《みずみず》しい映像感覚と烈《はげ》しい感情表現に完全に魅了されていたのである。『映画ファン』（一九四七年四月号）の調査で第一位に選ばれたのは『わが青春に悔なし』、「二位の「或る夜の殿様」を四百点もリードしているのは、回答者の大半が二十歳前後の年齢層であることにもよるだろう」[36]とされている。ここからもファン雑誌の読者層と占領期の映画観客の重なりが見えてくる。

ちなみに、『九州世論』においても、一九四六年に封切られた日本映画の中で、一番好きな映画として選ばれたのは六七二票（三四・四％）を獲得した『わが青春に悔なし』であり、第二位『或る夜の殿様』（衣笠貞之助）の二一〇票（一〇・七％）、第三位『わが恋せし乙女』（木下恵介）の九九票（五・一％）を完全に引き離している。[37]黒澤明は、一九四三年の監督デビュー作品である『姿三四郎』から、すでに圧倒的な大衆の人気を誇っていた。[38]すなわち、原節子の人気は、黒澤明と組んだことによって一九四六年からすでに他を圧倒していたのだ。次章で述べるが、黒澤明の技術と映像センス、そして原節子が戦中から築き上げていたスターペルソナは、終戦後、占領期の時代感覚を先取りしていたのである。

一九五一年から一九五四年の間、戦後派スターの津島恵子と岸恵子が急にトップへと躍り出るが、岸恵子は主演した『君の名は』（大庭秀雄、一九五三年）が空前の大ヒットを記録し、第一部と第二部がその年の配給収入の一位と二位を獲得した国民的メロドラマであったこと、また女性たちに「真知子巻き」――ストールやショールを頭からかぶり首に巻きつけたファッション――を流行させたこと、津島恵子は、一九五二年に公開され配給収入が第一位を記録した小津安二郎の『お茶漬けの味』への出演や、翌年の配給収入が『君の名は』に次いで第三位になった反戦映画の話題作『ひめゆりの塔』（今井正、一九五三年）への主演など一時的効果が大きい。[39]しかしながら、データを見れば明らかなように、原節子や若尾文子などと比べて彼女たちの人気は持続していない。

原節子が若者観客にとってだけでなく、「国民的スター女優」であったことは、一九五二年に毎日

1	原節子	19082
2	木暮實千代	14078
3	ゲイリー・クーパー	5197
4	高峰秀子	4920
5	長谷川一夫	4561
6	高峰三枝子	3843
7	鶴田浩二	3156
8	三船敏郎	2760
9	津島恵子	2739
10	京マチ子	2371

表1-8　『毎日新聞』1952年1月13日付

新聞社が一般映画ファンに募った投票結果によって補強される【表1-8】。より年齢層が幅広い（だが、むろんジェンダーや階層にファン雑誌とは違う偏りが生じる）新聞の世論調査において、七万六三六四票もの応募のなか、原節子は他のスターとは比べものにならないほどの人気を示している。一九五二年にファン雑誌で第一位だった津島恵子の人気が原節子にまったく及んでないことがここからわかるだろう。つまり津島恵子などの戦後派スターはファン雑誌を愛読する若年層にもっぱら人気が高いスターだったことになる。もはやいうまでもないだろう。

占領期は「原節子の時代」だった。

改めてスター女優の変遷を、次のように整理しておこう。占領初期、日本映画のスターダムのなかで、原節子と高峰三枝子が人気を二分していた。詳しくは後述するが、この二人のスターペルソナにはある類似性があった。だが、二分していたかのように見えた人気の内実は、他の資料と組み合わせてみると原節子に軍配があがる。原節子は、占領初期からスターダムの頂点に君臨し続けたが、メルクマールとなるのは一九四九年である。「大根女優」といわれ続けていた原節子は、小津安二郎とはじめて組んだその年、数々の演技賞を受賞、映画女優としても評価されスターとしても人気の絶頂を迎えるからだ。そして、同年、驚くべき短期間でスターダムを駆け上がり、わずか数年で「グランプリ女優」、あるいは「国際派女優」とまで称され、戦後派スターのトップに躍り出ることになる女優が鮮烈なデビューを飾る[▼40]。京マチ子である。戦後民主主義の役割を最前線で引き受けた映画というメディアが、敗戦処理と国家の再建に奔走していたとき、原節子や京マチ子は、敗戦後のアメリカの占領下にあったからこそスターとしての価値を高め、スクリーンで輝きを放っていた。

そして日本映画界の空前の絶頂期、かつてないほど隆盛をきわめた一九五〇年代後半にぴったりと重なるように人気のピークを迎えたのが若尾文子と美空ひばりであった。一九五五年を境に、大衆はそれまでとまったく違ったタイプの映画スターを欲望しはじめたのである。一九五五年から一九五八年頃まで映画スターのトップの座を守り続けたのは、若尾文子である。まさしく、一九五〇年代半ばから約五年間は、「若尾文子の一人勝ち状態」だといっていい。そして歌手としてだけでなく映画スターとしても圧倒的な人気を誇っていたのが、若尾文子と双璧をなした美空ひばりだ。美空ひばりは、歌と映画という強力な地盤をもち、映画スターの人気投票でも一九五八年以降、若尾文子を抜き、他の追随を許さない国民的スターとなっていく。彼女は映画という領域を越境した大衆文化の女王としてスターダムの頂点に君臨したのである。その後は、一九六〇年代の映画の斜陽化と時期を同じくして山本富士子、浅丘ルリ子、吉永小百合らが映画の人気を大衆につなぎとめようと奮闘する。戦後の日本映画の黄金期を彩った映画女優には、このような構図が描けるだろう。

本書が議論の中心とするのは敗戦から一九五〇年代前半だが、スクリーンと観客との心理的距離に占領期との明確な差異が認められる一九五〇年代中頃の映画スターへの欲望モードの変遷が、いかに原節子の時代を終わらせたかも最後に浮上させたいと思う。

＊

本章を終えるにあたって簡単な仮説を述べておこう。これから論じていくように、「占領期／ポスト占領期」のスターダムを支えていたのは、実は、戦前派スターの原節子と高峰三枝子ではなく、むしろ戦後派ナンバーワン女優といわれ、鮮烈なデビューを飾った京マチ子と原節子の「共犯性」である。清楚で知的な淑女を演じた原節子と肉体美で男を堕落させる妖艶な京マチ子、二人のスター女優は、映画でまったく異なる役柄を演じていた。数においてきわめて近い出演本数をもつこの二人が出演した、一〇〇本を超える映画のタイトルを比較してみると、興味深い対照性が浮き上がってくる。▼41どちらも特定の印象を与える漢字や使用されている単語で最も多いのは「女」だが、原節子作品において二番目に多いのは「東京」（五作品）、そして次に「青」、「母」（四作品）が並んでいる。彼女の出演作はタイトルに「東京」が付いていなくても、東京を舞台とする映画も多く、彼女が東京から戻ってきたという設定もある。一方、京マチ子映画で二番目に多いのは「夜」（五作品）、次に「浅草」（三作品）となっている。モダンな「東京」の「女」である原節子に対して「夜」の「女」、「浅草」というトポスは、京マチ子に最もふさわしい語感であるに違いない。

彼女たちはスクリーンで対照的な役柄を演じ、対極のスターイメージを作り上げた。にもかかわらず、占領下のジェンダー／セクシュアリティ規範に関わる同一の言説空間に成立し、「共犯的」に戦後日本のスターダムを支えていたのである。大衆の欲望の集合体としての映画スター、彼女たちのペルソナをスターダムの頂点へと押し上げた戦後の複雑な時空間を解明し、大衆の集合的な歴史的・文化的・社会的無意識をすくいあげること。本書に与えられているのは、このような課題である。それでは、原節子の人気を決定づけた記念碑的フィルム、黒澤明の『わが青春に悔なし』と「原節子の時代」の前史から話をはじめていこう。

第二章　躍動する身体——原節子の反—規範的な身振り

1　国家の記号《ナショナル・シニフィアン》としての原節子

占領政策と映画スター

高峰三枝子、原節子、山田五十鈴が日本映画で最も人気のある映画スターである。

一九四六年一一月、GHQに属する民間情報教育局（CIE）の局長に報告するために作成された機密文書には、このように記録されている。[1] CIEは、敗戦後の日本を再建するために連合国軍が設置した総司令部の幕僚部の一つで、教育全般・メディア・芸術・宗教・世論調査・文化など、さまざまな改革を指導した占領政策の重要な部局であった。

日本にはびこる封建的な思想をなくし、民主国家として再建する歴史的な転換期、日本で人気の高い映画女優が機密文書で報告されなければならなかったのはなぜか。娯楽の一つでしかない映画のスター女優が、なぜGHQの報告書に名指しで記載されなければならなかったのか。答えはたやすい。日本を民主国家として再建するためのメディア政策において、大衆を一定のイデオロギーへと方向づけるのに、映画スターは利用できたからである。すなわち、彼女たちは、映画スターであったからこそ、一般大衆に「民主主義」の振る舞いや思想を植えつけ、主体的に新しい国家に動員するための効果的なロールモデルとみなされたのだ。

明治の文明開化以降、日本は遅れてきた帝国主義国家として脱亜入欧のかけ声のもと、幾度も戦争を繰り返し、大東亜共栄圏を夢想した。軍国主義が敗れると、アメリカによる「民主化」の指導のもと、優等生として国際社会に復帰、そのまま冷戦体制へと組み込まれた戦後の日本は、経済大国へと移り変わっていった。このような激動の時代に戦争と寄り添いながら、映画は国体を映し出してきた。そして、スター女優もまた、常に権力と相関しながら〈歴史〉をスクリーンに投影したのである。大衆の欲望を体現したスターは、その身振り、しぐさ、表情、発話、身体でイデオロギーを具現化することで、スターとしての名声を獲得してきた。そういう意味で、原節子は、戦前・戦中・占領期・ポスト占領期にわたり、常に映画スターとして、〈歴史〉の欲望に適合するイメージを表象し続けた女優である。

メディアとしてのスター

一九二〇年、原節子（本名：会田昌江）は横浜市に生まれた。一九三三年に横浜高等女学校に入学し、幼少の頃から優等生で、学校の先生を目指していた少女は、経済的理由から女学校を中退、姉の光代が結婚した映画監督の熊谷久虎の手引きで、意図せず映画女優の道を志すことになる。一九三五年、彼女が日活に入社したのは、まだ一四歳のときだった。同年に撮られた『ためらう勿れ若人《なか》よ』（田口哲、一九三五年）で映画デビューした少女は、日活多摩川の撮影所長に、映画の役名であった「節子」から原節子と名づけられた。転機はすぐに訪れる。どの映画監督よりも前途を嘱望され、もう少し長生きすれば、おそらく世界的巨匠として名作を多く残したはずの山中貞雄――惜しくも二八歳で夭逝してしまった、あまりに早熟な映画作家の『河内山宗俊』（一九三六年）に大抜擢されたのである。

そして、偶然その撮影現場を見にきていたナチスドイツの監督が、原節子を自作へと起用することになる。『新しき土』（アーノルド・ファンク、一九三七年）への出演が決定し、教師を目指していた横浜の少女は、一躍世界に知られる有名人となるのである。このたび重なる偶然が、彼女の人生を、そして、日本映画史を変えてしまう。

日独合作映画『新しき土』で彼女は、ドイツと日本の関係における理想的な「日本の女性」を演じた。この作品は、ハリウッドでも活躍していた「山岳映画」の巨匠の大作プロパガンダ映画で、日独関係の強化のための国家的事業であった。西洋人のまなざしからその美貌が認められたということは、戦中／戦後のコンテクストを考えるときわめて大きな意味をもつ。その後も、『ハワイ・マレー沖海戦』（山本嘉次郎、一九四二年）や『決戦の大空へ』（渡辺邦男、一九四三年）などの戦中の国策映画では、男性や国家に献身する「日本の女性」の規範や美徳を体現した。そして戦後、『緑の故郷』（渡辺邦男、一九四六年）、『わが青春に悔なし』、『安城家の舞踏会』（吉村公三郎、一九四七年）、『青い山脈』（今井正、一九四九年）などを中心に、封建的な社会から女性を解放する民主主義の指導者として、戦後を主体的に生きる新しい日本人の理想を映像化し、その一方で小津安二郎の「紀子三部作」では、敗戦によって脅かされた伝統的価値＝喪失した過去をノスタルジックにスクリーンに仮構していった。戦前から戦後へ、昭和という激動の時代とともに、彼女の身体はさまざまな〈日本〉を視覚化してきたのである。

映画と戦争の時代を生きたスター女優・原節子の身体イメージには、「トランスナショナル」な欲望が拡がっている。明治以降の日本において、近代化とは日本内部で目指された「ナショナル」なものではない。常に西洋という参照点があり、その関係のもとで日本は国体を形づくってきたのである。すなわち、文明開化以後、とりわけ二〇世紀において、「日本」のあり方の価値判断は、西洋に向かって「越境《トランス》」しようとする欲望によってなされてきた。そして、いったん外部を経由することによって、その関係性のなかで自己＝日本《ナショナル》を規定してきたのである。日本を代表する原節子のようなスター女優とは、まさに既存のあり方を否定したり肯定したりする欲望の媒介、すなわち、西洋へと「越境」することによって自己を（再）規定していく「トランスナショナル・メディア」だといえよう。

原節子は日本人観客の「トランスナショナル」な欲望を反映する媒体として、戦中も占領期も理想のあり方を映像化した。だが、彼女のスターペルソナが、軍国主義／民主主義の媒体＝巫女《メディウム》として、なぜ国民国家の記号《ナショナル・シニフィアン》を連続的に引き受けられたのかは、疑問に付されたままなのである。戦後とはまったく異なるイメージを戦中に呈示していた彼女が、なぜ戦後の新しい女性像に簡単に転身できたのだろうか。たとえば、軍神と呼ばれた東宝のスター藤田進は、「民主主義」のイメージをスクリーンで体現できなかった。あるいは、山田五十鈴や田中絹代も、戦後民主主義の女性には適合しなかった。だが、同じ戦前派スターでも、高峰秀子、高峰三枝子、原節子などのスターは、民主主義的なイメージを取り込むことができたのである。

銃後の女性として印象づけられてきた原節子が、軍国主義から民主主義へと統治主体が変わった歴史的転換を、なぜ最前線で引き受けることができたのか。しとやかに微笑《ほほえ》みながら古典的な美をシンボリックに体現する、今日においても支配的な原節子のイメージの内実にせまり、その単一的な神話の矛盾を剔抉《てっけつ》すること、あるいは、言説的に構築され、神話化された彼女のイメージを同時代的なまなざしによって捉え返すこと。こうした問題意識が本書には貫かれている。つまり、スターと社会的コンテクスト、換言すれば、メディア・テクストとしてのスターと同時代的な観客との関係を追究することが目指されているのである。たとえば、原節子の映画を戦前から観てきた小林信彦の言葉に耳を傾けてみてもその意義は明らかだろう。

結果的に彼女の引退作品になった稲垣浩の「忠臣蔵」（一九六二年）までリアルタイムで観た人間

としていえば、女優・原節子を〈小津的世界〉の中でのみ認めるのは、狭い、窮屈な見方だという気がしないでもない。[▼2]

ここで私たちに要請されているのは、まず小津映画より前のイメージに遡らなければならないということだろう。なぜなら、「永遠の処女」と呼ばれるような、貞淑な原節子のイメージを固定化する小津映画の表象の力が、あまりにも規範的に、強力に機能してしまうからである。小津や成瀬と組んで編み出してきた芸術的テクストよりも前に、原節子は黒澤明、今井正、吉村公三郎といった名高い巨匠たちと映画を作っているのだ。だが問題はそれだけではない。見過ごされている多くの「大衆映画」は、衛星放送でたまに放映されるか、公的機関や映画会社が保存しているか、あるいは同時代的に映画を観てきた観客の記憶のなかにある。いまや巨匠監督の作品以外は、回顧上映もほとんどされることがなくなってしまった。つまり、多くの映画は、現代の一般観客の手の届くところにないのである。私たちは戦前・戦中も含めたフィルムを掘り起こしていかなければならない。とりわけ原節子のイメージを捉えるとき、この時期に大衆に人気の高かった島津保次郎、山本薩夫の映画はきわめて重要な素材となるのである。

本章では、原節子の戦前／戦後の連続性を考えるために、『わが青春に悔なし』をきっかけとして、戦前・戦中の山本薩夫や島津保次郎の映画における原節子のパフォーマンスを見ていきたい。すなわち、敗戦を分水嶺とするこれらの映画に貫通するパフォーマンスを捉えることによって、なぜ彼女のスターペルソナが、プロパガンダと親和性が高かったのかを明らかにしたいのである。四方田犬彦は、原節子を李香蘭と対立させせながら、神聖な「静止する身体」、あるいは「性的欲望の不在」[▼3]と述べた。だが、このように統合され観客に内面化されている原節子のイメージからこぼれ落ちてしまう、もう一人の原節子を、彼女のメディア・テクストから追究していきたいと思う。戦中／占領期に一貫して見られる類いまれなる個性こそ、プロパガンダを必要とした歴史的転回に要請されるペルソナであり、彼女（時代）の連続性を捉える鍵となるだろう。

2　『わが青春に悔なし』における受容

「女性解放映画」としての『わが青春に悔なし』

政治的転換期にあたる占領期の映画館は、ＧＨＱの思想統制という「不自由さ」のなかで民主主義の名のもとに「自由」が表現されていく奇妙な時代である。日本のメディアから軍国主義と封建思想を一掃し、民主主義の普及に役立つ映画を作らせることを占領の基本方針としたＧＨＱは、「日本映画を強力に指導」し、「とくに最初の約一年間がその点できわめて積極的だった[4]」。だが『わが青春に悔なし』は、ＣＩＥ映画・演劇課の初代映画班長となったデヴィッド・コンデが事実上プロデューサーしたとされる『大曾根家の朝』（木下恵介、一九四六年）などの「ＧＨＱ映画」ではなく、東宝のプロデューサー松崎啓次が発案したものであった[5]。彼が脚本家の久板栄二郎に話をもちかけ、黒澤明に打診した経緯を「製作覚書」として一九四六年七月に雑誌に記している[6]。とはいえ、『わが青春に悔なし』もまた、ＧＨＱが求める「民主主義啓蒙」の要素を多分にもった重厚な作品であった。

原節子は、反戦運動で大学を追われた教授の娘である幸枝を演じた。父の弟子であり京都大学に通う野毛（藤田進）と糸川（河野秋武）との青春時代を経て、自らの充足した生き方に疑問を抱く彼女は、反戦運動家として自分の人生を貫く野毛に惹かれ結婚する。だが、スパイ容疑で検挙された野毛は獄中で死んでしまい、幸枝は農村で貧しい暮らしをする野毛の両親のもとへ住み込み農作業を手伝うことを決意する。戦中は村人たちに迫害される幸枝だが、敗戦を迎え軍国主義が敗れると、彼女は自らの信念を貫き、農村改革運動の指導者となって新しい国家の構築に腐心するという物語だ。

封建的・家父長的・女性蔑視的・軍国主義的な制度や男性に対して、被害者となってきた女性が立ち上がる「女性解放映画」が占領期に盛んに作られ、自発的に考える自立した「新しい女性」のイメージがしばしば表象された[7]。この作品もまた、満たされた生き方を懐疑し、主体的に農村文化運動の担い手となっていく女性の自立を描いた「女性解放映画」に位置づけられる。だが、この作品は幸枝という女性の描き方をめぐって批評家に酷評されたのに対し、一般大衆には圧倒的な人気で迎えられることになった。つまり、インテリの男性批評家と一般の若者観客の受容には、決定的なずれがあったのである。なぜそのようなことが起こったのか、それを解明していくために、戦前に思春期を過ごした世代を「戦前派」、戦中に思春期を迎えた世代を「戦中派」と便宜的に区別し、まずは、映画雑誌のテクストを占有していた戦前派の男性知識人たちが、いかにこの作品を評価したのか確認しておこう。

男性批評家の受容

映画評論家の飯島正（一九〇二―一九九六）は、「この作品の主人公が、おそろしくアブノーマルで人間味のない点は、指摘しておく必要があろう」[8]と批判した。北川冬彦（一九〇〇―一九九〇）も、幸枝を病的な性格の女性と形容して、「そのような変質的な女性が唯一の集中された人物であると云うことは、観客によい感銘を与えるものではない」[9]と酷評した。瓜生忠夫（一九一五―一九八三）もまた、不幸な運命に陥れた軍閥や財閥が幸枝の不幸の原因として描かれておらず、幸枝自身が不幸の原因であると指摘し、原因は「エキセントリックともいえる幸枝自身の空想のせいであって、誰のせいでもない」[10]と評している。ちなみに、新聞の映画評も「原節子を使いこなした演出者の努力は立派だが、その姿がヒステリじみて見えるのは演出者の至らなさである」（『朝日新聞』一九四六年一〇月一三日付）と批判的な記事を掲載した。

北川冬彦が幸枝を「病的で偏執的」である根拠として例示しているのが、糸川と野毛との応接間でのシークェンスだ。二人に好意を抱いている幸枝は、あまりに対照的な二人の言動に揺れ動く。思ったことをはっきりという情熱的で行動派の野毛に、人の言葉を素直に聞こうとしないところを指摘され、「あなたの知っていることなんて、この窓から覗いたきれいごとですよ」といわれた幸枝は、野毛への怒りというよりも自分への憤りをピアノの鍵盤にぶつけることしかできない。野毛が去った後、幸枝は、二人きりになった糸川に不遜な態度でタバコに火をつけるように促したかと思うと、すぐにタバコを引きちぎって捨て、今度は「頭を床にすりつけてあたしに謝るのよ」と言い放つ。

北川はこのシーンで「糸川がそのとおりにすると、よして、もういいわ、などという奇矯な行動をする女[11]」と書いている。正確にいえば、糸川はその通りにしようと跪《ひざまず》いただけで、頭を床につけてもいないし頭を下げてもいない。これは映画というメディアが現在のような「記録メディア」ではなく、「記憶メディア」であったことの証左であり、黒澤の造形した女性像が戦前派の北川にとっていかに屈辱的であったかを示唆している。批評家たちは、戦時中に警官や軍人の嫁や軍国の姉を演じ、従順で清らかなイメージを見せていた原節子の「男性的」な身振りを集中的に批判したのである。だが、こうした批判の要因は、女性の自我と自立を描いたことへの世代的なミソジニー（女性蔑視）だけではなく、分析的に芸術を観ることを要請される職業的見方にも起因している。

強い自我をもつ女性像への批判と関連しながら、黒澤の演出、あるいは技巧と内容の不一致を批判する言説も多く残されている。「世間の評判とは逆に、黒澤は芸術的には完全に失敗」だという瓜生忠夫は、幸枝の人間主義的で小市民的なヒューマニズムではなく、野毛の抑圧された階級的ヒューマニズムを中心としてプロットを転回させることが「テーマを生かしうる道であり、それが正しいドラマトゥルギーであった」が、黒澤が「芸術的破綻の危険を冒してまで彼〔黒澤〕の〝エゴ〟を主張した」ことによって「芸術的に形象化されはしなかった」と批判している。瓜生は、その無理が「この映画から時代的な感覚、歴史性というものを大半喪失させるに役立ち、同時にプロットのもつテーマの本道から外れていたために、野毛を観念化することによって、逆に幸枝さえも抽象化させるに役立つだけであった」としている[12]。

映画評論家の津村秀夫（一九〇七―一九八五）も、『わが青春に悔なし』は「力の配分を誤ったし妙にシャッチョコ張って映画の肉体にしこりを生じている」[13]と述べている。ここであげてきた大物批評家たちの言葉からも明らかなように、当時の評価としては、幸枝の人物描写、内容と形式の統一感の欠如が多くの批評家に批判され、作品的には失敗作とする者が圧倒的に多かったのである[14]。

「批評」という営み

確認してきた批評言説からも明らかなように、これまでのほとんどの技術論的批評は、原節子というスター女優を見ていない。つまり、作家としての黒澤明がどのように「役柄」を造形したのか、どのくらい「規範的」な映像表現をしたのか、それを評価しているにすぎない。このフィルムの断片的シーンがもつ迫力は、映画を「統一された芸術」かどうかで判断する批評家の職業的営みによって、統一からの逸脱という烙印を押されてしまうのだ。いかに分析的＝職業的な映画の見方が退屈きわまりないかがわかるだろう。換言すれば、これまでの批評家は、黒澤の演出を裏切って突き抜けていくような原節子のパフォーマンスを、作家主義的な技術の巧拙に還元してしまっているのだ。だが、職業的な見方を要請されない一般観客の自由な映像体験は、断片に宿る映画の力を捉え損なうことはない。同時代の映画の観客の声に耳を傾けてみよう。

フォアイエ・ベスト・10は嬉しいけれど、私にはとても20本を選出する良心的なエネルギイがなさそうです。映画を見る場合、私は屢々《しばしば》そのシインシインを描こうとする感覚のみに。おおかた

の興味をよせてしまって、全的にその映画の価値を批判するということはまだ不可能です。▼15

これは一九四〇年の雑誌における読者の投稿だが、戦中も戦後も読者投稿欄に寄せられる多くの投稿に見られるのは、あるシーンのスターのクロースアップの素晴らしさ、二人の出会いがいかに美しかったか、そういったシーンに惹きつけられる観客の声だ。

ファンが語り合える場を提供していたファン雑誌では、映画の断片のスターに対する賞賛の声が熱く語られている。映画の受容を考えるとき、私たちはこういった感覚に敏感にならなければならない。統一的な物語として作品を評価する批評的営為による「映画の受容」は、観客の受容の一部、しかも職業的な営みにすぎない。『わが青春に悔なし』における映像表現の豊かさもまた「批評」という職業的なまなざしによって捨象されてしまっている。だからこそ、原節子というスターの躍動する身体と黒澤の表現技法が、当時の大衆にとっていかに強力なイメージをもちえたかを捉え損なってしまうのだ。ここでは、見過ごされてしまった黒澤明と原節子の協働による映像の力が、いかに当時の観客に衝撃をもたらしたのかを明らかにしていきたい。

若者／一般観客の受容

一九四六年の映画のなかで、他の映画に比類なくこの作品が若者観客に訴求力をもったことは、すでに述べたファン雑誌の調査からもわかる。読者が選ぶ一九四六年度のベストテン第一位は『映画ファン』でも『新映画』でも『わが青春に悔なし』であった。『新映画』は「映画評論家達に依って決定されたものではなく日本映画を心から愛好する映画ファン大衆の手に依《よ》って直接選定された所に大きな意義がある」とし、同誌のベストテンを「大衆の声を偽りなく反映する」と述べている。▼16そこでは『わが青春に悔なし』（六二二票）が第一位、『或る夜の殿様』（六〇五票）が第二位であった。『映画ファン』も第一位は『わが青春に悔なし』(一三四五票)で、第二位の『或る夜の殿様』(九一四票)を四〇〇票もリードしているのは「回答者の大半が二十歳前後の年齢層であることにもよるだろう」としている。[17]

このように一般大衆から圧倒的な人気を集めた要因として、二つの場面が想定される。一つは、序章で触れた大島渚が他のシーンを読み替えるほどの衝撃を受けたという冒頭の〈青春〉のシークェンス、そしてもう一つはモンタージュされた原節子の身体が異常なエロスを帯びる終盤のシークェンスだ。まずは前者に関して、論点を明確にしておこう。原節子は、戦中派が戦争によって喪失した観念としての〈青春〉に具体的なイメージを与えることで、その代理的機能を果たすほどの強烈なイメージを観客の脳裏に刻みつけた。浮上してくるのは、他の女優であってもよかったのではないか、といった類の反論だろう。

本書は、若者観客と〈青春〉という関係性だけでなく、占領期は、一貫して原節子というメディア・テクストでなければならなかったこと、彼女の個性的なアイデンティティだからこそ日本国民に欲望されたことを、社会的コンテクストから明らかにしていく。貞操を守りながらも頑強な意志をその西洋的な「顔」によって表現できるスターであった原節子だからこそ、〈青春〉の女神として、特別な意味をもち続けたのだ。

敗戦直後の映画館で、〈青春〉を主題化する黒澤映画の表現が、当時の一般観客にとっていかなる文化的意味をもちえたのか、ここで目指されるのは、そうした受容の差異を生み出す映画スターとシネアストによる映像表現と観客の文化的コンテクストの分析である。[18] 議論を先取りしておこう。戦前派と戦中派、これまで映画観客における認識のずれには多くの世代論が適用されてきた。[19] それから、男性と女性、受容の差異におけるジェンダー論も同様である。もう一つの視座が導入されなければならない。先にも触れた、分析的＝職業的な「不自由さ」をともなう鑑賞様態。それに対する感覚的＝

情動的で「自由」な映画経験である。

むろん、これは、当たり前のことをいっているにすぎない。だが、この映画に関していうならば、占領初期の時空の、ある世代による、「自由」な鑑賞にしか成立しない、きわめて歴史的な映像体験が見出されるのだ。戦争体験の世代的な差異、知識人と一般大衆の差異、そして職業集団と一般人の差異、こうした属性が互いに絡み合いながら作品の受容を決定している。ここでは「自由」に観るモードを意味づけていく社会的コンテクストを重視しながら、戦中派の若者観客の受容の内実、感覚的で情動的な受容モードを捉えていきたい。観客を分裂させる〈青春〉という主題、そしてそれを演じるスター女優のパフォーマンスがいかに価値づけられたのか、時を超えてテクストを生産できるようになった戦中派の言葉、同時代に書かれた手記、読者投稿などから、歴史に埋もれてきた一般観客の声に耳を傾け、一つ一つすくいあげていこう。おそらく、分析的＝職業的なまなざしでは捉えきれない映像の力を感じられるはずだ。

＊

この映画を一六歳のときに観た少年は、「感動した私は、はじめて、映画批評というものを本気で読んでみた」と述べ、その悪評に「はぐらかされたような印象を受けた」と記している。雑誌の投稿論文から映画批評家として活躍の場を見出していった映画評論家の佐藤忠男（一九三〇—）である。彼は、『わが青春に悔なし』に感動したあまり、これらの批評に注目した」と述べ、「私は、おとなたちが、この映画にいっこう感動していないばかりか、以上のようないいかたでけなしているのにびっくりしたのだった」と当時の体験を振り返っている。[20] 彼と同様、こうした批評家の分析的＝職業的な見方に反発するような意見が読者投稿にも寄せられている。

> 「わが青春に悔なし」は、近来の日本映画界に最も頼もしい映画だった。批評の対象となる作品が出なかった事が安易な映画批評を生ぜしめたが、かくの如き作品を期として真剣に考えてもらいたい。元来批評は厳しい論理の結果から生ずるものであったのだ。批評が批評のための批評なら其《そ》の存在は許されない。この意味で青春を通じての映画理論、演出者黒澤明の性格、カメラの活動等を論じても良いではないか。[21]

『新映画』の「読者欄」の投稿からは、佐藤忠男のもった感想と同じように、批評家の分析的態度によってこの映画が不当に扱われていることに対する不満がうかがえる。すなわち、黒澤明の個性的な作家性やカメラの分析、あるいは〈青春〉という主題がいかに映像化されているかを論じるべきだという一般読者からの批判的な投稿だ。では、実際に、戦中派の若者観客はこの映像をどのように観たのだろうか。

＊

冒頭の〈青春〉のシークェンスの鮮烈なイメージは、大島渚と同い年の若者観客であった矢島翠（一九三二—二〇一一）にとっても、特別なものとして記憶に残り続けた。彼女は少女にとっての最大の関心事である恋愛についての具体的イメージを映画でふくらませていき、「物質面だけでなく、感覚や精神の面にわたって、あらゆる贅沢が禁じられていた戦争の時代のあとで、その世界はまぶしかった」と記している。

> 私は、たとえば『わが青春に悔なし』なら、五月の木もれ日の中を学生たちが原節子を追いかけて走るシーンといったように、自分のなかにある恋愛へのあこがれが求めていたイメージだけを

勝手にえらび出して、満足していた。はじめに書いた、農村に行ってからの原のすがたなどは、ずっとあとになってフィルム・ライブラリーあたりで見直したときに、はじめて気づいたぐらいである。▼22

物語の筋による思想の伝達は分断され、「あこがれ」のイメージのみが矢島によって選び取られている。冒頭の男女の戯れが、戦前であれば「不謹慎」な描写として禁止されたことを考えると、戦争直後の「解放されたイメージ」が、女性観客にとっていかに生き生きとして見えたかは想像に難くない。戦中の重々しい物語は忘却され、原節子と男子学生が駆けていく〈青春〉の描写のみが鮮烈なイメージとして、少女の記憶のなかで分節化されているのだ。

序章で取り上げた大島渚の言葉をもう一度ここで思い出してみよう。当時、中学三年生だった少年は、映画の冒頭で〈青春〉が「輝かしいもの」として提示されたときに、すでに感動のとりこになっていた。そんな彼にとっては、エキセントリックな幸枝の性格も、農村の苦難も、何もかもが「輝かしいもの」に見えてしまった。彼はそのように書きつけている。ここでも矢島翠と同じように、物語の中心である思想弾圧の重圧のなかで生き抜く主題は、原節子と男子学生たちの輝かしい描写によって、〈青春〉の形態として読み替えられているのである。

こんな「輝かしい青春」を「戦時中の過去においても持ってはいなかったし、未来においても持てそうになかった」大島渚は、映画に描かれた「青春を燃える憧憬のまなざしで食い入るように見つめつづけた」。こうした状況にあったのは大島渚だけではない。大島が戦中派の若者観客を代弁したように、戦中派の観客はスクリーンに投影された〈青春〉を、自分たちが戦争によって喪失した〈青春〉を、憧憬のまなざしで見つめ続けた。占領下の貧困な日本で、これから先の未来も「輝かしい青春」をもてないと感じた彼らの現実は、スクリーンに投影されたフィクションの世界とあまりにも乖離していたのだ。

戦中派にとっての〈青春〉

そもそも戦中派にとっての〈青春〉とはいかなるものだったのか、彼らの語りから捉えておこう。一九三七年の日中戦争から敗戦まで思春期をほとんど戦争とともに生き、二二歳で敗戦を迎えた女性は次のように書き記している。

よく人は青春が再び還ればよいという。何という幸福な時代に育った人の言葉だろうか。私にとって青春とは、あのみじめな戦争の記憶と切っても切り離せないために、最もいまわしい時期であるのだ。[23]

女優の角梨枝子（一九二八―二〇〇五）も、自分の思春期について「女としては確《たしか》に春の目ざめの時期であったのだと思いますが何しろあの荒々しい現実の中では、夢みるようにそれと自覚することなく、むしろ人間一般の、生きるという無茶苦茶な欲望だけで生きていたように思い返します[24]」と話している。また、海軍に志願し戦闘に参加して生き残った青年は、二十歳の誕生日に、より屈折した感情を手記に発露させている。

二十といえば、ようやく人生のとば口に脚をかけたところで、一般に青春のさかりどきといわれているが、おれにはそんなはなやいだ実感は少しもない。［……］軍艦の中には〝青春〟といえるものはなかったし、これからもそれに胸をときめかすようなことはまずないのだろう。おれの青春はけっきょく封印されたまま評決し、戦火の中にくびすを返して風のように過ぎ去ってしまったのだ。[25]

若者観客が残したテクストの痕跡、青春時代を戦争とともに生きていた者たちに残り続けた映像の記憶を検討すると、この作品の映像表現が、戦争によって奪われた〈青春〉の集合的イメージとして強力に作用したことがわかる。それは、脚本家・小説家の高橋治（一九二九―二〇一五）の「あの頃の映画は娯楽じゃないからね。人生そのものだった。体験出来ない人生を体験させてくれた」[26]という語りからも推しはかることができるだろう。

敗戦直後の飢えと貧困のなか、戦中派にとって、映画における〈青春〉のイメージは、戦中の厳しい思想・身体統制、そして占領期にかけての貧困によって奪われた／喪われた〈青春〉を代補するほど大きな役割を担っていたのである。大島渚の吐露した喪失感や未来への不安は、同じような条件のもとで映画を鑑賞した一定の観客に共通するものだったはずであり、冒頭の〈青春〉から他の場面を読み替えるような受容は、決して彼だけに特有の映像体験ではなかっただろう。だが、青春映画や恋愛映画であれば何でもよかったわけではない。ここで問われるべきなのは、黒澤明が他の映画といかに異なる映像表現をしていたかである。彼は、どのような意図をもって映画製作に臨み、俳優を演出していたのだろうか。

3　黒澤明の映像表現

黒澤映画の特性

将来を嘱望された若き映像作家が監督としてデビューしたのは戦時体制下であった。戦中の軍国主義のもとで製作された監督デビュー作であり圧倒的な人気を誇った『姿三四郎』（一九四三年）、光学兵器を作る工場で働く女子学生を描く生産増強映画の『一番美しく』（一九四四年）、そして占領下の民主主義映画である『わが青春に悔なし』（一九四六年）にいたる、戦中から占領期の政治的転換を超えても通底する一貫した黒澤の表現技法と、それが与えた衝撃を、一般観客の受容も視野に入れながら確認していこう。

黒澤明の助監督であった堀川弘通（一九一六―二〇一二）は、『姿三四郎』が断然抜きん出ているのは、「その映像が瑞々《みずみず》しいこと」であり、外国映画を幼少期から見続け、映画の表現やリズムを身をもって感じ取り、映像化の方法を身につけているからだと論じている。[27] また映画評論家の山田和夫（一九二八―二〇一二）は、当時一五歳の旧制中学生でこの映画を観たときのことを、「まるではじめて映画を見たかのような新鮮な衝撃に魅せられ、画面に見入った」[28] と記し、本作が空前の大ヒットとなったのは、アメリカ映画から学び取った映画的表現の魅力が、当時過酷な日常生活を送り、窮屈な国策映画しか観られなかった国民にとって、久しぶりに味わう人間的な喜びとなったからだと論じている。ここで山田が指摘するジョン・フォードなどのアメリカ映画の影響、「アクションの切れ」、「激しい劇的環境の出現」などは、女性が主人公である『わが青春に悔なし』においても、いかんなく発揮されることになる。

飯島正は一九四三年に、時代劇映画の一つの型である活劇場面の処理が「誇張された様式」で、従来のものとはちがった新鮮味を出していると『姿三四郎』を評価し、主題の把握はもう一息であるが、画面内の動きの演出にも周到な注意がうかがわれ、ショットのモンタージュも効果的で、「視覚的な映画の流れは、よどみなく調子がいい」[29] と記している。黒澤は初期から対象を静的に描くのではなく、アメリカ映画のダイナミックな誇張表現をともなうショットのつながりや、画面内の映像の〈動き〉によって、映像の力を最大限に引き出すような表現を実践していたのである。一九四八年の批評でも、『姿三四郎』から『酔いどれ天使』（一九四八年）にいたる監督作品に関して、「黒澤明の特色は映像の動きの魅力を表面におしたてて、それによって内容を際立たせて行く所」にあると論じられている。▼30カメラワークと俳優の運動がもたらす動的な視覚イメージによって、黒澤映画がハリウッド映画にも通底する〈動き〉の魅力を観客に与えていたことは、初期の映像表現からも明らかであろう。

もう一つ、黒澤明が他の同時代の監督と一線を画すのは、俳優の演出の仕方である。三船敏郎という個性的俳優に出会う前から、すでに『姿三四郎』で、頑強に行動する藤田進の個性を最大限に映像化していたことからも、黒澤が描きたい人物に執着し、その個性を引き出すように演出する監督であることがわかる。そうした傾向は、没個性的に国家や男性に献身する良妻賢母が理想とされた戦中の女性たちを描いた『一番美しく』でも見出せる。山田和夫は、主人公の渡辺ツルを、戦中の国策映画であっても、一貫して自分の意志の貫徹として、「滅私」の日常に立ち向かう「それまでの日本映画にはめったに登場しなかった強い自我を持つ女性の誕生」であるとし、『わが青春に悔なし』のヒロイン像は、まさにその延長線上」にあることを指摘している。▼31

戦時中、男性や国家に献身し、没個性的で受動的な女性像が多くの映画で描かれていたが、すでに戦中において、黒澤の描くヒロインは、強い意志をもち、目的に向かって猛進する女性イメージを呈示していたのである。男性であれ女性であれ、「個」を抽出する演出と、戦中の家父長制度の反動のもと要請された民主主義の新しい女性としての「個性」は、原節子というスター女優の身体に結実することになる。なぜなら、後で述べるように、原節子もまた強い意志をもつパーソナリティを雑誌メディア等で構築し、他のどの女優よりも強力に、戦後の女性像を準備していたからである。

『わが青春に悔なし』における〈動き〉と自我

黒澤明は、戦前・戦中に国策映画に加担したことなどの自身の「迎合」や「逃避」を反省し、「私達日本人は、自我を悪徳として、自我を捨てる事を良識として教えられ、その教えに慣れて、それを疑う事すらしなかった」が、「私は、その自我を確立しない限り、自由主義も民主主義も無い、と思った。戦後の第一作「わが青春に悔なし」は、その自我の問題をテーマにしている」と自分の考えを語っている。[32] これまで抑圧されてきた自我を原節子の身体によって解放させようとしたことは、彼が原節子に関して、「日本人には珍しい立派なマスクや姿態に日本映画が位負けし」、「肉体的条件の立派さを持てあまして立ちすくんでいる」と記し、彼女に「日本映画全体の大きな希望が託されている」と述べていることからもうかがえる。[33] 撮影後の座談会で、黒澤明は次のように話している。

> 節ちゃんが持っているマスクや体では、平凡な中によさがあるという役はやりにくいんではないかな。何か、節ちゃんの性格というのは、本当は温和《おとな》しくってさ、気持は平凡な日本の女の人と違わないだろう。それなのに顔だとか体の感じはそんなじゃないんだよ。[34]

こうした言説からも黒澤明が、自我を描くため人物造形に力を入れ、原節子のもつ身体性に着目していることがわかるだろう。彼は脚本を書いた久板栄二郎に妥協することなく、自らの自我のイメージを投影し、黒澤なりの「民主主義」＝「自我の確立」を戦後の観客へ伝えようとしたのである。[35] では、こうした稀有な身体性をもつ女優の「自我」や、映像の〈動き〉は具体的にどのような撮影技術や編集によって描写されていたのだろうか。

ハリウッド映画を多く観てきた黒澤は、プロデューサーの松崎と、脚本家の久板と『わが青春に悔なし』のストーリーを練り直しているとき、「今の日本映画が忘れて居る様に見える映画的な表現を、この映画で、思い切って活用しようではないか」と述べたという。[36] 公開直前の映画雑誌にも、次のような黒澤の論考が掲載されている。

図2-1　白いブラウスの原節子

図2-2　原節子のクロースアップ

図2-3　ヒロインと男子学生たち

図2-4　躍動する原節子の身体

以上4点『わが青春に悔なし』（黒澤明、1946、東宝）

近頃の日本映画はキャメラの尻が重い。無精ったらしいと云いたい程尻が重すぎるのである。キャメラがもっと精力的に動かねば映画は面白くならないと思う。もっと見せると云う意欲が逞《たくま》しくならなければ、映画は面白くならないと思う。[37]

実際に黒澤は、冒頭の〈青春〉のシーンで、三角関係を図式的に示す視覚的な構図、サイレント映画のようなクロースアップの原節子の微笑みなど、アメリカの娯楽映画の要素を視覚的に盛り込むと同時に、吉田山を駆け上がる原節子と、それを追いかける学生たちの躍動する身体を〈動き〉によって捉えている。このシーンで〈青春〉がいかに画面内の運動とともに表象されているかを見ていこう。

まず、オープニングから約一分半、カメラは遠景に人物を捉え、人物の顔ではなく、後姿や足元を映す。白いブラウスに身を包む原節子の周囲には、黒い学生服を着た男たちが配され、その純白の女性を引き立てている【図2-1】。ワンショットだけで三角関係の構図が描かれ、原節子の表情のクロースアップが映し出される【図2-2】。その後、野毛が強引に原節子の体を抱きかかえたり、原節子を男子学生が追いかけたりと、短いシークェンスに〈青春〉のイメージが凝縮されている。効果的に〈青春〉を演出する黒澤明の技術とクロースアップにより、白いブラウスに身を包んだ原節子の魅力が画面と女優の〈動き〉によって引き出されていることがわかる。

吉田山を駆け上がるショットにおける原節子の躍動する身体は、戦中の軍部の統制下では不可能な表象であり、その瑞々しいシークェンスの原節子は、それまでの制御された身体性を完全に逸脱する。のびやかな肢体を目いっぱいに振り山道を疾走する原節子と、彼女を追いかける学生たちの群れを、左から右へとパンするカメラが何度も捉える【図2-3】。黒澤はここで、カメラのパンの動きと走り抜ける俳優の動きをダイナミックに一致させている。これは『羅生門』（一九五〇年）で志村喬や三船敏郎が森を駆けていくシーンや『七人の侍』（一九五四年）で侍たちが走るシーンへと直結するショットと編集だ。繰り返し映される長いシーンでありながら、撮影と編集が運動の効果を発揮し、映像の「速度」を観客に感じさせる映像表現である。戦中には撮ることも観ることも許されなかった男女の〈青春〉が、冒頭の原節子の躍動する身体によって復元されているのだ【図2-4】。

4　若者観客と誇張された〈青春〉

抑圧された主題

〈青春〉の表現に特別な感情をもったのは、なにも黒澤だけではなかった。ある批評家は、木下恵介の今日までの系図を考えると、「新人として出発し、5、6年の間すべては戦争強化の一途の中にあ

図2-5　歌う井川邦子のクロースアップ

図2-6　ヒロインと男たち

って、彼には作品の上に於《おい》て全く青春がなかった」と書き、彼の作品に「青春時代だけがスポッと空虚に穴になっていることを考えずにはいられなかった」[38]と述べている。木下恵介の『わが恋せし乙女』（一九四六年）でも、黒澤映画と同様に、かなり誇張された〈青春〉のイメージが表象されている。一九三九年の映画法において制限された主題の一つが〈青春〉の描写であり、その多くが「エロ」や「不健全」とされ検閲の対象となった。主人公の男女がもつれ合いながら転び、足を引っ張り草の上で戯れる木下の〈青春〉のシーンは、間違いなく戦中には描くことはできなかった主題である。

この場面には、『わが青春に悔なし』に通底する女性表象が見られる。まず冒頭、少女時代の美子が歌うシーンから、大人になった美子が歌うショットに切り替わるとき、白のブラウスに身を包む原節子の登場のシーンと同様に、井川邦子の顔のクロースアップが純真なイメージで映し出される【図2-5】。続いてカメラは彼女を取り囲む男たちと、その中心で歌う井川邦子を捉える【図2-6】。二人の監督に共通するのは、同じ衣裳で統一された男たちを集団として描き、清楚な衣裳で純真なイメージをもつ一人の女性をクロースアップで捉える対比的描写であり、〈個〉としての女性が視覚的に演出されている。つまり、真っ黒な学生服を着た男たちに対して真っ白なブラウスを着た原節子を、麦わら帽子をかぶり上半身が裸の原始的な男性労働者に対して美しい声で歌う井川邦子を対置することで、純真な女性とその価値を引き立たせているのだ。

その後に続くのは、からかわれた原保美が井川邦子に飛びかかり、もつれ合いながら転び足を引っ張る二人きりのシーン。ここでも〈青春〉のイメージは誇張され、ロマンティシズムの様相を帯びている。黒澤同様、一九四三年に監督デビューした木下にとっても、〈青春〉は描くことができず抑圧された主題だったのである。だが、木下恵介の描いた〈青春〉は、黒澤の映像が観客に与えたほどのインパクトをもつことはなかった。二つの〈青春〉を隔てるものは何だったのだろうか。

復元される躍動的な〈青春〉

『わが青春に悔なし』は「黒澤にとって「青春」の復活でもあった。戦争中は「青春」を描くことさえ、「米英的」とか「軟弱」とか、ひどいときは「猥褻」とまで当局にきめつけられた」が、山田和夫がいうように、この映画で黒澤に「青春が描けるときが来た」のである[39]。黒澤自身も、「恋愛は猥褻行為であり、青春の新鮮な感覚は米英的な精神状態」だとされ、「戦争の間、映画はまともに青春を描く事は出来なかった」が、〈青春〉を引き立てる風景を描けることに「当時は特別な感慨を持って撮影した」と自伝で記している。「当時の青春は、銃後という名の牢獄の檻の中で息をひそめていた」という黒澤の比喩は、誰もがもっていた〈青春〉のイメージを動的メディアでは観ることが許されず、心の中に抑圧されていたことを示唆している[40]。つまり、表現者にとっても、観客にとっても〈青春〉は禁忌だったのである。ここからも、黒澤明が〈青春〉の表現に力を入れていたこと、そしてそういったイメージに魅了される観客の文化的コンテクストがわかるだろう。

大島渚は「十二分に映像効果を意識して書かれたこの冒頭の部分の「輝かしい青春」の表現が、黒沢明自身のものであることは疑いない」と書き、その理由は、こうした青春の表現が、同じ年に同じ久板栄二郎によって書かれた『大曾根家の朝』（木下恵介、一九四六年）にはないからであると述べている。[41]敗戦直後に彼らが描いた〈青春〉は、リアリティのないイメージという共通点こそもっていたが、黒澤映画の〈動き〉による身体の躍動感や自我の造形は、木下映画とは決定的に異なっていたのである。すなわち、〈青春〉を描いた他の映画と『わが青春に悔なし』を隔てる映画的運動こそが、戦中派に独特な鑑賞様態をもたらした要因であり、黒澤が描いた〈青春〉と、それに特別な意味を見出す観客とのつながり、そのテクストとコンテクストの接続は、黒澤の過剰な表現技法に関わっていたのである。登川直樹（一九一七―二〇一〇）は、黒澤明の冒頭の〈青春〉の表現を「あまりに稚拙」で「子供臭い誇張」と批判している。

作者は、「青春」の表現のために、大学生の言動の写実から様式を探求する代りに、彼等を幼稚にひきさげることによって誇張しようとしたのだ。［……］私は、彼のうちにもっている「青春」がこの程度だとは思わないが、彼の青春ではなく「青春の把握力」が作家的な直感として未だ不十分であったと解せざるを得ない。[42]

確かに黒澤映画のスクリーンに投影される〈動き〉や自我による誇張は、初期から一貫して見られる作家性であった。だが、東京帝国大学に在籍中から批評活動をしていたインテリの批評家である登川直樹とは違い、一〇代を戦争とともに生きた観客は、思春期から厳しく身体も思想も統制されており、そもそも〈青春〉自体が観念でしかない。だからこそ彼らの心象風景は、黒澤映画の躍動する映像に強烈に刺激されることになった。すなわち、黒澤の〈青春〉が批評家よりも一般大衆に受けたのは、オープニングの〈青春のシークェンス〉が、それ以降の暗く政治的な物語に対して、逸脱するほど「誇張」され「幼稚」だったからなのである。こうした誇張や過剰な表現を批評家の分析的な見方が排除してしまう一方、中学生だった大島渚や矢島翠のような若者観客は、スターが演じる理想化された〈青春〉のシーンを情動的に受け取ることができたのだ。

代理表象（イメージ）としての〈青春〉

国家による厳しい検閲や社会的風潮のなかで、現実空間でも表象空間でも自由な恋愛といった動的イメージが奪われ、経験すらしないまま敗戦を迎えた中学生であったからこそ、矢島翠や大島渚のような若者の受容が成立した。敗戦直後の自由と解放の雰囲気のなか、原節子が全身で体現する〈青春のシークェンス〉は、本当は自分たちが経験したかもしれないのに、戦争に巻き込まれて喪失した時間、あるいは大島のいうように「未来においても持てそうにない」理想化された時間である。

戦中派にとって〈青春〉という言葉は、戦前や戦後に青春を謳歌した世代とは異なる意味をもっていた[43]。だからこそ、戦中に青春を迎えた世代である若者観客にとって、黒澤によって誇張された〈青春〉は、自分にもあったかもしれない（が戦争によって奪われてしまった）イメージ、あるいはこれから先にもありえそうにないイメージの代理表象として機能したのである。

東宝は〈青春〉を犠牲にした若者観客に向けて的確なプロモーションを行なっていた。興行者に向けたプレスシートには、宣伝の仕方について次のように記載されている。

宣伝のポイントとしては、あくまで女主人公（八木原幸枝）の恋愛一本で押し切るべきである。［……］青春の若さに匂い立つ原節子の美しさ、原節子の恋愛映画、原節子が描き出す新しい女性のタイプ、原節子の魅力が同時にこの映画の魅力ともなっていると云うこと、このことを表面に押して頂きたい[44]。

また「予告放送」では「青春とは何か、青春とは如何《いか》に生くべきか、誰しも痛切に求めている問題に解答を与えてくれる映画で御座います」とアナウンスが指示されている。戦中派を中心とする当時の大半の観客にこの反戦映画が訴求力をもったのは、軍国主義下で戦争に翻弄され、青春期を犠牲にした者たちにとっての、模範的な「回答」となりえたからに他ならない。すなわち、多くの国民が過去の出来事に絶望を感じていた敗戦後の時空で、悔いのない青春を生きぬいた美しきヒロインを目の前にした観客が、その理想化されたフィクションを追体験したからこそ、『わが青春に悔なし』は、これほどの力をもつことができたのである。

若者に切望された〈青春〉は、黒澤映画のスクリーンにおいて、誇張された躍動的イメージとして復元された。繰り返すが、それは表現者として抑圧された様式であるとともに、歴史に奪われた者たちにとっては実体のない潜在的観念であった。だからこそ、躍動する身体と動的なカメラワークで最大限に視覚化された〈青春〉は、特定の条件下の観客の情動に働きかけ、彼らの映画経験に特別な文化的意味をもたらしたのだ。言い換えれば、若くして戦時体制に組み込まれた観客にとって、黒澤明と原節子の協働は、抑圧された観念としての〈青春〉に具体的なイメージを与える映像実践であった。すなわち、映画表現によって誇張された〈青春〉は、観客の想像力と分かち難く結びついていたのである。

5　原節子の烈しさとエロス

黒澤明と原節子の映像実践

これまで躍動する身体によって原節子が喪われた〈青春〉を体現したことを見てきたが、この映画の衝撃と魅力は決してそれだけに還元できない。黒澤明と原節子の協働は、日本映画史に類を見ない強烈な表象を創り上げてしまうのである。インテリ男性批評家が酷評した客間のシーンに話を戻そう。

北川冬彦が非難した応接間の場面の原節子は、さまざまな感情を次々と全身で表現し、これまでの日本映画では見たこともないような身体を示している。[45] 感情をむき出しにしながら怒りを鍵盤に叩きつける身振り【図2-7】、大股で画面を横切り【図2-8】、椅子に勢いよく腰掛ける動作【図2-9】、原節子に対して糸川が弱々しくカメラにおさめられていることがわかるだろう。黒澤は意図的に家父長的な社会における男性性《マスキュリニティ》と女性性《フェミニニティ》を反転させ、戦前・戦中の映画にはほとんど見られない女性像を映し出したのである。

さらにこの映画には、日本映画史に存在したどの女優にも演じられない、原節子でなければ不可能なシーンがある。それが、原節子が死んだ夫の両親のもとへ住み込みにいってからのシークエンス、とりわけ重厚な身体が大地に根を張り、田んぼを耕す農作業の場面だ。この映像表現がいかに衝撃をもたらしたかは、山田風太郎（一九二二—二〇〇一）の一九四六年一〇月一二日の日記からも伝わって

図2-7　ピアノを弾く原節子

図2-8　大股で歩く原節子

図2-9　椅子に腰掛ける原節子
以上3点『わが青春に悔なし』
（黒澤明、1946、東宝）

くる。

監督黒澤明は余が松竹の木下恵介と共に刮目する若き製作者中の鬼才なり。後者の『大曾根家の朝』は力篇なりき。黒澤の『吾《ママ》青春に悔なし』は同じく反戦主義者をあつかいつつ、更《さら》に充実感に富む。映画の技術の点よりいえば大曾根家の方が一段洗練され居るもののごとし、しかるに破格の荒削りの脚本更に統一なき本作において、一層の迫真力あるは何ぞや。芸術というものの面白みを今更に感ず。原節子の力演真に凄絶の極み圧巻也。［……］そのしつッこき反復において徹底的に一人の女を描かんとする野心は、若さのみが生じ得て、小手先ばかりの古き監督の試み得ざるものなりとす。近来の力作なり、黒澤の気迫愛すべし。[46]

山田が書き記すような「一層の迫真力」や「真に凄絶の極み圧巻」等、分析的な立場で映画を観る批評家に対して、こうした若者観客は、少なからずこの映画に情動的な感覚を引き出されている。そして、そういった映像の力を受け取るのは藤田進からではなく、決まって原節子からだ。「洗練」とは違った名状しがたい「迫真力」や「凄絶」な映像、原節子の強烈なパフォーマンスと黒澤の編集が織りなす映像の力を感受した一般観客も、次のように投稿欄で述べている。

野毛の母（杉村春子）が真夜中墓地に穴を掘りつつぶつぶつつぶやく其の傍に、あたかも彫刻の如《ごと》き感を与えて立つ幸枝（原節子）の姿、それが足部から上部にキャメラが移されるにつれて茫然たるバックが入り彼女の心境を画面の手法より見出さしめたるは何と言っても映画ならではの感を与えた。[47]

公開の年、旧制高知高校二年生のときに映画館で観て、この映画が「社会的な目ざめと映画の魅力発見を同時にもたらした記念すべき最初の衝撃」だったという山田和夫は、原節子が農村に行ってからの「二十分間、二百カットに及ぶすさまじい映像表現の炸裂を見せ」、怒りを込めて鍬《くわ》を打ち込む「彼女の心のダイナミズムがそのまま乗り移ったようなカメラワークが、強烈な気迫となって見る人の胸をつく」と論じている。[48] 助監督だった堀川弘通によれば、泥まみれの野良仕事の迫力あるシーンは、これまでの日本映画ではできなかった、日中に野外でライトを使ったことによる照明の効果によっても可能になっているという。[49] 戦中の国策映画で男性に献身する女性を印象づけた原節子を、黒澤明は汗と泥まみれにし、その強靭な意志をクロースアップの表情とモンタージュを多用することによって表現した。さらに、原節子の力強い視線と大柄な身体を捉えるカメラ・アングル、そうしたアプローチの総合がこの一連のシーンの原節子を、戦前の女性規範から完全に逸脱する身体イメージとして創り上げたのである。

　アメリカ人の検閲官にこの作品を見せたとき、途中まで私語が多かったが、最後の二〇分に入ると急に黙り込み身体を乗り出すようにスクリーンを見つめはじめ、最後まで息をのむようにして観ていたというエピソード[50]も、映画の後半に凝縮されたモンタージュの連続とカメラの運動、そして迫力のある原節子の異様なパフォーマンスによる言語を超えた映像の〈動き〉の力が要因であろう。山田風太郎の「原節子の力演真に凄絶の極み圧巻也」という言葉からもわかるように、原節子の身体、身振り、表情、視線、スクリーンの彼女の身体を構成するすべての要素が、スペクタクルとしての迫力を備えていたのだ。それでは、実際にそのシークェンスを見てみよう。

ショット分析——原節子のエロティシズム

夫の獄死を経て、彼女は、野毛の両親のもとへ住み込み農作業を手伝うことを決心するが、そこでは、スパイの家族として村人たちに迫害される。鬱積した感情が身体の運動を通して発露し、最高潮に達するのが、農作業をするときの原節子の異様なショット群である。このモンタージュを細かく分析していこう。何かを決意したようなまなざしで大地を見つめる原節子の視点ショット（カメラの映像を登場人物の視点として示すカメラワーク）、そして、鍬を手に取り、裸足になった彼女は水田へと歩いていく。泥に足を踏み込み、鍬を大地へと振りおろす。これまで、泥にまみれた裸足の原節子がよろめく姿をカメラが捉えたことがあっただろうか。バランスを崩す彼女の身体は次第にリズムを獲得し、自然へと同化していく。大地には何度も鍬が打ち込まれ、風になびいていた真っ白なブラウスは汗でびっしょりと濡れ、身体にへばりついている。カメラは背後からミディアム・ショットでその濡れた背中を映し出す【図2-10】。ゴクゴクと水を飲む彼女のブラウスは泥にまみれ【図2-11】、腕や額からは汗が滴る【図2-12】。このような常軌を逸した身体表象が繰り返されるショットの狭間に、彼女のフィルモグラフィーのなかでも珍しいショットが挿入される。邪魔になった髪をしばろうとする一瞬の身振りだ【図2-13】。それが絶妙な艶《なまめ》かしさを醸し出している。

大地に刻まれる鍬のリズムと音楽、そして彼女の心情とが荒々しくも見事な韻を踏みながら、加速度的に映像は最高潮へと向かっていく。今度は、やかんから浴びるように水を直接口へ流し込み、口元から垂らしながらゴクゴクと飲む原節子を、ローアングルから迫力あるクロースアップで捉える【図2-14】。大地に突き刺さった鍬の角度と原節子の肢体、下からのカメラ・アングルが頂角である彼女の顔に向かって三角形の構図を形づくる【図2-15】。終始流れている勇ましい音楽も、ここで絶頂に達する。

このシークェンスにおいて、これまで代表的国策映画で制御されてきた原節子の身体表象が、巧妙や繊細とはいいがたい、だが、演技の巧拙という判断基準を無効化するような強度をもったままスクリーンに解き放たれている。ショットとショットの衝突がどこか異次元にまで観客を連れ去ってしま

図2-13　髪をしばる原節子の表情

図2-10　汗で濡れたブラウス

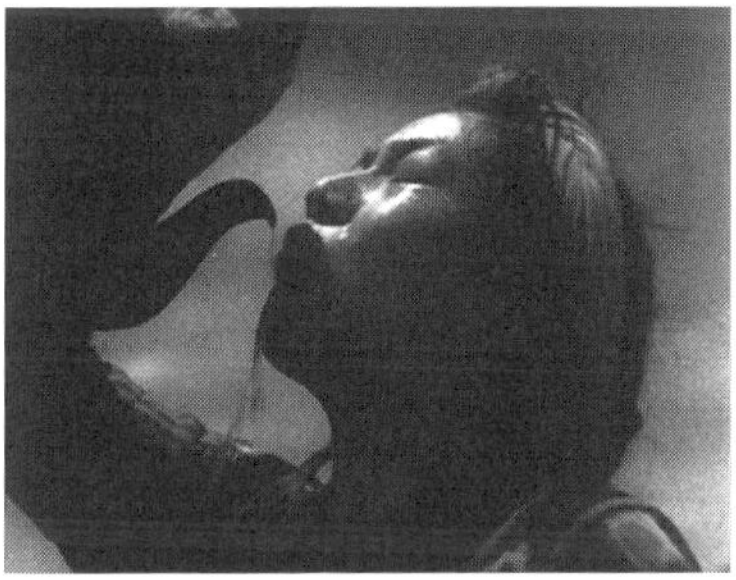

図2-14　口から溢れるやかんの水

図2-11　泥にまみれた原節子

図2-15　原節子の身体を映し出す構図

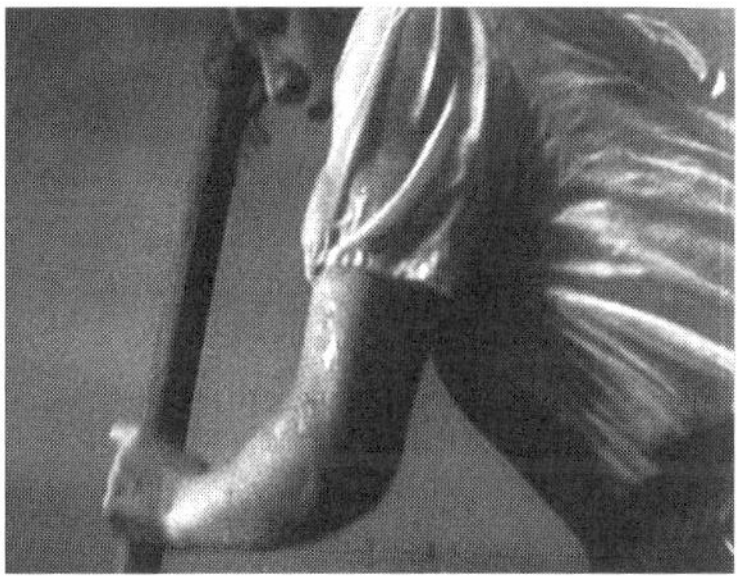

図2-12　腕から滴る汗

以上6点『わが青春に悔なし』(黒澤明、1946、東宝)

うかのような圧倒的な力学を孕《はら》んだ黒澤の技法と相まった協働のダイナミズムが、奇跡としかいいようがない露骨な映像実践を生み出し、映画だけにしか許されない異様な表現を創り上げているのである。この図像において、もはや観念的な美の女神《ミューズ》は存在していない。新しい民主国家を統治するかのようにここに君臨しているのは、しっかりと大地に足をつけ強靭な精神と肉体で生きようとする、力強い一人の人間《リーダー》である。

やかんの注ぎ口から水を飲む彼女に「何というエロティックな表情であろう」と感嘆の声をあげる作家の出久根達郎は、小津映画と対照させ「原節子のイメージである純白に墨汁をぶっかけた」黒澤の演出を讃えて、「禁断の女の表情」を見せてくれる映画としている。[51] また、黒澤明研究会の座談会でも次のように語られている。

原節子がいいんですよね。ブラウスなんかを着ているところ、もう色っぽくてねえ。こんな原節子って、他の作品でもないんだよね。汗かいたところも、田植えのシーン、アップするじゃない。やあ、色っぽいなあって。あれ位なまめかしい原節子ってないわけですよ。他に記憶がないから黒澤さんもやっぱり。意識して、アップをとってるよね。[52]

同時代の批評でも、「日本映画に珍しい意志を持った演技」[53]、あるいは原節子が「従来見出されなかった肉体的の魅力」[54]を出したと評価する声もいくつか存在している。『わが青春に悔なし』の撮影後の座談会では、黒澤明、原節子、藤田進が「映画演技」について話している。当時から「色気がない」とみなされ、自分でも自覚して、しばしば雑誌等で色気のない女優と語っていた原節子に対し、黒澤明は「原君には原君流の色気があるよ」という藤田進の言葉を受け、次のように話している。

所謂《いわゆる》、社会通念としての色気はないかもしれないが、そりゃあるんでしょうね。［……］映画などクローズ・アップがあると、素の自分が出てしまうからね。節ちゃんが持っているこの色気はそのまま出てしまうのですね。▼55

このシネアストは、原節子の身体がいかにして「色気」を帯びるかを知っている。黒澤の目には、映画というメディアだからこそ表象可能な、彼女特有のエロスが映っているのである。それは、この座談で語られたような「芸者」の色気ではない。飾りたてられる妖艶な色気とは異なる、ありのままの肉体に露呈する生々しいエロス。大地の土を踏みしめる素足、泥にまみれる顔、体中から発散する汗、そこに投影されているのは、動物的な一人の女性だ。原節子の自然な美しさと力強さ、そしてエロスがその身体に同居しているのである。

こと映画技法《シネマツルギー》に関しては、倒錯的スタンスを崩すことのなかったもう一人の天才シネアスト・小津安二郎のスクリーンが〈湿度〉を高めることは皆無に近く、小津映画における「雨の不在」は原節子から液体の魅惑を剝ぎ取ってしまった。▼56　意図的に小津を忘却し、小津映画より前のイメージへと遡及すること。〈乾き〉と透明性によって純潔さが担保される原節子の支配的なイメージを崩壊させるような、口からあふれ出る水、身体を覆う泥水、滴る汗。そして終盤、彼女をずぶ濡れにする大量の雨によって、スクリーンの原節子は加速度的にウェット感に満ちていく。こうした液体が彼女の肌を流れることによって、原節子の身体はかつてないエロティシズムを帯びたのである。

村人からの迫害に耐え、農事に向かう原節子は、民主主義を扇動するリーダーか全体主義を牽引するファシストか見分けがつかないほど、屈することない強靭な精神をその瞳に結晶化させている【図2-16】。幸枝の人物像を「性格破綻者」と批判する登川直樹も、原節子を次のように評価した。

図2-16　原節子の頑強なまなざし
『わが青春に悔なし』（黒澤明、1946、東宝）

それにしても原節子の幸枝は、曾《か》つてないはげしさを出した。勿論《もちろん》彼女の最初の「熱演」である。「東京の女性」など古い二三の作品には、むきになった女の美しさがほのみえていたが、それがこの程度に強烈に発散したことは未だ曾《かつ》てない。これは彼女の個性なのであろう。[57]

京マチ子、淡島千景、津島恵子などの戦後派スターが発見されるまでの約五年の空白期間、政治・文化的転換を戦前派スターが引き受け、その最前線へと召喚されたのが日本と西洋のハイブリッドな相貌と身体性をもつ原節子であったことに疑念の余地はないだろう。他の追随を許さない意志の強度を鋭いまなざしによって演じられる原節子のペルソナこそ、軍国主義と戦後民主主義の連続性を引き受け、絶対的中心を喪失した戦後日本に要請される彼女特有のカリスマだったように思う。そのことを、戦前から戦中にいたる同時代的な「もう一人の原節子」を捉え返すことによって明らかにしていきたい。戦前のモダニズムを体現した彼女のペルソナは、島津保次郎や山本薩夫のいくつかのフィルム、あるいは『東京の女性』（一九三九年）を経て、戦時中の国策映画『熱風』（一九四三年）へ結実していくだろう。

6　戦中映画における原節子の「モダニズム」

「モダニズム」の連続性——戦中の原節子

原節子の戦中から戦後の「転向」を印象づけているのは、国策映画『ハワイ・マレー沖海戦』（山本嘉次郎、一九四二年）や『決戦の大空へ』（渡辺邦男、一九四三年）などの超大作から、戦後民主主義映画『わが青春に悔なし』や『青い山脈』などへの華麗すぎる転身であろう。『ハワイ・マレー沖海戦』は海軍省が指示して作らせたプロパガンダ映画で、海軍兵学校に入り帝国軍人へと成長した男性を遠くから見守る長姉を演じ、『決戦の大空へ』では、少年兵を慰安すると同時に、戦場へと送り出す慈愛に満ちた女性を演じている。まさしく「軍国の女神」[58]として銃後の理想的な女性イメージを引き受けた彼女は、国家の規範となったのである。そこでの彼女は、モダンで西洋的な振る舞いを禁じられた、しとやかな日本女性へとなり変わっている。

だが、同時代に公開された数ある原節子をつぶさに見ていくと、このような印象がかなりステレオタイプに満ちていることに気がつくだろう。一九三〇年代後半から四〇年代前半に彼女が出演した映画のなかで、圧倒的な量を占めているのが、松竹ホームドラマ＝蒲田調を体現して高い人気を誇った島津保次郎と、戦後は左翼作家として社会派ドラマを製作するものの当初はメロドラマ作家として頭角を現した山本薩夫の作品であった。その数、山本薩夫が七本、島津保次郎が六本。それに対して小津安二郎との映画は、彼女が三〇歳前後だった占領末期から四一歳までの間の六本にすぎない。しかも大女優となった後半の三本は子持ちの母親であり、『小早川家の秋』（一九六一年）など脇役に徹している作品もある。歴史的に原節子を捉えるならば、限られた戦中の代表的な国策映画と小津映画のイメージをいったん忘却した上で、戦前・戦中の彼女のペルソナを検証していかなければならないのだ。

*

一九三〇年代後半から四〇年代前半の原節子映画を考えるにあたって、まず理解しておかなければならないのは「モダニズム」という捉え難い概念である。国際的地位を確立した後の大正は、文明開化から欧米列強を倣《なら》って経済力と軍事力を高めながら日本を国家としてまとめあげた「文明」の明治とは異なり、映画、雑誌、レコード、新聞が以前にもまして大衆へと浸透し消費されていく「文化」の時代とされる。一般に「モダニズム」とは、論者によって時期に差はあるものの、大正末期から昭和一〇年代にいたる両大戦間期において、西洋文化の影響を強く受けた独特の思想や風俗のことを指す。都市生活における近代的《モダン》な様式が、メディアを介して大衆意識を捉えた時代ということもできるだろう。なかでも震災後の東京、とりわけ「銀座」はアメリカニズムを体現する象徴的な都市へと発展し、さまざまなメディアを媒介に言説としての「モダン」な生活様式を拡散していったのである。

　これまでの文化研究は、両大戦間期の「モダニズム」が大正の風俗現象ではなく、一九三〇年代半ばまで引き継がれることを強調しながらも、大正の明るい側面がファシズムとマルクス主義の間で衰退していくという図式に収斂する。それに対して社会学者の吉見俊哉は、明るい文化としての「二〇年代＝モダニズム」の挫折と、暗い政治としての「三〇年代＝ファシズム」の到来といった二項対立の構図ではなく、三〇年代後半になってもファシズム体制のただなかで典型的に「モダン」な現象を発見できるとし、「むしろ二〇年代を通じ、マルクス主義とモダニズム、そしてファシズムや総動員体制が共通の地平で節合されていく、そうした知と権力、言説とメディア、人々の日常意識の布置」を捉える必要があるとしている[▼59]。

　宜野座菜央見が、日本経済の繁栄期であった一九三〇年代における「モダン・ライフ」——低所得層でも追求できるようになった都市型の消費文化であり、西洋志向を残しつつも大衆の現実と嗜好に合わせて折衷された生活様式——と、それを描き続けた映画を通して明らかにしたのは、まさに資本主義の論理のもと庶民の消費志向が、国家による（社会的不均衡の是正や国民全体の統合を推進する抑圧的ではない方策としての）戦時統制に効果的に包摂されていくという節合であった[▼60]。映画研究者のミツヨ・ワダ・マルシアーノが指摘するように、日本の映画産業は、ハリウッド映画の輸入と国内配給を司る先端産業であっただけでなく、「ハリウッドの近代的なイメージに影響されながら、自分たちの映画を製作するという立場」にあった。[61] そのような地域特有の条件のなか、日本映画における「モダニズム」とは、岩本憲児がいうように、ヨーロッパ合理主義がたどりついた正と負の二極が含まれた「近代主義」という概念と違って、表現レベルにおいて「もっと軽やかな、軽快さ・明朗さ・新しさを合わせ持つイメージ」を含むものであった。[62] 実際、戦中の原節子のフィルムにおける総合的なイメージは、こうした「モダニズム」と切っても切り離せない。というのも、戦中の多くのフィルムで彼女は、都市文化の「モダン」な様式を踏襲し、イメージに反して伝統的な日本女性の規範から逸脱する身振りを見せているのだ。

以下に検証していくのは、一九四〇年代前半の戦時体制にあっても、映画の表現レベルにおいて「モダニズム」が継承されていたこと、人々の意識レベルにおいても、その感性が引き継がれていたといえるのではないか、ということである。ファシズムや総動員体制への突入によって物語の意味づけが規定されるなかで、いかに「モダニズム」が映画に投影され、文化の担い手（当事者）に経験されたのか、それを「大衆映画」の原節子のパフォーマンスを通して、一九三〇年代後半から連続的に見ていきたい。

島津保次郎と原節子

まずは松竹から東宝に移ってきた島津保次郎との映画を見ていこう。国策を嫌悪したこの時期の島津は、徹底して小市民映画としての現代劇を撮っていた。映画界全体が戦争の影に包まれていくこの時期にあって、都会的でモダンな作風を貫いた島津映画は、庶民のささやかな生活を描写し、スクリーンに映る女優たちは瑞々しさを帯びている。島津映画の女性たちは、会話や振る舞いを通して日常生活の軽妙な描写を与えられ、映像のなかで生き生きすることができた。そのような島津映画と巡り合った原節子は、英米的で不謹慎だという理由から検閲対象になったモダニズム的な感覚を体現して

図2-17　銀座から電話をかける原節子

図2-18　原節子の華やかな衣裳

いたのである。

『光と影』（一九四〇年）ではじめて登場するシーン、銀座から防疫技師の婚約者に電話をする原節子は、裕福な令嬢であり、洋装でハットを斜めにかぶったエレガントな風貌で現れる【図2-17】。彼女の家で催されている誕生パーティーは、ヨーロッパのどこかと見間違えるほど優雅さを帯び、仕事に没入する婚約者が遅れてやってくる場面の二人の抱擁は、霧に包まれて、まるでハリウッド映画のロマンスを観ているようだ。全編にわたって彼女が着こなす西洋のファッションが映画に華やかさを添えている【図2-18】。

続く『嫁ぐ日まで』（一九四〇年）は、母を亡くした娘たちと父のホームドラマであり、母親代わりに家事をして家庭を支える原節子は、戦後の映画とはうって変わって個人の自由意志に基づく恋愛結婚を拒絶し、両親の意見に従った結婚を望む。父の再婚が気に入らず、継母に反抗的な態度を繰り返す妹とは対照的に、長女の原節子はそれを寛大に受け入れ、最後に外交官の男性のもとへと嫁いでゆく。島津との映画にあって例外的に原節子が和服で登場しているフィルムであり、まさに戦後の小津映画の雛形がここにある。

『二人の世界』（一九四〇年）での原節子も『光と影』と同じように、ベレー帽に洋装で登場する都会的な女性である【図2-19】。彼女は工作機械メーカーの技術部長を父にもち、藤田進が演じる部下と惹かれ合う。洗練されたモダンな雰囲気をまとうが【図2-20】、他人の非を追及せずにはおれない原節子の頑強なイメージが映画全体に満ちている。目的のために猛進する強情な藤田進と、理性で感情が抑えられない気の強い女性、両者の意地っ張りな個性がキャラクターに適合したこの二人の組み合わせは、物語にほのかな笑いと亀裂を生み出す戦中期の名コンビであった。よく知られているように藤田進は、信念を曲げず突き進む強引なキャラクターを作り上げ、「軍神」と呼ばれるようになってゆく。後で見ていく『熱風』ときわめて似た役柄の設定で、個性を活かした物語構成が二人のかけあいによるダイナミズムを生み出している。

翌年の『兄の花嫁』（一九四一年）は「心で感謝 身で援護」というスローガンではじまる時局映画だが、暗い時代背景を感じさせない明るさにあふれたフィルムである。この作品でも原節子は、ハットをかぶったモダンな装いで登場する活発なキャリアウーマンだ。物語は兄の結婚式に彼女が遅れて駆けつけるところからはじまる。その兄の見合い結婚の相手を演じるのは大女優・山田五十鈴である。格式を重んじる家庭で厳しく育てられた新婚相手は、フィルムで常に和服を着て登場し、嫁としての良妻ぶりを発揮する一方、洋装の原節子はお転婆で自由に生活している。つまり、モダンガールとしての原節子は、三味線を弾く芸達者で古風なキャラクターを演じる山田五十鈴とのコント

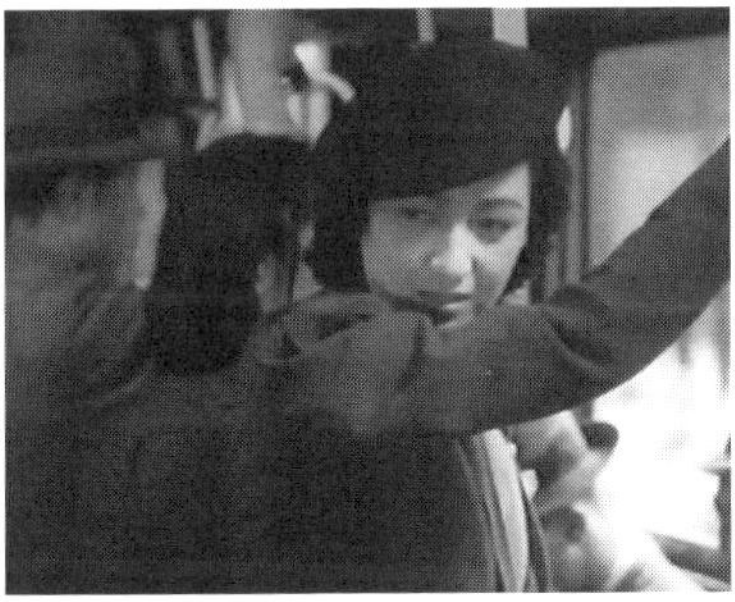

図2-19　ベレー帽をかぶる原節子

図2-20　モダンな雰囲気の衣裳

ラストが強調されるような設定で映画に配置されているのだ。逆の配役の可能性も考えられただろうが、山田五十鈴の淑女ぶりが明朗な原節子の存在を引き立てている。島津の演技指導の成果だと思われるが、この映画の原節子は形式ばらない庶民的な家族の一員を自然な身振りで演じており、彼女が役柄によってしばしば見せる生硬な印象は受けない。

一九四二年になっても島津は重々しいプロパガンダ映画を作ることを嫌った。中国の青島を舞台に、日本の運河建設計画をめぐって日中の相克と克服を描く『緑の大地』（一九四二年）も、「征《ゆ》かぬ身はいくぞ援護へ　まっしぐら」というオープニングではじまる国策映画にふさわしくないほど優雅な雰囲気が漂っている。それを可能にしているのは華族出身の大スター入江たか子と、モダンな原節子が洋装で共演するからだけではない。入江たか子から原節子へと受け継がれるモダニズムの感性が異国の地へと進出し、土着的な中国民族（あるいは無愛想な藤田進）に対置されることによってその効果が十全に発揮されているからである。

ただしその「中国人」を「大東亜共栄圏」の構成員と位置づけ、理想的な他者として仕立て上げているのは日本人の身体であり、民族衣裳に長い髭やサングラスといったステレオタイプ化された現地の人々は、一面的な表象しか与えられていない。大スターを集結させ、大陸での壮大なロケを敢行しながらもなおホームドラマへと回収してゆく島津の身振りが、よりいっそう政治的イデオロギーを隠蔽する危うさを内包している。他者を演じる誇張されたパフォーマンスは、当時のハリウッド映画に登場する「日本人」さながら、リアリズムからはほど遠い先入観に満ちたものでしかなく、「日中の融和」を導くのは、反日感情をもちながら最終的に日本を許容する楊克明を演じる日本人俳優・池部良なのであった（彼の大げさなジェスチャーは不自然きわまりない）。

ともあれ青島で土木技師として運河建設計画に従事する夫（藤田進）に、乳飲み子を抱いた原節子が会いに行き、彼がかつて思いを寄せていた女性（入江たか子）を交えた三角関係のメロドラマ的要素を盛り込むことで映画は大ヒットすることになった。注意すべきなのは、ここで日本女性の規範を引き受けているのは、清楚な衣裳で理性的な教師を演じる入江たか子の方であり、夫が「無鉄砲な性格」と放言するように、原節子は銃後の規範を演じるにはいささか感情的にすぎる。このようなコントラストが役柄として与えられる多くの戦中の映画のなかで、原節子は規範ではない方のキャラクターを演じ続けているということ。それが敗戦直後に大きな意味をもってくるのだ。

同年に公開された『母の地図』は「忠魂へ　遺族援護の　捧げ銃《つつ》」という戦争の激化を示すようなスローガンではじまり、冒頭から衣裳によって洋服の原節子と和服の花井蘭子を対照的に映し出す【図2-21】。二人は没落した名家の姉妹で、家族ともども東京へと引き揚げていくところらしい。この映画においても、東京で働きはじめる潑剌《はつらつ》とした原節子のお転婆ぶりはきょうだいから「厄介者」扱いされるほど健在である。やがて次男が出征し、残された母（杉村春子）と娘たちはアパート暮らしをはじめる。病弱な花井蘭子は内職のため家でミシンを踏み、活発な原節子は昼間に働きながらタイピスト学校の夜間部に通うといった図式的なコントラストも効いている。

図2-21　洋服の原節子と和服の花井蘭子

この国策映画は、惹かれ合っていた北野（森雅之）の新京（満州国の首都）行きと姉の容態の悪化、すなわち家族と恋人の間で原節子が引き裂かれることによって一挙にメロドラマ的効果を高めていく――二人の間にはさらに職場の専務の令息からの結婚の申し出も重なり、宙吊り《サスペンス》の感覚をもたらしている。原節子は家族のもとへととどまったが、病気の姉はついに死んでしまう。映画は最終的に、満州で暮らす長男のもとへ母と二人で旅立ち、この時期に多い外地での新たな生活の希望を描いて終幕となる。

時局映画でありながら典型的なメロドラマのパターンをなぞって、大衆向けに作られたこのフィルムに一見の価値があるとすれば、それはラストシーンにおける杉村春子のパフォーマンスだろう。長男が満州へ事業のために旅立ち、次男を戦争に奪われ、娘までも亡くしてしまい散り散りになった家族。遠い外地に暮らす長男から男児誕生の報を受けた杉村春子が、絶望の淵から心機一転、新たな場所で生きる決意をし、未来の希望を娘に語って聞かせる場面は、観る者の心を揺さぶる独壇場である。原節子は島津保次郎に出会い、日常の自然な振る舞いを指導されたが、杉村のような優れた共演者にも恵まれ、自身の演技を磨いていったのである。

このように書き上げてみると、ホームドラマにこだわった島津映画における原節子には一貫した共通点が見られる。それは無鉄砲で意地っ張りな明るい女性として造形され、ほとんどが洋服を着た社会階層の高いモダンな女性として出演しているということ、さらにいうならば、ほとんどのフィルムに、彼女と対照的に配置されている和服を着た女性が登場し、日本女性の美徳を体現していることも見逃してはならない（花井蘭子や山根寿子が典型的である）。つまり、原節子には図式的に西洋的なキャラクターばかりが割り当てられていたのである。

伏水修と原節子

次に戦時体制にいたる原節子のイメージを強烈に印象づけた映画を取り上げておこう。『わが青春に悔なし』を「それにしても原節子の幸枝は、曾てないはげしさを出した」と評した登川直樹が『東京の女性』などの古い作品に、「むきになった女の美しさがほのみえていた」とイメージの連続性に言及したことはすでに触れた。その『東京の女性』（伏水修、一九三九年）では、黒澤の造形した戦後初期の女性像に直結するような、同時代の女優にはおよそ演じられそうもないキャラクターが創り上げられているのであった。

彼はこの後、李香蘭と長谷川一夫の国策映画『支那の夜』（一九四〇年）を撮ることになるが、三一歳で夭逝してしまった伏水修が撮った『東京の女性』は、現在では完全に忘却されてしまった作品である。だが、戦前・戦中の原節子のイメージのなかで、この作品ほど男性的身振りを前景化し、強烈な印象を与えた映画はないだろう。伏水修が原節子と撮った二本の映画は日本映画史においてほとんど語られることはないが、この時期の原節子のイメージを捉えるにあたって、彼女の特性が克明に投影されていることからも一考に値する。

一九三九年は、戦前における原節子の決定的な転機であった。それまで感情を押し殺したような内気な役柄ばかりあてがわれていた彼女が、『東京の女性』以外にも山本薩夫の『美《う》わしき出発』、熊谷久虎の『上海陸戦隊』と、感情的に振る舞う頑固で意志の強いキャラクターに巡り合ったからである。この作品に言及するにあたって、いみじくも千葉伸夫が「フェミニストとしての女優」[63]というサブトピックを立てたように、原節子は、戦時体制の女性の規範化の時代にあって、その規範を完全に逸脱するような人物を、きわめて男性的な身振りによって演じている。原作の連載小説を書いた丹羽文雄は原節子を念頭に置いていたといわれているが、そうだとすれば、丹羽には先見の明があったといえよう。なぜなら戦後の彼女の受容を考えたとき、目的に向かって猛進するこの頑強な女性は、戦中／戦後を貫通するイメージのプロトタイプをかなり早い時期に提示していたからだ。

彼女が演じたのは、男性社会を象徴する自動車会社で営業をする君塚節子というセールス・ウーマンである。もともとはタイピストとして家計を支えていたのだが、父が自動車事故に遭い入院すると、彼女は家族のために自動車の営業職への転身を望み、同僚の誹謗中傷にも負けず男性たちとの競争社会を生き抜くのであった。

作品では、原節子と女学校を出たばかりの妹の水江（江波和子）が対照的に描かれている。登場人物の同僚からいわれるように、原節子は、どこか「近づきがたい威厳」のようなものがあり「恐い感じ」があるが、妹の水江はもっと「ざっくばらん」で「親しみやすい美しさ」をもっている。酔っ払って母親をぶったり蹴ったりする甲斐性のない父親を厳しく糾弾し、母親を家から連れ出して匿《かくま》う原節子は、家父長的な権力にも屈せずに正義を貫く強い女性を演じた。

映画の序盤で、彼女は、お互いに好意をもつ木幡（立松晃）と歩きながら、男性の上司に騙されたことについて次のように話す。

女だからバカにされるんですわ。私もセールスマンになってやろうかしら。だってセールスマンだったら、男だとか女だからっていう差別はないでしょ。どこまでも腕一本の勝負ですものね。私、一度同じ条件で男と競争してみたい気がする。

皮肉にもこの冗談交じりの発言は、父親が重傷を負い、お金を稼ぐ必要に迫られたことによって現実となる。彼女は木幡を説得して一人前の「セールスマン」にしてくれと懇願するのである。次にフィルムに登場する原節子は、乱れた髪で汚れた服を着ている。火花の飛び散る工場で蛇口をひねると、彼女はがぶがぶと水を飲み、何度も顔に水をかける【図2-22】。さらに滴る汗をぬぐいながら、ひたすら自動車に関する本を読みはじめるのだ。その直後、事務仕事をする女性の領域へと場面が変わり、男性の領域へ「転向」した彼女の話がもち出されると、油で真っ黒になった彼女が自動車の下で整備しているショットが挿入される【図2-23】。こうしてカメラは、女性の領域から男性の領域へと侵入していき、男性的な身振りをする原節子を描写してゆく。

彼女の様子をうかがいに来た木幡とのシーンでは、汚れた原節子を男性的に、上品な木幡を対照的に美しく描いている【図2-24】。やがて男性の「セールスマン」と同じ服で、ご飯をかきこむようになった彼女は男性社会へと同化し【図2-25】、手柄を横取りしようとした男性の同僚を厳しく糾弾する【図2-26】。

図2-22　水を顔にかける原節子

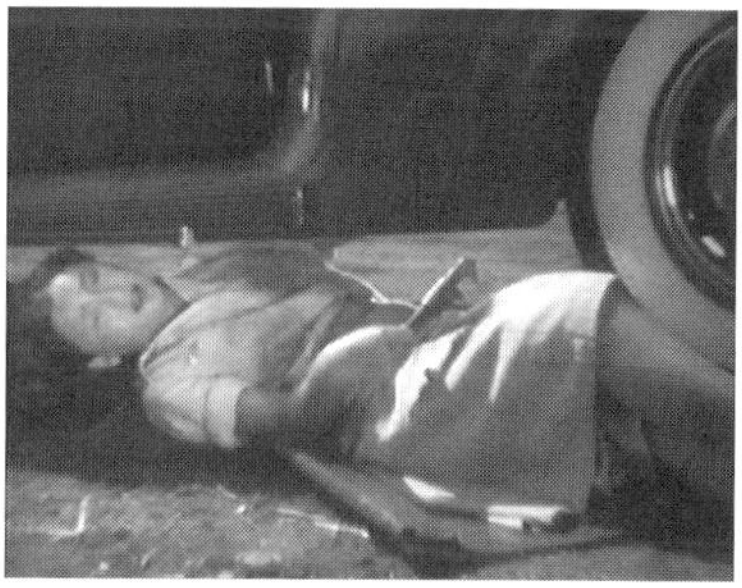

図2-23　自動車の整備をする原節子

図2-24　汚れた姿の原節子

図2-25　男性社会へ同化していく原節子

図2-26　男性的なパフォーマンス

図2-27　タバコを吸う原節子

木幡が苦しむ彼女に援助しようと渡したお金は、「はやく返さないことには私の気持ちがいつまでもあなたに縛られているみたいで困るんです」と男のもとへと返されてしまう。原節子の「男性化」はとどまることがない。喫茶店に入りタバコを吸いはじめた彼女は、契約の途中で同僚に割り込まれたと悔しがる木幡に「あなた油断しているからよ」と叱責するようにまでなるのである【図2-27】。ついには彼女がその契約に介入し、木幡の契約を取り返してやることによって敵討ちまでやってのける。彼のプライドは、原節子の男性的振る舞いによって傷つけられてしまうのであった。

注意すべきなのは、こうした女性像が戦時中の映画において、男性の愛を獲得することは皆無に等しいということだ。仕事と恋愛に宙吊りにされ、銃後の規範を演じられなかった者は、制裁を受けてしまう。戦中の映画でモダニティを体現していた原節子が最後に振られてしまうことが多いのもこのようなコンテクストによる。兼ねてから木幡に好意を寄せていた妹の水江は、親しみやすく愛らしい女性性を捨てることはなく、原節子は、家では和服を着た弱々しい女性性をわずかに見せるものの、家の外では徹底して勝気な男性性を体現していた。むろん最後に木幡が選択するのは妹の方であり、原節子は尊敬の念を得る代わりに、戦中における女性の宿命のもと、愛を喪失するという時代のイデオロギーに回収される。すなわち、男性社会に抵抗する彼女の反―規範的な身振りは、最終的に屈服させられてしまうのだ。しかしながら、原節子のキャラクター造形、映像テクストにおける振る舞いは『わが青春に悔なし』、さらには後で見ていく国策映画『熱風』ときわめて高い親和性をもっている。

一九四二年に同監督によって撮られた『青春の気流』にも触れておこう。原節子は飛行機製作所の専務を父にもつ令嬢である。思ったことを口に出さずにはおれない人間と自覚している彼女は、はっきりした性格の感情的な女性、父親にも「こいつは人のいうことを聞くような娘じゃないんだからねえ」、「わがままで無鉄砲でもてあましている」などといわれる。洋服の原節子に対して和服で対置されるのは、伝統的な日本女性としての山根寿子である。原節子は大日方伝演じる設計技師に恋心をもっているが、彼は山根寿子を愛している。父親を介した縁談も成就せず、彼にきっぱりと断られてしまう。お転婆をやめてすっかりおとなしくなった原節子は「去勢」され、和服でひたすら悲しいメロディーを奏でた後、最後には二人の結婚を祝うのであった。またしても和服を基調とした日本女性とその規範から逸脱するモダンな女性が映画に対極的に組み込まれ、戦中における理想的イメージを称揚するかたちで幕を閉じるのである。これまで見てきたようなイメージを一九四三年まで引き受け、最大限に誇張したのが山本薩夫であった。次に、一九三〇年代後半から戦時中における山本映画の原節子を概観してみよう。

山本薩夫と原節子

原節子がはじめて山本薩夫と組んだのは一九三七年に公開され大ヒットを記録した『母の曲』（前篇・後篇）である。『新しき土』のプロモーション活動でドイツから帰国した彼女は東宝に移籍し、当時まだ新人監督であった山本薩夫の作品に出演した。父親との社会階層の違いから、教養のない母親が娘の幸福のために身を引く新派悲劇であり、日本の「母もの」のカノンとなった作品だ。社会的地位の高い父をもつ清楚な女学生の原節子は、良家の子女たちが集まる女学校に通っている。母親の身分の低さが原因でクラスメイトからいじめられるというのが物語を駆動させる設定である。このフィルムで西洋的な美しさを体現しているのはピアニストの入江たか子の方であり、彼女はまだここでバタくさい表象を与えられていない。つまり、セーラー服や和服で登場する原節子は『新しい土』の日本の娘との連続性のもとに造形されているのだ。

アンドレ・ジイドの小説を翻案した『田園交響楽』（一九三八年）で盲目の少女を演じた原節子は、爪を噛んだり、ご飯をかきこんだりする品のない女性である。彼女の目は近代医学の力によって回復し、みすぼらしい格好は美しく女性化される。最後に高田稔を求めて雪山を彷徨《さまよ》う彼女は、『新しき土』で噴煙をあげる浅間山に身を投げようと彷徨う彼女を彷彿とさせる。ここでの彼女も和服を着装した日本の娘である。前作同様、原節子の演技はかなり生硬な印象を受ける。山本薩夫は島津保次郎と違って画面内で生起する人間の細やかな身振りや対話よりも、カメラワークの技巧や編集による効果に関心があったのだろう。『母の曲』では、扇風機の後ろにカメラを構え、その向こうで対話する人物を、切り返しではなくカメラを発話する人物に合わせて旋回させながら撮るという、実験的な撮影も行なっていたし、この作品でも登場人物の感情の昂《たかぶ》りに合わせて、機関車の煙や湯気、雪、風などのカメラの運動、すなわち、視覚効果と音響効果によるダイナミズムが志向されている。ともあれ、ここでの原節子はモダンな装いではなく、やはりドイツ人監督が「発見」した日本の娘と親和性が高いのが特徴である。

高峰秀子と初共演を果たした『美わしき出発』では、父に他界されるものの叔父の仕送りで何不自由ない優雅な暮らしをする娘を演じている。ラジオドラマや小説を書く兄、西洋絵画の模倣でしかない絵を描く原節子、女学校に通いながらスケート・リンクで遊ぶ妹（高峰秀子）の一家が、叔父の破産で自分たちの生活に真剣に向き合うまでを描いたホームドラマである。この映画で洋装のモダンガールを演じる原節子は、島津映画における彼女のイメージと偶然にも一致する。すなわち、社会階層が高く頑固で意地っ張りな性格をもつ洋装の令嬢である。旅行先で知り合い仲良くなった杉本は、楽天的に生活を続ける家族にそれぞれが自覚して改めるように忠告するが、彼女は「働いて絵を描きます」と頑固な表情で強く言い返し、職探しの面接官に対しても、給料が不服で「お断りします」と毅然たる態度でいう。物語の進行とともに彼女の振る舞いは過激になり、病気の高峰秀子を突き倒し、杉本をひっぱたく気性の激しい女性として演出されている。多くの女優が戦時体制に組み込まれ日本女性へと変貌をとげるなか、原節子は逆に規範を逸脱しはじめるのだ。そういう意味で一九三九年は彼女の最初の「転向」として位置づけられていい年である。

同年に公開された『街』（一九三九年）では、派手な洋服で恋愛に積極的な霧立のぼるのモダンガールぶりが過剰に造形され、原節子は清楚で高貴な女性に徹している。だが、花井蘭子が和服でしばしば演じたような古風な軍国の娘とは違って、衣裳や顔立ちが西洋的な雰囲気を消失させることはない。

翌年の『姉妹の約束』（一九四〇年）は、はじまるとすぐに少年たちが転がした野球のボールを思い切り放り投げる洋装の原節子が映される。続いて彼女が帰宅すると、和服で料理を作る花井蘭子とともに図式的な構図で描写され、ものの三分で島津の『母の地図』と同じように、お転婆で活発な現代娘の妹・原節子と、典型的な日本女性の姉・花井蘭子の対照的なキャラクターが印象づけられる【図2-28】。父が出征し、閑静な高級住宅街で暮らす三姉妹と、隣に引っ越してきた家族との日常を描いた銃後のホームドラマだ。この映画には、洋服を好む原節子が、着物の着用を嫌がるシーンがある。展覧会に行くために家族で正装する（着物を着る）場面だが、母親に諭され仕方なく着物をはおる彼女は「だから私、着物って嫌いだわ」といい捨てる。わがままでむらっ気があって男の子みたいな乱暴娘だと姉にいわれ、自由奔放で喜怒哀楽の激しいモダンガールぶりが随所で表現される原節子の身振りは解放感にあふれている。読書家で最終的に父の跡を継ごうと医師を目指す彼女の戦後女性の源流はここにも見出される。社会階層の高さ、教養がある知的なイメージ、日本女性と対照的に造形される、わがままで頑固で規範を逸脱する個人主義的な振る舞い。バタくさいモダンガールの原節子に対する古風な日本女性の花井蘭子、この構図はそのまま『熱風』に引き継がれていく。

図2-28　花井蘭子と原節子のコントラスト

〈湿度〉と情動――『熱風』

仕事を終え、帰路に着いた原節子が藤田進と偶然一緒になり、能率の悪い溶鉱炉を指揮する無鉄砲な彼に「偉そうなことばかり言ってないでしっかりしてちょうだいよ。前線では勝ち抜いているのよ」と言い放つと、カメラは出航する船に駆けていき、飛び乗る原節子の全身をおさめる。『熱風』の中盤に不意に挿入された、二人のロマンスを演出する場面だ。船上の原節子のクロースアップは、水面から反射する揺らめく光を下から照らし、顔の陰影を際立たせることで彼女の魅惑的な表情を引き出す【図2-29】。すると、次の瞬間、それまで不機嫌な顔ばかり見せていた原節子が、立ち止まったままの藤田進に向かって「サヨナラ」と微笑んでみせる【図2-30】。図らずもその声をかき消す船の汽笛が、このシーンをいっそう崇高なものにする。さらに彼女は、乗り場から離れていく船の上で、立ちつくす藤田進に、急にあどけない表情で笑いかける【図2-31】。この瞬間こそ、この映画で、いや、観ること

図2-29　不機嫌な顔のクロースアップ

図2-30　「サヨナラ」と微笑む原節子

図2-31　藤田進に笑いかける原節子

ができる原節子のフィルモグラフィーのなかで、彼女が「女性的」な魅力を放つ最も美しい奇跡的なショットである。音響、表情、構図といった画面を構成するすべての要素が、この上ないやり方で原節子の魅力を形づくっているのだ。それは小津映画における、喪われた過去としての荘厳な「永遠の処女」の微笑みとは全く異なっている。

こうしたスターによる細部の表情や所作は、製作者の意図を離れ、異なる読みを助長することがある。たとえば、鉄の「生産増強映画」としてこの作品が目的とする戦意昂揚の主題よりも、女事務員である花井蘭子と原節子の、藤田進をめぐる三角関係の展開ばかりを注視させる可能性があるように。物語の中心軸は、あくまで能率が低く事故が頻発する「魔の第四溶鉱炉」の改善をめぐって対立する、向こう見ずで勇敢な指導者である柴田（藤田進）と、監督官であり科学者の菊池（沼崎勲）のドラマであり、彼らのぶつかり合いを通して次第に一致団結し、溶鉱炉を攻略する男たちのホモソーシャルな絆の世界である。だが、感情をさらけ出しながら演技する原節子の強烈な印象と、原節子演じる久美子に明らかに入れ込んでいる山本薩夫の演出は、藤田進と沼崎勲の関係の前景化をはばみ、国策映画にメロドラマ的様式を与えることで娯楽映画としても成立させている。

自分の意見をはっきりと主張し、堂々と振る舞う久美子役の原節子、苦境に耐え忍び、男性に献身的に尽くす良妻賢母型の康子役の花井蘭子、藤田進を中心として二人の女優が図式的に物語に配置され、彼女たちの対照性が際立っている。この図式的な構成と主人公の個性をえぐり出す演出は、黒澤映画と通底する部分が多い。たとえば、第四溶鉱炉にダイナマイトを仕掛けるために、まるで死を覚悟した特攻隊のごとく突入していく藤田進を二人の女性が見送る終盤のシーンで、メロドラマは絶頂に達する。ここで山本薩夫は、『わが青春に悔なし』の冒頭に黒澤がワンショットで関係性を示したのと同じく【図2-32】、明瞭な三角関係の構図を視覚的に作っている。いうまでもなく、作戦が成功し藤田進が駆けつけたのは、彼の腕にしがみつき阻止しようとした感情的な原節子ではなく、戦中女性の

図2-32　三角関係の構図
『わが青春に悔なし』（黒澤明、1946、東宝）

図2-33　『熱風』の三角関係

規範通り、事務所の中でじっと耐え忍んで仕事をしていた冷静な花井蘭子のもとであり、このショットでも原節子の身体は半分カットされている【図2-33】。

メロドラマ化する国策映画において最も盛り上がるこのシーンで、抑えきれない感情があふれ、それを全身で表現する原節子の身体性——デビュー以来一度もスクリーンに投影されたことがない身体の運動——が見られる。突如として疾走する原節子。じっとその場で耐え忍ぶ花井蘭子にかまうことなく、我慢できず溶鉱炉へ向かっていく藤田進のもとへ、原節子が疾走していくのである【図2-34】。原節子の身体の運動によって達成された『わが青春に悔なし』の冒頭の〈青春〉のシークェンスと同じく、ここに導入された「速度」は、原節子の情念と鮮やかに融合し、戦中の規範を演じる女性《ヒロイン》の存在を希薄化している。原節子が疾走してしまうという事件、私たちはこの映画で、戦後の黒澤映画で躍動する同じスター女優の映画的身体に直面するのである。

『熱風』の観客は、この映画を、必要以上に登場する蒸気機関車が、水蒸気を画面上に排出する〈水蒸気の映画〉として記憶しているだろう。たとえば、藤田進と原節子が職場ではじめて言葉を交わし、言い争うシーン。電話を置いた原節子の背後の窓越しに、大きな音を立てながら蒸気を排出する機関車が右から左へ横切り、彼女の背後を蒸気で充満させる【図2-35】。次に原節子が事務所で電話するシークェンスでも、蒸気が次第に風に乗って流れ、彼女の後景は一気に真っ白になる。この場面は、監督員の沼崎勲が、新米の原節子に優しい言葉をかけた直後、藤田進と原節子が視線を交わすショットで終わっている。他にもスクリーンの〈湿度〉が高まるシーンを見てみよう。

届け物をした後、原節子が製鉄所のなかを歩いていると、煙突からモクモクと吐き出される煙に加え、すさまじい勢いで蒸気を排出する機関車が、仕事で疲弊した原節子めがけて走ってくる。間一髪のところで藤田進に助けられた後、無言で去っていく彼を見つめる彼女の複雑な表情もまた一見に値するが、山本は、そのクロースアップの原節子の顔に、さらに煙突の煙をオーヴァーラップさせてシーンを切り替えているのだ。強引で厳しい藤田の指導に反発する工員たちの不満が爆発し、彼らの鉄拳を藤田が無言で受け止めるシーンでは、突然豪雨が登場人物に襲いかかる。男たちが一致団結し、物語の緊張感が高まるこのシーンでも、背後に蒸気が立ち昇っているのを見逃してはならない。ショットは、強い意志と行為で強引に工員たちをまとめあげ溶鉱炉へ向かう藤田を、雨でずぶ濡れになった原節子が見送るクロースアップに切り替わり、機関車の滑走する鉄輪音とともに終わる。

溶鉱炉を知りつくしたベテランの吉野（菅井一郎）が転落死した責任を感じ、その場を飛び出した藤田進を追いかけるときの原節子のまっすぐなまなざしを捉えるカメラは、藤田進を狙う移動ショットの滑らかさとは対照的に、

図2-34　疾走する原節子

図2-35　原節子の背後に充満する蒸気

図2-36　肩越しの原節子の視線

図2-37　後景を滑走する蒸気機関車

感情をもった機械のように小刻みに揺れている。音楽の昂揚とともに原節子の感情が発露する瞬間だ。カメラは立ちつくして海の水面を眺める藤田に近寄る彼女のまっすぐな視線を数ショットにわけて繰り返し、「弱虫」となじる原節子の目を、藤田の肩越しに映す【図2-36】。映像作家は意図的に、原節子の瞳を注視させるために画面を構成している。あふれ出る涙と力強いまなざし。「あなたがしなければならないことはひとつじゃない」という原節子の言葉を受け、黙って立ち去る藤田を目で追う彼女のクロースアップの背後で、何度も耳にした機関車の滑走する鉄輪音が聞こえてくる。彼女の背後を通過する機関車と、スクリーンに充満する蒸気。観客は、何度もこの既視感を味わう。そして、またしても彼女の後景は、蒸気に包まれるのだ【図2-37】。

彼女の背後を蒸気で覆うショット構成は明らかに意図されており、ミザンセーヌ——セッティング、衣裳、照明、俳優の演出など画面内の構成要素のコントロール——における〈湿度〉の高まりは、彼女の感情の昂りと密接に関わっているのだ[64]。怒り、冷徹さ、悲愴、嫌悪、恥じらい、葛藤、苦悩、恋慕、喜悦、不安感、皮肉、『熱風』の原節子は、彼女の支配的なスターイメージとはかけ離れた、小津以降ほぼ観ることができなくなってしまった情動的な身体——静的な原節子像を破壊する動的な原節子——を見せている。さらにいうならば、煙突の煙、機関車の蒸気、土ぼこり、豪雨、溶鉱炉の排水、人々から流れる汗と涙、流体状のものが『熱風』のスクリーンを占有している。そして、画面内の〈湿度〉の高まりと原節子のパフォーマンスは共鳴しあい、画面を異様なものに創り上げているのである。そういう意味で、『熱風』の原節子のパフォーマンスは、『わが青春に悔なし』における圧倒的な迫力と同質の強度をもっているのだ。身体を統制された戦時下の国策映画における規範的な女性と対照的な反―規範的な原節子の身振り、その魅力が『熱風』では、いっそう引き立っている。

＊

これまで見てきたように、原節子の決定的な転機となったのは、一九三九年である。山本薩夫の『美わしき出発』に出演した彼女は意志が強く、男性に対してもはっきりと抵抗する「リアリティ」のあるキャラクターを獲得することができたからだ。決定的なのは『東京の女性』であった。彼女は、それまでの内気な日本女性から完全に逸脱し、戦前のスターダムのなかで、きわめて個性的なアイデンティティを呈示することができた。すでに同じ年に島津保次郎の演出のもと『光と影』の撮影に入っている（公開は一九四〇年一月一八日）。彼女が転向して確立したキャラクターは『二人の世界』、『青春の気流』、『熱風』、『わが青春に悔なし』と連続性が見られ、日本のスターダムにおいて強烈な個性を発揮していたのである。

こうして原節子の映画を詳細に検討してみると、小市民映画に代表される都市生活を描いた一九三〇年代後半から敗戦までの映画の多くが、西洋的でモダンな近代的イメージと、封建的な古い日本女性のイメージという対照的なキャラクターを物語の展開のために採用している。そしてこの時期に出演した映画のほとんどで、彼女は近代的主体性を呈示した。彼女が身にまとい物語で位置づけられるモダンな様相は、戦前からのモダニズムの連続性を保持している。すなわち、男性キャラクターを媒介とした物語での位置づけは、男性や国家に献身し、没個性的で受動的な銃後の理想とされた女性規範ではない方の役柄が割り当てられていることが圧倒的に多かったのである。むろんこういった時局映画において、彼女が幸福を手にすることは限りなく少ない。最後に振られてしまう『東京の女性』、『青春の気流』、『熱風』に典型的に表れているように、積極的で自立したモダンガールは、古風な日本女性に敗れてしまう。一貫して規範から逸脱した原節子の身振りに対しては、結末において最終的に厳しいサンクション（罰）が与えられることで、戦時体制の規範を回復するということになっているのだ。

だが戦中の観客が、戦前に吹き荒れたモダニズムを完全に忘却し、戦中に現れた規範的女性像を本質的に理想としていたとは限らない。表面的には排除され抹消されたモダニズム的感性、潜在化するその感覚は、映画だけではなく、一九四〇年代初頭までの原節子を価値づけする言説や、戦後に書き記された言説から復元することができる。眠っていたかのように見えた戦前のモダニズム的感性、それを原節子は戦中に一身に引き受け、敗戦直後に甦らせたのである。

7　潜在化するモダニズム的感性

消えゆく大衆の声

映画事業を国家統制のもとに組み込む一九三九年の映画法の制定、戦争の激化とともに表現や言論統制が厳しくなるにつれて、大衆の声が聞き取りづらくなっていく。たとえば、洋画専門雑誌として評論を中心に掲載していた『新映画』は、一九三七年にA5判からB5判へと雑誌の形態が変わり、スターのグラビア写真などを多く掲載していった。ファン雑誌化していく同誌には「フォアイエ」という投稿欄が設けられていた。ここで取り上げられている読者の声は、他誌を圧倒するような量であり、当時の大衆のさまざまな声を聞くことができる。だが、言論統制や表現の自由が厳しく規制されるようになる一九四〇年代、この大衆の声は雑誌から消えてゆく。

一九四一年、新映画社に取って代わって映画出版社により創刊されると、『新映画』の「フォアイエ」は消失、大衆の声は届けられなくなる。スターのグラビアや特集も影を潜め、フィルムや航空などの技術論の話題、あるいは国策映画に関する記事で埋めつくされて、男性的《マスキュリン》な雑誌へと変貌をとげるのだ。だからといって、日本国民が国家の思惑通り、モダニズムを禁欲し、ミリタリズムに参画していったわけではなく、沈静化したまま息づいていたと見るべきだろう。そのことを一九四〇年頃までの雑誌メディアや戦後に書かれたテクストから確認していこう。

一九三〇年代から四〇年代前半、日本を代表するスター女優として認知されていたのが、田中絹代、山田五十鈴、入江たか子であった。田中絹代が『愛染かつら』（野村浩将、一九三八年）などの国民的メロドラマ映画で規範的女性に召喚されたのは、彼女の礼儀正しい態度や謙虚な性格が、映画界だけでなく国民に膾炙していたことが大きい▼65。この時点で戦中の規範を演じるには、山田五十鈴はゴシップが多いし、入江たか子は華族という特権階級とモダンな相貌が邪魔になった。田中絹代が軍国の女性像を最前線で引き受けることができたのは、表象の次元におけるモダンではない顔、個性のないペルソナ、スレンダーとは程遠い肢体、いうなれば「平均的」であったことが要因であろう。たとえばファン雑誌の次のような読者の投稿は、端的にそれを示している。

「母と子」を見た。田中絹代は例の如く才気溢れるばかりの演技を見せて居るけれども、そして着物も美しいけれど、あのフェースは近代女性のものじゃない。個性美がないので、何か心をぐんと索《ひ》かれてゆかない、どれも皆同じに見えると云った様な、ありふれた日本人の顔のサンプルだなんて言ったら、又誰かに抗議されるわね▼66。

この投稿と同じ年、彼女は国民的メロドラマ『愛染かつら』の子持ちの看護師役で日本国民の涙をしぼりとることになったが、観客の感情移入を可能にする田中絹代の決定的な要素とは、それほど心理的距離を感じさせない彼女のペルソナであった。もちろん、彼女の卓抜な演技力は真似できるものではない。だが、彼女のペルソナが、当時モダンとされる西洋的な相貌からはかけ離れた「平均的」な日本人に近かったことが、銃後の規範を演じる重要な要素となったことは間違いないだろう。さらにスターだからこそ膾炙する、映画を超えた振る舞いもまた、総動員体制というコンテクストで称揚される要因でもあった。さらに同時期の読者投稿を見てみよう。

どうしても好きになれない山田五十鈴に言いたいことを田村氏が書いて下すったが、誰か田中絹代にも一矢放ってもらいたいもの。スタアのトップに大きな写真が出たりしてるけど、彼女は〈田中絹代である自意識〉だけで動いているとしか私には思われない。スタジオという社会に於ける、撮影という仕事に於ける〈修練から出る勘〉や〈女優として完全なマナア〉でもって、〈日本を代表する女優〉だというようなことは、文化的見地からして言ってもらいたくないものである。[67]

この投稿が寄せられたのは、大衆の声がかき消される直前、一九四〇年のことであった。この語りからは少なくとも二つのことが読み取れる。一つは田中絹代が当時「日本を代表する女優」だとみなされていたこと。そして、もう一つは、田中絹代の慇懃な振る舞いや訓練された演技の技術といった後天的なものではなく、先天的な美をもってスター女優は日本を代表するべきだという思考だ。洋画好きなこの投稿者が讃えるのが、まさにアメリカの映画スターであり、彼女の文化的見地からは、田中絹代が「日本を代表する女優」とされていることが納得いかないのである。こうした声から、戦時体制に突入しても、いかにモダニズム的感性が継承され息づいていたかがわかるだろう。当時の言説には、近代化を通過した日本国民にとって常に参照点とされてきたぬぐい去れない〈西洋〉が、それを欲望する戦時下の国民の声が浮かび上がっているのだ。

原節子に結晶する「モダニズム」

〈西洋〉への欲望は、確かに戦時体制に突入し、女性が明確に「国民」へと組み込まれていくなかで表面的には消されてゆく。だが、原節子のペルソナは、こうした欲望を受け止めるのに充分なほどモダンな印象を植え付けていたし、戦争が苛烈になった時期でも、その身振りは一貫して投影されていた。原節子を通して戦中のモダニズム的感性を可視化すること。まずは彼女が雑誌を賑わす前に語られていた言説から確認しておこう。

　原節子がデビューして間もない時期に、彼女のスクリーンの印象について語られた貴重な証言がある。映画評論家の岸松雄によって書かれた一九三六年の記事は、山中貞雄の『河内山宗俊』の公開前に書かれたものだと推測される。『魂を投げろ』（田口哲、一九三五年）や『緑の地平線』（阿部豊、一九三五年）の印象が忘れられないという岸は、彼女を「日本的な奥床しさをもそなえて、それでいて新しい欧米のスタイルからも除《の》けものにされない少女」と形容し、「いまに田中絹代と同じような大スターになるだろう」と記している。[68] 山中貞雄を「発見」した批評家として知られる慧眼によって原節子もまた「発見」されていたのだ。また、アーノルド・ファンクの映画で大スターになる前の雑誌に、次のような読者の投稿が見られる。

> 保土ヶ谷と云っても東京の人は知らないだろう。東海道線の横浜の次の駅である。僕が保土ヶ谷小学校の六年の時、高等一年に会田節子という生徒が居た。大して気にもとめていなかったが、

その顔は断ぱつの西洋人じみた事をおぼえている。日活映画の「ためらう勿れ若人よ」で余りにも彼女に似た女性を見出した。キャストを見ると原節子と云う女性だった。某雑誌の記事を見ると、原節子の本名は会田節子で、保土ヶ谷の生れだと分った。[69]

原節子の本名は会田昌江だが投稿者による勘違いか、雑誌の誤記であろう。ともあれデビュー前の幼い頃の原節子を実際に見た人物が「西洋人じみた」と表現しているのは興味深い。メディアや撮影所にイメージ構築されるまでもなく、実在する彼女が西洋的であることを確証する発言である。こうした言説は、ファンクの映画や初期の内気な日本女性役を経ても変わらずに存続した。一九四〇年のスターの印象を語る記事では、「僕ははじめ、外国の女の人かと思った位だった。髪の毛も少し赤いような色で、眼の色も少し茶がかかっているし、それにあの少し線の硬いクッキリした顔の輪郭などは、全然日本的なものではない[70]」と記されている。

映画がプロパガンダを担う一九四〇年代前半、国策映画であっても、彼女の西洋的な雰囲気が衣裳や役柄の性格によって前景化していたことはすでに述べておいた。戦中の原節子映画を概観してきたように、スクリーンに徴《しる》づけられる彼女の印象は、戦前のモダニズムを体現する存在だったのである。そもそも戦時下の日本で、人々が求めたのは国策映画よりも娯楽映画であった[71]。人々は禁止されていく男女のロマンスを、ダイナミックな活劇を、笑いを求めていた。

戦時体制下で国策映画に多く出演した原節子がいかに見られていたのか、ここで有用なテクストとしてあげられるのは、小林信彦の自伝的エッセイである。洋画の数が減っていくなか、「これでは作品が足りないので、再上映物、再々上映物が観客の需要をみたしていた。当時の新聞を見ると、日本の大衆が〈アメリカ映画不足〉に不満を抱いていたのがわかる[72]」と述べる小林は、一九四〇年代の盛り場の様子や自分が観た映画のことを詳細に記し、戦時中にリアルタイムで観た『熱風』を「記憶に灼きついている」映画だという。すでに論じたように『熱風』は「生産増強映画」でありながら三角関係を映像的に誇張し、アメリカ映画のようなスケールで描く山本薩夫によってメロドラマ的要素が強調されていた。「一般的な言葉でいえば、これはあくまで男性映画であり、女性は刺身のつまである。問題は、原節子を出したことにあり、〈役に重点を置かれすぎて〉いるという批評も、決してまちがいではない。同じ東宝でも、轟夕起子や山根寿子なら、こうした扱いでも、ま、いいか、になるのだが、原節子が出ると、刺身のつまではすまなくなる[73]」と語る小林は、当時この映画を観た印象を次のように記している。

彼女と柴田の出会いのシーンも、なんだかアメリカ映画みたいである。柴田はシャワーを浴びていて、久美子は目のやり場に困る。クラーク・ゲーブルとクローデット・コルベールみたいな出逢いである。映画評論家の飯島正は、当時、〈女事務員つまり原節子の描き方がバタくさく、日本人らしくない〉と評したそうである。さらにいわく、〈原節子の役は重点を置かれすぎて、日本の女らしくなく、アメリカ的であり、演出もそれを誇張している〉（傍点・小林）。バタくさい——なるほどね。思えば、ぼくはバタくさい女優、バタくさい顔が好きなのである。子供のときから、ずっと[74]。

花井蘭子を「〈古い日本の女〉の顔立ちの典型」という小林は、原節子が「アメリカ的」だという批評家に賛同している[75]。古風で従順な「日本的女性」とモダンで自己主張の激しい「アメリカ的女性」が対照的に配置され、同じパターンを繰り返す国策映画の理想の結末は、いうまでもなく藤田進という軍神を介した日本の勝利とアメリカの敗北である。だが、アメリカ映画の数の制限、日本映画における英米的な表現に対する検閲、そして男性的な国策映画が次から次へと製作されるなか、どれほどモダンな身振りで近代的な女性を演じる原節子の個性が際立っていたか、ハリウッド女優がスクリーンから消えゆくなかで、いかに彼女のペルソナの価値が高まったのか、小林のテクストを見れば、想像するに難くないだろう。

山本薩夫は戦前の多くの作品で、アメリカ映画における通俗的メロドラマの様式をふんだんに盛り込み視覚的に演出していた。たとえば『母の曲』で純爾（岡譲二）が婚約者であった藤波薫（入江たか子）と再会するシーンでは、音楽やクロースアップの使い方、あるいはカメラの切り返し等、アメリカ映画の古典的技法を踏襲し、ダイナミックな映像を作り出している。山本薩夫の大胆なカメラの動き、構図、人物の捉え方などは、黒澤明の動的なカメラとかなり近いものがある。それは、西洋的な風格をもつ原節子の目や口の動きによる表情の変化や身体の運動とかけあわせることによって、よりスクリーンにボリュームとダイナミズムを与える。こぢんまりとした映画には収まりきらないスケールの大きさをもつ彼女は、誇張されることによっていっそう引き立つ女優なのである。

8　メディア・テクストとしての原節子

パフォーマンスの迫真力

戦中末期の『熱風』、そして占領初期の『わが青春に悔なし』、両作品に通底するもう一つの原節子のパフォーマンスの特徴とは、洗練された都会の令嬢や知的な教師といった教養・文化的なものを削ぎ落としたプリミティヴな魅惑、いうなれば原初的衝動である。山本薩夫と黒澤明の演出、そしてそれに応じる原節子の身振りからは、小津的な「統制」をまったく感じさせない。むしろそういった抑制とは対照的に、情動的なパフォーマンスを志向している。すでに確認した原節子の埋もれてしまった多くの映画からは、日本女性に見られない身体性や表情を呈示していた原節子のイメージが掘り起こされた。

原節子のイメージを異なる方向へと導く契機を見出した監督の一人は、間違いなく山本薩夫であった。確かに『街』では、『熱風』のようにクロースアップを多用することなく、派手な霧立のぼるとは対照的に、カメラは原節子の強烈な視線を避けるかのように遠くから周囲の景観や物語にその存在を溶け込ませていた。だが、たとえば、彼女の情動が鋭い視線に結集するパフォーマンスの源流を、私たちは『母の曲』に求めることができる。母親の階層の違いから女学校の友人たちが手の平を返してつき合いを拒絶するシーンの鋭いまなざしのクロースアップ、母親の昔の友人が父親の留守中に訪ねてくるシーンでの強い怒りを瞳に表すクロースアップは、戦中の代表作や小津映画に見られるイメージとは異質なものだ。そして何よりも、山中湖に招かれ母親の悪口をいわれた原節子が怒りを露わにしながらその場を立ち去るときに、小刻みに揺れる移動カメラで彼女の表情を捉えるショットは、『熱風』で見せるイメージと近似する表現である。

だが私たちは、もう一人の天才シネアストの映画のなかで、感情の昂りを制御できないままの情動的な原節子がスクリーンに顕現し、瞬間的に彼女のリアリティを感じさせるパフォーマンスを目撃しているはずだ。日本映画の若き才能が残した最も美しい映像表現のせいか、「日本女性」を演じる原節子においては、その「美しさ」ばかりが注目されてきた。山中貞雄の『河内山宗俊』は、緻の構図のなかで人々が奥行きのある画面を行き交い、前進座の俳優たちの対話も面白い映画で、演技も編集も完璧なリズムで物語を進行させる。そして物語中盤、不良の弟がしでかしたことから三〇〇両もの大金を工面しなければならなくなり、一五歳の少女は途方にくれる。そのとき、いつの間にか家の外には雪が降りはじめている。シーンのつながりやダイアローグがあまりにも心地よいテンポで進んでいくせいで時間を感じさせないこの映画が、唯一、逆説的に映画的時間を感じさせるシーンだ。むしろこの美しい雪のシーンのために、映画の時間は隠蔽されていたといってもいい。引き延ばされたシ

図2-38　家の外で降り続ける雪

図2-39　弟を怒るショットの表情

ーンにおける、ゆっくりと降り続ける雪が、観る者に崇高な時間を体感させる【図2-38】。

だが、そういった美しさをかき消してしまうかのような原節子の身振りと表情が露呈する瞬間がある。原節子が弟を思い切り叱りつける場面だ。ここで彼女は、恐ろしい形相と凄まじい速度で二度、弟に平手打ちを食らわす【図2-39】。このような狂気じみた身振りは、『東京の女性』で妹を叱りつけるときの恐ろしい形相と迫力ある演技へと引き継がれている。美しい雪と同じくらい鮮明に私の脳裏に焼きついているのは、映画の調和を突き崩すほどの、原節子の強烈なパフォーマンスであった。

身体のコントロールが解除されたように、むき出しにした感情が身振りや視線に結集すること。原節子のこういった側面を強化する役柄や演出は他にもあげることができる。抗日的な中国人女性の激情を全身で表現する『上海陸海戦隊』（熊谷久虎、一九三九年）や、親のために結婚した没落華族の令嬢が家を飛び出し自由な人生を取り戻そうとする『麗人』（渡辺邦男、一九四六年）、封建的な慣習の犠牲にならない人生を貫こうとする『幸福の限界』（木村恵吾、一九四八年）、さらには野性的な妖婦を演じた『颱風圏《たいふうけん》の女』（大庭秀雄、一九四八年）などである。それでは、こういったフィルムにおける原節子は、単に役柄を「演じている」だけなのだろうか。

当時の観客の言説を詳細に調べていくと、むしろ『ハワイ・マレー沖海戦』に代表されるしとやかな銃後の女性像の方が、メディア・テクストとしての原節子とは乖離したイメージだったことがわかる。その頃の雑誌メディア空間では、スクリーンで過激な迫真力を見せる原節子が受容されていた。たとえば、『上海陸海戦隊』が公開された後、日活から東宝に移籍した原節子の変貌に対し、ある観客は読者投稿で次のような発言をしている。原節子の最初の「転向」、一九三九年のことである。

私は以前こんなことをも考えた。原節子の耐久力のある洗練された演技は内心より放出する映画への真剣な努力を物語ることを。すこやかな感情がその繊細な演技に満ち溢れていることを。私は均整のとれた巧緻な演技に生きるこの原節子が好きだった。希望のつぼみも小さくふくらんで、高潔な憧れを美しく湛《たた》えし、そのかみの原節子になつかしさを覚える。雌伏原節子が今や東宝の舞台に立つ！　その雄姿待つこと久しく完璧そして迫真力をもった演技に強い自信力をひそめている原節子、飛躍あれと我は祈る。[76]

いくつものフィルムで見せていた原節子の「迫真力」は、そのまま戦後の黒澤映画に直結する。感情的なエネルギーを強烈な視線と身振りが黒澤明により全編に引き延ばされた戦後初期のフィルム、そこで表現された〈個〉として力強い女性を感受した観客は、ファン雑誌の投稿欄で次のように述べている。

女優の中で思慮をもっている女優は原節子を第一に推す。何よりかの女の上に迫真性をみることが出来る。［……］原節子の演じた「青春に悔なし」の女性はかの女のふだんに育んでいたであろう様な人間性の迫力の一端をうかがうことが出来た。[77]

この分析的＝職業的ではない一般観客は、原節子が「ふだんに育んでいたであろう様な人間性の迫力」、すなわち映画の外部に実在する「原節子の人間性」を、フィクションとしての映画のキャラクターから感じ取っている。こうした映画外部のスターが当時の観客へと伝達される〈場〉や感受性をテクストから拾い上げること、それは巨匠によって神話化される前の、社会のなかの大衆にとっての原節子の「リアリティ」を析出することに他ならない。

当時のファン雑誌における原節子の言説は、気品高き令嬢というより、生活に根ざし、読書と庭いじりを趣味とする地味な暮らしの彼女に焦点化している。そして、彼女が語るテクストは、かたくなに意志を貫く芯の強い女性像を強化しているのだ。すなわち、ファン雑誌などのメディア環境のなかで構造化され、映画テクストから表出するもう一つの顔が、ファンの意識との協働によって新たな意味を生成させているのである。

ファン雑誌のリアリティ

すでに述べたように、スターとは、プロモーション、パブリシティ、映画、批評と解説というメディア・テクストによる構築物であり、[78] 同時代のメディア環境によって大きく規定される。そして、日常に遍在するイメージを生起させていたのが、大衆の日常にスターのリアリティを接続させていたメディアとしてのファン雑誌であった。戦中、彼女のペルソナ構築は映画が中心であり、かなり制限されていたが、敗戦直後からその人気の高まりに比例するように、テクストが過剰にあふれる。舞台やラジオにも出演せず、厭人的で頑固な原節子のパーソナリティがファン雑誌におけるイメージの循環から構築され、他を寄せつけない頑強な意志を強化するメディア・テクストが観客の意識に作用していくのである。だが、戦前から戦中のパブリシティにおいても細かく見ていけば、彼女がいかに頑強な意志をもつ反―規範的ペルソナを演じていたかが見えてくる。

すでに戦前、自己主張しない従順な規範的女性のスクリーン・イメージとは対照的に、新聞に「〝水着写真〟は恥辱　原節子、断然拒絶す〝見世物扱いは真平〟夏の映画界に波紋」（『読売新聞』一九三八年七月五日付）【図2-40】という記事が大きく掲載され、会社命令でも断ると主張したこの事件からもわかるように、自己主張を押し通す頑強な人間であったことは、メディアを通じて大衆に認知されていた。ファン雑誌の人気スターに関する対談では次のように語られている。

松下：原節子ははっきりして居りますね。
小林：例えば、こういう話がある。日活時代のことだが、各社の一流の女優の写真を撮ることになった。その時原節子は衣裳がないから厭だと云うから、会社のを借りればいいと云うと、衣裳を借りてまで撮りたくないと云うのだよ。［……］
松下：日活へ入った初めの頃はどうでしたか。
近藤：今よりもっとはっきりしていましたよ。
小林：入って間もなく、日活の撮影所でインタビューしたが、その時こんなことを云ったよ。私は女優だし、兄さんは監督だし、もう一人の兄さんはカメラマンですから、独立プロダクションが起せます――って、小娘がそういうことを云うからね。▼79

戦前から戦中にいたるまで、彼女を揶揄する文句は頑固で「生意気」なスター、演技もできない綺麗なだけの「大根女優」であった。戦前の規範を逸脱するように過激な発言を重ねる個人主義の原節子、すなわち、メディア・テクストとしての原節子のペルソナは、戦中の彼女の代表作に見られるイメージのような、国家や男性に献身する従順な女性ではなかったのである。

芸術映画によって構築された限定的なイメージに亀裂を入れること、あるいは回顧的なまなざしを

図2-40　『読売新聞』1938年7月5日付

解除すること。小津安二郎作品に代表されるサイボーグのように非─人間的で静的な美を構成する〈乾いた〉イメージから、〈湿度〉の高まるスクリーンの原節子へ視点をずらすことですくいあげられるのは、喜怒哀楽の激しいプリミティヴなエロスと、強靭な意志と精神を瞳に結晶させる動物的─本能的な原節子の強度である。静的に統制された日本女性の古典美、そういった固定的なスターイメージから逸脱する情動的身体こそ、他の女優にはない戦中／占領期を乗り越える彼女固有のイメージだったのだ。

原節子のクロースアップは、ナラティヴ（物語の流れ）を〈切断〉し、観客を彼女の相貌、特にインパクトのある瞳に惹きつける。気散じ的な鑑賞を許さない独特の〈間隙〉に注視させる力が、彼女のクロースアップにはある。したがって彼女のスクリーン・イメージは、共演する俳優と〈絡み合わない〉、シーンの連続に〈溶け込まない〉ことによって、その存在意義が担保されるような特有の〈時間〉をもっている。戦前の、従順で静的な身体性をもつ原節子のスクリーン・イメージを破壊するようなパフォーマンスが不意に顔を見せる瞬間、すなわち、原節子が個人主義的に振る舞い、その怒りや頑強な意志が情動的に発露する瞬間にこそ、彼女の「真実《リアリティ》の姿」が前景化するのだ。ミリタリズムからデモクラシーという政治的転換期、彼女はそういった鮮烈なイメージを映画で呈示していたのである。

戦前からすでに彼女のペルソナは、ショットの垣間において、制御できずに日本の女性性《フェミニニティ》＝ジェンダーの規範から逸脱してしまう情動的な身体を呈示していた。そのように考えると、問題として前景化されるのは、藤田進と原節子という強靭な意志を強烈に印象づけるキャラクターを要請する、軍国主義／民主主義を掲げた国策映画の類似性である。奇しくも本章で取り上げた二つの国策映画『熱風』と『わが青春に悔なし』で、藤田進と原節子は目的に向かい強靭な意志をもって行動する似たような役柄が与えられている。この時期の配役を考えてみると、東宝は、戦中から占領期にかけて、原節子と藤田進を何度もプロパガンダ映画の中心に据えていたことに気がつくだろう。二人のスターに共通するのは、自分を曲げず、信念を貫く、頑強な意志の持ち主というペルソナであった。戦中／戦後の思想的連続性を指摘する近年の研究が示すように、総力戦体制と戦後民主主義における「主体性」のイデオロギーの構造はきわめて近似的なものなのである。▼80

カタストロフを経験した一九四〇年代の日本の歴史・社会は、映画スターというカリスマを求め、原節子はそういった危機的状況を乗り越えるような統制や再生のイメージをスクリーンに投影した。頑迷なまでの意志の強度を理知性へとすり替える詐術、そして揺るがない指導者に感じさせるペルソナこそ、絶対的な指導者を必要とする戦中／占領期、国民を自ら主体化させるために要請されたスターイメージに他ならない。その結節点に、もう一人の原節子が屹立していたのである。

繰り返すが、原節子は、戦前・戦中、「規範的」なスターではなかった。確かに軍部による押しつけで、女性がいかに振る舞うべきか、そういったイデオロギーを体現する女性を国策映画のスターは演じてきた。もちろん、原節子もそういった役を演じている。だが、メディア・テクストとしての真実の原節子は「規範」とは違った振る舞いによって独自のペルソナを形づくっていた。没個性、従順、献身的、こういった女性規範を覆すような反―規範的身振り、彼女の過剰さは、ファン雑誌の言説だけでなくフィルムにも克明に刻まれている。総力戦体制が抑圧した思考や感性、そういった大衆の集合的欲望が、敗戦直後の黒澤映画における原節子の身体で炸裂し、〈戦前的なるもの〉を破壊したのである。

　本章では、当時の観客の大半が若者であることを確認した上で、原節子が国民的スター女優となった要素として若者観客と〈青春〉の関係性や、彼女が戦後的なペルソナを戦前から構築していたことを考察してきた。だが、こうした原節子のイメージが若者観客だけを満足させていたわけではないことはここで明確にしておきたい。それは第一章で取り上げた『毎日新聞』のデータ【表1-8】からも明らかだろう。彼女は世代を超えて、ジェンダーを超えて、大衆の欲望をその身体に集約した。だが、それがなぜなのかは、これまで歴史的な視点から明らかにされていない。なぜ他の女優ではなく原節子でなければならなかったのか。この問いに対しては、占領期という特異な時空間におけるさまざまな社会的コンテクストと突き合わせながら解明していかなければならない。そのためにも、次章では、もう一人の大女優に登場してもらう必要がある。戦後派スター女優の京マチ子である。本書がなぜ原節子と京マチ子を比較しているのか、それも次第に明らかになるはずだ。

第三章　接触する身体——京マチ子の〈情動的身体〉

1　肉体派女優としての京マチ子

戦後派スターの到来

一九二四年、大阪で生まれた京マチ子（本名：矢野元子）は、一九三六年に大阪松竹少女歌劇団（OSSK）に入り活躍した後、大阪松竹歌劇団（OSK）の娘役スターを経て、一九四九年に大映に入社した戦後派スターである。戦中、『天狗倒し』（井上金太郎・小坂哲人、一九四四年）に映画初出演を果たし、『団十郎三代』（溝口健二、一九四四年）にも出演しているが、彼女が一世を風靡したのは占領期であり、戦後派スターを代表する映画女優である。日本人離れした豊満で官能的な肉体をもつ彼女は、エロ・グロを基調としたカストリ雑誌などの戦後に流行した風俗をスクリーンで表現し、「肉体派女優」として一気にスターダムに駆け上がった。[1] すでに述べたように、デビューしてまもなく黒澤明の『羅生門』（一九五〇年）がヴェネツィア国際映画祭で金獅子賞、『雨月物語』（溝口健二、一九五三年）が銀獅子賞、『地獄門』（衣笠貞之助、一九五三年）がカンヌ国際映画祭グランプリを次々と受賞、京マチ子は「グランプリ女優」や「国際派女優」とまで称されるようになる。『羅生門』の海外進出とその衝撃によって、大映は、西洋のオリエンタリズムを引き出すような「日本」を売りにした「芸術映画」をヨーロッパの映画祭のために製作したのである。だが実際、日本における彼女の人気の源泉は、海外にプロモーションされた「芸術映画」における封建的な女性像ではなく、「大衆映画」における彼女の肉体の表象とパフォーマンスにあった。

　今日、京マチ子は、『羅生門』を契機とし、『源氏物語』、『雨月物語』、『地獄門』など海外の映画祭を意識して作られた巨匠の「芸術映画」、あるいはハリウッド映画『八月十五夜の茶屋』における「ゲイシャ」のイメージによって固定化されている。海外の観客にとっての京マチ子のイメージは、とりわけ海外進出した映画に規定され、そこでは着物を羽織る貴族のイメージ、あるいは前近代の封建的女性のイメージが想起されるだろう【図3-1】。だが、実際、日本国内での京マチ子の人気を決定したのは、『痴人の愛』（木村恵吾、一九四九年）、『浅草の肌』（木村恵吾、一九五〇年）、『偽れる盛装』（吉村公三郎、一九五一年）、『自由学校』（吉村公三郎、一九五一年）、『馬喰一代』（木村恵吾、一九五一年）、『牝犬』（木村恵吾、一九五一年）、『大仏開眼』（木村恵吾、一九五二年）など彼女の肉体美と娯楽要素を盛り込んだ商業映画だった。

　一九五〇年代の出版界は文学全集ブーム、映画界もその影響を受け、「文芸映画」が隆盛をきわめる。占領期において大映を筆頭に流行した「母もの映画」の熱が冷めると、永田雅一率いる大映は、『羅生門』以降、巨大な市場を生み出すことになった「文芸映画」路線を開拓していく。海外の映画祭向けに製作する「芸術映画」を除けば、大映の戦略は、一貫して「文芸映画」を大衆向けに興行することであった。そういった映画や彼女を中心に企画された娯楽映画で見られるのは、ヴァンプ女優としての肉体美と、封建的な女性像を崩壊させるような過剰なアクションを特徴とする魔性の女《ファム・ファタール》である【図3-2】。当時の雑誌のグラビアにおいて「ヴァンプ型の代表女優としての印象が一般の定評になっている」▼2と書かれていることからも、彼女のスターイメージは男を誘惑し突き落とすヴァンプ女優であったことがわかる。ちなみに、京マチ子が映画デビューを果たした松竹の『天狗倒し』における宣伝資料の場内放送案には、「大阪松竹歌劇団の可憐な京マチ子」という記載がある。[3]「可憐」という形容がいかにふさわしくないか、それは彼女の初期映画の過剰な肉体イメージを見ていけばすぐに明らかになるだろう。

　敗戦にともなう歴史的変動のなか、京マチ子は、大衆の欲望を引き受けた新しい類型を構築したスター女優であり、戦後文化や大衆文化を語る重要な対象であったにもかかわらず、これまで歴史的に論じられてこなかった。戦後、一躍スターとなった京マチ子が大衆にいかに価値づけられていたのか、それを分析することによって、敗戦というトラウマに対する日本人の意識や占領期の新しい女性像の規範を、原節子とは別の角度から照射し浮上させることができるはずだ。

図3-1　『地獄門』の京マチ子

図3-2　『牝犬』の京マチ子

　ここで、再び第一章のファン雑誌の統計結果を見てみよう【表1-5】。戦前から人気の高かったスター女優がひしめくなかで、デビューしたばかりの京マチ子は、一九五一年に第六位、一九五二年に第四位、一九五三年は第八位と上位にくい込んでいる。また【表1-6】の『平凡』でも一九五一年に第六位、一九五二年に第七位、一九五四年に第六位に選ばれている。彼女は、若者観客が読者層の中心であるファン雑誌における人気だけではなく、むしろ、原節子と同じように、幅広い年齢の観客や批評家に支持されていた。

一九五一年、「戦後活躍した新人」に関する座談会が開かれ、満場一致でナンバーワンとして名前があがったのが京マチ子であった。そこでは「新人としては大物の感じだね」（淀川長治）、「やっぱりナンバー・ワンは、京マチ子かな」（双葉十三郎）、「京マチ子に匹敵するのは居ないよ」（岡俊雄）など、戦前派の男性批評家たちに大絶賛されている。▼4

ナンバーワンとして京マチ子をあげた批評家たちは、戦後派女優のベストテンでは津島恵子の方が上であると雑誌側にいわれたのに対し、「京マチ子が一番じゃないと云うのは、大人の観客が少ないと云うことになる」（双葉）、「京マチ子の『偽れる盛装』がもっと早く封切されてたら、少し、この順位は狂ったかもしれない」（岡）と全面的に擁護している。▼5 津島恵子は、戦前から映画女優のタイプとして主流である清純派の系譜であり、座談会でも、松竹の型にはめた売り出し方によって彼女の将来性が危惧されている。それに対し、京マチ子は戦後文化の強烈なイメージを映画にもたらした。つまり、戦後的《アプレ》な特徴を全身で体現したのは、津島恵子ではなく、京マチ子や淡島千景だったのである。

確かに、戦後派スターのみで考えると、統計上の人気では津島恵子の方が得票数が多く、淡島千景、桂木洋子と拮抗している。だが、これまでに日本映画が投影することができなかった新たなヴァンプ型の肉体を表象し、デビューしてわずか数年の間に「国際派女優」にまでのぼりつめた京マチ子の価値は、他と比べものにならないほど高かった。だからこそ、映画雑誌はこぞって彼女をナンバーワンの戦後派スターと評価したのである。『羅生門』のグランプリ受賞の知らせを聞く前、すでに一九五一年二月の「肉体女優で売り出した京マチ子さんに訊く」という記事で次のように記されている。

戦後すい星の如くに出現して、たちまちの内にアプレゲールの肉体派スタアとして売り出した京マチ子の存在は、大映ばかりでなく、日本映画界にとっても大きなプラスである。然《しか》し彼女も二

ケ年間に十二本の作品に出演して、見事に第一級のスタアの地位を獲得し、今やその人気も頂上に達してきた感がある。▼6

彼女は、天性の豊満な肉体を武器に、敗戦によって生み出されたアプレという社会的現象を引き受ける。あるときは清純な古典美を、またあるときは肉体の迫力で過激なパフォーマンスをスクリーンに映し出した。したがって京マチ子の内実を捉えるには、歴史的背景とともに系譜学的に彼女のペルソナの変遷を掘り起こす必要があろう。

「肉体の解放」とカストリ文化

ここではまず、彼女がスターダムに登場してくる歴史的文脈を押さえておこう。敗戦国である日本の蘇生は、人間の原点である肉体の思考をもって行なわれなければならない、そう主張する田村泰次郎の肉体文学が文壇を席巻する。従軍作家として中国戦線に送られていた田村が復員して日の当たりにしたのは、かつての敵国に媚を売り自らの身体を捧げる闇の女たち、すなわちパンパンだった。肉体を使って新しい時代を生きていく女性たちが夜の街を闊歩する一方で、もはや使用済みのモノとして朽ち果ててしまった男性日本兵の肉体。パンパンガールたちの肉体による感情のぶつけ合いを、田村は『肉体の門』として一九四七年に書き記した。むき出しの感情で肉体をさらす夜の女たちが繰り広げるドラマは、打ちひしがれた敗戦国の人々に衝撃とともに迎えられベストセラーとなる。劇団空気座によって舞台化された田村の『肉体の門』は、一〇〇〇回以上も公演されたという。また、マキノ正博によって一九四八年に映画化された『肉体の門』も大ヒットを記録し、時代を画す肉体言説を生み出すことになった。

このような感性と親和性が高かったのが、以前から肉体を重視し、精神の思考を離れて肉体自身の思考を追究しようとした坂口安吾である。『日本文化私観』（一九四二年）から『堕落論』（一九四七年）へと敗戦をまたぐも、彼の視点は一貫していた。自身を徹底的に堕落させることによって物事の本質へと接近しようとする態度。難解な言葉を排し、力強い言葉によって本質をえぐり出す彼の思想は、嘘や欺瞞を暴くようなむき出しの生の哲学であり、これもまた敗戦直後の日本人の胸に突き刺さった。肉体論と堕落論――敗戦の混乱のなかで颯爽と登場し時代の寵児となった二人を貫通するのは、「肉体による思考」だ。つまり、占領期に脚光を浴びた二つの思想の根幹にあったのは、人間らしさを肯定し、過度な精神主義へと偏向した古い価値観を転覆させる「肉体の解放」だったのである。

肉体言説と女性の肉体への注視は、サブカルチャーのなかにも通底する主題であった。紙の確保が難しかった占領初期、粗悪な再生紙を使ったカストリ雑誌が大流行する。カストリ雑誌の誌面は、性風俗や猟奇犯罪の記事、ポルノ小説、性生活を告白するような記事で埋めつくされ、女性の裸体の挿絵や写真も数多く掲載された。占領期に大流行したエロ・グロ雑誌、戦前の価値観を一変させたカストリ文化は、占領期を特徴づける風景となってゆく。

敗戦後の「肉体の解放」という思想は、具体的な身体レベルでも推し進められた。「ストリップ・ショウ時代　人気沸く裸の女体」と題された新聞記事では、「わが国の裸ショウは終戦翌年の正月に新宿帝都座の五階の小劇場で〝額ぶちショウ〟と称して裸女の活人画を舞台に出して圧倒的な人気を博し連日超満員の成績をあげたのに始まる」（『読売新聞』一九四九年一一月四日付）とされている。上半身裸の女性が名画に扮し、「芸術」として自らの肉体をさらすパフォーマンスが話題を呼んだのである。これに目をつけた浅草の興行者たちは、裸女の踊りによって「エロ合戦」を繰り広げ、ヘレン滝やメリー松原らを輩出する。劇場の外には俗悪な絵看板が立ち並び、歓楽街・浅草の風景を変質させていった。そして浅草を裸一色に塗りつぶした女性の肉体による性の娯楽は、全国の歓楽街へと波及していくことになる。当時の新聞には、当局の厳重注意もあり一旦は落ち着きを見せたものの、一九四九年の夏、「日劇小劇場にいわゆる「ストリップ・ショウ」が登場したのをキッカケに再び裸ショウ時代を生み出し、今や各劇場の赤字をシリ目に毎月わがもの顔に大入をつづけている」（『読売新聞』同前）と書かれている。

京マチ子が大映から映画デビューを果たしたのがまさにこの一九四九年。彼女が映画界に参入した時期、敗戦を機に日本の風俗は大きな地殻変動を起こしていたのである。カストリ文化が流行する戦後の解放的な風俗、そうした社会的な現象の描写を可能にする制度的な変化、そして女性の身体をさらすことによって興行収入を見込めるといった製作者の思惑が絡み合いながら、占領期の映画は「肉体派女優」を必要とするようになる。颯爽と映画界に登場した京マチ子がスターダムに一気に駆け上がることができたのは、類いまれなる肉体、とりわけ脚を中心とした恵まれた肢体をもち、パンパンやアプレといった社会的現象を体現する役柄を多く演じたことと密接に関係していたのである。『痴人の愛』を撮る前、監督である木村恵吾は「彼女ほど演技者として肉体的条件に恵まれた女性を多く知らない。［……］殊《こと》に彼女の外見の肢体はその均斉のとれた線の美しさに於《お》いて、広く現在の日本の映画界を見渡してもその右に出る者は少なかろう[7]」と述べている。また、映画評論家の大黒東洋士が「肉体文学とかストリップとか裸体写真とか、戦後の一風潮として吹きまくった肉体派の波に乗って、肉体派女優として売込んだ[8]」と記すように、戦前の厳しい検閲のなかでは表象不可能だった彼女の肉体が、占領期的な表象としてスクリーンに投影されたからこそ、過去との差異が意味づけられ、広く大衆に受け入れられたのである。

だが、スクリーンの過激な役柄とは対照的に、彼女は永田雅一率いる大映の厳密なプロモーションのもと、伝統的女性像、すなわち、謙虚でしとやかな「女性性」を映画以外のメディアで周到に構築していく。彼女は、映画におけるヴァンプ型のキャラクターとファン雑誌などにおける謙虚で純粋なパーソナリティという相反するスターペルソナを構築し、世代を超えた評価を獲得したのである。本章では、パンパンやアプレといった敗戦後の社会的身体を映像化した京マチ子の過剰なスクリーン・イメージと、ファン雑誌などのメディア上で構築される封建的なパーソナリティを分析し、彼女が若者観客や男性批評家から、いかなる価値づけのもと戦後派ナンバーワンの女優としてスターダムにのし上がっていったのかを考察していこう。

2　初期映画におけるプロモーション

初期プロモーションの変遷――送り手たちの実践

京マチ子のペルソナが〈戦後〉をいかに引き受けていくのか。それを捉えるためには、撮影所が作品と役柄をいかにプロモートしているのか、それがどのように評価されているのかを順序立てながら整理していく必要があるだろう。あえて断定的にいうならば、映画と社会を分析するにあたって、これまでの方法は、観客論や受容研究を重視し、送り手側の実践は等閑視されてきた。[9] スターや有名人に関する映画研究やカルチュラル・スタディーズのアプローチも、一貫して映像における表象とそれに対する観客や批評家の受容ばかりを見てきたのである。こうした偏重に対してさまざまな異議申し立てがなされている。

リチャード・ダイアーのようなテクストのイデオロギー分析とは距離を置いたリチャード・デコードヴァは、歴史的な実証主義によってアメリカ映画の黎明期におけるスターシステムの成立を描いた。[10] だが、「スターテクストをコンテクストのなかで見ること、読みは特定の文化的で社会的な状況で生じること」を強調するポール・マクドナルドは、スターシステムの出現をイメージの効果に制限したデコードヴァが、イメージと産業とのつながりを見過ごしていると指摘し、「経済的価値の源泉としてのイメージ」、すなわち、「個性的アイデンティティの構築」が、いかにスターイメージの独占状態を作り出してきたかを分析する必要性を説いている。[11]

簡潔にいえば、映像テクストからイデオロギーなどを読み込むテクスト中心主義から、より実証的な歴史主義へと移行したとき、多くの研究は同時代的な資料から映像テクストに対する「反応」ばかりを分析してきたのだ。つまり、こうした受容研究やオーディエンス研究は、映画産業のなかでの送り手側の戦略をあまり考慮してこなかったのである。[12]だが、本書において時代を象徴するスターを選定している以上、送り手側の実践は無視できないだろう。なぜならば、戦後の映画デビューと同時に一挙に戦後派スターのトップへとのぼりつめた京マチ子に対する大映宣伝部のプロモーションは、結論からいって完全に成功していたと見てよいからだ。したがって、本書では、送り手にあたる撮影所の宣伝部の言説にも配慮しながら、産業と歴史的コンテクストを結びつける映画スターのイメージを重視していく。

このような連関を捉える上で重要なのが、撮影所が映画館興行者やマスコミへ配っていたプレスシートである。そこには、宣伝のための「文案」（キャッチフレーズ）、映画の「売り方」、映画館における「放送原稿」などが記載されている。[13]ここではまず、彼女の初期映画とプレスシートに焦点化し、彼女がいかに売り出されているのかを確認していこう。戦後の大映からのデビュー作である『最後に笑う男』（安田公義、一九四九年二月二八日）のために、大映本社宣伝部が発行したプレスシートには「四九年の日本映画界を席巻する新スタア　レビュウの女王　京マチ子・二本柳寛　大映入社第一回出演！」という見出しに二人の略歴が記載されている。そこで京マチ子は次のように紹介されている。

> 日本レビュー界切っての新鮮で魅惑的な京マチ子。映画ジャーナリズムは今回の京マチ子大映京都入社をこぞって書き立てた。溌剌《はつらつ》と伸びた魅惑的肢体が官能を刺戟《しげき》する優美な踊りに揺れる時、観客の眼は彼女の一挙手一投足にそそがれて動かなかった。［……］今や彼女はその魅惑を大映

の銀幕に移しかえて、人気の王座に君臨せんとしている。[14]

プレスシートの「売り方に就いて」を見ると、まず「内容の激しさを強調」し、空中サーカスに「曲技を展開する冒険的スリル」、「殺人すらも侵しかねない心理的スリルの厭倒的場面」を売るように指示されている。当然ながら、ここではまだ京マチ子という個性によって資本を回収する思惑はなく、「此《こ》の作品を契機に大々的に売り出す京マチ子と二本柳寛です。此の有望な二新人の宣伝にも大いに力を注いで下さい」と記載されている。この映画で京マチ子は、レビューダンサーというバックボーンを活かし踊り子の由美役を演じた。

続く『花くらべ狸御殿』（木村恵吾、一九四九年四月一七日）で彼女は、その後のイメージを決定づけてゆくようなキャラクター、すなわち豊満な肢体を使って踊りを披露する森の魔女・愛々を演じている。『花くらべ狸御殿』には、京マチ子の初期のイメージである肉体派ヴァンプの原形が見られる【図3-3】。戦前から戦後にかけて幾度もリメイクされた木村恵吾原作の「狸御殿シリーズ」の一つであるこの作品は、時代劇の様式を排し、建築も衣裳も洋風な意匠を凝らすと同時に、戦後の風俗も大胆に取り込んだ不思議な仮想世界を作り上げている。このフィルムに特異なのは、松竹歌劇団の男役で、戦前から「男装の麗人」の異名を取り、国民的人気を博していた「ターキー」こと水ノ江滝子が演じた主人公の黒太郎と、喜多川千鶴演じるおぼろ姫がクロースアップで大胆な接吻を見せるショットが挿入されていることだろう。「ターキー」が男性ではないという周知の事実のもと、観客は異性装の「同性愛」劇を見せられ、倒錯的な欲望を引き出される。この作品は、そのような映画のきわめて早い段階にあるフィルムである。

話を戻せば、そのおぼろ姫と黒太郎の愛を引き裂く魔女＝悪女として京マチ子は登場する。さらけ出された肢体、そこから繰り広げられる豊満な肉体の迫力あるパフォーマンス、妖艶な美貌と絡みつく身体によって男性を虜《とりこ》にする悪女ぶり、ここには、『痴人の愛』、『偽れる盛装』、『牝犬』へと続いてゆく初期イメージ、すなわち「肉体派ヴァンプ女優」の萌芽が見られるのである。だが、ここでも京マチ子一人をフォーカスして売ろうという意図はまだ見られない。プレスシートにおける「文案」、「売り方」、「放送原稿」には、細やかな指示が記載されているが、それらのプロモーションを総合してみても、彼女はまだ「豪華絢爛な編成」の一人にすぎない。[15]『三つの真珠』（安達伸生、一九四九年六月二〇日）においても、「大映京都が誇る三人の花形を当てた」とされ、三人姉妹の一人として紹介されているのみである。[16]

　このような初期作品における大映のプロモーションには一貫性が見られる。たとえば『花くらべ狸御殿』の「文案」には、「妖しき夢のかずかずに裸女乱舞するロマンスとエロチシズムの大オペレッタ映画」と書かれ、売り方に関しては、この作品の内容は「お色気たっぷりな、官能のしびれるようなものです」と記載されている。[17]すなわち、大映宣伝部は、この作品を、カストリ文化の流行のなかで量産され、しばしば批評家が「ハダカ映画」、「裸ショウ」などと揶揄した商業映画の一つとして宣伝しているのである。ここに一九五〇年代を通して京マチ子が引き受けることになる格調ある「芸術」、あるいは古典美を見せる「日本女性」という言葉はまったくふさわしくない。むしろそういった要素とは決定的にすれ違っている。日本的なものを徹底的に破壊すること、それが、初期の京マチ子である。

　顕著なのが、彼女の存在を一躍有名にした『痴人の愛』（木村恵吾、一九四九年一〇月一六日）である。プレス資料に「主役ナオミには慎重なる審議を重ね、僅《わず》か数本でパーソナリティを認められた京マチ

図3-3　『花くらべ狸御殿』の京マチ子

子が選ばれている」[18]と記載されていることからも、彼女がいかに飛躍をとげたかがわかるだろう。デビューした年に主演を務め、その知名度を一挙に確立した彼女のような例はめったにないが、肉体を映像で描写できるようになった制度的な転換、カストリ世相における女性の裸体への注視、そして京マチ子の肉体が見事にそのような歴史的条件に符合するのが占領期の映像文化であった。いわずと知れた、谷崎潤一郎の戦前の小説『痴人の愛』は、幾度か映画化が企画されたが、その特異な人間関係のためにはばまれていたという。そしてようやく戦後直後に日の目を見ることになったのである。ナオミという奇抜な女性像、そして男性との特異な関係性を提示した谷崎の小説は、戦前の規範を大きく揺るがすテクストだったが、戦後になるとナオミはアプレゲールの若者として受容されることになる。「現在では何処《どこ》にも見当る女性であり、戦後の女性の一つのタイプをも現わしている」とする監督の木村恵吾は、「ナオミと言うアプレゲール女性を、生々とスクリーンに登場させて、彼女の生態を描き」たいと述べている。[19]

　興味深いことに、原節子と京マチ子を同時期に演出した木村は「ナオミという女性は、私の旧作〝幸福の限界〟のヒロイン由紀子と対比すると面白い。由紀子は考えぬく女性であり、ナオミは奔放な本能に生きていくタイプである」と、二人の女優の対照性に言及している。[20]理性的に物事を捉えて行動する原節子に対して、本能をむき出しにして情熱的に生きる京マチ子。戦前派スター／戦後派スターという差異のみならず、理性的／感情的なペルソナ、身体を隠す／肉体をさらす振る舞い、占領期における二人のスクリーン・イメージは決定的に相対し、スターダムの対極に位置していたことがわかる発言である。

　プロモーションに話を戻せば、大映は、肉体言説とエロ・グロ気風のカストリ文化のなかで、文芸作品としての谷崎文学を大衆化して京マチ子を売り込んだ。したがって、次のような新聞の映画評は、ある意味で大映の狙いでもあり、この映画の大ヒットと京マチ子の人気の確立という点で戦略の成功を意味している。

美しい肉体に自信を持ち過ぎた女が相手の男に捨てられ翻然として貞淑な妻に変るというおよそ谷崎潤一郎とは縁遠い「痴人の愛」カストリ文学版。そのつもりで見れば木村恵吾の演出は前半京マチ子の肉体を追ってハダカ・ショウ程度の真味をつなぐ（『読売新聞』一九四九年一〇月二二日付）。

『痴人の愛』のナオミのように、豊満な肢体を最大限に活かすヴァンプ女優としての京マチ子を売り出す大映の方針は、『羅生門』以前／以後で決定的に変質していく。もちろん、『羅生門』以降も国内向けには肉体のエロティシズムを利用した商業映画も多く製作していくのだが、そこに海外向けという水準が加わることによって、彼女のスクリーン・イメージは複雑に変奏していくのである。

だが、初期の京マチ子は間違いなく「肉体派ヴァンプ女優」としての人気を得ており、「芸術映画」としての格調や気品を手にする前、大映は一貫して彼女の肉体をカストリ文化に位置づけ、プロモーションしていたのである。国内における彼女の人気を確立したのは、黒澤明でも溝口健二でも衣笠貞之助でもない、日本映画史でも語られることがほとんどない職人監督の木村恵吾である。忘却された名コンビである京マチ子と木村恵吾は、その後も『浅草の肌』、『牝犬』、『馬喰一代』、『美女と盗賊』（一九五二年）、『愛染かつら』（一九五四年）、『千姫』（一九五四年）など多くのヒット作を残している。[21]

また、京マチ子のための映画といっても過言ではない吉村公三郎の『偽れる盛装』は、キネマ旬報ベストテン第三位に選出され、国内における彼女の名声と人気を高めた。同年の『自由学校』も高い興行収入を達成したことを考えると、吉村公三郎の功績も大きいだろう。したがって、木村恵吾と吉村公三郎を抜きに京マチ子のキャリアは語ることはできないのである。こうした国内の日本人観客へ向けて製作された大衆映画における京マチ子の路線を概観しておこう。

　木村恵吾に丸根賛太郎が協力して撮られた正月映画『蛇姫道中』（一九四九年一二月二七日）と『続蛇姫道中』（一九五〇年一月三日）では、借金の取り立てで大河内傳次郎につきまとうお時を演じた。鈍感な大河内をなじりながら自分の想いをぶちまけるその姿は、翌年に撮られた『馬喰一代』で、やはり無骨で乱暴な馬喰・三船敏郎に一途な自分の想いをヒステリックに伝える姿につながってゆく。江戸の時代劇である前者においても、戦前の北海道北見高原の前近代的社会で展開する物語においても、バタくさい顔つきで垢抜けた京マチ子の存在は、古くて封建的な世界観に新しさをもたらしている。南米大陸の日本人街から物語がはじまる『遥かなり母の国』（伊藤大輔、一九五〇年三月五日）は、人気ダンサーとしての彼女の踊り子のイメージを全面に押し出し、早川雪洲演じるジョーと京マチ子の擬似的な親子関係は、もはや日本的なものを徹底的に排除しているかのように異国風である。[22] このバタくささはそのまま次の『浅草の肌』（木村恵吾、一九五〇年四月一五日）に受け継がれた。

『羅生門』の前作にあたる『復活』（野淵昶、一九五〇年六月一〇日）のプレスシートにおける「売り方」には、「魅惑的な女優として、邦画界にしめるウェイト《ママ》が急激に重くなった、京マチ子。その本領とする魅力をふんだんに発揮し、演技的にも一段の心境をみせる一作です。この点にポイントを置いて売り捲《まく》って下さい」[23] と記載されている。大映デビュー作における「四九年の日本映画界を席巻する新スタア」からわずか一年足らずで「二十世紀のホープ、京マチ子」（放送原稿）とまでいわれるようになるのである。宣伝のための「文案」は「魅惑の女王！　京マチ子の『復活』」、ウィンドウ・デザイン案【図3-4】にも「京マチ子の復活」と表記され、「京マチ子」という枕詞が付されているのがわかる。また売り方に関しても、「今や京マチ子は日本映画界の大スタアとなりました。大映の夏の大攻勢第一陣として大いに売りまくって下さい」とされている。京マチ子一人に照準して宣伝することはなかった初期の数作品から、『痴人の愛』を経て、大映のプロモーションが激変していることがわかるだろう。

『羅生門』が日本映画界にもたらした衝撃と影響に関しては後述する。ここでは『羅生門』が日本で公開された日と、ヴェネツィア国際映画祭でグランプリを獲得する日に大きな隔たりがあることを確認しておこう。『羅生門』が公開されたのは一九五〇年八月二六日、グランプリを獲得したのは一九五一年九月一〇日、一年以上のブランクがある。実際、この作品は大ヒットを記録してきた黒澤明の映画のなかにあって、興行収入も決して高くはなく、国内での評価は概して不評であった。

『羅生門』のグランプリ受賞以降、京マチ子の女優としての価値は急激に高まり、大映のプロモーション戦略も一変するのだが、注意したいのは、この受賞の知らせを聞くまでの京マチ子の売り方は、初期のカストリ文化における「肉体派ヴァンプ女優」としての宣伝のアプローチを一貫して保持していたことである。つまり、一九五〇年八月二六日の『羅生門』から、一九五一年一一月二日の『源氏物語』の間に製作され公開された映画、たとえば、彼女の初期のペルソナの特徴が活かされた『偽れる盛装』（一九五一年一月一三日）、『自由学校』（一九五一年五月五日）、『牝犬』（一九五一年八月一〇日）などは、こうした初期のプロモーションと受容の枠組みのなかにあるのだ。

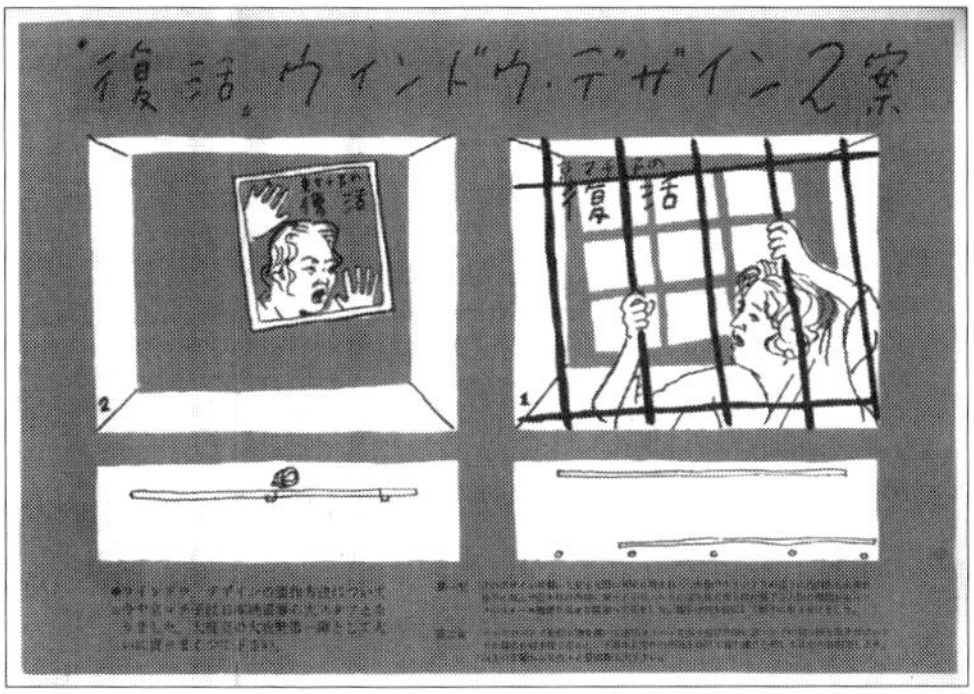

図3-4　『復活』のウィンドウ・デザイン案

『羅生門』の次の作品『火の鳥』（田中重雄、一九五〇年九月二三日）は、京マチ子を中心とする典型的な恋愛メロドラマであり、物語において彼女をめぐるいざこざで起こった事件が新聞で「戦後派令嬢のスキャンダル　三角恋愛の果て」と報道されるように、バードと呼ばれる彼女は、洋装で登場する垢抜けた女性である。長谷川一夫や藤田進など大スターを配したこの作品で彼女が割り当てられている役柄は、常に和服で登場する日本的なゆきこと対照的なモダンで感情的な女性だ。むろん、『羅生門』の衝撃がまだもたらされていないこの作品において、京マチ子は欧米に向けた〈日本〉をまとってはいない。彼女に割り当てられているのは日本的ではないアプレな女性であり、物語の流れに不必要なシャワーシーンが取って付けたように挿入されているのも、いまだ「肉体派ヴァンプ女優」時代に属することの証左である。

試しにこの期間の代表的な映画のプレスシートを見てみよう。『偽れる盛装』は、戦後社会の代名詞としての「肉体」、「アプレ」を引き受けた京マチ子が、毎日映画コンクールで女優演技賞を受賞、キネマ旬報ベストテン第三位にも選ばれ、彼女の女優としての評価を急速に高めた。この映画の売り方に関して、「京マチ子の発揮するエロッポイ雰囲気は、文案に示す如くとことんまで表面に押し出して謳《うた》って頂きます」と記載され、「文案」では次のような惹句が見られる[24]。

「肉感的魅力溢れる京マチ子が吉村公三郎と組んで放つ恋愛の問題巨篇」
「姉〔京マチ子〕は肉体派のアプレ女性！　妹〔藤田泰子〕は純情の近代娘！」
「肉体か？　黄金か？　白蛇の肌を紅灯の巷に張って男心を嘲笑する美貌の魔女！」
「豊満な肉体を惜し気もなく投げ出す京マチ子のアプレ女性！」

『偽れる盛装』の作品評では「観客のエロ的好奇心をもっぱらねらったものであることもこれまたかくれなき事実[25]」といわれ、送り手と受け手がこうしたコンテクストを共有していることがわかるだろう。『羅生門』以降であっても「肉体派ヴァンプ女優」時代のプロモーションが継続しているのである。

図3-5　『牝犬』のプレスシート

『自由学校』のプレスシートで『戦後派娘のサンプル、とんでもハップンの超アプレ、ユリーを演じる京マチ子』（放送原稿）と紹介される彼女も、当然のことながら「国際派女優」や「グランプリ女優」としての演技や、「格調」による売り方はされていない。[26]

『牝犬』は、彼女のエロティックな肉体を売り出す目的で企画が立てられた典型的な映画だと見てよいだろう。『牝犬』のプレスシートに見られるのは、『復活』同様、「京マチ子の牝犬」という角書、宣伝ポイントには「ヒロイン、京マチ子の強烈な魅力を百%生かした愛欲版として大いに売って下さい」【図3-5】と記載されている。[27] 彼女のペルソナに突如として西洋を意識したまなざしが注がれるのは、グランプリ受賞の告知とその認知以降なのである。

「肉体派ヴァンプ女優」から「国際派グランプリ女優」へ

これまで述べてきた京マチ子の変遷を次のように整理しておこう。

京マチ子が確固たる地位と人気を獲得する『痴人の愛』から『羅生門』のグランプリの知らせを受ける前の『牝犬』まで、アプレとしての彼女の肉体のエロティシズムは、もっぱら敗戦がもたらしたカストリ文化に照準されている。この期間は、日本人観客に向けて豊満でエロティックな肉体が消費される「肉体派ヴァンプ女優」時代である。むろん、この時期以降も、『赤線地帯』（溝口健二、一九五六年）から、『踊子』（清水宏、一九五七年）、『鍵』（市川崑、一九五九年）、『足にさわった女』（増村保造、一九六〇年）にいたるまで、彼女の肉体や脚が物語の重要な要素になる作品も製作されていく。だが、京マチ子の初期映画においては、大映による日本の大衆に向けた一貫したプロモーションが見られ、国外のまなざしには無自覚なのが特徴だといえるだろう。

『羅生門』のグランプリ受賞という快挙の後、永田雅一を筆頭に、大映がより大きな市場を求め、国際映画祭のための製作に着手するようになると、欧米の批評家・観客のまなざしを意識した映画製作へと変化していく。その最前線へと送り出されたのが京マチ子であった。この時点で京マチ子というスターは「日本女性」を引き受けていかざるをえない。彼女のスクリーン・イメージは、日本の古典を掘り起こし、封建的な「古典美」を呈示しはじめるのである。

オリエンタリズムを引き出すパフォーマンスへと変質していくこの時期は、『源氏物語』にはじまり『雨月物語』を経て『地獄門』で一つの到達点を見る。ここには、『地獄門』の模倣の域を出ない『千姫』、入江たか子で製作がはじまるも溝口健二の圧力によって入江自らが降板したという『楊貴妃』（溝口健二、一九五五年）を含めることもできよう。[28] このグランプリ受賞の報告以降の時期を「国際派グランプリ女優」時代とするならば、この時期において、彼女のスクリーン・イメージには、二つのスターペルソナが並走していくが、ひとたび欧米を通過し、凱旋帰国した京マチ子のペルソナは、もはや狭義の「肉体派ヴァンプ女優」に戻ることはない。国内向けに製作された映画の京マチ子は、低俗なカストリ文化から脱却し、彼女の身体には「格調」が見出されていくからだ。「国際派グランプリ女優」における京マチ子は、これまでと異なる「トランスナショナル」な欲望を喚起するスターペルソナへと変遷し、欧米のスター女優との関係において彼女の存在価値が規定されていくのである。

注意すべきは、「肉体派ヴァンプ女優」から「国際派グランプリ女優」への移行にともない、彼女の肉体をプロモートするときについてまわる「エロティシズム」という言葉の意味内容に変化があることである。たとえば、凱旋帰国後の映画『春琴物語』（伊藤大輔、一九五四年六月二七日）のプレスシートを見ると、「匂うが如く気品高きエロチシズム」という文案が見られる。[29] また、『或る女』（豊田四郎、一九五四年三月一三日）の売り方には、「エロ物に割り切られる恐れがありますので、これは避けて、上品なエロティシズムで売ります」と記載され、有島武郎の不朽の名作の映画化という文芸映画的文案と、上品なエロティシズムを絡み合わせて売るように指示されている。[30] 要するに、カストリ文化の大衆に照準した通俗的なエロスから、映画祭や国内外の批評家を中心とした観客へ向けた「格調」を帯びた「芸術」としての肉体のエロスへの変容である。

本章では、「国際派グランプリ女優」になる前、すでに戦後派スターのナンバーワンといわれていた「肉体派ヴァンプ女優」としての京マチ子に照準し、日本の一般大衆に向けて製作された「大衆映画」のなかの「肉体派女優」が、戦後いかに日本人の欲望を体現し、価値を高めていったのかを考察していく。彼女の同時代的なスターイメージを捉える鍵は、彼女の肉体がもたらすエロティシズムの内実を捉えること、すなわち、彼女の肉体の運動が、多くの女優が肉体をさらしたカストリ文化のなかで、いかに異なる肉体美を呈示していたのかにある。

3　戦後のヴァンプ女優――「陽性」のエロティシズム

戦前のヴァンプ女優

日本で映画史がはじまって以来、自身の肉体を売りにした女優がいなかったわけではないし、ヴァンプ女優が成立しなかったわけでもない。むろん、男性を脅かし堕落させるヴァンプは、鈴木澄子や原駒子の例をあげるまでもなく、戦前にも存在した。だが、日本の女優は、性の規範において厳格にその肌を隠す必要があり、男性との接触の仕方にも厳しい検閲があったため、まず表象の次元において、欧米のヴァンプ女優とは違っていた。また、現代劇よりも時代劇に偏重していたため、露出の仕方も違っている。そもそも日本映画における「ヴァンプ」の起源は、欧米映画とはいささか異なる文脈があるのだ。「ヴァンプ」という言葉は、もともと牙のある吸血鬼としての男の「ヴァンパイア」を起源としているが、二〇世紀頃広く知れ渡っていた「ヴァンパイア」は、一九一〇年代の米国における「ヴァンパイア・ブーム」のなかで製作された『愚者ありき』（フランク・パウエル、一九一五年）のセダ・バラのイメージを契機とし、ファム・ファタール（運命の女）の一種である女の「ヴァンプ」へと作り変えられていく。[31] 一九二〇年代のアメリカでは、セダ・バラの不死身な強さが弱体化すると同時に、死をもたらす危険な女ではなくなり「人間化」されていった。[32] こうした「ヴァンプ」が日本映画の女優に移植されていくのは一九二〇年代後半のことである。

女形の典型的なポーズによって図像化されていた「毒婦もの」は、サイレント映画全盛期、リアルな女優の肉体によって取って代わられていく。冨田美香は、歌舞伎や講談などで伝承された「毒婦」像が「日本版ヴァンプのプロトタイプ」であり、日本映画の男性性を脅かす女性は、ファム・ファタールよりも、他者に対し攻撃性が強いヴァンプ（妖婦、毒婦）と称されることが多かったという。[33] やがて日本の「ヴァンプ」は、一九二〇年代末あたりのモダンガールのイメージ――断髪で洋装しタバコをくわえた若い女――を吸収していく。

世界のなかで孤立し、戦争へと向かっていく一九三〇年代の日本映画において、「ヴァンプ」は、ある意味では、なくてはならない存在として図式的に物語へと埋め込まれていった。なぜなら、物語のなかで日本女性の純潔を称揚する家父長的社会にとって、善悪を提示するために必要不可欠な存在だったからである。したがって、男性中心主義がいったん脅かされながらも、物語の結末では危機が回復され安堵する決まりきったパターンを繰り返す映画において、「ヴァンプ」は、最終的に罰せられ、排除される運命にあった。そして一九三九年には映画法が敷かれ、国家と映画産業が密接につながっていく。軍国化する日本で製作される戦中の国策映画において、ヴァンプ女優は、現代劇にその幻影をかろうじて残すかたちでスクリーンから消えてしまうのだ。

ヴァンプ女優としての京マチ子

しばらくの断絶を経て、戦後のカストリ文化は、女性の肉体の魅力で男を堕落させる「ヴァンプ」を映像文化へと復活させることになる。鈴木澄子、原駒子、酒井米子、伏見直江、伊達里子、山田五十鈴など、戦前の日本映画には「ヴァンプ」を演じたスター女優が多く存在していた。初期の京マチ子の役柄は、明らかにこうしたヴァンプ女優の系譜にあり、共通する要素も多く見られる。『牝犬』に顕著だが、たとえば、木村恵吾と京マチ子のコンビは一九六〇年に公開された『お伝地獄』にいたっても、そのプレスシートにおける宣伝ポイントに「スチールやポスター等では、京マチ子のドギつい毒婦ぶりを強調してゆきたいものです」と記載されていることからも、日本の「毒婦＝ヴァンプ」のイメージを受け継いでいるのがわかるだろう[34]。

だが、戦前・戦中が検閲制度による女性の身体を覆う時代であったのに対して、戦後はそれをさらす時代へと変遷したことは、ここで理解しておく必要がある。「肉体の解放」の時代にあって、その感性は京マチ子の肉体を陰湿な場へと追いやることはない。いつの時代においても恵まれた肢体を売りにする女優がいるなかで、京マチ子を他の女優と差異化する要素、それは、彼女が肉体をさらけ出しながら演じるキャラクターの「明るさ」と、肉体の過剰な運動による「強度」である。京マチ子の肉体の表象は、占領期の「自由」を求める風潮や、解放感とともに激しい強度をもち、そのキャラクターはねちねちと男性を苦しめ陥れる妖婦とはかけ離れている。すなわち、彼女のヴァンプ性とは、じめじめした陰気な要素をはぎ取った「明るさ」をもっているのが特徴的なのだ。

『痴人の愛』は、「君子」と同僚に呼ばれる真面目な男が、出張先の神戸のカフェで出会った女給ナオミを東京へ連れて帰り、肉体も精神も自分の理想の女性に育て上げようとする話である。宇野重吉がその男を演じ、ナオミ役に京マチ子が大抜擢された。京マチ子の訛《なま》りのせいか、原作と異なり彼女の大阪弁を活かし、神戸で拾われたことになっている。物語は、品行方正な男が同僚の誘いを断り、家へと直帰する場面からはじまる。京マチ子は映画に登場するやいなや、真っ白な下着同然の姿でその豊満な肉体を観客へ惜しみなくさらす。肉体美だけではなく教養も身につけさせ、自分の理想の女に仕立てようとする男に罵《ののし》られた彼女が、英語のノートを引きちぎって反抗的な身振りでタバコの煙を吐き出し部屋から出ていくシーンは、男性の抑圧的な権力への抵抗と解放感で満ちている。映画全体を通して、京マチ子は、自身の豊満な肢体をさらし、カメラもまたその肉体美を立体的に切り取っている。評論家の川本三郎は、田村泰次郎の『肉体の門』が、「肉体」の解放を謳《うた》いながらも、裏側を生きる人間たちの哀感を描いていたのに対し、「京マチ子がナオミを演じた「痴人の愛」は、そうした暗い過去をいっさい排除したところに生まれた明るい「肉体美」の作品として際立った」[35]と論じている。

京都祇園の芸者を演じた『偽れる盛装』に関して、映画評論家の双葉十三郎もまた、京マチ子のおかげで肉体と個性の魅力が加わり「彼女に関するかぎり、変にうじうじした反省的な場面がないのも大いによろしい。〔……〕ほかの女優ではこれだけのヴォリュウムも出ないだろうし、線も弱くなったろう。その意味で、この作品は京マチ子というスタアの映画であるということが出来る」[36]と京マチ子が作品にもたらした「明るさ」とボリュームを評価した。

川本三郎はこうした京マチ子の特徴を「肉体を隠す陰性のエロティシズム」でなく「肉体を太陽の下にさらす陽性のエロティシズム」であり、彼女の肉体美は「戦後社会の明るさ、解放感の象徴だった」と的確に表現している。[37]戦後、米軍基地周辺や都市には闇の女が集まり、戦前の規範を喪失した無軌道な若者があふれていた。敗戦意識を喚起するパンパンやアプレは、背後に潜む「アメリカ」という他者を常に表象する存在であった。だが、京マチ子が演じるパンパンやアプレは、過去に囚われず現在のみを肯定的に生き抜いていく。ちなみに、吉原の娼婦を描いた溝口健二の『赤線地帯』においても、元黒人兵のオンリーであった過去をもちながら「娼婦の生活に楽しみさえ感じている女」を演じ、「本質的な意味での哀れさと云うものは感じられない」[38]と当時の記事にも書かれており、彼女のイメージから「暗さ」や「弱さ」は感受されなかったことがわかる。京マチ子の身体イメージは、敗戦後の時代に強く明るく立ち向かっていく若者のエネルギーと自由な解放感を体現していたのだ。

京マチ子が鮮烈なイメージを焼きつけた一九五一年の『牝犬』は、「この企画は京マチ子という女優を前提として樹《た》てられたに違いない」といわれるように、中年男が若い踊り子に惑わされ、「家を捨て仕事を捨てて彼女の奴隷となり、はては女の行状に嫉妬して殺害する」話であり、彼女の役柄は、「つねに一人の男性によっては満されない。それを自覚しその焦躁に追い立てられて、自らの肉体の欲望を発散しかね抑えかねている」女である。[39]彼女が演じた役柄は、男を堕落させる妖艶な悪女であり、戦後特有の「肉体派ヴァンプ女優」のイメージを築くことになる。次に、過剰なアクションの表象を可能にするヴァンプとしての肉体と、彼女の肉体の表象を商品化していく間メディア的なネットワーク、すなわち彼女のペルソナが相互的に構築されていく〈場〉を具体的に見ていこう。

4　循環する肉体——京マチ子の「脚」の表象

パブリシティにおける「脚」

京マチ子は、既存の類型を破壊し、戦後的な肉体美によって男を惑わせる新しいヴァンプ型を生み出した。彼女の身体イメージは、戦後的な制度や文化とともに構築されるため、それまでのヴァンプの系譜にありながらも映像的には異なる部分が多かったのである。映画でさらされる多くの女優の肉体のなかでも、彼女のイメージを特徴づけるのは、とりわけ豊満な「脚」によるものが大きい。すなわち、彼女の先天的な肉体の個性だけでなく、さらけ出された「脚」をクロースアップでスクリーンへ投影するということ自体が、きわめて戦後的な映像文化に属する表象だったのである。そのような歴史的変遷のなかで、京マチ子の「脚」は、メディアを越境しながら商品化されていった。上述したように、当時、これらの身体イメージの形成において緊密な関係をもっていたのがファン雑誌であり、映画の役割にも影響を与えていくという意味で、映画と雑誌は、相互媒介的にスターイメージを構築する関係にあった。

日常的に所有される複製メディアとしてのファン雑誌、そういったメディア文化のなかで、観客は、京マチ子といえば「脚」といった具合に、肉体のある部分への注視＝フェティッシュ化が促される。すなわち、観客の視線は、映画の視点ショットによる登場人物の視線との同一化、あるいはクロースアップなどによるカメラの誘導だけではなく、それ以外のメディアで、あらかじめ条件づけられているのだ。ここでは、映画館での京マチ子の肉体が、いかに雑誌などのメディア・テクストとともに循環的に仮構され、誇張されながら特有のスターイメージを構築しているかを見ていこう。たとえば、

「京マチ子さんの脚線美《おみあし》拝見」という雑誌の企画では、画家・漫画家の小野佐世男が水着の京マチ子の豊満な肉体を捉え「全身若鮎のようにピチピチはねそうな京マチ子さん[40]」と解説がつけられている【図3-6】。彼女の身体は、戦後登場した鮮度のよい「肉体女優」として、スクリーンや雑誌で消費されていったのである。

　京マチ子の肉体、とりわけ、その「脚」に関する記事は多く書かれた。もともと歌劇時代から「脚」を振り上げることによって、男性を中心とする観客を惹きつけていたが、そのイメージは雑誌でも映画でも焦点化されることになる。ファン雑誌の京マチ子の特集記事では、彼女のイラストの全パーツが実際よりかなり大きく誇張され、「凄い立派な脚だ。なんの屈託もなく、こちらを向いて、エイとストッキングをはいている京マチ子さんの脚は、まさに魔法の杖である[41]」という言葉がそえられている。この記事が書かれたのも『羅生門』のグランプリ受賞以前、すなわち、彼女の肉体の「格調」が高まる前のイメージである。雑誌メディアのテクストとイメージが、協働的に彼女の肉体の部位をフェティッシュ化し、観客の視覚を「肉体」や「脚」へと向けさせているのがわかるだろう。

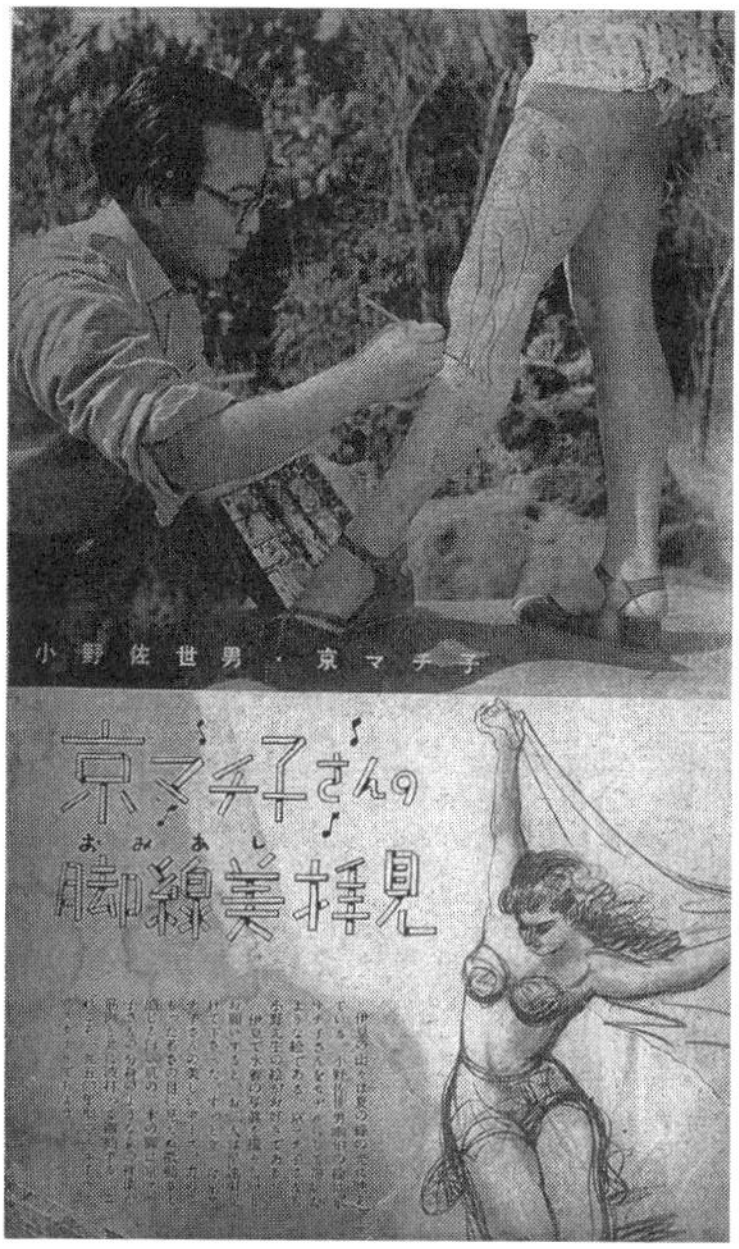

図3-6　『映画スタア』1950年6月号

　こうした映画鑑賞を条件づける言説は、ファン雑誌という所有メディアのみならず、映画館においても観客を取り囲む。そこでは鑑賞前から京マチ子の「肉体」へと観客の視線を操作し、物語もまた彼女の「肉体」から駆動するのである。たとえば『偽れる盛装』における映画館での放送原稿の一部を見てみよう。

京マチ子が、白蛇の肌を紅灯の巷に張って男心を嘲笑する美貌の魔女に扮する〝偽れる盛装〟――〝痴人の愛〟と、『浅草の肌』そして『羅生門』にみせた、京マチ子の妖艶な姿体と、媚態が、更《さら》に凄い魅力を生んで圧倒的雰囲気を醸す『偽れる盛装』。[42]

『牝犬』の放送原稿でも「妖しい体臭に群《むら》がる男、男、男！　あざ笑う女の肉体！」[43]という惹句が観客に伝達され、映画の外部で、鑑賞前から京マチ子の「肉体」を見ることが促されるようなプロモーションが行なわれているのである。

映像テクストにおける「脚」

それでは男を堕落させる「ヴァンプ」として彼女とその「脚」は、映画でどのように表象されるのだろうか。出世作である『痴人の愛』では、何度も京マチ子の豊満な「脚」が強調されスクリーンに映し出されている。たとえば、宇野重吉が京マチ子の脚を愛撫するショット、宇野のいる蚊帳の内部に痒《かゆ》いから掻いてと脚を放り込むショット、ソファに寝ている京マチ子の身体を顔、腕、脚というパーツに分解して映し出す宇野の視点ショット、物語の終盤で家に戻った彼女がストッキングを脱ぐショット、どれも彼女のふくよかな「脚」をクロースアップで捉えている。だが、ひとたび注視された彼女の「脚」は、映画の物語のなかで、撮影技法を駆使してその存在を主張しはじめる。

「京マチ子さんの脚線美《おみあし》拝見」という雑誌の企画が一九五〇年六月号、『浅草の肌』（木村恵吾、一九五〇年四月一五日）はその少し前に公開されている。レビュー劇場の踊り子を演じた彼女の登場シーン

図3-7　『浅草の肌』の登場シーン1

図3-8　『浅草の肌』の登場シーン2

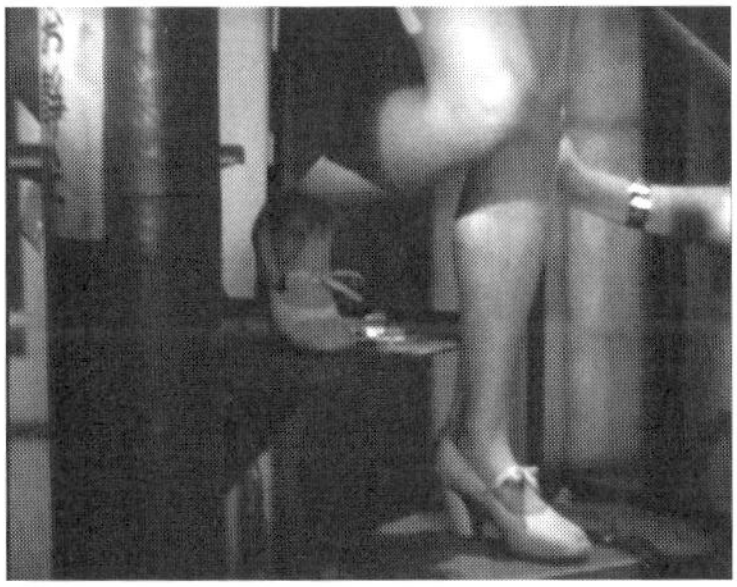

図3-9　『浅草の肌』の登場シーン3

図3-10　『浅草の肌』の登場シーン4

に着目してみよう。一〇分間以上、彼女のスクリーンへの登場は温存されている。その間、レビューダンサーや演出家は彼女の噂話をし、観客は彼女の出番を待つように物語が構成されている。彼女の登場シーンは、どさ回りを転々とし、二、三日前に流れ着いてきたという若草クルミ（京マチ子）の態度を快く思っていない他のレビューダンサーたちが、螺《ら》旋《せん》階段の上にいるらしい京マチ子に向かって降りてこいとまくし立てる場面からはじまる【図3-7】。続いて階段のディテール・ショットへと切り替わる【図3-8】。次のショットでコツコツと音を立てながらゆっくりとハイヒールを履いた靴が下降し、そのままカメラは、画面に登場するむき出しの「脚」をクローズアップで追い続ける【図3-9】。そしてようやく、タバコを口にくわえた、ふてぶてしい京マチ子の顔が映されるのである【図3-10】。ま

図3-11　京マチ子の「脚」のクロースアップ

た、二本柳寛演じる香取の家のベッドでストッキングを脱ぐシーンでも、彼女の「脚」は意図的にクロースアップで切り取られている【図3-11】。メディアを越境したテクストの連関によって、京マチ子の身体イメージは強固に特徴づけられているのだ。

　こうした「脚」の演出が、最高潮に達し、物語へと深く埋め込まれているのが、木村恵吾と京マチ子のコンビによる一九五一年の作品『牝犬』である。「肉体派ヴァンプ女優」時代の彼女の「脚」を作品の内部でもっともフォーカスし、モノとしての「脚」によって男性を破滅させる典型的なヴァンプ映画だ。謹厳実直に仕事を勤めあげてきた男性がレビューダンサーとの出会いによって堕落していくこの映画で、京マチ子がはじめて観客の視線にさらされる登場シーンを見てみよう。この一連のショットは、彼女の肉体を商品化する作り手の意図が明確に伝わってくるシーンである。

　まず、保険会社の経理部長である堀江（志村喬）が、部下の一人が金を使い込んだことをきっかけに、「美人座の裸女カーニバル」という看板が掲げられた浅草のレビュー劇場へ足を踏み入れる。そこで志村喬とともに、私たち観客がまず目撃するのは、ダンサーたちがひたすら振り上げる「脚」の運動であり、ここでのローアングルからのショットでは、ダンサーの首から上は切断されている【図3-12】。ステージから退出するため、踊り子たちが舞台袖にいる志村に押し寄せ、彼はもっていた帽子を落としてしまう。次にカメラが執拗に狙うのはこの床の上の帽子だ。踏みつけられ、蹴飛ばされる帽子、数々の脚が次から次へと映り込み、むき出しの脚がクロースアップで捉えられる【図3-13】。スクリーンに充満する踊り子たちの脚に埋もれながら四つん這いになって帽子を取ろうとする志村喬と女性の肉体との接触は、必然的に『痴人の愛』での京マチ子と宇野重吉を彷彿とさせる。ここでも、踊り子たちの美しい顔や豊満な胸などではなく、ただ「脚」という肉塊が振り上げられたり、移動したりすることによって、肉体の部位への意識化が助長されているのである。

この「脚」の表象に京マチ子の登場シーンは接続される。迷い込んだ楽屋で志村喬が京マチ子とはじめて会うシーンでは、まず彼の横にむき出しの「脚」だけが配置される【図3-14】。そして、その「脚」が志村の背中を小突いた後、彼は振り返り一瞬、京マチ子の顔を見るが、すぐ意識は「脚」に向き、驚愕の表情を浮かべる【図3-15】。その志村の顔のクロースアップを撮り、カメラは切り返して京マチ子の「脚」を映す【図3-16】。すぐさま顔に向かってティルト・アップ——カメラを縦に振るが、その顔はラーメンのスープを飲み干す器により隠されているのである【図3-17】。その直後にはじめて顔をさらす京マチ子は、濃いメーキャップをして片手に吸いかけのタバコをもち、高飛車な態度で部下の

図3-12　踊るレビューダンサーの脚

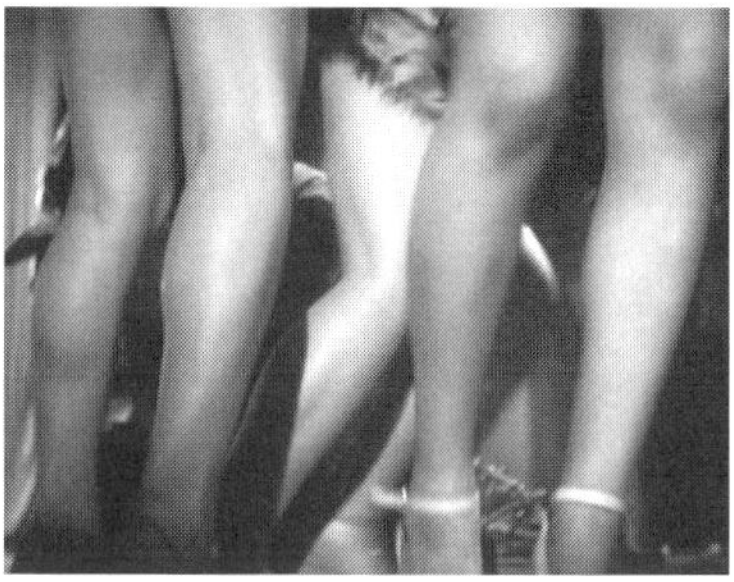
図3-13　充満する脚の表象

図3-14　『牝犬』の登場シーン1

図3-15　『牝犬』の登場シーン2

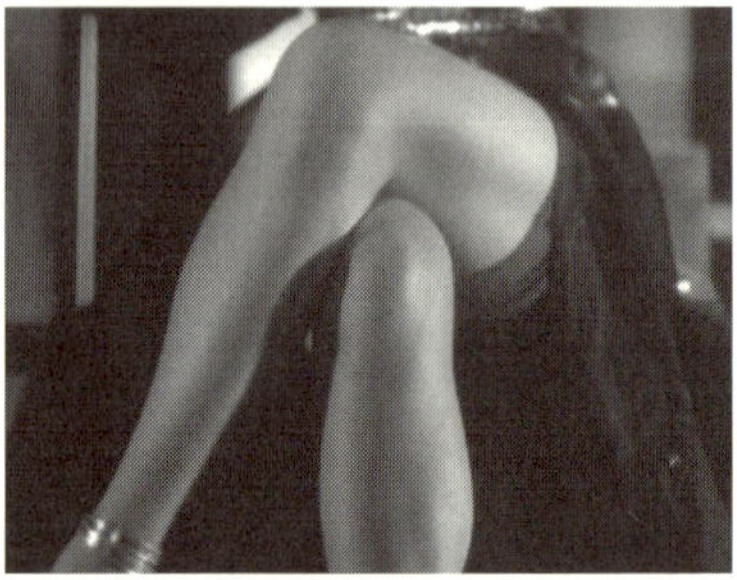

図3-16　『牝犬』の登場シーン3

図3-17　『牝犬』の登場シーン4

ことを尋ねに来た志村を一蹴する。

これまで確認してきたように、男性の視線や撮影技法、あるいは編集によって「脚」の存在が強調され、メディアが相補的に京マチ子の肉体を商品化していくテクスト空間が理解できるだろう。『浅草の肌』や『牝犬』といった「肉体派ヴァンプ女優」時代の代表作では、京マチ子は顔よりも肉感的な身体、とりわけ「脚」から登場する。「脚」＝京マチ子という関係が観客のなかで成立していたとすれば、日本の映像文化史のなかでも彼女の肉体と観客は、きわめて特異な関係で結ばれていたといえよう。歴史的に見るならば、こうした映画の肉体の運動のモンタージュと雑誌で構築される「キャラクター」が、協働的に観客に知覚されていたことに私たちは注意を払わなければならない。

京マチ子の個性的アイデンティティ

これまで映画でも雑誌でも、異なるメディアにおける京マチ子の肉体が「脚」を中心に商品化され、彼女特有の「ヴァンプ」性が機能していることを見てきた。戦前の厳しい検閲ではエロティックな表象は禁止され、道徳的規範を逸脱する描写はすべてカットされていた。制度的・文化的な変化を通時的に見ると、動的な描写を抑圧された観客は、「脚」をさらけ出す解放的で豊満な肉体描写を、戦後的な表象として経験したといえるだろう。ポール・マクドナルドが、スターイメージとその効果だけではなく、経済的源泉として産業とイメージのつながりを見る必要性があると主張したことはすでに述べた。京マチ子が本格的に映画界に参入してくる前、一九四七年の時点で、スター女優についてのある不満が吐露されているのを私たちは見逃すことはできない。占領期前半に新しいスターが生まれない現状を、「余りにも単調になりすぎた今日のスタアの系列を眺めて寂しいと思う」と悲観する批評家は、次のように述べている。

> それはスタア自身の問題でもあるが、（彼らのパースナリティが狭く、演技力の貧困のためでもあるが）又、スタアを創る人々（それは映画の大衆なのである）の問題であろう。尤《もっと》も、この関係は相関関係のもので、一つだけに限って解決出来るものではない。たとえば、女優にしても、ヴァムプ役を演《や》れる人は一人もないではないか。［……］余りに、皆が美男、美女でありすぎる。若く美しいばかりを狙いすぎる。本当の悪役を出来るものすら出てこないではないか。私は今日のスタアに対して悲観的である。▼44

　このような批評を大映が実際に見ていたかどうかは問題ではない。戦中、一度断絶した「ヴァンプ」を戦後初期のスターダムで演じられる女優は不在であった。歴史的コンテクストを見据えながら、個性的アイデンティティをいかにスターダムのなかで確立するか、すなわち、価値の独占状態をいか

図3-19　『映画ファン』1954年3月号

図3-18　『映画物語』1949年11月号

にして達成するかは、常に送り手に要請されている課題である。そういう意味で、戦後派《アプレ》として素早くイメージを定着させた京マチ子や淡島千景のプロモーションは、最も成功した戦略だったといえよう。いったん個性的アイデンティティを作り上げて市場に売り出してしまえば、そのスターはきわめて高い価値をもち資本の回収をもたらすだろう。その一方、その個性の模倣は亜流としかみなされない。いかに個性のあるキャラクターを作り出し、複数のメディアを駆使して大衆に認知させるかが重要な鍵となるのである。

大映による京マチ子の「メディアミックス」的な宣伝方法は功を奏し、莫大な利益をもたらすことになった。マーク・スタインバーグは、アメリカにおける物語が一元的に連続した状態でメディアを超えて拡大していく「トランスメディア・ストーリーテリング」であるのに対して、日本の「メディアミックス」は、統一された物語より、互いに矛盾していようとも複数のメディアを越境する同一の「キャラクター」を重要視する「拡散する文化」であるとしている[45]。もっともスタインバーグの議論は、鉄腕アトムや角川のメディアミックスが中心となっている。だが、ファン雑誌という大衆メディアで、映画における物語を離れ、パロディ化、デフォルメ化されながら拡散してゆく京マチ子という「キャラクター」は、そのさきがけとして理解されてもよいかもしれない。たとえば、ファン雑誌における由原木七郎のイラスト【図3-18】に描かれた京マチ子は、美しいというより「バタくさい」表象によって世相を戯画化したようにすら見える[46]。

こうした京マチ子のキャラクター・イメージは雑誌に散見され、とりわけ、ファン雑誌の企画ものでは、映画のイメージの延長として「キャラクター」を演じることになる。京マチ子のように強烈なキャラクター性をもっていたスターは、ファン雑誌でも読者が望む映画的な振る舞いを要請されるのである。一九五四年の『映画ファン』においても、ヴァンプ・イメージを呈示するように、脱ぎ捨てられた服や靴、吸いかけのタバコという戦前からのジェンダーの規範を逸脱する象徴的な記号に囲まれ、腕と脚の曲線美とふくよかな肉体をさらす挑発的なポーズをしている【図3-19】。物語における「キャラクター」を映画の外部でも演じていることがわかるだろう。京マチ子という肉体派スターは、映画というメディアと他のメディアを越境しながら認知されていく「キャラクター」であり、ここに「メディアミックス」の胚胎を見ることも可能である。

5　暴力的な肉体の強度

暴力的なパフォーマンス

再び映画の表象に話を戻そう。彼女の身体イメージは単純なエロティシズムに還元されるものではなく、しばしば過剰なまでの「暴力性」をスクリーンにもちこむ。ここでは、京マチ子のパフォーマンスの特異性を、もう少し戦後のコンテクストから見ていこう。戦後の「民主化」によって、戦前の受動的で従属的な女性像は否定され、個人として強い意志をもち主体的に生きる女性像が求められたことはすでに前章で確認した。堀ひかりはニュース映像の戦中／戦後の相違点を分析し、「戦後には、戦時生産のために集団で働く女性の姿が消え、女性の職業人が個人単位で描かれたり、政府に抗議する主婦が現れた[47]」と指摘している。当時の雑誌でも、戦前の映画女優について「これまでの日本人は感情表現を努めて殺すように訓練されて来ている[48]」と語られているように、戦中は、感情を表さず没個性的に男性と国家に従属することが理想とされるが、戦後は、「個性」や「主体性」をもつ女性が志向されることになる。

こうした女性イメージの転換のなか、脚本家・監督の新藤兼人は「京さんの肉体のボリウムは戦前のナヨナヨとしていなければ美しくないと云う既成概念を完全に破ったね[49]」と京マチ子の新しいイメージに言及している。もちろん、京マチ子以外にも過去の女優のイメージを断ち切るような新しい肉体をもつ女優も現れた。同時代、京マチ子と同じような出自をもつ、松竹歌劇団（ＳＫＤ）出身の淡路恵子、日劇ダンシングチーム（ＮＤＴ）出身の北原三枝や根岸明美なども恵まれた肉体の魅力を少なからず売り物にした。淡路恵子はヴァンプ役もこなす強い個性とたくましく発達した身体を呈示し、北原三枝はモダンな雰囲気とのびやかで美しく健康的な肢体によって観客を魅了した。デビューからエキゾチックで派手な顔と大柄な肉体美で、ヴァンプ型の情熱的な演技を特徴とした根岸明美は、京マチ子と似たタイプの女優であった。だが、こうした女優との決定的なパフォーマンスの違いは、京マチ子がスクリーンに表象する「強度」とその「暴力性」にある。

当時の雑誌広告の宣伝を見れば、映画会社は、このような京マチ子の肉体を強調しプロモーション活動をしていることがわかる【図3-20】。『牝犬』の助監督であった大映の斎村和彦は、演出が「知性とか理性とは別の、烈《はげ》しい性格の役。悪くいえば白痴美みたいなものを狙っている」こと、「京ちゃんは知らないから大胆にいく。すべて体あたり、計算をもってない。ここに迫力とボリュームが生れるんだ」と彼女の演技の特徴について語っている[50]。戦後のカストリ文化とともに続々と現れた肉体派のなかで、彼女を差異化する決定的な要素とは、まさしくこの映画における「ボリューム」である。大映の技術部長は当時、京マチ子の魅力について次のように述べている。

> 彼女の肉体だけとは思えないボリウムです。女優さんのクローズ・アップを撮る場合、フレーム以外のボリウムを感じさせる人があります。これは必らず大物になる人です。私の経験では原節子などが最もそう云うものを感じさせました。私はよく黒澤君と話すのですが画面のサイズと云うものはかりそめにあるもので、俳優は、それより広いものを感じさせなければいけないのだと云うことです。［……］そう云うダイナミックなボリウムを、将来必らず会得出来る人だと云うことは保証出来ます[51]。

当時の映画人が、戦前派・戦後派という出自も、女優として演じるタイプもまったく異なる原節子と京マチ子に、「フレーム以外のボリウム」という共通点を見出しているのは興味深い。このことに関しては本書の最後に改めて考察するが、ここでは、受動的な女性像の反動として戦後に求められた主体性や個性的な女性イメージを、京マチ子が肉体の物質性によっていかにスクリーンへと映像化したのかを捉えていこう。

図3-20 『牝犬』の広告

スクリーン・イメージの「強度」

京マチ子の肉体による特有のパフォーマンスとしてあげられるのは、スクリーンにおける「強さ」である。映画評論家の永戸俊雄は「今日の人気は彼女の肉体的魅力と演技力の強さによる」[52]と記している。他の雑誌でも「整った美しい四肢に漲《みなぎ》るお色気」や「逞《た》くましい肉体のヴォリューム」、そして「身体ごとじかにぶッつけて銀幕いっぱいに呼吸してゆく演技の方法論［……］それらが彼女にトップ・スタアたり得る貫禄をつけさせたといってよい」と評されている。[53]あるいは「はりきった肢体。それをむきだすのをおそれない感覚。それがなによりもモダモダと鬱積したいまの時代に住む人に、強烈な刺戟を与えるのだ」と当時の観客の視点からも論じられている。[54]こうした「強さ」を肉体全体で表現することは、検閲の問題もあり戦前は不可能だった。だからこそ彼女が物語に配置されるとき、そのパフォーマンスから必然的に過去を否定するような「強さ」とともに受容されることになったのである。

京マチ子の演じるキャラクターは、戦後派スターだからこそ可能な過去との断絶と、過去に囚われない「強さ」を呈示する。『浅草の肌』では、ダンサー仲間から「このズベ公」と罵られ、京都祇園の芸者を演じた『偽れる盛装』でも「このパンスケ」と罵倒される。娼婦たちのドラマを描いた『赤線地帯』でも、元黒人兵のオンリーを演じ「ズベ公」と罵られ、「アメちゃんにひっかけられる、捨てられる、一年も経たねえうちにもうアプレのプレプレ」と紹介される彼女のキャラクターは、多くの場合「アメリカ」という不在の「他者」や敗戦の記憶が表象されている。だが、彼女のキャラクターは、敗戦のトラウマに関して徹底的に無関心であり、「ズベ公」や「パンスケ」などと罵倒されても、気にしたり傷ついたりすることはない。他の肉体派女優たちと決定的に異なる、現在のみを生きる京マチ子に固有の「強さ」は、他者に密着し、暴力的に振る舞う多くのパフォーマンスからも伝わ

図3-21　『浅草の肌』（1950年）

図3-23　『牝犬』（1951年）

図3-22　『偽れる盛装』（1951年）

図3-24　『大仏開眼』（1952年）

図3-25　『あにいもうと』（1953年）

ってくる【図3-21〜図3-25】。相手が男であれ女であれ突進し、取っ組み合い、画面上を転がっていく肢体。そこで見られるのは、嚙みつき、馬乗りになる重厚感のある肉体、強引に接吻を求めたり、怒りをぶちまけたりする、京マチ子の破壊的な身体の強度だ。

　彼女の肉体が発する「強さ」は、過去の女性イメージを否定する「主体性」と密接に結びついている。演劇評論家の尾崎宏次が「京マチ子の面白味は、妙ちくりんな心理描写などにおちこまない点にあった。していていえば、まるで一個のモノのように、京マチ子のふんする女の類型が映画のなかを走りまわっていた」(『毎日新聞』一九五八年五月二五日夕刊)のが一番面白い点だと論じるように、家父長的な社会における受動的な女性表象とは対照的に、男性にも立ち向かい、取っ組み合う、暴力的な肉体がスクリーンいっぱいに駆け回るとき、観客はきわめて現代的で新しい女性表象を目撃したに違いない。同時代、彼女ほど「暴力的」な「主体性」を表象していた女優はいなかったのである。彼女の身体は女性の「現代性＝主体性」を表象し、それ以外の登場人物を受動的な客体として過去に分節化するような力をもっていた。京マチ子の肉体美と非思考的でプリミティヴなパフォーマンスは、歴史的トラウマの充満する占領期にこそ要請されるものであり、それを乗り越えるための情動的な身体イメージを彼女は呈示していたのである。

すでに言及したように、京マチ子は、戦前からの「ヴァンプ」の系譜にありながら、戦後的な風俗のなかで独自のスターイメージを構築した。過去に囚われず、戦後の解放的で暴力的な明るい「ヴァンプ」女優として、それまでの「ヴァンプ」を自分の型として再構成したのである。映画研究者の斉藤綾子は、占領期の代表的な映画を観ると、「女性たちの反逆」という特徴が見出されるという。[55]京マチ子は、物語の流れや結末といった抽象的な次元だけではなく、肉体的なレベルで、この「反逆の主題」を演じていたとはいえないだろうか。たとえば、彼女の人気と評価を確立した『偽れる盛装』で取っ組み合いをする相手は、妹の妙子の結婚を家の格式が違うという理由で一方的に引き裂こうとする妹の婚約相手の母・千代である。「こっちは肉体派どすさかいな」と放言し、肉体派を自ら引き受ける京マチ子は、批判にさらされようとも、屈することなく封建的な思考を跳ね返していく。

彼女は戦後日本の解放感をシンボリックに映像化し、暴力的で豊満な肉体から放出されるエネルギーは、抑圧されてきた女性や若者の欲望と共鳴した。すなわち、軍部の欺瞞によって貴重な青春を戦争のために犠牲にし、思想統制によって思考も行動も拘束された占領期の観客の大半である戦中派にとって、肉体派女優・京マチ子は、戦後の自由と解放のなかでその怒りや鬱積の発散を代理的に投影する媒体《メディウム》だったのである。だが、これほど過剰な性と暴力によって男性を堕落させる女優を、当時の批評家やファンたちはなぜ評価していったのか。次に、ファン雑誌における彼女のパーソナリティの構築と、批評家の実践を見ていくことで占領期の複雑な言説空間を理解したい。

6　メディア・テクストとしての京マチ子

ペルソナ構築の実践

先取りしていえば、京マチ子がファン雑誌等のメディアで自己呈示したパーソナリティ、あるいは大映のプロモーション戦略による彼女のパーソナリティは、一貫して肉体派女優としての過剰なアクションや、アプレ女優としての傲慢な振る舞いといった強烈なスクリーン・イメージから引き離そうとするものであった。ここからは映画の表象を離れ、京マチ子のパーソナリティ構築を見るために、「私生活」や「性格」を伝えるのに重要な役割を担ったファン雑誌を中心に、彼女がどのように評価されているのかを分析して、映画の表象と矛盾するテクストとイメージが相互的に複雑なペルソナを形成していることに焦点化したい。肉体派のアプレとしての人気が確立していた一九五二年、『映画ファン』では「京マチ子さんの魅力を探《さ》ぐる」という特集が組まれている。『牝犬』を演出した大映所属の監督・木村恵吾との対談で、彼女は次のような自己呈示をしている。

京　…たいへんなアプレだと思われてますのよ。むしろ全然アバンで自分でももう少しアプレになりたいと考えています。

木村：『牝犬』のような悪い役をやって、ファンの反響はどう？

京　：はじめからそれで通っていて普段が普段ですから、やらんといて下さいというファンレターはありません。私の性格と逆の役のほうが、やりいいようです。[56]

映画評論家の清水千代太は、対談での印象を「スクリーンに見る京マチ子とはガラリと変って、淑《しと》やかな令嬢である。「偽れる盛装」や「痴人の愛」の印象を、深く刻み込まれている僕は、瞬間ちょっと意外の感じを受けた」と語っている。清水はその記事で、彼女の「仕事への熱情」や「大スタアとなって、傲《おご》らず高ぶらない」ところ、「彼女の映画への愛情」を評価し、「生地の京マチ子が、スクリーンの映像の京マチ子と、相異《あいことな》るものであるからこそ、映画女優京マチ子の生命はあるのだ」と論じている。[57]他にも「舞台とはおよそ違う素の京マチ子さん」というトピックで次のように語られている。

あれだけの肉体とアッピールする魅力をそなえている人はザラにはありません。さぞ情熱的で、会ったら、こっちがフラフラとさせられてしまうような女優かというと、これがまた舞台やスクリーンとは打って変った無口な女性なのだから愉快です。[58]

京マチ子にインタビューした人物は、「何処《どこ》へ行ってもスタア顔せえへんし、子供が好きやし、几帳面で人を待たせるのが嫌い、撮影のときなど楽屋に入るのが一時間前だという、変ってまっしゃろ」という女性マネージャーの言葉を紹介している。[59]また、オフスクリーンの姿をファンより詳しく知っているはずの俳優の根上淳は、京マチ子が、映画の「強い性格の女性」と異なり、普段は「ごく大人しいお嬢さん」であるのに驚いたこと、待ち時間は編物をしたり、台本を丹念に見て演技のプランを練り、休日には母に孝養をつくしていることを細かく描写し、役柄と本人のギャップに言及している。[60] 仕事への熱意や、普段の彼女は謙虚で映画の役柄とかけ離れていることなど、京マチ子の「実像」を伝えるファン雑誌の記事は同時代的に散見される。

純潔な女性

大映の助監督は、「京ちゃんほど純情な女はいませんよ。世間や男の悪いところ、お色気の方面など、それこそなにも知らない。おそらく映画界で唯一の純情女性だといえます」[61] と話している。占領期の言説空間では、「純潔」であることが何より重要であった。そのことは、国民的な女優であった田中絹代のスキャンダルを見れば明らかである。占領期は、ジェンダー／セクシュアリティ表象がアメリカと〈強姦〉関係にあってはならなかった。親善大使として渡米していた田中絹代は、帰国した一九五〇年、派手な毛皮のコートをまといサングラスと真っ赤な口紅で報道陣に「ハロー」といい、銀座パレードで民衆に投げキッスをしたことで、マスコミを中心に袋叩きにあったのである。これは戦前に純粋可憐な娘役や軍国の女を演じ、封建的な女性イメージを構築していたスターの現実のパーソナリティのアメリカ化、すなわち〈文化的強姦〉を公共空間で表現してしまったことに起因するだろう。アメリカ化した姿を公共の場で呈示した田中は、マスコミに叩かれ、自殺を考えるほど落ち込み、二年間のスランプに陥ってしまう。次章で詳しく述べるが、これとは対照的に、映画でも私生活でも純粋で潔癖なイメージで人気を集め、異性とのスキャンダルが皆無だった戦前派スターである原節子の価値が、同時期に最高潮に達したことは示唆的な事実である。

京マチ子も「役柄に似合わず、いたって内気で、人の中に出るのがきらい、浮いた話は一つもない」(『読売新聞』一九五六年二月四日夕刊)と書かれているように、スキャンダルのない女優であった。京マチ子と田中絹代をアメリカとの関係で比較したとき、ヴァンプ役を演じながら現実のパーソナリティは純潔であった京マチ子と、純情な日本的女性を演じながら現実のパーソナリティがアメリカ化した田中絹代とでは、映画のキャラクター／現実のパーソナリティが反転しているのである。

　また、京マチ子はデビュー以来、関西弁のアクセントが抜けず本人もそれを自覚していた。木村恵吾は当時、「京君の大の欠点は、その訛り」にあり、映画女優として大成するには、「まずこの関西訛りを完全に征服してしまわねばならない」[62]と話している。デビューから五年後にもファン雑誌の投稿者に「京さんの関西弁のアクセントはまだ気になる」[63]といわれていることから、国際的なスターになった後も、関西訛りが消えないというどこか〈地域性《ローカリティ》〉を感じさせるペルソナを形成していた。

　つまりファン雑誌を通して、普段の京マチ子は、大人しく謙虚で勤勉、恋愛を知らず潔癖でしとやかな古都の女性という、映画とは対照的なパーソナリティを築きあげたのである。このようなペルソナ構築は映画の鑑賞体験にも強い影響を及ぼす。たとえば、大映と松竹の競作で話題となった『自由学校』（吉村公三郎／渋谷実、一九五〇年）で、京マチ子と同じアプレ役を演じた戦後派スター淡島千景は、洋装の着こなし、会話の速度、カタカナ英語を交えた発話で、役柄にぴったりとはまっていた[64]。『羅生門』と『偽れる盛装』を経た後に実施された『映画ファン』の座談会では、『自由学校』に関して「ユリーのアプレはインテリアプレで、京マチ子自身の持ってる古めかしさとピッタリいかなかったんだ」[65]といわれている。京マチ子の役柄への完全な一致を阻んでいたのは、『羅生門』や『偽れる盛装』への出演だけではなく、雑誌メディアで構築してきた「古めかしさ」だろう。彼女が「古めかしさ」をともなうペルソナへと変化していったのには、出演した時代劇映画によるイメージだけではなく、彼女の「現実」のパーソナリティを作り上げ、大衆へと接続するファン雑誌の効力がきわめて大きかったのである。

　初期に顕著だが、彼女のペルソナ――スクリーンの急進的な肉体派ヴァンプと雑誌メディアの古風なパーソナリティ――は真っ二つに引き裂かれている。だがリチャード・ダイアーは、スターの一見矛盾するような関係は、スターイメージをめぐる特殊な意味の連鎖と、スターが個人として世界に実在するという事実によって調停される、すなわち、この分裂はスターが一人の人間であるという事実によって、「統一」へと変えられるという。[66] このスターイメージの意味の連鎖を作り出すのにファン雑誌というメディアは強力に作用した。リチャード・デコードヴァは、商業映画の役者のオフスクリーンの生活に関する話が、プレスを通じて循環するシステムの出現について調査し、こうした新たな知の領域が読者をスクリーンの背後に導くことで、スターが映画の役だけでなく、映画の仕事とは分離したナラティヴにおける「キャラクター」として認知されるようになったと論じている。[67] 映画の物語内とは別の次元で、縫合される統一的な「キャラクター」の形成に、ファン雑誌は大きく貢献したといえるだろう。

「ハダカ映画」や「接吻映画」が氾濫する占領期、京マチ子が世代を超えて評価されたのは、「パンパン」や「アプレ」と矛盾するイメージを、映画外部で周到に作り上げたからであり、メディアを超えた意味のネットワークのなかで構築されていく「古めかしい《アヴァン》」ペルソナが彼女の人気には必要不可欠だったのである。

7　京マチ子の両義的な身体イメージ

複雑なペルソナ

ここでは、フィルムに焦点を戻して、映画外部で作り上げられるパーソナリティが映画のイメージに実際にどのような影響を与え、彼女の個性的なパフォーマンスを規定しているのかを考察していこう。映画批評家の津村秀夫は「京マチ子のような華やかさとスケエルを持つ日本女優は少なくとも戦後には稀」で、「戦前にもあのタイプは無かった」という。そして、エロティシズムの点では、似たタイプもいなくはなかったが「京マチ子には実は一種のエキゾティシズムがあって、そのバタ臭さはやはり戦前にはなかった」と論じている。[68]

「戦後派の古典美 京マチ子名妓に学ぶ」(『読売新聞』一九五〇年一〇月二九日付)と題された新聞記事は、「官能美女優として、また戦後派スターの一つのサンプルみたいな京マチ子」が、『偽れる盛装』で「こともあろうに祇園の芸妓を演る」こと、つまり戦後派の肉体派女優であるバタくさい京マチ子が古典的な女性を演じることに焦点化した皮肉とも捉えうる記事だ。実際、『羅生門』や『偽れる盛装』は、カストリ文化における「肉体派ヴァンプ女優」としてのイメージを転換させていく契機となった作品だといえよう。バタくさいイメージをもつアプレの肉体派女優が、日本の芸者や時代劇を演じていくのである。肉体を露出させた過激な洋服、西洋的な髪型やメーキャップの京マチ子が、日本的な髪型、伝統的な和服を着て古典芸能をたしなむという大転回。『痴人の愛』、『牝犬』などに見られる一元的だった京マチ子のイメージは、『羅生門』や『偽れる盛装』で複雑なペルソナを呈示しはじめるのである。

これは、大映がヨーロッパの映画祭に向けて製作した「日本」のプロモーション映画である『雨月物語』や『地獄門』とはまったく違う。『羅生門』や『偽れる盛装』に加えて『大仏開眼』、『あにいもうと』、『或る女』などは、いうならば、その中間地帯に位置づけられる映画、つまり、古い時代や前近代的な題材を用いながら、京マチ子の肉体の新しさを織り交ぜていくフィルムであり、そのなかでは新しいもののイメージが古い様式にブレンドしていく。すなわち、対極的なイメージの衝突によって、時代劇などの古い様式を新しいものとして現前させるのである。[69] デビューから一九五〇年代中頃までの代表作をやや強引に図式化すれば【図3-26】のように整理できるだろう。彼女が演じてゆく時代劇の古風な女性やゲイシャ・ガールは、リアリティとはほど遠い、戦後的な身体性と運動をスクリーンに埋め込んでいる。京マチ子特有の魅力は、まさにこの新しさと古さという相対するイメージがひとつの身体に同居する中間地帯としての映画群において発揮され、彼女の複雑なペルソナが映画に不思議な奥行きを与えるのだ。

たとえば、『羅生門』などの時代劇で黒澤明は、時代劇の様式を借りながら、それを現代劇として読み換えられるようなヒューマニズムを描いたが、同様に女優である京マチ子も、「おしとやかな既成の時代劇女優には欠けていた見事にダイナミックな動きを発揮した」といわれている[70]。あるいは、封建的な社会に生きる兄妹の愛憎を描く『あにいもうと』では、女性映画の名手である成瀬巳喜男の世界観を完全に打ち壊すかのように、兄と取っ組み合って喧嘩する過剰なパフォーマンスを見せる。当時の批評で「パーマネントで、アップスタイルのもんちゃが現われてはおかしい[71]」とされていることからも、対極のイメージが衝突することによって両義的なイメージを呈示していることがわかる。すなわち、京マチ子は、古い時代劇や家父長制の強い社会のキャラクターを演じるとき、そこに「肉体の現代性」を表象することによって「新しさ」と「古めかしさ」が共存するペルソナを表象するのである。

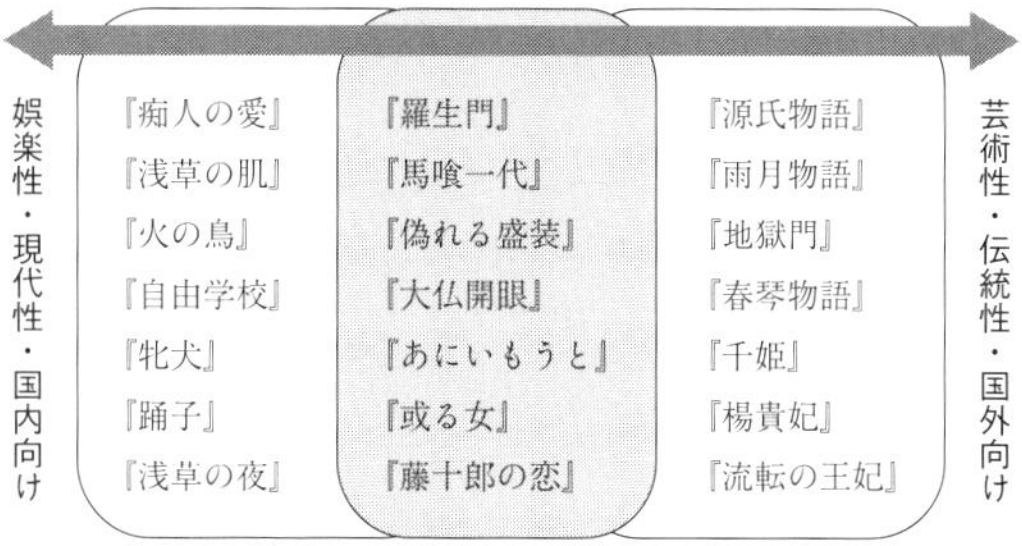

図3-26　京マチ子映画の類型

初期の作品では、あれほど肉体派のアプレ女優として受容されながら、その後の海外向けの古典的映画で凱旋帰国した彼女に対して、ある女性ファンが「洋服より和服がぴったりする京さんの個性は、どうみても時代劇において潑剌《はつらつ》として来ます。京さんの持っている古めかしさがものをいうのでしょう[72]」と一九五四年に述べていることからも、彼女がデビューからわずか数年で「古めかしさ」を獲得していることがわかる。

脱構築された新しい時代劇映画による多義性は、幅広い観客層に訴求する魅力となった。肉体派ヴァンプとして単一的なイメージを語る言説に、『羅生門』を契機とし『偽れる盛装』を通過するあたりから、矛盾する言説が見られるようになる。すなわち、この流れは京マチ子が「古めかしさ」を発見していく過程に他ならない。時代劇の古い様式と新しい肉体性という対極のイメージの衝突＝二重化は、一挙に大映撮影所という巨大組織の資本を西洋へ向けることにつながっていくのである。

ここに、かつてアーノルド・ファンクが『新しき土』の主演に日本の映画界が推薦した田中絹代では満足せず、無名でありながらも原節子を抜擢したのと同じような力学が見えてきはしないだろうか。純粋に日本を指し示すペルソナでは西洋人は満足しないことをファンクは見抜いていた。欧米にも好まれる顔立ちや体型をしながら〈日本〉を演じられる女優こそ、西洋の観客を開拓するのに必須の条件だったのである。そういう意味で原節子と京マチ子は、役柄のイメージは対照的だとしても、洋服も和服も着こなす身体性をもっている（田中絹代にモダンな洋装は似つかわしくない）。前近代的な女性もモダンな女性もできる顔立ちと体型から、彼女たちは両義的なペルソナをもっていたのである。

8　敗戦のヒロイン——接触／切断

〈抵抗〉を可能にするスクリーン・パフォーマンス

戦後派スターとして一挙にスターダムへとのぼりつめた肉体派女優・京マチ子。アプレ、ヴァンプ、パンパンなどを演じた初期映画における彼女は、その豊満な肉体を最大限に活かし、他者へと思い切り向かっていく情動的な身体を呈示していた。京マチ子は、敗戦を感じさせるだけの肉体ではなく、持ち前の「脚」を中心とした肉体を武器に、「陽性」のエロティシズムで暴力的な「ヴァンプ」を完成させたのである。

原節子の身体が他者との接触を常に避けていたのに対して、スクリーン・イメージとしての京マチ子の肉体は常に他者に密着していた。暴力的にも性的にも他者に〈接触〉する彼女の肉体は、戦後女性に求められた主体性や個性、あるいは力強さを誇張しながら映画で表象された。従順、没個性、献身的、受動的といった戦時中に女性の規範とされたような言葉は、それを限りなく否定しようとしたこの時期のスクリーンの京マチ子にはまったくふさわしくない。こうした封建的な女性イメージを〈切断〉するような京マチ子のスクリーン・イメージは、暴力的なエネルギーで過去を否定し、清算しようとする。戦中派を中心とする当時の観客はその肉体美と強度に魅了されたのである。

それと同時に、大阪という場所《トポス》と切り離せない、しとやかな女性としてのパーソナリティが雑誌メディアを通して認知された京マチ子は、表面的に欧米の身体と張り合える肉体を表象する一方で、内面的には伝統的で「日本的」な「古めかしさ」を表現していた。すなわち、雑誌メディアなどのイメージと言説においては、過去を〈切断〉することのない伝統的な女性として、過激なイメージを調停する古風な女性を演出していったのである。「肉体派ヴァンプ女優」として颯爽と映画界に参入し、スクリーンで規範をことごとく逸脱してみせた京マチ子は、映画外部のメディア・テクストにおいては、古風で日本的な女性像を構築し、映画の過激さと調停することによって、世代やジェンダーを超えた人気を獲得していったのだ。

アプレ女優としての彼女のスクリーン・イメージは、過去の封建的な規範を否定するところからはじまった。だが、彼女の抵抗のエネルギーが向かう先は、何も女性や若者を抑圧する家父長制だけではない。京マチ子の身体によるスクリーン・パフォーマンスは、さまざまな観客にとっての〈抵抗〉を引き受けていたのである。映画受容の局面において、彼女の肉体は、アメリカの身体イメージと切り離して考えることはできない。相手が誰であろうと常に〈接触〉する彼女のパフォーマンスからは、戦前の規範への〈抵抗〉だけではなく、アメリカという「他者」との敗戦の記憶に向き合う占領期の

図3-27　『赤線地帯』でパンパンを演じる京マチ子

日本人の欲望が見えてくるのである。川本三郎がいうように「何よりもまずハリウッド女優に匹敵するだけの「肉体」を持った女優があらわれたことに対する驚きが京マチ子への賛嘆の根底にあった」[73]。

象徴的なシーンをあげておこう。たとえば、レビューダンサーを演じた『浅草の肌』で、ルノワールの描く裸体美人が好きだという演出家に、「好きならさ、あたしにそっくりよ」といって自身の肉体を壁にかけられた欧米人の豊満な肉体美になぞらえるシーン。あるいは、バタくさい風貌のアプレを演じる『自由学校』における「わたしちょっとコケティッシュでしょ!?」というときのパフォーマンス。決定的なのは、『赤線地帯』で登場するなり大きな貝殻のオブジェの中に入って誇らしげなポーズをとり、「うち、ヴィーナスや」といって踊るシーン――この大きな貝殻の上の肉体美は、ボッティチェッリの《ヴィーナスの誕生》に描かれた西洋の女性美の象徴に対抗する〈日本〉としての京マチ子の肉体美を意識させる【図3-27】。このような彼女のスクリーン・イメージにはしかし、徹頭徹尾、敗戦意識が入り込む余地がない。すなわち、スクリーンにおける京マチ子は、敗戦の堕落した風俗のなかで、メイクやファッションなどアメリカ的な記号を実装し、その身振りによって戦前・戦中に理想とされた日本的なものをことごとく〈切断〉しながら、常に現在形のイメージを差し出した。その〈抵抗〉は、アメリカに属する「敗者の身体」として存在しながらも、アメリカ化にどこまでも「無関心」であるか、パロディ化することによって、その従属関係を想像的に切り離すのだ。

トランスナショナル・メディア

京マチ子の肉体の強度は、歴史的トラウマに対して徹底的に「無関心」であることによって〈抵抗〉を可能にするような映画的身体であった。戦後初期の日本人は、戦前のモダニズムとは異なる水準で、敗戦意識を内包しながらアメリカの身体美にまなざしを注ぐ。その美を経由しながら、日本の新しい身体を価値づけているのだ。こうした「トランスナショナル・メディア」として機能する映画スターは、スターダムのなかでも特定のスターに限られている。パンパンやアプレとして、何事にも負けずに立ち向かうキャラクターの表象イメージと、映画から離れた私生活が日本的であることを貫く言説が、「敗者の身体」を演じながらも、「敗者ではない」パーソナリティを構築し、ナショナル・ボディとしての京マチ子の個性的アイデンティティの価値を高めたのである。

京マチ子は、暴力と性の肉体イメージによって、抑圧されてきた女性や若者観客の解放を体現した。だが、それだけではない。京マチ子のメディア・テクストは、異なるコンテクストをもつ観客層の〈抵抗〉の対象を明確化する機能によって、その欲望を満たしていたのだ。媒体＝メディアとしての京マチ子の身体イメージは、ある観客にとっては家父長制の男性中心主義的な権力を棄却するようなメディアであり、ある観客にとっては敗戦という歴史的トラウマを乗り越えるためのメディアであった。また、ある観客にとっては戦前の女性規範を保持しつつも、スクリーンでは新しいスペクタクルとしての快楽をもたらすメディアとして機能していたのである。

万華鏡のごとく異なる表情をスクリーンへ投影する京マチ子特有のイメージが、敗戦後の複雑なまなざしを引き受けていくのは必然的だったといえよう。このようなペルソナを備えていた女優は彼女以外に存在しないからだ。だが、プリズムのように多様な光を放つこの関西の女優は、『羅生門』の海外進出によって、より大きなコンテクストを獲得していく。すなわち、「トランスナショナル・メディア」としての彼女の存在の意味や〈抵抗〉を可能にする論理は、異なる市場を意識することによって変質していくのである。

大映デビューからわずか二年半を経て、グランプリ受賞の報を受けた京マチ子は、原節子にやや遅れるかたちで、ポスト占領期的な欲望を受け止めていく。その欲望は、原節子がひたすら国境線の内側にとどまり、内向的にナショナル・アイデンティティを再認していくのとは違って、国境の外側のよりグローバルな場所へと彼女を押し出した上で、〈日本〉を偽装していくような力学によって形づくられたペルソナであった。

欧米へと実際に彼女のスクリーン・イメージが輸出されることによって、国内で製作される映画にも大きな差異が生まれてくる。肉体を露出するエロティシズムは、身体を覆い隠すエロス——隠蔽の美学へと推移し、京マチ子には芸術的な「格調」が見出されてゆく。そして彼女は、国際映画祭に向けて製作される映画では、より封建的な〈日本〉を、日中の「混血の踊り子」の女スパイを演じる『黒豹』（田中重雄、一九五三年）や『楊貴妃』では「アジア」をまとい、国境を越える愛を描く反戦映画『長崎の歌は忘れじ』やハリウッド映画『八月十五夜の茶屋』では、日米関係を双方の視点から理想化する。京マチ子という日本を代表するスター女優が、異なる布置を獲得することで、いかなる言説を生み出していくのか、第五章では、そのことを中心に考察していきたい。

第四章　敗戦のスター女優——原節子の〈離接的身体〉

1　映画スターを解剖する

なぜ原節子でなければならなかったのか

モダニズム的感性を体現するペルソナを戦中においてもスクリーンで発露させていた原節子が、敗戦による政治的転回を連続的に乗り越え、占領期に欲望される理想の枠組みへと移行していったこと、その人気の直接的な契機となったのが黒澤明の『わが青春に悔なし』であったことはすでに確認した。そこでは戦中から占領期への移行を取り上げたが、本章で論じていくのは、『わが青春に悔なし』にはじまり、『安城家の舞踏会』（吉村公三郎、一九四七年）、『お嬢さん乾杯』（木下恵介、一九四九年）、そして戦後の理想と彼女のイメージがぴったりと重なり合った占領期の代表作『青い山脈』（今井正、一九四九年）へと続く「占領期の原節子」である。戦後民主主義を前面に押し出した一連の映画群と、彼女を取り巻く雑誌メディアの言説やイメージが、原節子をスターダムの頂点へと祭り上げた。ここでは、彼女を逆のベクトルへと突き動かしていった小津安二郎と成瀬巳喜男の映画は扱わない。敗戦の記憶と忘却の問題を引き受けながらポスト占領期的な欲望をスクリーンへと投影していく映画の系譜に関しては、第六章で詳しく論じていく。

ここで追究したいのは、占領期のスターダムのなかで、彼女の価値が最も高まった要因、すなわち、なぜ原節子でなければならなかったのかという本質的な問題である。そのために本章では、この時期の彼女のペルソナがどのような大衆の欲望によって構築されたのかを当時の社会・文化的条件に即して分析していく。したがって、ここで企図されているのは、これまで共有されてきた清純で高貴な原節子のイメージを覆すことではなく、彼女がなぜ占領期に大衆の欲望を最前線で引き受けることになったのかを実証的に明らかにすることである。

京マチ子に比べると、原節子に関する著書はかなり豊富に出版されているが、そのほとんどは、インタビュー、自伝的な記事、批評家の文章などを集めたものであった。[1] あるいは、小津安二郎や成瀬巳喜男などの作家論や作品論で、原節子の機能を分析する研究もある。[2] だが、こうした映画のテクスト分析では、特権化される作家の作品の内部での役割が主に論じられ、大衆意識や社会史との関係から、歴史的かつ実証的にスターという対象を論じる研究はきわめて少なかった。[3] 卓抜な原節子論である四方田犬彦の『日本の女優』は、原節子と李香蘭の映像テクストを比較しながら歴史と女優の表象の関係を論じているが、ここでも重視されているのは、原節子のスクリーンにおける表象の分析なのである。[4]

言説のネットワーク

すでに述べたように、リチャード・ダイアーは、スターの価値と意味を理解するためにスクリーンの表象（映画のテクスト分析）だけではなく、特定のイメージの文脈を意識的に創出するプロモーションや、意識的なイメージ形成ではないパブリシティの分析を推進した。[5] 言説の社会史に着目し、記号論と社会学を結びつけることによってテクスト概念を拡大したダイアーの「スターが出現するイデオロギー的言説のネットワークを調べることでスターの文化的意味を掘り起こすためのモデル」[6]は、非常に強い影響力をもち、スターの分析に新しい方法論をもたらしたが、イデオロギーが一元的に作動する決定論的傾向、非歴史主義的な点も批判されてきた。スターの価値を探究する場合、多元的で、より歴史的なまなざしが要請されるのである。

たとえば、すでに論じたように、原節子が体現した戦中派にとっての〈青春〉と、戦前派にとっての「青春」は、映像経験や戦争体験の差異から、受容の次元で意味が大きく異なっていた。つまり、観客の属性によってスターに欲望するものが異なる場合もあり、多様な人々で構成されるオーディエンスを一元的に語ることは不可能なのである。第三章で述べたことを繰り返せば、コンテクストのなかでスターのテクストを見ること、すなわち、特定の社会状況のなかで、いかに経済的価値を生み出す「個性的アイデンティティ」が構築され、イメージの独占状態が達成されているのかを分析しなければならない。

その一方で、スターの価値を判断している受け手側＝映画観客に所有され、繰り返し見られ、読まれるファン雑誌は、大衆と映画のイメージを媒介する日常の強力なメディアとして、スターイメージを再構成する。なぜなら、当時の映画観客の中心である一般大衆、そのなかでも特に若者と強く結びついていたファン雑誌は、写真やイラスト、それらに意味を与える簡易的なテクストやゴシップで売れるようにスターイメージを利用し、ペルソナ構築＝送り手の戦略に深く関与したからである[7]。

映画と同様、雑誌においてもスターは自分に課せられた役割を「演じている」のだが、スターの「実像」という意味においては、インタビューやお宅訪問、あるいはゴシップなどの記事の方が、映画の演技よりもリアリティをもって読者に共有される。本章でも社会的コンテクストとの関係を重視してパブリシティ――インタビュー、対談、スター企画、ゴシップ、スキャンダルから読者投稿欄まで――を詳細に見ていく。映画スターはプロモーション／パブリシティにおけるさまざまなアクターの諸力が交わる結節点に存在し、どちらか一方のみの力では成立しない。映画産業における意味の生産者は、パブリシティを通じて高まった価値に再び資本を投じて、スターのイメージを商品として再生産していく。こうした循環のなか、すなわち、価値を創造する撮影所の宣伝部、映画製作者、その価値を評価する批評家、ファンなどさまざまなアクターの実践によって時代の寵児となるスターは創り出されるのである。

複数のメディアを通じて構築されたメディア・テクストとしてのスターペルソナが社会に呈示され、大衆の欲望を満たすとき、スターはスターダムにおいて重要な位置を占めることになる。[8] ここでスターのイメージや言説の分析と同じく重要となるのは、スターを語る人々が、どのような社会・歴史・文化的条件のもとでスターイメージを価値づけ、称揚しているのか、である。京マチ子がパンパンやアプレという社会現象としての新しい身体性を体現し、人気を獲得したように、原節子にとっても敗戦による「社会的身体」との関係性、あるいは同時代の他の大衆映画との関係性が重要になる。[9]

日本近代を映画スターダムから明らかにした藤木秀朗は、俳優の視覚イメージの本質的な差異は相対的なものであり、「その価値や意味を規定するのはイメージ自体よりも歴史的社会的に条件づけられた主体による言葉である」とし、「映画と映画以外の視覚イメージと、それを意味づけようとする言説との間のせめぎ合いを分析」[10] している。こうした語る主体に関して社会学者の佐藤健二は、個人は社会と名づけられる関係が複雑に集積する「場」＝フィールドであり、個人も社会同様、複雑で重層的な存在であると主張している。[11] このような視座から、スターイメージに特別な意味を与える言説の主体を、歴史や社会に条件づけられるものと想定し、同時代のテクストを重視しながらスターの価値を浮上させたい。

映画産業におけるスターダムのなかで、原節子がいかなる個性を構築していたか、そうしたペルソナがファン雑誌の視覚イメージとテクストによって、いかに商品化され、どのような戦後の社会的コンテクストのもとで欲望されていたのかを解明するためには、複数のメディア・テクストにおける原節子の個性的アイデンティティ構築の〈場〉を詳細に検証していかなくてはならない。占領期において重要なのは、日米関係を基盤としたジェンダー／セクシュアリティ規範のなかで、彼女がいかなる価値を形成していたのかを捉えることである。集合的欲望としてのカリスマがどのようなイメージを呈示し、いかなる価値づけのもとで語られているのか、それを分析することによって日本人の〈戦後意識〉も透けて見えてくるだろう。

2　占領期におけるスクリーンの原節子——一九四六—一九四九

一九四六年の原節子

まず占領期の原節子映画を概観していこう。原節子の戦後は、戦火によって荒廃した撮影所が機能せず、全篇ロケーションで撮影された『緑の故郷』（渡辺邦男、一九四六年二月二八日）にはじまる。実はこのフィルムには、民主主義の伝道師・原節子のイメージを方向づけるような、『わが青春に悔なし』から『安城家の舞踏会』、そして『青い山脈』へと直結する「指導者」としてのイメージが胚胎している。終戦を迎え、内地へと復員した岩井正一（黒川弥太郎）が親友の戦死を伝えるため彼の実家へと赴《おもむ》く旅路の途中で、同じく故郷へ帰る女教師・マキ（原節子）と出会うところから物語ははじまる。外地で八月一五日以後を体験すると「敗戦」が頭から足の先までしみる、とトラウマを露骨に見せる彼の顔からカメラは切り返して、それまでほとんど遠景から捉えられていた原節子の顔をミディアム・クロースアップで映すと、彼女は「それは戦争をさせた政府の指導の悪さの結果ですわ。国民に絶対に罪はないと思います」と力強い表情で述べる。ここには「占領期／ポスト占領期」の反戦映画が繰り返し見せてきたパターン、すなわち、国民は軍国主義の政府に騙されていたと主張することで戦争責任を回避する典型的な戦後日本の縮図が垣間見える。

戦闘中、捕虜となることを恐れ、自決を望む友人に手をかしたその復員兵は、ありのままの真実を彼の両親に話すことができずに苦しんでいる。だが、この手は「これからこの村を立て直していく手」だと説く原節子に、傷ついた復員兵は救われる。戦争によって肉親を失った彼は、原節子の言葉によって蘇生し、農村のため尽力することを誓うのである。ラストシーン、二人は広大な畑に囲まれて、あぜ道を歩きながら理想の未来を語っている。原節子は希望に満ちた声でいう。「お互い都会だとか農村だとかいって憎み合ったりなんかしたくないわ。いがみ合ったり殴り合ったりなんかしたくないわ。ね、そういう日本にしていきましょうよ」。実は、この作品は民間情報教育局（CIE）の映画・演劇課の映画班長であったデヴィッド・コンデが事実上プロデュースしたとされる「民主主義啓蒙映画」だった[12]。

封建思想を根絶し、農地改革を奨励するGHQの理念に基づき、理想の日本を提示する教育映画のような結末となっているのはそのせいもある。だが、敗戦直後の映画界は、GHQの強力な「指導」のもと、こうしたテーマを扱った映画を懸命に製作した。東京から戻ってきた彼女が百姓になると宣言し、畑を耕す結末は、『わが青春に悔なし』と同じ構造である。ちなみに、この作品でも『わが青春に悔なし』と同じように、原節子が畑を耕すシーンがあるが、この退屈で凡庸な作品と黒澤明のショット構成を比べてみると、いかに黒澤のカメラ・アングルやモンタージュが原節子のポテンシャルを最大限に引き出して彼女の身体を躍動させているかがよくわかるだろう。

原節子が次に出演したのは、同じ監督による『麗人』（渡辺邦男、一九四六年五月一六日）、これもまた典型的な「民主主義啓蒙映画」である。没落華族の娘を演じたこの作品は、公権力によって婚約相手の進一（藤田進）と引き離され、家のために新興成金の社長との縁談を受諾する原節子が、そこで過酷な労働を強いられている職工たちのために立ち上がり、最終的に、籠の鳥のごとく扱う横柄な夫に離縁状を突きつけ、かつての婚約者とともに歩んでゆく物語だ。没落しても気丈に振る舞う貴族のイメージは、『安城家の舞踏会』へとそのままつながっていくような女性像であり、教師と同じく、原節子の高貴な美貌を活かした代表的なキャラクターである。

戦後民主主義という新しい時代の幕開けとともに、この年『わが青春に悔なし』で圧倒的な人気を得た原節子は、まさしく民主主義の指導者となった。しかしながらその後、東宝の労使問題でたび重なる組合員のストライキにより製作現場が混乱をきわめ、会社にも組合側にもつかないと表明した大河内傳次郎に原節子、高峰秀子、入江たか子、長谷川一夫、藤田進らが賛同し、「十人の旗の会」を結成、一九四七年三月に新東宝が設立されることになる。『わが青春に悔なし』の製作から『かけ出し時代』（佐伯清、一九四七年七月一五日）までの約一〇か月間、彼女は経済的にも精神的にも苦しんだという。

図4-1　「闇の女」に扮する原節子

一九四七年の原節子

新東宝で製作されたコメディ・タッチのメロドラマ『かけ出し時代』は、新聞社という男性社会を描く群像劇で、主演は、やり手の記者を演じる原節子と無鉄砲な後輩記者を演じる藤田進、戦中の東宝映画とまったく変わらないコンビの作品である。そのなかにあってこの作品の原節子は、高貴で純粋なイメージとはあまりにもかけ離れた姿を披露する。冒頭、パーマをあてアップにした髪型、濃いメーキャップ、細い眉、つけボクロ、口紅を塗りタバコを吹かし、バタくさい娼婦「闇の女」として登場するのだ【図4-1】。彼女は、それまでの自己イメージを転覆しかねない強烈な娼婦像をフィルムに刻印するのである。

だが実際は、記事のネタ探しのために変装して夜の街に繰り出していた、つまり、映画内での「扮装」という落ちがあることによって、正統なイメージを阻害するものではなかった。同作は、知的なキャリア・ウーマンと不器用で鈍感な男性とのありがちなドラマであり、出来損ないの後輩記者に、記者とはどうあるべきかを諭す指導者の役割を演じている。カメラは、アメリカ映画のごとく、何度も彼女の顔をソフト・フォーカスでクロースアップし、メロドラマ的様式を与えている。このように男性を一途に思い、恥ずかしがりながらも行動へと移す原節子像は、『お嬢さん乾杯』へとつながり、その後も何度か反復される。

そして、いよいよ原節子は、吉村公三郎と新藤兼人の名コンビによる『安城家の舞踏会』（一九四七年九月二七日）に出演することになる。この作品を「華麗大メロドラマ」と謳《うた》うプレスシートの宣伝文案には、「あなたの原節子が大船映画に出た！」と書かれ、女性メロドラマ映画の本場である松竹映画に初出演することが強調されている。[13] ここで原節子は、戦後の華族制度の廃止により没落した名門一家の娘を演じ、新しい時代における新しい生き方を、古き家の象徴である父に「諭す」指導者のような役割を担っている。占領期の原節子は、相手が男性であれ女性であれ、あるいは父であれ友人であれ「諭す」ことはあっても諭されることはほとんどない。彼女には、常に他者を理想の社会へと導く役割が課せられているのだ。

映画がはじまった途端、原節子が毅然として「敦子は反対でございます」という。彼女は何度スクリーンで家父長制や封建的な社会へきっぱりと反対する姿を印象づけてきただろう。斉藤綾子が的確にいうように、「唐突に「反対」を表明する原のクロースアップは女たちの抵抗をもっとも象徴的に表している」。[14] 力強い眼光と発話、これほど「反対表明」がふさわしい女優は他にいない。「反対表明」が、違和感なく自然なパフォーマンスとして成り立つのは、スクリーン上の印象だけではなく、彼女が戦前から女性規範を逸脱したペルソナを呈示していたからであり、敗戦直後、自分の意見をはっきり主張する頑強な個性を確立していたスター女優はきわめて少なかったのである。

この作品は、原節子による「再生のイメージ」で満ちている。家父長制の古い家族と民主主義時代における新しい家族のあり方というわかりやすい二項対立で描かれ、前者を構成するのは華族という生き方に執着する滝沢修や長女の逢初夢子であり、彼らを後者へと導くのが原節子の役割だ。「滝沢の自殺未遂と、滝沢、原のダンスというフィナアレが、新旧の合体という暗示的な結末となっている[15]」と作品の主題を適切に表現する飯島正の言説は、そのまま戦後のコンテクストで原節子というスター女優が担った役割への言明として受け取るべきだろう。

『わが青春に悔なし』でGHQのイデオロギーを体現した原節子は、ここで封建的な家父長主義を解体し、「新しい家族」へと同化させるのである。すなわち、ここで新旧を一体化させる彼女は（陥落した日本を）再生させる役割を担っているのだ。自分で考え、自分の意志で行動する「新しい女性」としてフィルムに登場する原節子は、特権的な身分や華族の生活に未練がある父を説得し、最後に一緒にダンスを踊ることで封建的な思想との対立を調停し、未来へと先導するのである。

『緑の故郷』と『わが青春に悔なし』、そして『かけ出し時代』における「指導者」像と、『麗人』で見せた、没落から民主主義の名の下に立ち上がっていく貴族的イメージをブレンドした『安城家の舞踏会』は、占領期の原節子のプロトタイプとなる。これらの原節子のペルソナを貫いているのは「知性」だろう。後で確認していくように彼女は映画だけでなく、映画雑誌などとの間メディア的な言説によって「理知的」なペルソナを構築しているのだ。

『安城家の舞踏会』はキネマ旬報ベストテンで第一位、『新映画』読者賞の「日本映画ベストテン」では第二位に選ばれている[16]。ファン雑誌である『新映画』の「映画界時評」でも、多くの批評家が選んだからそれに追従したとは絶対に思いたくない、とした上で「本誌で募集した一般のファン」と批評家の評価が一致していると記されている。[17]『安城家の舞踏会』は、映画批評家にも一般観客にも受け入れられた、時代を象徴する作品であった。

続いて彼女は、東映の前身の一つである東横映画で『女だけの夜』（クラタ・フミンド、一九四七年一一月四日）と『三本指の男』（松田定次、一九四七年一二月九日）という低予算映画を撮って一九四七年を終える。前者は、ある女性の結婚前夜に集まった女学校時代の友人たちが、彼女の結婚への態度をめぐって引き起こす葛藤と和解を描いた女性映画であり、後者は横溝正史の金田一耕助シリーズの第一作、金田一を演じたのは片岡千恵蔵である。原節子は、金田一の「助手」ということになり、推理の手助けをする。彼女はずっと眼鏡をかけて登場し、最後に持ち前の美しさを、眼鏡を取るという行為によって印象づける。たとえこうしたミステリー映画であっても、古い因習に囚われた殺人を、八年間アメリカに暮らしていた名探偵が民主主義的な言動によって断罪してゆく姿は、戦後の民主主義映画の精神を強く受け継いでいることを裏づけており、彼女もまた論理的に謎を解明する側にいる。映画は走る電車の車内からはじまり、探偵と原節子の出会いを映す。トンネルを抜けて一柳家の住む田舎へとやってきて謎を解き、二人はまたトンネルを抜けて帰っていく。ここでも封建的な慣習を重んじる一族に対して、アメリカ帰りの知的な探偵とインテリ風な装いの原節子は、物語に図式的に配置され、戦前の精神を断罪する側にいるのだ。

一九四八年の原節子

翌年、原節子は再び松竹で、吉村公三郎と新藤兼人のコンビと『誘惑』（一九四八年二月二四日）を撮る。佐分利信演じる妻子ある男と原節子演じる女子医大に通う女学生が次第に惹かれ合ってしまう、当時としてはかなりスキャンダラスな作品であった。無愛想でぼくとつな佐分利信と純潔なイメージが膾炙していた原節子が互いに惹かれ合い、募る想いが抑えられなくなっていくという設定は二人のスターペルソナを活かした配役である。

前作とは違い「今度は彼女の女らしい面を描きたいと思います」[18]と述べる吉村は、色気がないとしばしばいわれていた原節子のエロスをどうにか引き出そうとしているのがわかる。というのも、物語の構成上、彼女が色っぽく魅惑的に見えなくては、この作品が成立しないからだ。吉村は、黒澤明の演出が彼女の肉体の運動から（おそらく意図を超えて）エロスを表出させたのとは正反対に、技巧的なカメラワークできわめて意識的にエロスを造形しようとしている。

父の死によって途方に暮れる原節子に、代議士である佐分利信が援助を申し出た後、彼女の住む下宿を訪れた佐分利信と原節子が線路脇を歩くシーン。そこで原節子の脚をクロースアップで映した直後、カメラがその脚を見ている佐分利信の顔に切り返すショットが一瞬映される。彼の家族と原節子が病院で療養中の妻（杉村春子）のもとを訪れたときも、子供たちと海辺で縄跳びをするシーンで何度も飛び跳ねる原節子の脚を切り取っている。杉村春子は病弱な自分と原節子の躍動する身体を比べている。健康な肢体と美貌に嫉妬する杉村春子の顔のクロースアップと、跳躍する原節子の身体のモンタージュは、身体の静と動を対照させ、杉村春子の心情を映像によって表現する技巧的なシーンである。

また、選挙の応援に行った佐分利信が旅先で倒れ、電報を受け取った原節子が駆けつけ宿に宿泊する場面、鏡台の前に座る原節子を佐分利信が振り返る視点ショットで、彼女の足先がクロースアップされる。その夜、ダンスホールで踊るシーン、告白され家を出ていくシーンなど随処に原節子の脚のクロースアップが挿入されている。『誘惑』という映画は、ともすれば中年男性が、病弱な妻をさしおいて若い女学生の健康な肉体、とりわけ脚に魅了されて抑えきれなくなる物語としても読めてしまうほど、彼女の脚がフォーカスされる稀有な作品なのである。原節子の新たな面を照射しようとして、ある程度は成功している。だが、ラストシーンは、妻の杉村春子が死んだ直後、雪が降るなか佐分利

図4-2　ヴァンプを演じる原節子

信のもとに戻ってきた原節子が上目遣いをし、窓の外から抱きかかえられ家へと迎えられるという、取ってつけたようなご都合主義に終わってしまっている。

彼女がスキャンダラスな映画を選択した一九四八年は、スターとして固定化したイメージを壊したかったからか、女優として殻を破ろうとしたのか、これまでのスターイメージとは異質な役を演じる年となった。「不倫もの」に続き彼女は大映で「汚れ役」に挑戦することになる。『時の貞操』（吉村廉、一九四八年六月一日）で演じたのは、清楚で高貴なお嬢さんでも、知的で意志の強い指導者役でもない、昭和六年の製紙工場を舞台にした貧しい女工役だ。恋人がいるにもかかわらず、上司の津島（若原雅夫）に誘われて一夜限りの関係をもち子供をはらむが、やがて流産、工場をクビになった彼女は、東京で山下という男の庇護を受けるも、彼にも騙されてしまう。出来心で男に利用され、騙される原節子。彼女はこのフィルムで、転落し続ける不幸な女性を体当たりで演じている。汚れた肉体、歪《ゆが》んだ表情、そこにあるのは潔癖で知的な原節子とは対極のイメージ、「観念の美」とはほど遠い青春スターの姿である。

彼女のイメージからの逸脱は、次作でさらにエスカレートする。松竹の『颱風圏《たいふうけん》の女』（大庭秀雄、一九四八年九月三日）で彼女は、密航船に乗ったギャングを率いる山村聰の情婦、さらに宇佐美淳に迫るヴァンプを演じた。この作品は、原節子が構築していたペルソナとはまったく正反対のイメージをスクリーンに投影したという点において貴重ではあった。確かに、拉致した観測所の技師で病床にある宇佐美淳に覆いかぶさり強引に接吻するという、原節子においてはありえない振る舞いも観ることができるが、醜悪な争いに自滅していく密輪団の様子を描いた駄作であった【図4-2】。言葉遣い、濃いメーキャップ、ヘアースタイル、ファッション、どれを取っても原節子が求められていたイメージをぶち壊すものであったこともあり、不評に終わってしまう。

再び原節子は大映で、京マチ子を売り出す直前の木村恵吾と組み『幸福の限界』（一九四八年一一月一日）を撮った。不発の年、一九四八年の最後の作品である。戦争未亡人となって夫の家を追い出されて帰ってきた姉（市川春代）に対して、嫁に行くことは性生活をともなう「女中奉公」であり、貞操は嫁入り道具だと批判する妹を演じる原節子。戦前の古くさい女性の面をもつ姉が和服なのに対して、急進的な女性として登場する原節子はほとんどの場面で洋服を着用していることからも、この時代によく描かれた、新旧を体現する女性が対照的に物語に埋め込まれた映画であることがわかる。この作品は「女性の幸福とは何か」を問う女性映画だが、いま観るとかなり男性中心主義的なイデオロギーをあからさまに主張している。結婚を断固拒否する原節子に対して、相思相愛にある劇作家・龍吉を演じる藤田進は次のようにいう。

家庭の犠牲っていうけど、世の中のあらゆる女性が家庭をもってやっているじゃないか。君流にいえば、家庭の犠牲になってるじゃないか。そして幸福に暮らしているじゃないか。君は、結婚は嫌だというけど、家庭というもの、結婚ということ、それは女の生涯を犠牲にしても惜しくない立派なもの、本質的なものがそこにあるんじゃないのかい。

彼の求婚を断るつもりでいた原節子は、この言葉に「平凡な結婚」＝「本当の女性の幸福」を見出す。「たとえ結婚生活がどんなに地獄であったって、この地獄の他に女にとって幸福の世界はなかったのよ」と言い放ち、あれだけ拒絶していた結婚を「女の幸福」に反転させ、藤田進とささやかな結婚式をあげるという家父長主義的な結末になっているのだ。この映画のプロットは、結婚前の父と娘

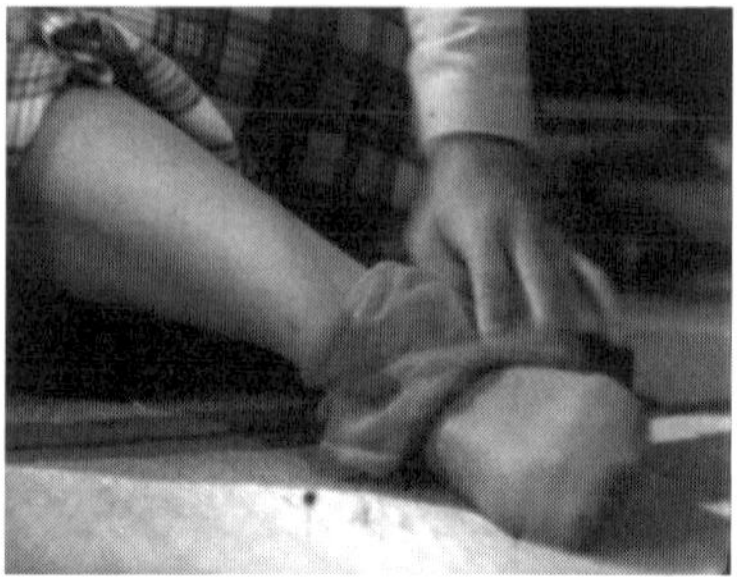
図4-3　脚のクロースアップ

の関係を描き、葛藤と和解を通して古い価値観を受け入れるという小津映画に結実する物語にも見える。だが、小津映画の様式美が構成する女性イメージ、あるいはスクリーンに漂う敗戦意識や死者のイメージという点で決定的に異なっている。またここには、成瀬巳喜男の『めし』（一九五一年）へと続いていくポスト占領期的な物語的欲望の胚胎を見ることもできよう。敗戦直後に見られた「女性の解放」を描く「民主主義啓蒙映画」——そこではしばしば女性が解放されたまま物語を終える傾向が強かった——よりも、家族という枠組みに幸福を見出していく、すなわち「国家の破壊」ではなく、冷戦体制下に向かう「国家の再建」というイデオロギーのもとで編み出される物語への接続を見ることができるのだ。

話を戻せば、小津安二郎という気高い映像作家が絶対にやらない対象へのアプローチとして、さしあたって木村恵吾という通俗映画の職人監督に指摘しうるのは、吉村公三郎の『誘惑』と通底する「脚の表象」だろう。あくまでも「顔の女優」であり、プロポーションも決してよくなかった原節子の全身をカメラに収めることを吉村公三郎は嫌った。だが、木村恵吾はそれには無頓着で、フルショット、ウエストショット、クロースアップと、さまざまな距離から原節子を捉えている。興味深いのは、第三章で指摘したように、京マチ子の「脚」を最前線で売り出してゆくこの監督が、彼女と出会う前に、原節子の「脚」をフォーカスしている点だ。冒頭、並んで歩く藤田進と原節子をフルショットで収めたシーンの後、帰宅する原節子を捉えるカメラは、彼女の全体像ではなく、「脚」をクロースアップで追い続けている。

顕著なのは、原節子が父と揉め、家を飛び出して想いを寄せる劇作家・藤田進の暮らす家に泊めてもらいにいくシーンだ。自暴自棄に陥る彼女は、親の固定観念を破壊したいがために「傷物になってしまいたい」と強引に男の家へと押しかける。木村が吉村公三郎の『誘惑』を観ていたのか定かではないが、服を着替える前にストッキングを脱ぐ「脚」をクロースアップで捉えるショットは、原節子という「顔の女優」の映画のなかにあって、およそ例を見ないきわめて稀有なものだ【図4-3】。だが、それに続くショットは、彼女の「脚」には無関心に仕事へと没頭する藤田進の姿であり、木村は吉村がやったように、男性の視線を彼女の肉体に重ね合わせることはしない。吉村公三郎と木村恵吾の原節子、ここには芸術映画の作家・小津安二郎や成瀬巳喜男が跡形もなく消し去ってしまう占領期のエロ・グロ気風の残滓が見られるのである。一九四八年は彼女にとって不発の年だったが、「汚れ役」やヴァンプなど、これまでに演じたことのない役に挑戦したと同時に、吉村公三郎や木村恵吾が、原節子の身体を黒澤明とは異なる仕方でエロティックに映し出そうとした年でもあったのだ。

一九四九年の原節子

ようやく私たちは、占領期の代表作『青い山脈』にたどり着こうとしている。だが、その前に、彼女にとってメルクマールとなる一九四九年に出演した『殿様ホテル』（クラタ・フミンド、一九四九年三月一日）と『お嬢さん乾杯』（木下恵介、一九四九年三月一三日）にも触れておこう。『殿様ホテル』は、俳優ブローカーとして名を馳せた星野和平が、原節子の義兄である熊谷久虎を代表に立て、倉田文人（本作ではクラタ・フミンド名義だが、一九五五年に監督することになる『ノンちゃん雲に乗る』では倉田文人）、森永健次郎、佐分利信たちと設立した藝研株式会社の第一回作品であった。この作品は、後に『白魚』（熊谷久虎、一九五三年）の撮影中に事故死してしまう原節子の実兄のカメラマン・会田吉男が独り立ちした作品でもある。

華族制度の廃止にともない平民となった男が封建的な暮らしを捨てて、夫人の反対をよそに、屋敷を庶民的な「家族旅館」にして経営に乗り出すも、訪れるのは連れ込み客、妾《めかけ》、詐欺師、ブローカー、闇屋、スリといった客ばかり、次々と事件が起こっていく。思い描いた理想が崩れ去った彼は、財産をすべて放棄し、裸になって一から出直す決心をするというコメディ映画で、原節子は女スリ役として特別出演している。

この群像劇を撮るには力量の足りない監督の締まりのないシーンの連続のなかで、女スリにしては高貴すぎる風貌、庶民的な世界にはまったく似つかわしくない原節子のわずかしかない登場シーンだけが、異質な存在感を示し画面を引き締めている。彼女が警察に捕まった後、「あんな貴婦人みたいな格好して」と女中に罵《ののし》られるように、作り手は「スリには見えない」という意外性を狙い、彼女を徹底的に高貴な女性として演出している。原節子というスターを考察するとき、このようなギャップはきわめて重要な要素となる。というのも、表象の次元において、貧しくは見えない高貴なアウラを放ってしまう彼女が「没落」や「貧困」という環境に投げ込まれ、そのなかで気丈に振る舞う姿を、多くの作家は好んで演出してきたからだ。

次の作品『お嬢さん乾杯』においても、『麗人』、『安城家の舞踏会』と同様、彼女は占領期に典型的な「没落華族の娘」を演じる。この作品は、木下恵介と原節子の最初で最後の組み合わせであるということ、そして木下が原節子の喜劇女優としての才能を引き出したということにおいて記念碑的な映画である。山本薩夫や黒澤明の映画で造形される独特な癖がある原節子ではなく、彼女が先天的にもつ清楚で神々しい美しさを最も引き出しているのは木下恵介といえるかもしれない。小津が正面ばかり好むのに対して、木下は陰影を活かして、やや下から横顔を美しく切り取る。彼女特有のアクの強さがことごとく削ぎ落とされる代わりに、ボクシングを観戦しているときの興奮した原節子の身振り、佐野周二の無作法で無神経な振る舞いに対する物言わぬ鋭い表情など、これまでの原節子には見られないコミカルなレスポンスが、木下演出によって引き出されている貴重な映画である。

佐野周二が演じるのは、家が貧しかったが必死に働き自動車修理業で成功した圭三、原節子が演じるのは、父が刑務所に入り家が抵当に入っている没落華族の令嬢・泰子であり、まったく社会階層の異なる二人が知人の紹介で見合いをすることになる。住んでいる世界が違う「天上の美女」と形容される原節子に一目惚れする佐野周二が、教養も趣味も異なる彼女との結婚を夢見て奮闘するも、彼女の愛を感じられず別れを決意する。だが、野暮ったいなかにも誠実で純粋さをにじませた人柄に次第に惹かれていることに気づいた原節子が、故郷へと旅立とうとする佐野を追いかけるところで物語は終わる。ボクシング観戦を好む佐野に対して、バレエやクラシックを愛する原節子、趣味や価値観、言葉遣いによって身分が異なることを常に意識する二人は、華族という特権階級と労働者階級の間に引かれた境界を乗り越える。

この映画において、二つの異なる領域を分節する重要な要素が音楽である。佐野のいきつけのバーのシーンで主に流れるのは歌謡曲《バラを貴女に》と《お嬢さん乾杯》、一方、旧華族の池田家では弦楽器を主体とした優雅なクラシック音楽。物語が進行するにつれて、これら二つの音楽は個々の領域を脱しはじめる。池田家で佐野が強引に歌わされた故郷の《よさこい節》の旋律を原節子が弾く。対して、佐野は、原節子がピアノで奏でたショパンの《幻想即興曲》のレコードをバーで流す。原節子が民謡を華族の世界に、佐野周二がショパンを庶民的なバーに持ち込むことによって、明確に切り分けられていた領域が溶け合っていく。バーで流れるショパンの美しい音色に、池田家で歌った佐野のだみ声の《よさこい節》が重なるシーンは象徴的だ。

ラストシークェンスにおいては、音楽のモンタージュが顕著に実践される。身を引く決心をした佐野はバーでショパンをかけながら、ビールで「お嬢さんに乾杯」をする。田舎に帰るといって立ち去った後に残されたグラスがディテール・ショットで映されると、《バラを貴女に》に切り替わる。そこに駆けつけた原節子がバーに入ると今後はショパンに切り替わる。最後は、佐野の弟分である佐田啓二とその婚約者が、「惚れております」とマダムに告げた原節子を、佐野の工場で修理された車に乗せ、《バラを貴女に》をバックに汽車を待つ佐野を追いかけていく。めまぐるしく変遷する対照的な音楽は、鮮やかに融解するのである。

ここで『安城家の舞踏会』と同じように、原節子が「調停者」の役割を担わされていることを見逃してはならない。映画の全編を通して池田家を佐野が訪れるシーンでは、教養や価値観の階級的な差異が、佐野と池田家の関係をぎくしゃくさせる。佐野が事情を知らず無神経にもピアノをプレゼントした後の気まずい空気を取り繕うために、原節子は率先してピアノを奏でる。映画研究者の久保豊が指摘するように、「泰子がピアノを演奏するのは、上流階級と労働者階級の不協和音を調整するためである」[19]。特定の階層にのみ許されたクラシック音楽の素養と嗜《たしな》み、このフィルムにおいてショパンと《よさこい節》をピアノで奏でることができるのは原節子、その人だけである。

ニヒリストである木下惠介がこの映画を撮るにあたって、同時代に流行した「肉体映画」における女性の脚や「接吻映画」をどれだけ意識したのかは定かではない。だが、このフィルムではそういった流行映画に対するアンチテーゼが込められているように思われる。身を引く決意をした佐野周二への愛情に気づいた原節子が、彼のもとへ急いで駆けてゆく脚が映されるが、吉村公三郎や木村恵吾と違って、木下映画のカメラは、原節子に対してエロティックなまなざしをまったく向けていない。

むしろ、この映画でもっともエロティックなのは、浮かれた調子でバーに入ってくる佐野周二が、恋人に別れようと切り出されて店の奥でうなだれている佐田啓二に「踊るんだ」といい、強引に手を取って《バラを貴女に》の音楽で踊りはじめる場面だ。カメラが隣で踊る女性たちを映した後、佐野と佐田がフレームインすると、頬をすり寄せて踊っている。さらに他の女性たちの踊りを捉えたカメラのフレームに再び入ってくる佐田と佐野。今度は、佐田が頬を接触させたまま目を閉じているのが見える。あたかも失恋は佐野へのものであるかのように、官能的な表情を見せる佐田啓二。彼は突如として佐野を振り払い、他の女性と踊りはじめる。そして、まるでそのことに無頓着であるかのように、佐野がマダムとカウンターでビールを飲みはじめる奇妙なシーンだ。ここで可視化されているのは、同性愛的な接触に他ならない。

異性愛的な接触を見せないこと。佐田啓二と恋人が接吻をしているかのように見える場面がある。兄貴と呼ぶほど慕っている佐野の部屋に同居している佐田が、その部屋で恋人と接吻をしている最中に佐野が帰宅し、突如ドアが開かれるシーンだ。すぐさま恋人と離れて自分の唇を拭うこの場面は、よく観るとドアがあいた瞬間、二人の唇も頬も接触していないことがわかる。「接吻」描写が民主主義のもと「奨励」され、あるいは商業主義によって見世物化された占領期のコンテクストでこうした表現をするのは不自然である。とりわけ木下惠介の『不死鳥』（一九四七年）において田中絹代とのセンセーショナルな「接吻」、しかも熱烈なキスをして話題となった佐田啓二から「接吻」を奪うことの意味は大きい。

佐野周二と原節子のロマンスが最高潮に達する見送りのシーンも、接吻が示唆されるが、原節子が佐野の手袋に口づけをし、急いで自宅の扉へと走り去って転ぶというスラップスティック・コメディと化してしまう。別れを告げられて佐野への愛の芽生えを感じる原節子の投げキッスも、ただ宙へと霧散するばかり。「接吻」は仄《ほの》めかされながらことごとく回避されるのである。その一方で、ぴったりと頬を寄せ合い、官能的な表情まで見せる男同士のダンス。このような倒錯的なジェンダー／セクシュアリティを「接触」によって主題化する五〇年代の木下映画の重要な要素がこの映画にも見られる。

当時のジェンダー／セクシュアリティ表象を考えたとき、占領期の代表作の一つである『安城家の舞踏会』の原節子が、女性性を逸した存在であったこと以上に驚くべきは、恋愛映画であるこの作品においても性的なものを回避する原節子の姿が認められる点だ。後で見ていくように、原節子の言説と占領期のジェンダー／セクシュアリティに関わる女性身体への欲望は、綺麗な一致を見せる。山本薩夫や黒澤明がむき出しにして見せた原節子の感情が、木下映画『お嬢さん乾杯』にいたっては完全なる抑制へと向かっていることに注意したい。民主主義の女神は、次の占領期を象徴するフィルムを最後に、もはや饒舌に語るのをやめ、制御する小津映画の方向へと舵を切っているのだ。

奇しくも一九四九年は、一九四五年から続く占領下における親米民主主義のイデオロギーが厳しい統制と検閲によって伝達された期間からの移行、すなわち、日本映画界が自国の作品の内容を自主的に管理できる体制が整う旧映倫が発足する年である。一九四九年六月の発足後も、ＣＩＥによる事後検閲は占領終結まで続いたが、時を同じくして原節子の身体も一九四九年を境に、小津や成瀬と出会うことで急激にナショナリスティックな身振りを呈示するようになるのである。だが、その前に本章では、占領期を代表する映画であると同時に、占領期の原節子のイメージをも象徴化した『青い山脈』と、なぜ占領期の時空が原節子というスター女優を欲望したのかを詳細に検討しなければならない。

原節子が民主主義の担い手として、新しい時代を生きる新しい女性像のイメージにぴったりとはまり大ヒットした『青い山脈』（今井正、一九四九年七月一九日）は興行的にも成功し、キネマ旬報ベストテンの第二位に選ばれている。この作品は戦後の新しさを散りばめた映画で、『近代映画』の愛読者が選ぶ一九四九年度のベスト五で第一位（二七六一票）にも選出された。▼20

原節子は、急進的な女性として地方の高校に赴任してくる高校教師・島崎雪子を演じる。白いブラウスに身を包み自転車で颯爽とスクリーンを走る原節子は、封建的精神のはびこる学園の民主化のために生徒たちと協力し闘う役である。彼女は若い男女の自由な恋愛を隠蔽しようとする古き因襲に立ち向かう知的な教師で、生徒たちと一緒に保守的な勢力を駆逐する。当時の批評では、封建的思想の象徴である女学校の上級生たちの行為を、「自分のいやしい気持を満足させようとする愚劣な行為だと批判する進歩的な美しい女教師の正しい主張を中心として」、保守的な勢力が押し寄せるなか、「高い知性と正しい自由を追求する」映画として賞賛された[21]。

興味深いことに、『青い山脈』の企画に関する対談で、映画化の決定権をめぐって競った三社が、原作者と朝日新聞社に企画を提示したとき、「偶然三社の考えが一致したのは、原節子の島崎雪子でした[22]」といわれている。ここでも原節子が求められたイメージは、『わが青春に悔なし』や『安城家の舞踏会』と同じように、「民主主義」や「自由」の「指導者」として封建勢力に対峙するキャラクターであった。『青い山脈』の大ヒットには、映画の表象における原節子の身体イメージの貢献もあるが、それ以上に映画外部で培《つちか》った彼女のペルソナも影響していると考えられる。したがってここでは、彼女のスターイメージを映画の表象だけに還元するのではなく、より広いメディア文化のなかで捉え、当時の観客がなぜ彼女の身体性を欲望してしまうのかを考える必要がある。作品のキャラクターという範囲を超えた、原節子というスター女優に対して抱かれていた大衆のイメージ、彼女が物語外部も含めて果たしていた機能を考察していこう。

3　戦後の新しい女性イメージ——「理知性」と「意志」

原節子の「理知性」

すでに序章で確認したように、原節子は戦前から知名度が高く人気の高いスターであったが、その人気が最も高まり不動の地位を確立したのは敗戦後であった。彼女が当時の観客の大半を占める若者観客だけでなく、世代を超えた絶大な人気を誇っていたことはデータからも明らかである。その人気は占領期に絶頂期を迎え、一九五〇年代中頃には出演本数も減り人気を失っていく。占領期の映画観客が、国民的スターとして彼女を頂点へと祭り上げた事実を考えると、まず分析されるべきなのは戦後のコンテクストにおける「理想の女性像」と原節子の関係である。戦後の新しい女性像に適合する「理知的」で「意志」の強いイメージを構築した原節子が、戦前派スターのなかで分節化されていくテクストを見ていこう。

ＧＨＱは「民主主義」という理念を植え付けるためのプロパガンダとして、影響力が強い映画を利用し「女性解放」を先導した。日本の映画監督たちもＧＨＱの「指導」と検閲のもと、次々に「民主主義」を生きる新しい女性像を映像化していった。占領期の映画雑誌で新しい女性を表していたのが「理知性」であり、「意志」をもつ主体的な女性が理想とされた[23]。戦後の女優の近代美について書かれた論考で、封建的な美人は「美しい人形」に喩えられている。

いうところの「白痴美」、従順―非個性的で物事を思考する力とか人間的な意志などはない方がいいという――これは男性の女性に対するいささか本能的な希望でもあるらしい――旧《ふる》い女性観がこういう型の美人を求めることになったものであろう。「近代美」は先《ま》ずその様な古い型の美しさに対する反逆として出現したものと考えられる[24]。

そこで「近代美は知性の裏付けがなくてはならない」と論じられるように、戦後の理想的女性を示す「知性」や「意志」は、戦前の没個性的で従順な女性規範の否定でもあり、軍国主義から民主主義への転換にともなう戦後女性の教養主義的コンテクストのなかで求められたものであった。まずは、原節子が教養としての「理知性」を構築していく言説を見てみよう。

『映画ファン』の記事は、「知性と教養」[25]というトピックで「原節子のすぐれた肢体と教養――せめてこれが映画女優の標準になって貰いたい」と彼女の「知性」を賛美している。テクストと協働してスターの「実在性」を示すのが図像イメージである。「お宅訪問」は、スターの私生活を「覗く」ことができる当時の人気企画で、読者にスターの「実在性」をもたらし、多くの雑誌が原節子の読書する姿を取り上げた[26]【図4-4】。「原さんは、昔から大変な読書家である。日本の小説は勿論《もちろん》、ドストエフスキー、ツルゲネーフなんかも愛読してきた[27]」と語られ、インタビューでは、彼女自身も「トルストイとドストエフスキイ」を「夜の明けるのも知らず読みふけってます[28]」と答える。映画の知的なイメージを強化する映画以外のメディアにおいて、彼女自身も教養を感じさせる自己イメージを呈示しているのだ。これは何も一九五一年の『白痴』（黒澤明）のための一過性の読書ではない。あるいは敗戦後の教養主義のなかで、彼女や撮影所が作り出したイメージでもない。すでに戦前から文豪の本を読む原節子は大衆に知られていた。たとえば、一九四一年、吉村公三郎との対談で「どんな本をお読みになりますか?」という質問に彼女は次のように答えている。

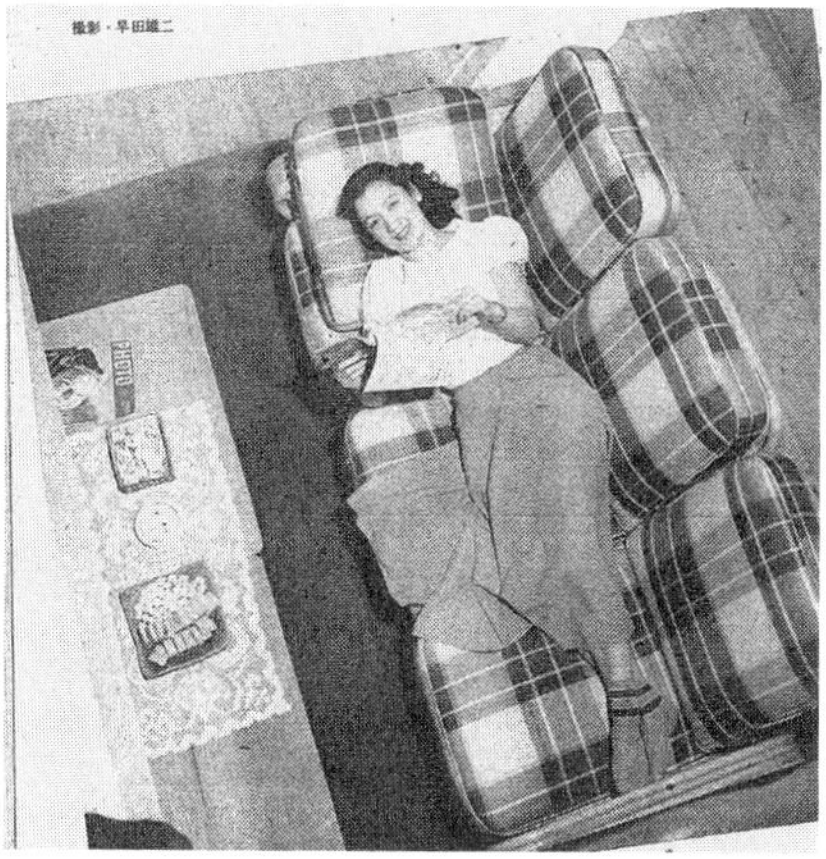

図4-4　読書する原節子『映画ファン』1951年7月号

原節子：日本のものは森鷗外、外国のものは、何だか生意気なことを云うようで嫌ですけど、トルストイとかドストエフスキーを読んでいます[29]。

また、実生活を知っている（と一般人が想定する）兄の会田吉男も、妹が「大変勉強家で、成績は一番で通していたこと、非常に読書が好きで、手当り次第に書物を読み漁《あさ》っていたこと、などのほかは記憶にない[30]」と語る。こうしたパブリシティにおけるテクストの連関が占領期の知的な原節子像を作り上げているのだ。

メディアを超えたスターに関わる言説を生み出す人々

図4-5　『野性』の広告『新潮』1950年8月号

の実践は、彼女を「教養の美」と呼ぶ女性ファンの「美貌と教養と演技とを兼備した原節子さん和《なご》やかに微笑《ほほえ》む其《そ》の奥に何かしらおかしがたい気品を持つ理智的な瞳に私は原さんの魅力をつくづくと感じる」[31]といった声に結実している。あるいは、原節子の個性的アイデンティティがいかに強固なものであったかは、『野性』（沢村勉、一九五〇年）の女主人公を原節子に演じてもらいたくないと書く映画評論家の今村三四夫の言葉に顕著に表れている。この映画の主人公ユキは、理知性がなく「何一つ知ろうとしない女」であり、「原節子には凡《およ》そ反対のもの」であるというのが反対する理由である。[32]『野性』の主人公は、教養や知性とはかけ離れた女で、原節子のイメージを反転させるような奇をてらった企画であった【図4-5】。こうした批評家の言説も、複数のメディアにおける彼女の理知的なペルソナ構築によるものだといえる。

原節子の「意志」

敗戦直後の『わが青春に悔なし』で、頑強な意志で主体的に生きる女性を鮮烈なイメージで映像化した原節子は、「日本映画に珍らしい意志を持った演技」[33]を見せたと評価されているが、すでに見てきたように、従順に男性や国家に献身する映画のイメージは、『ハワイ・マレー沖海戦』等の一部の国策映画でのものであって、戦前の日本女性の規範には収まりきらない自己主張の強い「生意気」な彼女の反―規範的な身振りは、『東京の女性』、島津保次郎や山本薩夫のいくつかのフィルム――特に男性に対してもはっきり自己主張し行動する女性を演じた『熱風』――に結実していた。さらに、こうしたイメージにリアリティを与えるのがパブリシティであり、会社命令であっても水着写真を「断然拒絶す」と報道され話題となった戦前の記事だけではなく、戦後もこういった発言を起点しした記事は多く書かれている。たとえば、戦後のインタビューで、彼女は『誘惑』に言及し、次のような発言をしている。

お風呂の場面があったり裸のモデルの場面があったりする映画には、私賛成出来ません。〔……〕そういう場面は、先ず観客をひくための一つの方法だとしか思われません。女優だから、裸にもならなければいけない、風呂の場面もとられなければいけないということはないと思います。こんどの「誘惑」の脚本にも、私がお風呂に入るところがありましたが、そこはお断わりしました。私がお風呂に入ることが、その場合絶対に必要だとはおもわれなかったからです。[34]

ここに見られるのは、戦前から戦後にいたる原節子という女性の一貫する「実在性」である。入浴場面を拒絶して撮らせなかったことは、当時のゴシップ的な話題となり、パブリシティを通じてセクシャルな場面を拒否する頑固な原節子のイメージは強化され、拡散されていった。[35] 実際に彼女がこうした発言をしたかどうかよりも、ファン雑誌を通じて人口に膾炙していることこそが重要であり、頑強な意志を貫く戦後的な女性像は戦前からすでに準備され、戦後も一貫して存在したのである。そして戦後のファン雑誌における彼女の頑固な性格は、ときに「過剰」な一面を見せる。

『映画読物』に亀井文夫が「天皇とスタア」という記事を書いたのが事の発端である。『青い山脈』の撮影中、「原節子から〝今日は顔が荒れているから、クローズ・アップはとらないで頂戴〟と注文されて今井監督がこまってしまった」と亀井が雑誌に記したのだ。憤慨した原節子は同誌にその経緯と反論を載せる。そこで彼女は、当日三八度から九度の高熱があり、眼と口がはれ上がって苦しんでいたが、共演者である小暮実千代のスケジュールの都合で無理に出演したこと、今井監督が「いっそのこと休んでくれればいいのに」といったり、カメラの中井朝一も「その顔ではアップは撮れない」といったりしたこと、スタッフ一同も事情を承知していたことなどを弁明し、次のように言い放った。

> 決して私が自分の顔を美しく撮るために、撮影を拒否したのではありません。こうした事情なのに、それをよく確かめもしないで、有名な先生があんな悪意があるとしか考えられない記事を発表なさることを、私は悲しく思わずにはいられません。映画女優なんて人気稼業の悲しさで、ひどいことを書かれてもいつも泣き寝入りすることが多いのですが、心にもないことを書かれては怒らずにはいられません。あとでいくら弁解しても、すでに発表された間違った記事を読んだ世間の人々が、全部あとで出たほんとうのことを読んで下さるとは限りません。〔……〕どうぞ筆者も読者のかたがたも、私の言葉を信じて下さいますようお願いいたします。▼36

間違いを訂正するための詳細な経緯と強い怒りの言葉、こうしたファン雑誌の言説から見えてくるのは、他者に追随することなく自己主張を貫く潔癖で頑固な女性像、まさに戦中に多くのフィルムでも演じていた過激な原節子の実態である。ここに静的な観念の美を象徴するしとやかな清純派スターは見出せない。すなわち、スクリーン・イメージと映画以外で作られるパーソナリティに通底する彼女のリアリティとは、役柄を演じていない「頑固な意志の強さ」であった。このようなスターの身振りはコンテクストが違えばまったく異なる評価を受ける。たとえば、戦前の「水着拒否事件」に対するメディアの反応は冷淡なものであった。一九三八年のファン雑誌の記事は次のように伝えている。

水着写真をスタアが撮らせるのはいけないと、読売新聞記者に堂々と語った原節子の、その言分に少し文句あり。日本の女優の肉体が貧弱なのは、スポーツをしないからだ。天賦の美しい肉体を磨かないからだ。テニスでも水泳でもやれ。そうしたら、水着の写真を恥しくなく撮らせられるような身体になるのだ。「そんな暇があったら芸の勉強をします」と彼女は云う。そうですね。あなたのあの芸がね。恐れいりました。[37]

こういった「事件」は、戦後初期のコンテクストのなかではまったく異なるものとして賛美される。原節子が水着姿を拒絶した事件について、大黒東洋士は一九五二年、人気取りのために心にもなく挑発的なポーズや芝居をする人が多いなか、「あなた一人だけ敢然とそれをやらなかったという信念というか勇気」に対して「非常に敬服したものです。あなたには、そういうシンの堅さが昔からあった」と話している。[38]彼女の「頑強さ」が、戦後の文化的コンテクストの言説空間では讃えられているのだ。最初の問いに戻るなら、戦前・戦中に、しとやかで従順な軍国主義の女神であった彼女が戦後は民主主義の女神としてそのイメージを反転させたのではない。それは戦中の代表作品数本のイメージからの「転向」にすぎない。つまり、戦中の多くの映画やメディア・テクストとしての原節子は、戦前から一貫して「反対表明」をする急進的な女性像を呈示し続けていたのである。

観客が日常で触れるメディア・テクストと映像のイメージとが連関しながら、知的で強い意志をもった原節子のパーソナリティを仮構している。彼女が戦後の理想的女性像に適合するイメージ、他の追随を許さない個性的アイデンティティを作り上げていたことは、文芸映画の巨匠である豊田四郎の次のような言葉からもわかるだろう。彼は、三年来探し求めていた戦前の規範を覆す戦後のヒロイン像を次のように表現している。

この巴を演じる上に最大の条件は何ものにもゆがめられないですくすくと自然にのびた精神と叡知を持ち、自然のままにのびるだけのびた健康な肢体と明るさとを備えた若い女性でなければならない。はっきりと自己を主張し得るに足る叡知と明るく美しい感性と、強じんな、なにものにも不当にゆがめられない意思の力とを持ち合わせなければならない。そう考えて、さて日本の映画界を見回した時、先ず第一番に原節子氏が今少し若くていてくれたらと思った。▼39

豊田のいうヒロイン像と、上述した戦後の新しい女性像はほぼ一致し、原節子が真っ先に想起されているのである。続いて、彼女の知的なペルソナを新しい女性として位置づけ、過去の「知性」と差異化していくテクストを見てみよう。

「知性」を「俳優たる資格の第一条件としての知性」と「スクリィンに現れる人物としての知性」に分類する映画評論家の双葉十三郎は、前者を自己認識、演技力、役柄の選択に関する「知性」とし、「この意味に於《お》ける知性の代表は田中絹代にみることが出来る」▼40という。双葉はこの意味の「知性」と「知的に見えること乃至《ないし》教養がありそうな顔をしていること」とを区別し、映画にあっては「タイプ」が重要な地位を占めていると書く。つまり、前者が演技に関する自己認識であるのに対して、後者は映画に映される「表象」そのものがスクリーンで構成する「知性」である。そして、欧米の俳優と比較しながら「タイプとしての知性観と日本映画の関係」を悲観し次のように述べている。

元来、日本人の顔は、フォトジェニックに難点が多い。低い鼻、小さい眼、厚い唇、そういったものは（知）という概念から凡《およ》そ遠い。不幸なことに、映画は容貌の外見しかうつさない。従って、俳優として最も知性に富んだ田中絹代も、女弁護士よりは下町のお針娘のほうが適合《ふさ》わしいということになる。[41]

田中絹代を「知性」から排斥したのはなにも批評家だけではない。小津安二郎もまた、戦後インタビューで田中絹代について聞かれ、「インテリ女性の役だけは不向きだ」と答えている。[42]このように、戦後の「表象」の次元では、戦前の美を担った田中絹代の外見が新しい女性としての「知性」の枠組みから逸脱してしまう。原節子を「清潔感とその貴族的な気位からくる知的な風格」と評する旗一兵は、「大スタアの消長を考える時、近代型としてこの二人〔原節子と山口淑子〕に高峰秀子を加え、その対蹠として田中絹代と山田五十鈴をもってきた構図が、日本の映画女優を展望する有力な要素」[43]と書いている。戦後、華がありインパクトの強い知的な女性が求められ、原節子は他の女優と差異化されながら近代美を最前線で引き受けることになったのである。戦後初期、時代の転換とともに、このようなスターの消長や分類に関する記事が各雑誌で書かれている。「昨日・今日・明日のスタア」という一九四七年の記事でも次のような見取り図が示された。

> 女優の方でも、古い日本娘型に取って変わったモダン型は当時の入江たか子を筆頭に、伊達里子、峰吟子などから、近代的なスタイルを持った高峰〔三枝子〕、原節子、轟夕起子などが、今日のスタアを代表している。と、共に、クラシック美を持った入江たか子（彼女の美は十年の間にすっかり変化をとげた）山田五十鈴、田中絹代などが、その一人一人の意味は違うが、クラシックという美に於《おい》て長い時代をくぐり抜けて来ている。[44]

ここで「昨日のスタア」として名前があがった入江たか子、山田五十鈴、田中絹代は無声映画時代からトーキー時代のスターダムを生き、戦後も活躍を続けている大女優、近代的なスタイルをもつ「今日のスタア」としてあげられた高峰三枝子、原節子、轟夕起子などはトーキー時代から自己の地位を確立したスター女優である。ここに木暮実千代や月丘夢路を加えることもできるだろう。では、なぜ新しい女性像の特徴をある程度共有する、明朗で機知に富んだ高峰秀子や、華がある顔と国際性によって人気を博した李香蘭（山口淑子）、あるいは良家の子女で優雅な風貌を備えた高峰三枝子ではなく、原節子でなければならなかったのか、次にスターダムの独占状態を作り出す彼女特有の個性的アイデンティティを見ていこう。

4　原節子のスターペルソナ――「孤立」するパフォーマンス

スクリーンにおける「孤立」

戦後の新しい女性像を引き受けた彼女の人気は『わが青春に悔なし』にはじまり、没落華族の娘を演じ戦前の家父長制の象徴である父を新しい生き方へと導く『安城家の舞踏会』、そして、封建的な思想がはびこる町を覚醒させる女教師を演じた『青い山脈』で頂点に達する。占領期、保守的な社会からの「解放」の理念を理想化したまま描く大作が、大衆の人気と批評家の評価を得た。そのような物語に原節子の西洋的な美貌は完璧に一致した。だが、それだけに還元できない歴史に内在する観客とのつながりがあったのではないだろうか。

原節子のパフォーマンスの特徴として「ぎこちなさ」、すなわち、演技の不器用さがあげられる。原節子は、『お嬢さん乾杯』、『青い山脈』、『晩春』の演技の評価により、一九四九年に、毎日映画コンクール女優演技賞を受賞するまで、一般的に「大根役者」だとみなされていた。ルックス先行の人気といわれてきた原節子にとって、この演技における評価は長年の課題だった。ここで演技の巧拙を論じることは不可能だが、彼女の大柄な身体とインパクトのある表情は、細やかな感情の表現を難しくする傾向がある。

小津は彼女の生硬な身体の「動き」を最小限に制御することによって、表情で神秘的な奥行きを表現したが、黒澤明や吉村公三郎といった大胆なアクションを得意とする映画監督のもとでは、彼女の身体の運動は「ぎこちなく」映ってしまう。『安城家の舞踏会』で自殺しようとする父へと向かって彼女が全力疾走するシーンでは、山本薩夫の『熱風』や黒澤明の『わが青春に悔なし』に見られた原節子の躍動的な身体が過剰に演出されている。

一九四九年の木下恵介や小津安二郎との出会いは、躍動感あふれる身体の運動を抑制へと反転させることによって、原節子というスターを本格的な女優へと進化させる契機となった。だがそれと同時に、原節子がスクリーンで見せていたダイナミズム、すなわち同時代的に大衆に感受されていた魅力を削ぎ落としてしまったことも事実だろう。なぜなら『わが青春に悔なし』の大衆の受容で見たように、彼女のパフォーマンスの「迫真力」や「凄絶の極み」を受け取り、それに魅了された多くの若者観客が彼女をスターダムの頂点へと祭り上げたはずだからである。ここでは彼女の「ぎこちない」パフォーマンスが、当時どのように受け止められていたのかを確認していこう。

原節子の演技について吉村公三郎は「器用なひとではなく彼女の表情にはデリケートなものが乏し」く、「いつも体当たりの芝居」で「相手かまわず」のところがあり、彼女の演技は相手役の滝沢修を「しばしば孤立させた」と語っている。[45] だとするならば、相手役が他の役者と芝居をしている時は「孤立」することなく、原節子が芝居をする時は決まって「孤立」することになる。たとえば、『安城家の舞踏会』で、原節子が父親役である滝沢修に、これまで信頼されていたと思っていた男に裏切られたことを告げるシーンがある。長い対話が切り返しショットで何度も二人を捉えるが、このシーンにおける彼女のテンションは一定に保たれることなく、ショットが切り替わるたび途切れたような印象を与えるほどシーンの流れを切断している。

　また、吉村は「独特の面白さがある」として、原節子が演技中、特にクロースアップでまったくまばたきをしないことを取り上げている。その理由は、原節子が、自分自身のまばたきが「如何《いか》に強いアクセントをもっているかを知っているから」であるという。それゆえ「彼女の表情にはボキャブラリーが少い」上、「大体がクローズ・アップの演技は眼にあるからその眼の動きを制約するとかなりぶっきらぼうになり勝ちだ」というわけだ。確かに吉村がいうように、彼女はクロースアップでまばたきをすることがめったになく、大きな瞳のせいもあって、演技の繊細さが表現されず、強烈な印象を残す傾向がある。こうした反応は、彼女を演出した吉村だけに特有のものではなかった。たとえば『映画ファン』の読者討論会で、ある男性読者は彼女の演技について次のような反応を示している。

> 彼女の演技には、この直線的な一見独りよがりな人間性が幅の狭い芸となって表現される。彼女が与えられた配役を理解する際その一本における一切の映画的雰囲気を忘却して、あくまでその配役の人物を一個の評論的存在として浮彫し、只管《ひたすら》に超個人的な把握をして突進する錯誤を犯していることを屡々《しばしば》感ずる。映画の集団性を嫌悪するが如きこの行動も、彼女の孤高な性来の風格が恐るべき欠陥として大きくクローズ・アップされるが故である。[46]

　原節子がクロースアップでまばたきをしないという特徴や彼女の体当たりの演技は、観る者にぶっきらぼうな印象を与えると同時に、彼女をシーンの連続から浮き上がらせているように受け取られていたのだ。すなわち、原節子は、他の演者とともに物語の世界に溶け込むことを避け、その存在を「孤立」させることになるのである。原節子特有のパフォーマンスとは、セクシュアルな意味で他者と接触しないことだけではなく、動的なイメージの連続からも「孤立」し、物語世界から分裂することによって、心理的に「離れている」印象を与える独特の存在感をもっていたのである。

「孤独」を愛する原節子

だが、「集団性の嫌悪」や「孤高」といった特徴は、彼女が映画のなかだけで見せるイメージではない。映画外部でのパーソナリティ構築もまた、こうした彼女のペルソナを強化しているのである。映画雑誌では、派手なパーティーや宴会に出席したこともなく、ダンスは嫌いで、「そんなふんい気よりは、家で静かにロマン・ローランの翻訳を読んでいる方が、ずっと楽しみ」な「孤独を愛する人」と紹介されている。▼47このようなペルソナ構築は、頑強な意志と同じように、戦前から一貫していた。そして「水着拒否事件」における意志の強さが、戦後の言説においては讃えられたのと同じく、彼女の孤独な性格にも異なる価値づけが与えられる。たとえば、一九三九年の記事では次のように書かれている。

女の口数の多いのは困りものだが、彼女のように、もの云うことを損だと思っているようなのも亦《また》困る。よけいな交際はしない方がいいが、さりとて、彼女のように、誰でも彼でも敬遠し、孤高をよしとするようなのも困る。撮影所でも彼女は孤独だ。一体、彼女は何を考え何を勉強しているのであろう、と思うように、いつも彼女は独りでいる。▼48

だが、没個性的で従順な女性が理想とされた戦前の規範の反動で、戦後直後は群れない自立したイメージが求められる。そのなかにあって彼女の孤独なペルソナは、戦前・戦中のような批判を浴びることは少なくなる。たとえば『青い山脈』のロケの記事は、雑談をしながら待ち時間も笑って過ごしていた共演者やスタッフとは対照的な原節子の様子を好意的に描写している。

　原節子だけは、少し離れた所に座って、脚本を読んだり、眼を伏せて何か考えているような感じで、決して雑談の仲間に加わろうとはしなかった。それでいて、そんな雰囲気をやっぱり愛しているらしいのだ。おかしい話がきこえると、そっと含み笑いをして黙っている。彼女は彼女らしく皆《み》んなの仲間に加わっている。[49]

　ここでの原節子も、演技が他者や物語に溶け込まないのと同様に、集団のなかに溶け込まず離れた位置から眺める女性としてファン雑誌の読者に伝達されている。丹羽文雄もまた、「好きなピアノを一人で弾いたり、外国の翻訳を読んだり、日本の作家の作品で、映画化されて自分に適する役のあるものはないかと探して、一人孤独な生活を愛している。人と会う事を好まず、静寂の中に憩《いこい》を見出している[50]」と誰とも「接触」することのない彼女の孤高の存在を好意をもって強調している。こうした戦後の言説では、彼女は戦前のように批判されることはない。

　ファン雑誌を通じて原節子の趣味が認知されながら彼女のパーソナリティを輪郭づけてゆく。占領期に大衆に最も知られたのは、読書だけではなく、「畑作り」という個性的な趣味だ。「読書と共に私の趣味はやっぱり〝畑作り〟でしょう。［……］撮影のない日はいつも畑いじりで一日を暮します。耕作から下肥まで全部自分でします[51]」と話す彼女は、しばしば畑を耕すイラストとともに紹介された【図4-6】。部屋で一人読書する姿が多く掲載され、自身を「読書マニヤ[52]」と呼ぶ原節子も戦前から広く知れ渡り、俗世から断絶した厭人的なイメージを強化している。津村秀夫が「ちょっと孤独癖のある性格で冷たいものが拭い切れない。その冷たさは演技にも出ていよう[53]」と映画外部の「性格」が映画の「演技」に与える影響について語る言葉からも、観客の意識がメディア・テクストに強固に規定されていることがわかるだろう。

他者と「離れている」ペルソナを構造化するテクストとして、さまざまな位相で語られる原節子の「潔癖」言説は、彼女の洋服を仕立てていた市川芙沙子の「潔癖家で、髪の毛も、一日に一度洗わなければ気のすまない、という方」[54]という言葉から、「一見アブノーマルに見える潔癖な反風俗的風格が、あまりにも通俗的な映画スタアのなかで、くっきりとひときわ高く彼女の純白な魅力をかたちづくっている」[55]という個性としての「潔癖」を称賛する記事まで、雑誌に散見される。「綺麗好き」から「純潔」に近い意味まで幅広く使われ、当時「純潔」と「潔癖」はかなり近い語感をもっていた。

このようなイメージは、インタビューにおける彼女自身の言葉やファン雑誌のイラストなどによってさらに強化されていく。たとえば「私の歴史」という企画で原節子は、「普通の芝居なら照れくさいのは卒業しましたが、ラヴシーンだけは絶対に駄目。他のことは図々しくなっても、それだけはい

図4-6　原節子の畑つくり『映画読物』1949年3月号

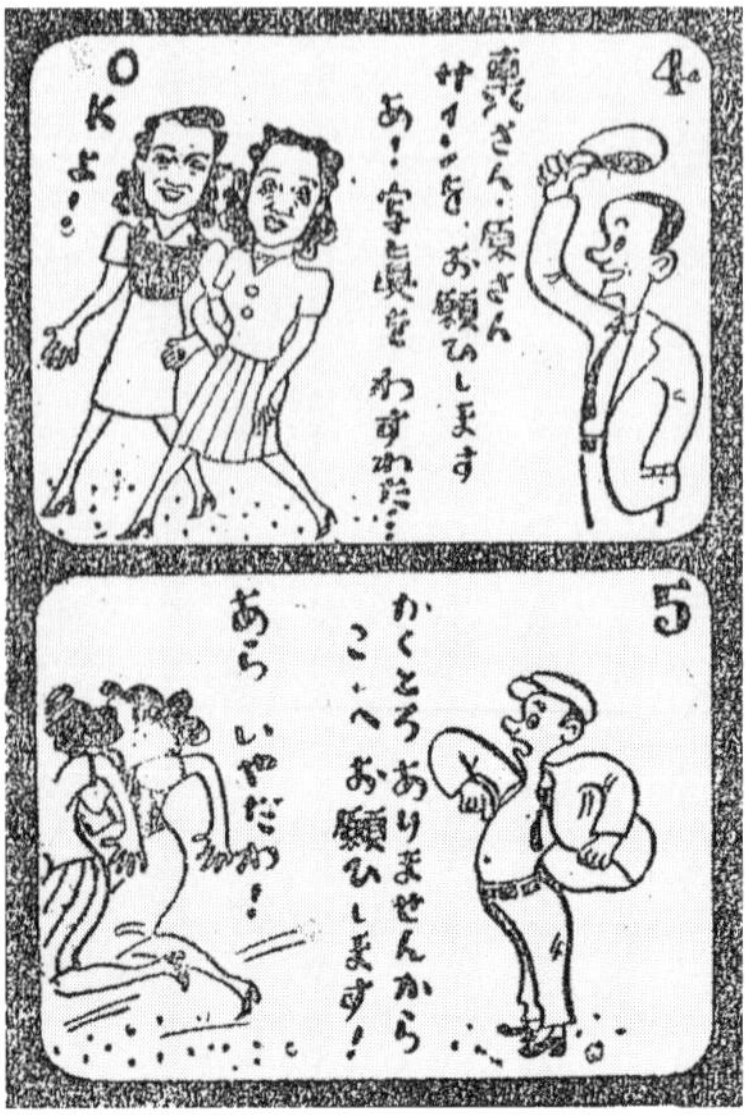

図4-7　おちあい・のぼる作『映画読物』1949年12月号

つまでも照れくさくて、駄目だと自分で思っています[56]」と自己呈示しているのだ。また、『映画読物』では、ある漫画家が、男性がスターに対して起こすアクションに対するリアクションを滑稽に描いている。その漫画は、轟夕起子と原節子にサインを求める男性が、書くところがないのでここへお願いしますといい、お腹を見せサインを求めるが、それを見た二人は逃げていくというものである【図4-7】。高峰秀子や山田五十鈴などのスターも描かれるなかで、原節子においてはセクシュアリティに関わる性的なものへの拒絶が、笑いのネタとして選択されているのである。

「接吻」の拒否、演技の「孤立」、趣味の「読書」や「畑いじり」、「未婚」などの記事は、常に人から「離れている」ことを強化するテクスト群である。原節子がスターとして頂点をきわめた理由を考察した記事では、「スキャンダルが一つもない」点、「品の悪い映画や役柄は一つもない」点、「スタアの実演稼ぎには一度も出たことがない」点があげられ、「ここまでくるとそれがファンが抱く偶像を更《さ》らに高貴なものに高めて演技者としての本質を眩惑させる」と書かれている。[57] こういったイメージは、占領期を通じて「永遠の処女」という呼称へと結晶する。[58] では、他者と「離れている」自己を呈示することが、なぜスターダムを制することにつながったのか。次に「敗者の身体」と「離接的」な関係を結ぶことが、彼女の存在価値を高める社会的条件を見ていこう。

5 「敗者の身体」――パンパンと「接吻映画」

パンパンと「純潔教育」

原節子特有の〈離接的身体〉

が敗戦国の観客にとってどのような文化的価値をもっていたのかは、戦後初期のジェンダー／セクシュアリティ規範のもとで彼女がいかに理想を演じたかという、より大きなコンテクストのなかで考察される必要がある。ここでいう〈離接的身体〉とは、戦後に現れた「理想化された身体」と「敗者の身体」が、それらを包摂する「社会的身体」という概念のなかにあって、その外延が決して重なり合うことなく成立する離接的関係を意味している【図4-8】。原節子を取り巻く言説はことごとく「敗者の身体」を否定することによって占領期の理想を体現する。すなわち、原節子のペルソナは後述する「敗者の身体」の概念とは重ならないように言説によって構築された、占領期の理想的身体なのである。

先に述べたように、戦後、男性は戦争参加と責任の点で新しい男性像を示すことが困難だったのに対し、女性は戦中からの規範の転換により、過去を切り離す新しい女性像を提示しやすかった。なぜなら、没個性的で従順な否定されるべき軍国主義の女性イメージと、敗戦と占領によって日本の性を米国に売るパンパンなどの「敗者の身体」が、「理想化された身体」の意味を規定したからである。とりわけ原節子

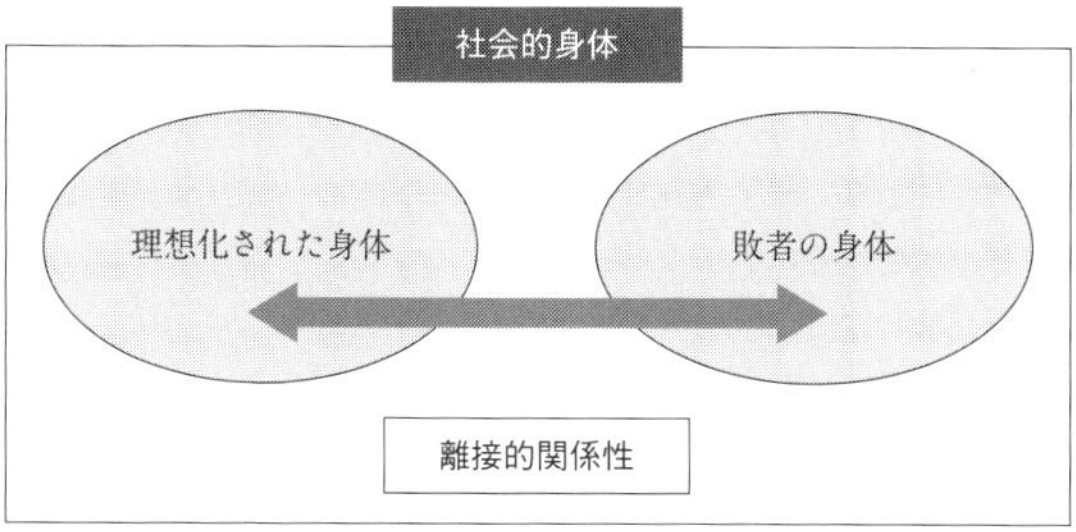

図4-8 〈離接的身体〉としての原節子

の人気が最も高まった要因は、「敗者の身体」と対極にあるペルソナ構築によって、占領期の日米関係における理想を体現していたことが大きい。国家のジェンダー／セクシュアリティ規範に関わり、敗戦のトラウマを喚起する「社会的身体」をここでは「敗者の身体」とし、パンパンと「接吻映画」を取り上げる。

まずは戦後初期のセクシュアリティ規範を確認しておこう。田村泰次郎以降の「肉体」言説やカストリ雑誌などの影響によって占領期に「肉体」という言葉が氾濫したが、そのなかでも重要な役割を担ったのが、敗戦意識を喚起する米兵相手のパンパンの存在であった。大柄な米軍兵士の腕にしがみつき街を闊歩する姿は、都市や米軍基地周辺で見られ、そのような光景は新聞・雑誌メディアを通じても拡散された。そして敗戦後の映画もまた、こういったシーンを何度も繰り返した。吉見俊哉は、米兵相手の街娼たちは、「占領」を表象する象徴的身体として「占領の暴力をむしろ手前で感じさせてしまう存在」であり、間接的だが誰にでもわかる明白さで「占領」を表象していたと述べている。▼59

このような戦後の光景を高峰秀子は次のように記している。

戦災でボロボロになった東京の街に、ロングスカートのパンパンやGIの姿が目立ち、新橋の闇市のすさまじさ、そこに負け犬のように首を垂れてさまよう飢えた日本の男たち、突然いばり出してわめき立てる第三国人、どうにもやりきれない気持をもて余しながら、私はアメリカの歌をうたっていた。▼60

社会問題となったパンパンは、占領期を象徴する風景と化したのである。文部省は、セクシュアリティをめぐる状況の急激な変動に対応するため「純潔教育」を実施した。▼61 少数の人々が性教育の必要性を訴えた戦前と違い、戦後は、学校という教育現場で「結婚当事者間のみに性的交渉を認めそれまでは性を抑制するという、性への健全な態度[62]」を教える「純潔教育」の必要性を、文部省自らが語るようになったのである。男女別学のなか、男女の接触を忌避しながら求められた戦前の「純潔」とは異なる文脈で、男女共学が実現する戦後初期の「純潔」という言葉は、「民主的で平等な男女の関係性を象徴するものとして意味づけられ」、性的逸脱を引き起こさない「健全」な男女関係へと転換していく鍵として位置づけられた[63]。重要なことは、一九四七年一月六日に文部省社会教育局長から「純潔教育の実施について」が各都道府県に通達されるきっかけとなった「私娼の取締並びに発生の防止及び保護対策」の決定（一九四六年一一月一四日）を促したのは、（1）「街娼の出現とその急激な可視化」、（2）「公娼制の廃止」であり、次官会議で文部省に求められたのは、「闇の女発生予防策」であった[64]。

社会学者の牟田和恵は、戦後、「民主化と男女平等の旗じるしのもとに、「清潔」な一夫一婦家族規範が絶対的なものとして正当化されたこと」は売春婦たちへの敵意をさらに強くしたと述べ、戦前／戦後の女性たちの運動において、「一夫一婦的道徳とその枠内での男女の貞節が、国家社会の健全化につながるという論理は一貫している[65]」と論じている。国家間が性的な隠喩関係で結ばれた場合、他者に性を売る従属的な身体を敵視し、自国の処女性や貞節を擁護することで国家を守るという論理が生じるのである。こうしたパンパンに対して、敗戦後の民衆はいかなる意識をもっていたのだろうか。

おれは敗戦の惨めさをあらためてもう一度つきつけられた気がした。だが、アメ公もアメ公だが、あの女もあの女だ。日本人のくせにダニのように敵の兵隊とくっつきやがって……。よりによって、よくも毛唐なんかと手を組んで歩けるものだ。恥も外聞もあったものではない。フン。そのくせついせんだってまでは「大和撫子」などとしおらしいことを言っていたのだ[66]。

米国兵士との性的関係を呈示する日本女性、それを見る青年復員兵のまなざしからは、日本人の歴史的トラウマや敗戦意識がうかがえる。こうしたまなざしを「敗者の身体」に向けるのは男性だけではない。占領期の性風俗の氾濫への危機感から、戦前から女性運動家として活動し、戦後も婦人解放運動に携わった帯刀貞代は、戦後の女性に対して次のような苦言を呈している。

私たちの目前には、婦人解放をまるで性の解放ととりちがえ、あたかも人間としての自由は、みずからの肉体を売買することの自由を意味するかのように考えているらしい女性たちもある。[67]

セクシュアリティを表象する存在として、パンパンはアメリカの兵士の身体を抱擁しただけではなく、その風俗や流行を受け入れ、礼節や貞節など家父長的な価値観や日本人男性の社会的なヘゲモニーを侵犯する脅威として受け止められていた。[68]パンパンへの批判や同情の論理は、ほぼ決まったパターンを繰り返す。

お時の悲しみや苦しみも、もっと彼女に日本の女性としての自覚があれば、経験せずにすんだことです。[……]パンパンはパンパンでいる限り、真の人間的幸福を得られないことを、日本の女性は考えねばなりますまい。[69]

このような言説実践から見出されるのは、敗戦意識を喚起する女性の身体にスティグマを負わせ、理想の日本女性の身体との連鎖を断ち切ることであり、当事者たちにとっては国体護持のための自然な論理であった。「日本の女性」と記述されていることからも、パンパンが国体を左右する存在だったことがわかるだろう。パンパンに関するナラティヴは、結婚できず子供を産めないこと、幸せな家庭生活から排除されていることを強調して、娼婦の社会的規範の転覆可能性を回収しようとするものだったのである。[70]

スクリーンで「占領」される日本女性の身体——「接吻映画」

占領期、商業目的で女性の肉体を見世物化する「パンパン映画」や「ハダカ映画」と同様に、セクシュアリティに関わる多くの言説を生み出したのが「接吻映画」である。戦前・戦中、西洋頽廃主義の象徴とみなされた「接吻」場面は、日本で公開される前に一貫してカットされていたため、戦後、日本の批評家に最も警戒された描写の一つであった。[71]総司令部が日本人の接吻に重大関心をもち、「接吻による民主化」を考えたことは事実であると記す岩崎昶は、占領軍が日本人の精神を民主化する目的で、「まず接吻の公開公然化から手をつけ」、「接吻の自由を宣伝し、日本の恋愛を解放しよう」と、日本の映画会社に指示したと書いている。[72]

占領期、日本人観客の視覚は、それまでとは異なる身体性と行為に直面する。アメリカという他者の権力が日本人の身体を使って、日本文化にはないプライベートな行為を公共空間で投影することが、当時の観客にとって大きな意味をもったことは、たとえば、小説家の徳永直の「戦後どの映画もどの映画も、みんなキッスシーン一点張」で、「このキッスシーンくらい日本人を植民地気風にしたものは少いだろう」[73]という言葉からも明らかである。また、一九五〇年、ある医学博士は、「接吻は日本では習慣の上になかったため、性愛生活のきわめて強い愛情の表現として、未婚の場合には許されえない性道徳のタブウであった」と記し、『女性改造』の読者に対して、次のような主張をしている。

接吻という性行動が、日本ではどんな役割をもっているかもう一度考えて欲しい。接吻が純潔を汚《け》がすものでないという議論は、今の日本では少くとも成立しない。接吻と性交が極めて近い距離にあるという現実は、接吻と性交は切離すものであるが、今の日本では切離して考えられない。接吻は貴いもの、価値のあるものである。接吻は大切にしなければならない。▼74

「接吻」を公共空間としての映画館《シネマ》で可視化すること、それは戦前からすでに作り上げられていた日本女性の貞操の規範を打ち砕くものであった。日本人女性の身体がアメリカの権力に領有され、「接吻」という純潔を汚す行為が表象されるとき、戦後の多くの観客はそこで敗戦のトラウマに直面していたはずだ。日本の身体のジェンダー／セクシュアリティを侵犯する他国の権力表象は、米兵に日本女性の性を売るパンパンの身体とも通底するものがある。こうした「敗者の身体」は、日本女性の身体を性的に「占領」するアメリカという主体を表象し、それとは対極にある「純潔」で「潔癖」な原節子のペルソナの価値を高める文脈を形成したのである。

6　〈抵抗〉する潔癖な身体

アメリカニズムへ〈抵抗〉する原節子映画

原節子の知性や清潔な印象は、彼女の顔の造形だけに還元されるものではない。戦後の気風に迎合することなく、はっきりと意志を表明する原節子のパブリシティにおける発言は、個性的アイデンティティを輪郭づけるテクストであった。彼女は、敗戦直後の一九四六年、流行しはじめた「接吻映画」に対して次のような発言をしたと書かれている。

私は日本映画が〝接吻〟を扱っていることには賛成出来ない。私たちの生活では〝接吻〟はまだ自然性をもっていない。私たちが帽子をとり、頭を下げて挨拶する代りに、手を出して握手をすることが少しも不自然でない時代がくれば、私は映画の上で〝接吻〟することをためらわないようになるだろう。[75]

このような「発言」が実際に彼女の口から発せられたのか、撮影所の宣伝部によるものなのかは定かではない。だが、こうした発言は、ほとんどすべての読者にとって「真実」として受け止められ、原節子のペルソナを形づくる重要な要素となる。彼女が映画での「接吻」を拒否したことに関して、丹羽文雄は「彼女がキスするのを拒《ことわ》ったという事は非常に良いと思った。外《ほか》の女優がそんなことを云うとおかしいが、彼女はピュリタン的に清潔だし、妙な噂もないだけに原節子が拒ったとなると賞めるべきことだ。そんな事を云える人格を養ってきたのは恐らくあの人だけだろう[76]」と話している。「純潔」なスターとして不動の地位にいた原節子は、「接吻」という異性との性的な接触を拒むことが許される唯一の女優であり、それを賛美する批評家の言説もあったのである。

ここで、占領期の時代意識を理解するため、日本人を植民地気風にする映画とは対極にある『青い山脈』の批評を確認してみよう。なぜ男性批評家たちがこの作品を賞賛しているのか、ここではこの作品が他の映画といかに相対的な価値を獲得しているかに注目したい。

映画『青い山脈』は、まずこのような時期につくられたまれにみる良心的な、しかも健康な作品として、作品自体が従来の多くのエログロ映画を批判する位置にたっていることは、注目されなければならない。現在のような時代に、ほとばしるような恋愛の美しさを描くことは、それをみる多くの人々に生きることのよろこびを心から感じさせる。[77]

ここでいわれている「このような時期」とは、戦後日本の「たとえようもなく暗くおしひしがれている」時期で、多くの映画が、「人々を勇気づけ、希望にもえたたせるような傾向にあるのではなく、むしろ逆に人々を絶望させ、だらくさせるようなたいはい化の道をすすんでいる」[78]時代という意味で使われている。同時代に書かれた別の映画評も見てみよう。

とにかく誰にもわかりやすく面白い。が、問題はこの面白さの種類である。誉めたいのは、この面白さが、今日の日本映画の主流をなすカストリ世相的なものではないという点である。近頃の日本映画でキャバレが出て来ない映画は、時代劇ぐらいなものである。みんなすこしでも興味を増そうと、そういう場面を加えているのであろうが、一向に興味は増さない。が、「青い山脈」にはキャバレもダンス・ホォルも出て来ない。[79]

映画の面白さとして、戦後に進駐軍向けに誕生したキャバレーが出てこない点や、カストリ世相的でない点があげられ、今日の日本映画に必要なのは「カストリ世相の中に正しく生きる道を再建する意欲を示した作品である」と論じられている。当時、このような傾向の批評は多く書かれている。戦前派の著名な映画批評家たちがこの映画をいかに評価したのかも確認しておこう。

大黒東洋士は、戦後の悲しむべき悪趣味濃厚な日本映画のなかにあって、「明るく健康で、見た後すがすがしい印象を受けるのも近来での快事である」[80]とし、岩崎昶も「カストリとアプレゲール全盛のように見えるいまの世の中にも、健全な常識とモラルとをもとめる大衆の心は強く潜在していることが立証されたのである」と論じている。岩崎は、『青い山脈』が「戦後のたいはいをうちやぶる水先案内の役目をはたし、新しい文化の脈動をうながすだろうという意味で、戦後の日本社会の大きな転換のバロメーターとなった重要なる事件」[81]とこの作品を絶賛している。最後に、飯島正の言葉も見ておこう。

みっともないダンス・ホオルや、不愉快なギャングスタアや、しかめっつらばかりしている母性諸君、グロテスクな道化役、バカみたいな青年紳士、パンパンそこのけの御令嬢たち、そんなものがでないだけでもこの映画は、ひとの心をあかるくする。▼82

このような名だたる戦前派の映画批評家が賞賛するテクストに一貫して見える価値づけの仕方とは、アメリカによってもたらされた文化の「退廃」への〈抵抗〉の論理である。カストリ文化によって一変した戦後の風景が、どれだけ戦前派の知識人をうんざりさせていたかがわかるだろう。すなわち『青い山脈』は、日本映画にアメリカの支配を連想させるものが見世物としてあふれる時代にあって、それを描写することなく、アメリカに「犯されていない」身体の「純潔」なイメージをもつ原節子が、封建的勢力を解体していく映画であった。だからこそ、この作品は、これほどまでに批評家を含めた日本人観客の評価を獲得したのである。

男性が戦争責任を直接的に問われた戦後、映画における女性教師像が戦後社会を引っ張ってゆく重要な役割を担う。「理知的」で「純潔」な指導者こそ、民主主義の女神として占領期に求められた女性イメージに他ならない。ここには農村の文化運動の若き指導者となった『わが青春に悔なし』から『青い山脈』にいたる民主主義の「理知的」で「純潔」な指導者像、すなわち民主主義の伝道師としての原節子像が貫かれているのだ。だからこそ『青い山脈』はきわめて高い興行収入と評価を得、原節子が先生役を演じた『白雪先生と子供たち』（吉村廉、一九五〇年）は、「なにより気品があり、清潔なのが快い」といわれながらも、「日本には女先生を演りこなす女優が原節子しかいないのであろうか」（『読売新聞』一九五〇年二月二日付）と評されたのである。ここでも個性的アイデンティティの構築による独占状態が達成されていることがわかる。彼女は映像テクストと雑誌テクストによって、占領期の「理想化された身体」を構築していったのである。

理想としての〈離接的身体〉――原節子と田中絹代

原節子の急伸を決定づけた戦後のコンテクストを考えたとき、軍国の娘として「日本女性」を演じた彼女よりも年上だが、清純派スターから軍国の母として同じように「日本女性」を象徴した戦前派スター・田中絹代（一九〇九―一九七七）のスキャンダルはわかりやすい事例である。すでに触れたがここで改めて確認しておこう。日米親善芸術使節として一九四九年にアメリカに約三か月滞在し、帰国したときの田中絹代の「投げキス」事件は、メディアや国民を巻き込んで大きな波紋を呼んだ。川本三郎は、その「国民的スター」のスキャンダルを次のように記している。

行くときの日本的な能衣装はどこかへ行ってしまい、茶と白のアフタヌーン・ドレスに毛皮のハーフコート。サングラスに黒手袋。首にはハワイみやげのレイ。そして迎えた溝口健二監督や報道陣に「ハローー」といって、〝投げキス〟を連発、周囲を仰天させた。さらにごていねいに銀座をオープンカーでパレード。これでアメリカナイズされた浅薄な女優という批判が相次いだ。[83]

「アメション女優」――アメリカへ（小便をする程度の）短期渡航をしただけでアメリカ文化に感化された――と罵倒された田中絹代は、この後、精神的に病んでしまい自殺まで考えるほどの状態だったといわれている。彼女は二年後の、溝口健二『西鶴一代女』（一九五二年）の主演で復帰するまでスランプに陥ってしまう。投げキッスという身振りだけではない。ファッションや言葉遣い、彼女の振る舞いは、歴史的トラウマを負った日本人の感情を逆なでした。豪華な日本の伝統衣装で「日本」をまとって渡米した国民的女優の安易なアメリカ化は、敗戦後の国民を失望させたのである。

アメリカ文化に感化された人々があふれた戦後日本を、より大きなコンテクストから捉えてみよう。「アメリカ」をまとった日本女性がどのように見られたのだろうか。占領末期の一九五一年、中国人、タイ人、インドネシア人、ヴェトナム人を集めた座談会が開かれ、日本人が外国人の眼にどう映ったかが議論されている。「女性について」の話で、中国出身の女性（黄）と男性（陳）は次のように話している。

黄：女性の立場として、皆さんにお知らせしたいことは、これは少し言い過ぎるかもしれませんが、わたしの見た目では、終戦後日本の女性は、誰も彼も白人種と手を繋いで歩くのが誇《ほこり》であるようにみえます。友好関係は結構ですが、正しい友好ではなく、非常に風紀を乱すようなことまで——同じ親しさを持つにも、表現の仕方があると思います。

陳：僕からみた戦後の外人一般の立場と、日本女性の歩み方、実にわれわれは外人として、また同じアジヤ人として、そうして日本女性に立ち代って悲しむ点が多々ある。どこにあるか。白人などと歩くことを、非常に誇のように、名誉のように感じてやっている。▼84

また社会学者の山本明は自身の体験をふまえ、都会のPX（米軍専用の売店）に、「得意気に出入りする日本の女性が、アメリカ兵に「エスコートされて、さっそうと出てきて、日本の男を人間とも思わぬ目つきでちらりと見るのであった」と述懐している。山本によれば、「いちはやくアメリカ・ルックをとりいれた」パンパンは、「ロング・スカートをひるがえして、さっそうとしていた」▼85。このようなアメリカナイゼーションは、ある者にとっては、戦前の保守的な社会への反抗であっただろう。だが、多くの日本人は、パンパンだけにとどまらず、ファッション、振る舞い、言語などにおいて、安易に「アメリカ」という記号をまとったものを否定することによって体面を保とうとした。そして、それらは同時に〈戦後意識〉を形成していく要素でもあったのだ。

闇の女たちが日本とアメリカの性的な意味での〈強姦〉関係を表していたとするならば、ファッションや身振りのアメリカ化は、戦後初期において日米の〈文化的強姦〉、すなわち、「占領」を現前させる記号だった。濃い化粧とカラフルな服やセミ・タイトのスカートで闊歩する女性たちは、ファッションの先端をゆく文化の消費者であると同時に、不在のアメリカの権力を表象する「社会的身体」だったのである。

そのように考えると、田中絹代をめぐるスキャンダルの真意も明らかだ。戦前から純粋可憐な娘役、戦中には日本の軍国の女性を演じ、家父長社会の理想的な女性のイメージを構築していた戦前派女優である田中絹代の、現実世界のパーソナリティがアメリカによって豹変してしまったこと、言い換えれば、このスキャンダルは、アメリカによる〈文化的強姦〉を大衆に向けて直接的に呈示してしまったことに起因するのである。すなわち、戦後の荒廃から回復に向かう復興期、日米国家間での出来事を通じ、大衆のまなざしが集中する表象空間において、日本を代表する女優が、戦前の理想としての日本女性から、アメリカを経由して文化的従属関係へと移行してしまったのだ。占領下に暮らす日本国民の不満が、一挙に国民的女優の身振りに対して噴き出したのである。

このような敗戦意識から、戦後の日本人が原節子というスター女優を欲望する視点を見出さなければならない。「敗者の身体」のように、田中絹代がアメリカに「犯された」身体を象徴的に呈示したのに対し、原節子は自身の身体を自らの意志で守り続けた。日本女性の身体をめぐる日米の文化的コンテクストがあったからこそ、原節子のパフォーマンス、実生活での振る舞い、セクシャルな接触の拒否という彼女の独特のペルソナが、アメリカニズムへの〈抵抗〉を読み込むことを可能にしたのである。彼女が独占的に構築することになった〈離接的身体〉、彼女のペルソナがいかに〈抵抗〉を可能にしているのか、次にそのことを具体的に見ていこう。

私生活を紹介する占領期の多くの特集で、派手なことを嫌う気取らない「自然体」の彼女のパーソナリティが賛美されている。注意すべきなのは、こうした彼女の「自然」なペルソナへの価値づけが、アメリカを差異化しながらナショナリズムを誘発している事態である。敗戦直後、「装われざる美しさ」と題され「オフ・スクリーンの原節子」がさまざまな角度から撮られている。[86] ここでは、美容術を駆使したハリウッド女優の「装われた美しさは女優にとっては普通のこと」だが、「原節子には殊更に装われた姿はない。彼女は余り眉墨を使わない。頰紅をぬらない。彼女の美は、技巧された美ではない。装われざる美しさである」と自然な美しさが強調されている。彼女の美は、ただ西洋（アメリカ）の女性の美に対抗できるというだけではなく、差異化されながら日本女性の理想として価値づけられているのである。

ゴシップにおける語り

売り手側の意識的なイメージ形成ではなく、スターのペルソナは、幅広いメディアの連関、つまり、新聞や雑誌のインタビュー、ゴシップやスキャンダルなどパブリシティを通じても構築される。なかでも欲望の投影という側面を多分にもつゴシップという語りの様式は、大衆の欲望を理解するのに一考の価値がある。彼女を「混血」とする信憑性のないうわさ話は、とりわけ人気が高まる占領期のファン雑誌に多く見られ、メディアを通じて拡散された。

ここで注意したいのが、「何代か前に他国の血を享《う》けている」彼女の「眼光には北欧の感触がおどっていた[87]」、あるいは「北欧的な香気が漂っている」のがアーノルド・ファンクの心を引きつけたが、「節ちゃんの血統に和蘭《オランダ》系の血が混っているのも事実[88]」などの記事からもわかるように、彼女の「混血」や美貌に関する言説は、「アメリカ」を回避しながら決まって彼女を「ヨーロッパ性」へと結びつける特徴があることである。さらに、彼女のエキゾチックな美貌に関する言説を見てみよう。ファン雑誌の「あの北欧系の美人と同じように一種の哀愁を秘めた知性的な顔」[89]、あるいはファンの読者討論会における「欧州系エキゾチックを多分にたたえたその容姿」[90]という語りに見られるように、彼女の美貌を賛美する言説は、決して「米国」や「欧米」ではなく、「北欧」や「欧州」という言葉を選択することによって「アメリカ」を排除する特性があるのである。付言すれば、「永遠の処女」や「聖処女」と同じくらい、占領期に彼女を形容するときに使用されていた言葉は「モナ・リザ」であった[91]。

このように、ジェンダー／セクシュアリティ規範に大きな変動があった占領期の言説には、日本女性の身体を媒介とした権力関係が認められる米国ではなく、原節子を文化的に価値の高いと見なされていたヨーロッパに引きつける欲望が投影されている。彼女を価値づける言説からは、アメリカとの接触を排除／回避しながらヨーロッパ的な身体美を讃える屈折した欲望が見えてくるのである。

大きな瞳に高い鼻と高貴さを備えた彼女の顔や、西洋の女優に見劣りしない大柄な体格だけでなく、アメリカとの従属関係を想像的に解除しながら〈抵抗〉を可能にする原節子のスターイメージは、占領期という特別な言説の上に成り立っていた。接触を切断すること――歴史的トラウマを想起させるパンパンやアプレといった「敗者の身体」とは交わることのない対極の言説により構築された、米国に「占領」されることのない原節子のペルソナは、敗戦国の再建の時空のなかで、理想の国体を呈示したのである。

高峰三枝子の類型

さて、占領期に原節子の圧倒的な人気には及ばないまでも、高い人気を保ち、その地位と名声を維持していた高峰三枝子についてもここで少し言及しておこう。高峰三枝子は、原節子などの神話化された女優と違って、当時、絶大な人気を誇るものの忘れ去られてしまった感があるスター女優だが、ここでの目的は、原節子が占領期に他の追随を許さない人気を獲得するにいたった「理知性」と「意志」というペルソナと、高峰三枝子のイメージがいかに類似するものだったかを明らかにし、この時期におけるスターを価値づける欲望の言説を把握することである。

当時の雑誌に「原節子の場合は、高峰三枝子などと同じように、インテリ女性が職業戦線に立ちはじめた時代なので、その顔の美しさという点では、要するにインテリくさいというところが迎えられたのである」[92]と書かれているように、原節子と高峰三枝子は知的な美貌という共通点があった。読者討論会でも「高峰三枝子の美しさは、あの富士額とスラッとした鼻にある。殊に彼女の横顔は日本人には珍しい位、深みのある表情が見られる」、あるいは「持って生まれた気品と磨き上げた教養のひらめきは、他の追従を許さぬ彼女にのみ持ち得る魅力であろう」と語られている[93]。つまり、教養のある知的な印象や日本人離れした美貌が、二人に共通するペルソナだったのである。

ここで当時の彼女のスターイメージがうまくまとめられている旗一兵の「高峰三枝子の構図」という記事を見ていこう[94]。高峰三枝子が「スタア女優の中でも一、二を争い、ほかのタイプでは或いは後継者が出ても、彼女の後釜ばかりは仲々出て来まいといわれている」のは、「彼女に他のいかなる映画女優も持っていない近代的フォームを思わせるルックス（外観）と理智とエレガンスをたたえた風趣があるから」で、この大部分は「高い鼻を中心としたギリシャ型の顔と日本人離れのした伸び伸びした姿体から来ている」。だが、旗はここで、外見と関連しつつもルックスとは別に大衆を幻惑させる要素をあげる。そこでもち出されるのが血統からくる育ち、学歴、すなわち階級の高さである。

父の筑風は、高峰流筑前琵琶の宗家として「名声も高ければその家庭生活もまた権勢を誇るものだった」。三枝子は小学校を終えると東洋英和女学校へ進む。「東京でも屈指の名校で、おそらく映画女優としては自慢してよい学歴」である。彼女は、学校から帰ると、お家芸の琵琶、長唄、舞踏、仕舞、ピアノ、声楽、茶の湯、お琴、洋裁など多くの稽古を詰め込まれたという。「愛読書といえば堀辰雄の小説、趣味といえば折鶴模様の蒐集《しゅうしゅう》、スタイルといえば型録《カタログ》の博覧強記、女優としてのエチケットといえばアメリカ女優の環境への近似」であり、性格に関しては「何事も直感で黒白をきめ好きな人は何処《どこ》まで〔も〕好き、嫌いな人はトコトンまで嫌い、いったんイヤだといったらテコでも動かない」というように、高い社会階層の彼女の生活や趣味、そして意志の強い性格が紹介される。「彼女と実行力」というトピックでは、人気女優には如才ない処世術と柔軟な適応性が必要だが、高峰は反対に、周囲に適応するのではなく、「自分の周囲に高雅な廻廊をめぐらし、その独自の境地から投影する超俗的な映像を自己防衛のトリデとした」と書かれている。旗によると、高峰はカメラの前に立つときはもちろんのこと、銀座を歩くとき、「社交場裡」にあるとき、ジャーナリストに対するとき、「いつも細緻な計算に立っている」という。すなわち、高峰三枝子は映画で活かされるスターイメージを、映画の外部で周到に作り上げていったのだ。「この遠心的な視角と強烈な自己演出によって非妥協的にみずからの構図を推し進める自主的な才気と意力が高峰のほんとの魅力」であり、「スタア買い占めのブローカー星野和平を真先きに利用して他のスタアに進めたり、事の当否は別問題として非常に個性的で能動的」な女優と分析されている。

彼女の映画外部の要素が映像に与える影響について、この記事はスターのペルソナを規定する重要な構造に言及している。こうした言説自体、「理知性」や「意志」、「個性」や「能動性」といった戦後の理想的女性イメージとの関係を強化し、高峰三枝子の個性的なペルソナを上書きしながら輪郭づけていくのだ。

旗は、彼女の風格が「戦時映画に不向き」であったが、「彼女の存在は戦後の映画界で大きな位置を占め」、五所平之助の『今ひとたびの』（一九四七年）一本で「戦後の大スタア連を制圧した」という。こうして高峰三枝子の特徴をまとめると、驚くほど原節子を表現するときに使われる言葉と類似していうのがわかるだろう。日本人離れした彫刻のような近代美を体現する美貌、すらっと伸びた肢体から感じられる知的で高貴な超俗的イメージ、他のメディアにおいてその生い立ちや趣味から認知される高い教養、そして意志の強さと行動力。このような表現が形成する高峰三枝子のペルソナは、原節子のもっていたイメージとかなり重なっているのだ。

7　アメリカ映画とイングリッド・バーグマン

娯楽としてのアメリカ映画

さらにより大きなコンテクストからこの時期のスターの関係性を照射してみよう。一九四一年に輸入を禁止され、しばらく日本人の眼には映ることのなかったアメリカ映画は、『キュリー夫人』（［一九四三］一九四六年）、『春の序曲』（［一九四三］一九四六年）を皮切りに、「文化」を売り物とする楽しい娯楽として、貧しい敗戦国に一挙に浸透していくことになる。大黒東洋士は、戦後間もない一九四六年に「新文化への欲求」という小見出しで次のように書いている。

> 私達はいろいろなものを求めていた。食べるものも欲しい。住むところも、身につけるものも欲しい……これらの物欲と同時に、新しい文化への欲求も熾烈であった。長い年月にわたって目と耳と口とを塞がれてきた私達は、文化の息吹きに飢えていた。そして笑いを忘れた荒廃たる敗戦の世相に明るさと楽しさを求めて竭《や》まなかった▼95。

貧困や食糧難に苦しむ占領期、「文化」と「夢」を提供する華やかで明るく楽しいアメリカの娯楽映画は、ジャズやダンスなどとともに日本の観客に熱狂的に受け入れられ、驚異的に浸透していった。

「日本人の眼には、アメリカ映画は全く素晴しい現実逃避の快楽であり、敗北の苦痛を忘れさせる鎮痛剤である」と一九四七年に書かれた次の記事を見れば、いかにアメリカ映画が娯楽を渇望した貧しい日本国民に受け入れられていったかが安易に理解できる。

春の洪水のようにアメリカ映画が日本中の都会にあふれて、戦争の悪夢を若い青年子女の頭より綺麗に洗い流している。戦争のために、あたら青春を捧げて損《そこな》われ、或《あるい》はまた蝕《むし》ばまれた若い人達が自由奔放なアメリカ映画のグランド・スペクタクルに渇仰し、興奮し狂喜し、夢中になるのは全く無理もない現象であろう。[96]

確かに当時の日本では、フランス映画を高尚な芸術とし、アメリカ映画を文化的に低俗なものとする見方もあった。実際、知識人やインテリ学生などは、アメリカ映画よりも芸術的なフランス映画に傾倒している者が多かった。だが、それは学歴や生活レベルの高い特権的な一部の階層でしかない。わずかな特権階級の観客がどれだけフランス映画を支持しようとも、一般観客のほとんどが圧倒的にアメリカ映画を賛美し消費していったのである。[97]

一九四五年八月一五日から一九七七年一二月三一日にかけての「戦後の外国映画公開本数（長編）[98]」のデータを見てみると、アメリカが三九五五本（五八・二％）に対してフランスは七八九本（一一・六％）と公開本数に圧倒的な差がある。山田和夫はこのデータに関して「戦後日本の置かれつづけてきた従属的な対米関係の色濃い反映」とし、「アメリカ軍の武力を背景としていかにアメリカ映画絶対優位の輸入割当制度が押しつけられたか――その結果がこの圧倒的なアメリカ映画主導型の洋画市場のありようである」[99]と論じている。たとえば、一九四六年八月から一九五〇年八月までの外国映画の輸入封切本数を見てみると、アメリカが三五七本、フランスが六〇本、イギリスが五七本、ソビエトが一五本で、アメリカ映画は全体の七二％を占めている。[100] ここからもアメリカ映画の絶対的優位と、一般大衆との結びつきが理解できるだろう。アメリカ文化の拡がりは、ラジオ、雑誌、映画などの大衆メディアを通じて、さまざまな仕方で日本人に享受されたのである。

アメリカへの憧れ、アメリカを知りたいという欲求が、今日ほど強いことはない。あたかもこの時代の潮流に投じたかのように、アメリカ映画は滔々《とうとう》として隆盛の一途を辿《たど》りつつある。アメリカ映画のもつあの楽しさと豊かな文化性は、娯楽と新しい文化の匂いに飢えた日本の一般大衆にとって、旱天の慈雨のように魅惑的だ。[101]

占領政策とアメリカ映画の既存の研究に対して北村洋は、「文化」としてプロモートされたアメリカ映画がいかに日本で受容され、拡散していったのかを宣伝者、興行者、文化人の活動から明らかにした。[102] この優れた研究に補うべき点があるとするならば、それは「文化」を自らの身体で体現する美的な媒介としての映画スターの存在であろう。アメリカの映画スターもまた、戦後日本のスターダムを考える上でもきわめて重要な存在である。なぜなら原節子を語る言説でも明らかなように、敗戦後の日本映画や日本のスターについて語る言説の主体は、常に「アメリカ」を意識し、彼らのまなざしは「アメリカ」を経由しているといえるからである。「アメリカ」はいつも基準となり指標となっていた。「アメリカとは異質な」、「アメリカに張り合える」、「アメリカにも見られるような」、このような意識のもと、自国のスターや映画に価値づけがなされたのである。

『映画之友』の世論調査――アメリカ映画のスター女優

日本の国民はアメリカの映画やスターをどのように受容していたのだろうか。アメリカ映画専門紹

ター女優（外国）	第4位	第5位	第6位	第7位
947年2月	ベティ・デイヴィス（1256）	ジンジャー・ロジャース（1132）	ディアナ・ダービン（775）	バーバラ・スタンウィック（494）
948年2月	バーバラ・スタンウィック（222）	クローデット・コルベール（219）	オリヴィア・デ・ハヴィランド（162）	ラナ・ターナー（161）
949年4月	クローデット・コルベール（158）	バーバラ・スタンウィック（135）	グリア・ガースン（129）	ジョーン・フォンテイン（119）
950年4月	ヴィヴィアン・リー（191）	イングリッド・バーグマン（172）	マーナ・ロイ（167）	キャサリン・ヘップバーン（153）
951年4月	ジャネット・リー（147）	ヴァージニア・メイオ（134）	ゲイル・ラッセル（111）	アイリーン・ダン（98）
952年5月	ヴァージニア・メイオ（743）	パトリシア・ニール（712）	ヴィヴィアン・リー（635）	ジャネット・リー（552）
953年5月	ヴィヴィアン・リー（463）	アン・ブライス（381）	ジューン・アリソン（349）	ヴァージニア・メイオ（330）
954年5月	ジューン・アリソン（602）	イングリッド・バーグマン（591）	ヴィヴィアン・リー（589）	ジェニファー・ジョーンズ（567）
955年5月	ジーン・ピータース（614）	オードリー・ヘップバーン（603）	ジューン・アリソン（516）	ダニー・ロバン（393）
956年5月	エヴァ・ガードナー（362）	ジーナ・ロロブリジーダ（351）	ミシェル・モルガン（348）	ジューン・アリソン（272）
957年5月	マリア・シェル（608）	フランソワーズ・アルヌール（573）	オードリー・ヘップバーン（427）	ヴィヴィアン・リー（306）
958年5月	キム・ノヴァク（600）	ブリジット・バルドー（427）	イングリッド・バーグマン（326）	マリア・シェル（226）
959年5月	エリザベス・テイラー（414）	スーザン・ストラスバーグ（326）	ジーン・シモンズ（293）	イングリッド・バーグマン（220）
960年5月	フランソワーズ・アルヌール（488）	エリザベス・テイラー（440）	ミレーヌ・ドモンジョ（380）	ジーン・シモンズ（315）
961年5月	サンドラ・ディー（474）	デボラ・カー（419）	キム・ノヴァク（392）	フランソワーズ・アルヌール（335）
962年5月	エリザベス・テイラー（543）	クラウディア・カルディナーレ（416）	クリスティーネ・カウフマン（312）	サンドラ・ディー（306）
963年5月	スザンヌ・プレシェット（572）	ナタリー・ウッド（518）	ドリス・デイ（473）	エリザベス・テイラー（410）
964年5月	アン・マーグレット（632）	クリスティーネ・カウフマン（467）	エリザベス・テイラー（408）	ナタリー・ウッド（375）
965年5月	スザンヌ・プレシェット（537）	ナタリー・ウッド（351）	シルヴィー・ヴァルタン（337）	ブリジット・バルドー（217）

表4-1　アメリカ映画のスター女優ランキング『映画之友』（筆者がデータを集計し作成）

介誌として映画世界社が一九四六年に創刊した『映画之友』は、一九四七年の「第一回映画之友世論調査」から、読者の最も好きなスターや映画を継続的に調査している。同誌における世論調査では、一九四七年にスター女優のベスト一〇、一九四八年から一九五七年はベスト二〇、一九五八年から一九六五年はベスト三〇を発表しているが、本書ではスターの人気調査のベスト一〇を表で示した【表4-1】。ちなみに一九四九年から一九五一年までは「最も好きなアメリカ映画女優」を問い、一九五二年から一九五六年までは「最もお好きな男優と女優は？（内外映画をとわず各一名ずつ）」という設問になっているため、一九五五年には高峰秀子がベストテンに入る結果となった。このスターの人気はいうまでもなく、日本で公開された映画の影響がかなり大きく、アメリカ以外の外国映画の輸入が制限されていることも考慮しなければならないだろう。

しかし、日本において圧倒的な人気を誇っ

スター女優（外国）	第1位	第2位	第3位
1947年2月	イングリッド・バーグマン(3598)	グリア・ガースン(2889)	クローデット・コルベール(1677)
1948年2月	イングリッド・バーグマン(744)	グリア・ガースン(375)	ジョーン・フォンテイン(322)
1949年4月	ジューン・アリソン(416)	イングリッド・バーグマン(344)	マーナ・ロイ(217)
1950年4月	テレサ・ライト(593)	ジューン・アリソン(497)	アイリーン・ダン(236)
1951年4月	ジューン・アリソン(526)	テレサ・ライト(245)	イングリッド・バーグマン(179)
1952年5月	ジューン・アリソン(2855)	イングリッド・バーグマン(972)	アン・ブライス(764)
1953年5月	イングリッド・バーグマン(1232)	エリザベス・テイラー(945)	スーザン・ヘイワード(595)
1954年5月	スーザン・ヘイワード(733)	エリザベス・テイラー(682)	ジーン・ピータース(630)
1955年5月	グレース・ケリー(966)	エリザベス・テイラー(846)	ミシェル・モルガン(625)
1956年5月	グレース・ケリー(1575)	エリザベス・テイラー(1052)	ヴィヴィアン・リー(475)
1957年5月	エリザベス・テイラー(1170)	キム・ノヴァク(1064)	デボラ・カー(885)
1958年5月	デボラ・カー(1562)	オードリー・ヘップバーン(1064)	エリザベス・テイラー(899)
1959年5月	オードリー・ヘップバーン(1130)	デボラ・カー(817)	ジャクリーヌ・ササール/キム・ノヴァク(468)
1960年5月	オードリー・ヘップバーン(1054)	デボラ・カー(665)	キム・ノヴァク(538)
1961年5月	オードリー・ヘップバーン(1260)	ドリス・デイ(897)	エリザベス・テイラー(515)
1962年5月	オードリー・ヘップバーン(1578)	ナタリー・ウッド(870)	ドリス・デイ(615)
1963年5月	オードリー・ヘップバーン(1364)	クリスティーネ・カウフマン(812)	クラウディア・カルディナーレ(625)
1964年5月	オードリー・ヘップバーン(1532)	スザンヌ・プレシェット(736)	クラウディア・カルディナーレ(671)
1965年5月	オードリー・ヘップバーン(1368)	アン・マーグレット(985)	クラウディア・カルディナーレ(903)

スター女優（外国）	第8位	第9位	第10位
1947年2月	リタ・ヘイワーズ(282)	マーナ・ロイ(245)	マーガレット・オブライエン(199)
1948年2月	ジンジャー・ロジャース(159)	ベティ・デイヴィス(158)	ジューン・アリソン/ディアナ・ダービン(128)
1949年4月	オリヴィア・デ・ハヴィランド(116)	ジョーン・レスリー(112)	キャサリン・ヘップバーン(71)
1950年4月	バーバラ・スタンウィック(139)	ジーン・アーサー(110)	グリア・ガースン/オリヴィア・デ・ハヴィランド(98)
1951年4月	モーリン・オハラ(93)	キャサリン・ヘップバーン(90)	オリヴィア・デ・ハヴィランド(81)
1952年5月	エリザベス・テイラー(499)	ベティ・ハットン(461)	テレサ・ライト(374)
1953年5月	ジョーン・フォンテイン(187)	ベティ・ハットン(149)	ミシュリーヌ・プレール(148)
1954年5月	ベティ・ハットン(353)	デボラ・カー(347)	クレア・ブルーム(337)
1955年5月	ヴィヴィアン・リー(364)	高峰秀子(332)	ジーナ・ロロブリジーダ(329)
1956年5月	フランソワーズ・アルヌール(259)	イングリッド・バーグマン(203)	ジェニファー・ジョーンズ(200)
1957年5月	イングリッド・バーグマン(261)	ジェニファー・ジョーンズ(173)	スーザン・ストラスバーグ(113)
1958年5月	フランソワーズ・アルヌール(221)	ジェニファー・ジョーンズ(204)	スーザン・ストラスバーグ(146)
1959年5月	フランソワーズ・アルヌール(184)	ドリス・デイ(164)	ブリジット・バルドー(144)
1960年5月	ジャクリーヌ・ササール/ドリス・デイ(243)	パスカル・プティ(190)	ザビーネ・シニエン(163)
1961年5月	ミレーヌ・ドモンジョ(331)	シャーリー・マクレーン(225)	マリー・ラフォレ(204)
1962年5月	ミレーヌ・ドモンジョ(267)	キム・ノヴァク(259)	デボラ・カー(215)
1963年5月	ソフィア・ローレン(315)	ヘイリー・ミルズ(278)	モニカ・ヴィッティ(240)
1964年5月	ヘイリー・ミルズ(320)	サンドラ・ディー(256)	ジャンヌ・モロー(239)
1965年5月	ソフィア・ローレン(204)	クリスティーネ・カウフマン(199)	ヘイリー・ミルズ(189)

ていたスター女優の布置からは、日本におけるスターダムのヒエラルキーとの強い関連性が見出せる。

このランキングから、日本におけるアメリカ映画女優の人気の変遷を捉えていこう。まず目につくのは、一九四七年から一九五〇年代中頃までのイングリッド・バーグマンの圧倒的な人気の高さである。本書が「占領期／ポスト占領期」とする時期の投票で、ほとんどすべてベスト五に入っている。この期間、第一位が三回（一九四七年、一九四八年、一九五三年）、第二位が二回（一九四九年、一九五二年）、第三位が一回（一九五一年）、第五位が二回（一九五〇年、一九五四年）と驚異的な人気であった。だが、一九五四年までベスト五の常連だった彼女が一九五五年には二〇位以内にも名前があがらなくなる。

イングリッド・バーグマンの日本における人気の衰退と同時に、一定の持続した人気を示しはじめたのがエリザベス・テイラーであった。第一位が一九五七年の一回のみの彼女は、バーグマンほどの圧倒的な人気で迎えられたわけではないが、一九五三年から一九五六年まで連続で第二位をキープ、その後も一九六二年までベスト五位圏内に位置づけていた。だが、それよりもはっきりとわかりやすくスターダムの変遷を引き受けたのがオードリー・ヘップバーンである。彼女は一九五五年に第五位に選出されると、一九五八年には第二位、そして何と一九五九年から一九六五年まですべて第一位、しかも二位以下に大差をつけた圧倒的な人気で頂点に君臨し続けたのだ。

すなわち、日本におけるアメリカ映画のスター女優の人気は、イングリッド・バーグマンからオードリー・ヘップバーンへというわかりやすい見取り図が描けるのである。これは、日本映画のスターダムでは、原節子から若尾文子へというスター女優の変遷とかなり重なり合っている。本書では、若尾文子とオードリー・ヘップバーンの関係について詳しく論じることはできないが、イングリッド・バーグマンを日本人が欲望した要因、そして原節子との関係性には、手短に触れておかなければならないだろう。

イングリッド・バーグマンのペルソナ

スウェーデン出身の女優であったイングリッド・バーグマンは、アメリカやヨーロッパで活躍する前から自国ではすでに有名な女優だった。『別離』（［一九三九］一九五二年）でハリウッド・デビューを飾った彼女は、『カサブランカ』（［一九四二］一九四六年）や『誰が為に鐘は鳴る』（［一九四三年］一九五二年）で一躍人気スターとなり、『ガス灯』（［一九四四］一九四七年）ではアカデミー主演女優賞を受賞、スターの座を不動のものにした。

この時期、日本で求められたスターペルソナが国際性を帯びていたことは興味深い。原節子につきまとう外国人の血が入っているというゴシップでは、彼女をアメリカではなくヨーロッパ性へと結びつけようとする欲望が反映されていたように、あるいは高峰三枝子の美貌が「ギリシャ型」とされ、ヨーロッパ性へと連結されて語られていたように、「バタくさい」雰囲気の顔が称揚されつつも、アメリカを迂回しようとする欲望が見られる。そして、日本において人気の高かったアメリカ映画のスターを見ても、スウェーデン出身の舞台女優であり、数々のスウェーデン映画やドイツ映画に出演した後、アメリカに渡りハリウッド・デビューを飾ったイングリッド・バーグマン、イギリス出身で少女スターから長いキャリアを築いたエリザベス・テイラー、ベルギー出身で幼少期をイギリス、オランダで過ごし、イギリス映画に出演した後、ブロードウェイを経てアメリカ映画『ローマの休日』（［一九五三］一九五四年）で世界的スターになるイギリス人女優オードリー・ヘップバーン、偶然の一致とは思えないほど、純粋な「アメリカ」は回避されているのだ。

バーグマンの美は占領期の一つの規範になっていた。『キネマ旬報』におけるバーグマンの追悼特集では、彼女のアメリカでの映画が「まだ戦争の傷あともなまなましい時代の日本で公開され、当時の映画ファンの心に永遠に忘れ得ぬ思い出となって焼きついた」と記され、次のように回顧される。

あの美しさ、あの気品、世の中にこんなにも美しい女性がいるものかと驚いたと、四〇代の後半から五〇代、六〇代の映画ファンは、いま、回想する。彼らにとってバーグマンは、焦土に咲く奇跡の花であり、ただの映画スターとは一線を画す、特別な存在だった[103]。

バーグマンの高貴で知的な美貌、強い意志を感じさせる目の力は、原節子の力強いまなざしに似ている。だが、原節子とバーグマンの類似性はそれだけではない。彼女は『別離』のときからすでに「ハリウッド式メーキャップや宣伝を拒否する強い意志を持っていた[104]」という。原節子の美は、アメリカ女優のような技巧的な美ではなく、自然体の「装われざる美しさ」として価値づけられていたことはすでに述べた。バーグマンの美における、「彼女の顔は、北欧の生れらしい理知的な美しさは持っているが、アメリカ映画が好んで扱う美人型ではない[105]」などの同時代の言説もまた、「アメリカ」との差異化によって価値づけられているのがわかる。

> 彼女はメーキャップをしない生地のままの美しさで押しとおしていることと、北欧人に共通の、冷静な、どこか近寄りがたい真面目さを持っていることによって好かれている[106]。

頑強な態度で自分の意志を貫く態度は、原節子にそっくりだ。バーグマンの化粧っ気のない容貌は、ハリウッドの技巧的な美しさとは対比的に、自然で知的な美を際立たせた。実際は、毎朝鏡の前で知的に見えるように、額ぎわの髪を剃り上げたり、メーキャップをしたりしていたが、わからないような仕方でやっていたと最初の夫であるペッテル・リンドストロームはバーグマンについて語っている[107]。彼女は自然体に見える理知的な美を周到に構築し、自己呈示していたのである。原節子とイングリッド・バーグマンは示し合わせたかのように、アメリカ女優の技巧的な美を拒み、アメリカに侵食されることのない自然な美貌を言説とイメージとの連関によって構築した。「理知的」で「意志」をもった強い女性像を演出することによって、彼女たちは「占領期／ポスト占領期」を制したのである。

8　敗戦のヒロイン——離接性／超越性

原節子の「離接性」と「超越性」

頑強な意志と理知性によって構成された原節子のペルソナは、封建的な女性イメージの反動として戦後の理想的女性像に適合した。だが、それだけではなく、アメリカと日本の間にある件的な「占領」の権力関係を解除する彼女特有の「離接性」こそ、パンパンや「接吻映画」などに関する性言説があふれた占領期に、彼女をスターダムの頂点に召喚する大きな要因であった。先述したように、セクシュアリティ規範を脅かすパンパンと「純潔教育」とは、切り離しがたい表裏一体の関係をもっていた。スターのなかでも、とりわけ「純潔」なセクシュアリティが役柄を超えて社会的に認知されていた原節子のペルソナは、こうした政策や教育を実施する政府や教育者、あるいはGHQや日本人男性にとって最も都合のいい存在だったといっていいだろう。

彼女の身体イメージやそれへの価値づけの仕方から、ジェンダー／セクシュアリティに敏感な当時の言説の背後には、常にアメリカとの潜在的関係性があることが透けて見える。〈離接的身体〉として言説的に構築された原節子というスター女優の存在は、「占領」の主体であるアメリカに対して抵抗／排除の言説を生み出すペルソナとして機能していたのだ。だからこそ、敗戦の文化のなかで、彼女の価値がどのスターよりも高まったのである。ここで明らかとなった彼女の〈離接的身体〉は、もちろん、どの時代の観客からも客観的に受容できるものではない。彼女のスクリーン・イメージに「離接性」を読み込むことができるのは、敗戦を経て同時代的なメディア・テクストに絡《から》め取られ、社会的に条件づけられた語りの主体に他ならないからである。

敗戦から一九四九年頃までの原節子の支配的なイメージは、民主主義の代弁者としてスクリーンを躍動する現在形の原節子だったが、この年から彼女のイメージに異なる力学が働くようになる。すなわち、喪われた過去の女性像をノスタルジックにスクリーンに仮構し、「静止状態のまま観念的な威厳を保ち続ける美」▼108を小津映画で表象していくのである。こうした小津映画の力がより規範的に機能することによって「永遠の処女」という言葉は、非人間的なフィクションとしての「超越性」を指し示すようになり、悠久の美を担う彼女の存在は、神話化されていくことになる。小津映画『晩春』（一九四九年）と『麦秋』（一九五一年）の出演を経た原節子を「稀なる存在」とする大黒東洋士の「一つの信仰にさえなっていますよ」▼109という語りは、彼女の「超越性」を端的に示している。

だが、占領期を通した原節子の支配的なイメージと、西洋を経由しながらそれを評価する言説からは、反発や抵抗を読み込むことを可能にしていた彼女特有のスターペルソナが浮上してくる。アメリカとの関係において、「超越的」であるよりも「離接的」であること、それこそが観客の潜在的欲望に一致した特有のスターペルソナであった。占領期の映画館で原節子とともに人気を共有した、タイプの似ている高峰三枝子やイングリッド・バーグマンもまた、原節子同様、アメリカに対する直接的な羨望を回避しながら西洋的なイメージを欲望できるペルソナという共通点をもっていた。そこでは、西洋的な美を規範化しながらアメリカを排除するまなざしの回路と屈折した西洋への欲望が露呈している。天性の美貌をもちながら爆発的人気には至らなかった戦前派スター原節子は、終戦とともに、いや敗戦とともに占領期に立ち現れた「敗戦のヒロイン」だったのである。

〈理想化の時代〉

本章を閉じるにあたって、「占領期／ポスト占領期」の言説が価値を与える映画スターと評価された映画を、序章で触れたように〈理想化の時代〉という枠組みから捉えておこう。敗戦による規範の変動とともに、日本人が欲望する理想的イメージをそのまま体現する映画スターがスターダムの頂点に君臨した。戦前派スターのなかでは、原節子を筆頭に、高峰三枝子が、戦後派スターのなかでは、京マチ子が戦後日本の理想を体現した。このような理想の身体表象への価値づけは、占領期に高い評価を獲得し賞賛される映画においても共鳴するところがある。家父長的な社会からの「解放」と「民主主義」の理念が理想化されたままで描かれる作品が、批評家だけでなく大衆の人気を集めたのである。大衆に圧倒的人気があった黒澤明の『わが青春に悔なし』、キネマ旬報ベストテン第一位に輝いた木下恵介の『大曾根家の朝』、翌年の第一位を獲得したのは、吉村公三郎の『安城家の舞踏会』だ。一九四八年の第一位は黒澤明の『酔いどれ天使』、そして一九四九年は、第一位『晩春』、第二位『青い山脈』、第六位『お嬢さん乾杯』と原節子主演の映画が三本もベストテンに入っている。

小津安二郎と成瀬巳喜男における原節子のペルソナに、それまでとは異なる力学が働く一九四九年以降であっても〈理想化の時代〉という枠組みは適応できる。なぜなら、小津・成瀬の映像テクストにノスタルジーやナショナリズムが見出されようとも、そこに見られるのは、日本人の〈日常〉をリアルに再現するのではなく、戦後日本の〈理想〉が創出されているからである。ここで占領期の代表作『安城家の舞踏会』や『青い山脈』の言説を確認してみよう。

登川直樹は『安城家の舞踏会』の原節子が「完全に作者の代弁者」で「あらゆる事件が彼女によって支配され解決される」が、「こうした人物の設定を合理化するために」彼女に「行動的な性格をあたえ」たとし、次のように書いている。

だが、それにはやはりそれだけの人間化が必要であった。ここでは、まず女性に描かれていなければならない。二十三四歳とおぼしい彼女は、恋愛にも縁がない。女らしい迷いも羞恥心もない。

理性で達観して一家の人々を自分の高さまでひっぱり操ってゆく支配者である。この偉大な作者の化身は、もはや若い女性であることを忘れている。[110]

この指摘はきわめて興味深い。この言説にはむしろ、原節子というスターをスターたらしめた重要な要素が盛り込まれているからである。民主主義の女神に求められたのは、一切の他者との接続を排し〈離れていること〉、「敗者の身体」とは重なることのない「潔癖」なイメージであり、国家の再建において必要とされたのは、戦後の理想的女性像を反映する身体や振る舞いに加え、大衆を理想の社会へと導く圧倒的な指導力であった。たとえばイタリアのネオレアリスモが、過酷な「現実」にじっとカメラを向け記録しようとしたのとは対照的に、戦後日本映画は「理想」を追求した。貧しい過酷な現実からは目を背け、ひたすら「理想」を追い求めたのである。『安城家の舞踏会』への批判は、時代がもつ社会的主題を扱っていながら、リアリティがないという議論につきる。たとえば、北川冬彦の「貴族階級の陥落という敗戦後の大きな社会現象を扱っていながら、少しも現実感のないのは、この映画の価値を、技術以上のものたらしめない」[111]といった批判や、登川直樹の次のような批判である。

あの流暢な雰囲気は、決して自殺にやぶれた直後のそれとは受けとり難いのである。勿論《もちろん》そこには、すべての悲しみを超える幸福が、作者の切実なねがいとしてあったことは争えない。だが、そうなると逆に、没落の深刻さがすっかり弱められてしまう。父親が娘とタンゴを踊る、あの流麗な調子のよさはもはやリアリティをはなれた様式化である。[112]

監督自身「全くの作り話であり、必ずしも現在の華族階級を現実的に描いているとは云えない。これは遥か誇張されたものである。一種のカルカチュアですらある」[113]と語っているように、現実とは乖離したリアリティのない理想の社会、そのなかで現実味のないスター原節子が大衆を扇動する民主主義的な振る舞いをし、戦後に再建されるべき国家の理想がそのまま投影された表象世界が賞賛されたのである。理想の民主国家を原節子が先導する映画は、すでに『緑の故郷』や『麗人』において明確に示され、『わが青春に悔なし』、『安城家の舞踏会』を経て『青い山脈』で頂点に達する。

だが、注意すべきなのは、この健全な映画が絶賛されたのが、社会的な現実を映すのではなく、スクリーンに理想化された社会と女性イメージを投影したからであるという点だ。『青い山脈』は保守的な社会のなかで主人公たちが自由な恋愛を貫く青春映画だが、主に女子高校生に対する映画館でのインタビューでは、現実とのギャップへの言及が際立っている。[114]

「男女共学ですけれど現在わたくしの学校では、男生徒と女生徒の間にこの映画のような交際はありません。このような明るい交際があってくれたら」（高岡）

「学校にはとてもあんな世界はありませんが、あってくれたらどんなに学校がたのしいだろうと思います」（池袋）

「あの映画のように、楽しくて美しいものであったら、いいわ。しかし実際にはあんなことはないわ」（高岡）

「映画の中のきっかけは、現実的ではないと思います。あのように簡単なものでしょうか」（池袋・富山）

「わたくしはたとえ、兄と一緒に歩くことさえできないわ、従兄なんかはもちろんよ、だから初めての男の人と一緒に占いにゆくなんて」（高岡）

戦後の風景として日本人に親しまれてきた『青い山脈』の社会は、現実にはありえない「仮想の社会」でしかなかった。民主主義の女教師を演じるのは、現実味のない原節子である。これらの回答に対して筆者は、「自由な交際を夢みつつも決してそれの許されていない自分のみのまわりというものを忘れていない」、あるいは「彼女らにとって恋愛はあこがれではあるけれど、それは決して簡単なものとは考えられていない。何か神聖な深遠な男女のふれ合いを契機としなければ生じないのだという気持が、ほとんど支配的なのである」としている。[115] 社会学者の山本明は、一九五〇年のキネマ旬報ベストテン第一位に選ばれた今井正の反戦メロドラマ映画『また逢う日まで』のキスシーンを見て、「二人のキスの美しさに舌をまき」映画には感動したが「現実ばなれしたもの」だと思ったことや、『青い山脈』を引き合いに出し、「戦後もしばらくは、夫婦が肩をならべて歩くことすらはばかられた」と当時の体験を記している。[116] 敗戦から一九五〇年代初頭あたりまで、最も人気が高く評価された映画や欲望の対象になった映画スターは、どれも現実とは乖離した〈理想化〉された表象だったのである。

モデル＝イメージとしての映画／スター

一九四九年を振り返り『青い山脈』について佐藤忠男は、「大人たちはみんな、自信のなさそうなションボリした眼つきをしていたので、若い連中は、太陽族の反抗どころか自分たちにこそ大人を啓蒙する義務がある、とまで素直に思いこんでいた。その自信、或いは自惚《うぬぼ》れがあの映画を支えていて、カメラも演出も、誰に気兼ねをすることもない甘さで、客席には幸福が満ち溢れていた」[117] と書いている。観客の大半を占めていた戦中派の若者のこうした意識から、当時の映画受容は理解されなければならない。

確かに、本書が取り上げてきた大島渚、矢島翠、佐藤忠男といった一九三〇年代前半に生まれた戦中派にとっての〈青春〉に対する強烈なイメージやあこがれは、それを奪われた者たち特有の映像体験となっていた。だが同時に、保守的な家父長制から「解放」された「民主主義」による「自由」な新しい国家や社会、このような未来の共同体を夢想したのは何も若者観客だけではなかったはずだ。軍国主義から国体が変化した直後、「民主主義」や「男女平等」といった観念の実態が把握できずにいたのは日本人全体に共通する感覚だろう。

一九三〇年生まれの淺沼圭司は、自らの戦後の映画経験を現代の視点から相対的に観察しながら、敗戦の虚脱状態のなか、「民主主義」や「男女同権」などの実態を捉えられず、明確な未来像を描けずにいた人々に対して、『青い山脈』が「きわめて明確な「手本」（モデル＝イメージ）を提供」し、それと自分を想像的に同一化しようとしたと記している。[118]「平凡な中学生」だった淺沼は、人々に深い感銘を与えるという類のものではない、ウェルメイド・ドラマにすぎない『うたかたの恋』という純愛物語を観た後、数日の間、昼夜この映画のイメージがつきまとってはなれずその幻影から抜け出したとき、「世界がかわりはじめたように、自分のなかにあたらしい自分が生まれつつあるように感じた」と書き記している。彼は敗戦の衝撃と自己同一性の危機的状況のなか、「現実的な事実の体験と学習によってではなく、映画の鮮明な、しかもきわめて具体的なイメージによる、代替的な体験と学習をきっかけにして、いわば連鎖反応的に解消にもたらされたことを意味するのではないだろうか」と自身の映画体験を言語化している。[119]こうした相対化は、本書が検証してきた戦中派の体験を明瞭に言い当てている。

彼は、『青い山脈』が「当時のひとびとの共感をよんだのは、「理想主義的」なわかものたちの、妥協のない、直情径行の行動である」[120]と述べる。この映画だけではない、『わが青春に悔なし』や『安城家の舞踏会』や『青い山脈』に共通するのは、「妥協のない、直情径行の行動」によって民主主義という理想を追求する指導者としての原節子の強烈なイメージだ。この時期に高い評価を獲得したほとんどの映画は、理想のイメージを誇張しながら描く作品だったのである。

原節子と京マチ子、この時期に欲望された映画スターにも共通する特徴が見出される。ファン雑誌の「スタア交友録」で原節子は次のように語られている。

> 節ちゃんと対座していると、あの美貌と青春と、その上なんというか一種のヴォリュウムを感じて、強い或る圧迫感におそわれることがある。それ程わが国の演技者としては珍しく大きさがあり幅もあるといえよう。[121]

京マチ子のスクリーンの表象がいかに評価されていたのかはすでに検証したが、ここで再び大映の技術部長が彼女の魅力について語った言葉を取り上げてみよう。

> 彼女の肉体だけとは思えないボリウムです。女優さんのクローズ・アップを撮る場合、フレーム以外のボリウムを感じさせる人があります。これは必らず大物になる人です。私の経験では原節子などが最もそう云うものを感じさせました。[122]

戦前派スターであり、占領期に頂点へと祭り上げられた原節子、戦後派スターの急先鋒として一挙にスターダムにのし上がった京マチ子、そのイメージがほとんど同じ語りによって構成され、価値が与えられている。ここで欲望された映画とスターは、日常をありのままに再現するような表象ではなく、むしろそれとは最も乖離した表象イメージ、すなわち誇張され、理想化された社会を創出するような映像である。そこで強烈なイメージを焼きつける非日常的なカリスマこそ、〈理想化の時代〉のスターダムを牽引した「モデル＝イメージ」としての映画スターだったのだ。

第五章　ポスト占領期における古典美——京マチ子の「静の演技」

1　国際派女優の誕生——『羅生門』の衝撃

グローバル化するスター女優

黒澤明『羅生門』（一九五〇年）がヴェネツィア国際映画祭でグランプリを受賞（一九五一年）した後、日本映画は大映を中心に欧米人観客のオリエンタリズムを引き出すような「芸術映画」を海外にプロモートする傾向が強くなっていく。そうした流れのなかで、次々と出演作品が国際映画祭で賞を受け、「グランプリ女優」と称されるようになった京マチ子は、一九五〇年代を通して国際派女優として日本を代表する「芸術映画」やハリウッド映画、あるいは海外との合作映画に出演するようになる。「グランプリ女優」として名声を獲得し、ナショナル・ボディとなった京マチ子のペルソナは、日本人観客にとっての「トランスナショナル」な自我の欲望を反映する美的な媒介として機能した。すなわち、日本映画の海外進出とともに、京マチ子はグローバルな市場で特権的な位置を占め、複雑なまなざしを集めながら「国民的スター女優」になっていくのである。

ここでは、黒澤明『羅生門』の衝撃と、それ以降の国際的に〈日本〉をプロモートするような「芸術映画」、すなわち、『源氏物語』（吉村公三郎、一九五一年）、『雨月物語』（溝口健二、一九五三年）、『地獄門』（衣笠貞之助、一九五三年）などの代表作に照準し、京マチ子がどのように物語に配置されているかを考察する。また、アメリカの俳優と共演した『長崎の歌は忘れじ』（田坂具隆、一九五二年）や『八月十五夜の茶屋』（ダニエル・マン、［一九五六］一九五七年）において、京マチ子の身体イメージがどのように映画で用いられているかを比較検討することによって、彼女が占領末期の原節子と同じように、男性や国家のポスト占領期的欲望に回収されていくプロセスを追っていきたい。

戦後日本映画の海外進出において、その第一号として映画界の動きを再編する衝撃をもたらした『羅生門』のグランプリ受賞に関しては、これまでイタリ・フィルム社を設立し、イタリア映画の配給に携わったイタリア人女性のジュリアーナ・ストラミジョーリという人物の功績として長らく讃えられてきた。よく知られているような「ストラミジョーリ神話」はかなり誇張されたものであることが、古賀太の書簡などの分析から明らかになったが、彼がいうように、彼女の関与以前からヴェネツィアやカンヌに日本映画を出品する動きは確認される[1]。

製作段階ではないものの、すでに『羅生門』の選定の段階で西洋人に何が受けるかという視点が入り込んでいることは、この後に続く数々の国際映画祭での受賞とそれに照準した映画製作を考えると、きわめて重要だ。『羅生門』が「時代劇」の形式を使ってこれまでの時代劇を脱構築してみせたこと、「ヴァンプ」の要素と同時に京マチ子を古典的な日本女性としても演出したこと、さらに物語構造そのものがもつメタ視点がそれを可能にしていること、これらがこのフィルムを多義性のある魅惑的な映画として成立させていることは間違いないだろう。ここではまず、京マチ子というスターを本格的な映画女優へと進化させる契機となった『羅生門』のもつ映画の構成と、彼女のペルソナを万華鏡のように見せるパフォーマンスの実態を捉えていこう。

『羅生門』という万華鏡

映画は激しい雨が降りつける羅生門の下で雨宿りをする杣売り《そまう》（志村喬）と旅法師（千秋実）が、三日前の奇妙な殺人事件のことを下人（上田吉二）に語って聞かせる場面ではじまる。その事件とは次のようなものだ。

盗賊の多襄丸（三船敏郎）が森のなかで昼寝をしていると、武士の武弘（森雅之）が妻の真砂（京マチ子）を連れて通りかかり、妻に目をつけた多襄丸は夫を騙して縛りつけ妻を強姦する。しばらくすると現場には武弘の死体が残されていた。ところが当事者によってこの事件の証言がくい違っているため、誰が真実を話しているのかがまったくわからない。

この作品は、一つの出来事をそれぞれの証言者の主観的な視点から繰り返し再現するという構成になっており、完結した別の物語が、連続して並べられるのである。検非違使で証言者となったのは、多襄丸、襲われた真砂、巫女の口を借りた武弘の三人であったが、死体の第一発見者であった杣売りが、実は事件を途中から目撃していることが明らかになり、第四番目の証言者となる。ここではこの作品の「解釈」をすることはしない。それよりも別の物語が並置されていることによって京マチ子という女優の資質が、それまでの一面的なヴァンプ映画とは違って解き放たれていることを確認していこう。

第一番目の証言者（多襄丸）

「確かにあの男を殺したのはこの多襄丸だ」と彼は検非違使で自白する。多襄丸がいうには、森の山道で眠っていた彼の前を女菩薩のような美しい真砂が武士の夫とともに通り過ぎ、彼女を無理にでも奪おうと思った。そこで彼は、彼女の夫を騙して縛りあげ、目の前で女を自分のものにすることに成功した。だが、その後で真砂は多襄丸にしがみつき、二人の男に恥を見せるのは死ぬよりつらいから

図5-1　無垢な表情の京マチ子

図5-2　気性の激しい京マチ子
以上２点『羅生門』（黒澤明、1950、大映）

どちらかが死んでくれ、生き残った男に連れ添いたいと懇願する。それを聞いた多襄丸は夫の縄を解き、正々堂々と斬り合い男を殺したが、女はその間に恐ろしくなって逃亡した。以上が多襄丸の証言だ。

　多襄丸が再現する女は、まず子供っぽく純真無垢な顔を見せ【図5-1】、多襄丸が自分を騙して夫を縛っていることがわかると、そこから一変、多襄丸に短刀で斬りかかる気性の激しい女へと姿を変える【図5-2】。彼女は多襄丸の腕に嚙みつき果敢に立ち向かうが、かなわずその場に泣き崩れる。かと思うと強引に唇を奪われた女はそれに応じ男の体を強く抱き返す。京マチ子は強姦しようとする男に自ら屈するエロティックな女性を演じているのである。

第二番目の証言者（真砂）

　馬を捨てて逃げた真砂も探し出され、検非違使で証言をすることになる。多襄丸が彼女を犯すところまでは第一の証言と同じだが、真砂によれば、縛られた夫のもとへ駆け寄ろうとしたら、高々と笑い声をあげ多襄丸は去っていった。愛する夫を抱きしめるが、彼は怒るでも悲しむでもなく、ただ蔑んだまなざしで彼女をじっと見ている。それに耐えきれなくなった彼女は、短刀で縄を切り、これで私を殺してくださいと懇願するが、夫はなおもその蔑みの目を彼女に送り続けるのであった。錯乱した彼女はそのまま気を失ってしまい、気がついてあたりを見渡すと彼女の短刀が夫の胸元に突き刺さっていた。彼女は池に身を投げたり、色々なことを試したりしたがどうしても死にきれなかった。以上が、真砂の証言である。

何もかも信じられなくなったと事件を語る杣売りと旅法師の話が、最初の証言から二番目の証言に移り変わるとき、旅法師は、真砂の話が多襄丸の話とはまるで違うと不可解な顔を浮かべ次のようにいう。「違うといえば、その女の顔かたちも多襄丸のいうように気強いところは少しもみえぬ。ただ哀れなほどやさしい風情なのだ」。つまり、ここで重要なのは、真砂自身が再現する自画像が、多襄丸から見た気性の激しい女ではなく、夫を一途に愛する女性へと変貌しなければならないということである。そして京マチ子は見事に異なる人格を演じきっている。

検非違使で証言する彼女は、夫への誠実な想いから精神に異常を来す、弱々しくかわいそうな、古典的な女性である【図5-3】。カメラの構図も手前に森雅之の背中を大きく映し、奥に泣きながら身体を崩す京マチ子を対比的に捉え、男女の力関係を示している【図5-4】。男に強姦され夫に蔑まれるここでの京マチ子は、男性的な力に一方的に屈服する女性として再現されているのである。

図5-3　弱々しい日本女性の京マチ子

図5-4　カメラが映しだす男女の対比
以上2点『羅生門』（黒澤明、1950、大映）

第三番目の証言者（武弘）

殺された武士の武弘は、巫女の口

図5-5　うっとり男をみつめる京マチ子

図5-6　男にしがみつく女を演じる京マチ子
以上２点『羅生門』（黒澤明、1950、大映）

を借りて証言をする。その話によれば、盗人は女を手ごめにすると、そこに腰を下ろしたまま彼女を慰めはじめたという。一度でも汚した身で夫と連れそうより自分の妻になる気はないかと多襄丸が説得したところ、彼女は彼をうっとりと見つめて、どこへでも連れていってくださいと承諾した。だがそれだけではなく、恐ろしいことに彼女は、夫が生きていては一緒に行かれないからという理由で、「あの人を殺してください」と夫の殺害を多襄丸に頼むのであった。その姿を見た多襄丸は呆れて女を踏みつけると、男にこの女を殺すか助けるかを問う。女は隙を見て逃げ出し、多襄丸は男の縄を切り去っていく。耐えられなくなった武士は、側に落ちていた妻の短刀で自害してしまう。これが死んだ武弘の証言である。

死んだ武弘は、多襄丸に口説かれうっとりと彼の顔をみつめる女【図5-5】、夫を殺してくれと多襄丸にしがみつく女の表情を再現する【図5-6】。裏切られた夫によって、京マチ子は不埒で非道徳的な女として造形されているのだ。だが話はこれでは終わらない。第三の証言の最後に、巫女の口を借りた武弘は意味深な言葉を告げるのだ。「そのとき、誰か私のそばへ忍び足で近づいた者がある。誰か、その誰かの手がそっと私の胸の短刀をつかみ、そして静かに引き抜いた」。実はそれが杣売りであることが、下人と杣売りとのやり取りで明らかになる。

第四番目の証言者（杣売り）

杣売りは事件を途中から目撃していたが、検非違使でその話を一切しなかった。事件に関わり合うのが嫌だったというのがその理由のようだが、これは後に、杣売りが短刀を盗んだという事実が判明することで、客観的に思えた杣売りの話も実は事件に関与した当事者の主観的な話であり、彼の話自体も作り話の可能性があることが発覚するのである。その話とは次のようなものであった。

杣売りは縛られた男、泣いている女、多襄丸に起こった出来事を藪の陰から見ていた。女を犯した後も欲情している多襄丸は、彼女に両手をついて妻になってくれと懇願している。すると自分の短刀で夫の縄を切った彼女は、女の口からはいえないが、と男同士で戦って決着をつけるように唆《そそのか》す。だが、「こんな女のために命をかけるのはごめんだ」という武弘は、二人の男に恥を見せてなぜ自害しないのかと妻に放言し、こんな売女《ばいた》は惜しくないからくれてやると多襄丸にいう。そういわれてすっかり萎えてしまった多襄丸はその場を去ろうとする。泣き崩れる真砂が変貌するのがこの瞬間だ。

京マチ子は、救いを求めるように男を見上げ、突っ伏して泣きわめく弱々しい女性を演じていたかと思えば【図5-7】、突如として狂気じみた笑い声を上げ、嘲《あざけ》りながら男たちを罵《ののし》りはじめるのである【図5-8】。怒りをぶちまけるかのように二人の男の虚栄心を刺激する言葉を次々と放ち、多襄丸の顔に唾を吐きかける京マチ子。ここでの京マチ子はまったく古典的な女性を演じてはいない。むしろ古典的な時代劇に京マチ子の現代的なヴァンプ・イメージを衝突させているのである。「お前たちは男ではない」と罵られ辟易する男たち。二人は刀を抜き弱腰なままチャンバラを演じることになり、彼らをすっかりその気にさせた京マチ子は高々と笑い声をあげる【図5-9】。男たちの殺陣シーンは、多襄丸が再現した壮絶な決闘とはうってかわって、死の恐怖に震える手で刀を振り回すだけの滑稽な喧嘩でしかない。▼2 結局、多襄丸が怯《おび》えながら男を殺すのだが、女は殺人を目の前で見て逃げ出してしまう。

図5-7　弱々しさを表現する京マチ子

図5-8　狂気をまとう京マチ子

図5-9　男たちをあざ笑う京マチ子
以上3点『羅生門』（黒澤明、1950、大映）

こうしてそれぞれの証言がくい違い、どの話を信じればよいのか登場人物も観客もわからない。謎が解明されないまま宙吊りにされて映画は終幕を迎える。歴史的名作として名高い『羅生門』は、その物語構造の面白さばかりが議論の対象となり、「大衆映画」のヴァンプ女優が「芸術映画」の「格調」を見出す分岐点に位置づけられる重要な作品であったことは見過ごされてきた。

豹変する京マチ子、ここには一九五〇年代の彼女の存在を決定づけるパフォーマンスが凝縮されている。むろん、京マチ子の豹変は、彼女のパフォーマンスのみによって表象されたわけではない。日本を代表する名カメラマンである宮川一夫の功績はきわめて大きいものであった。たとえば、夫を愛する従順な淑女であることを効果的に示すため、第二の証言では一貫して真砂をかぶせ目のカメラ・アングルから捉えている。反対に、第四番目の証言で彼女が怒り男たちを罵る場面ではあおり目のショットが挿入されている。京マチ子の迫力ある演技をクロースアップの動きのあるカメラで狙う一方、その直後に男たちを腰から上のミディアム・ショットで捉えているせいで彼らはかなり弱々しく見える。このようなカメラの効果も彼女のパフォーマンスを引き立てる重要な役割を担っているのだ。

また、宮川一夫は『羅生門』の台本を読み、シリアスな話のため、ハイコントラストで撮ったような白と黒にグレーの調子を抑えて――多段階に描写できるグレーのハーフ・トーンを限りなく少なくして――三色で表現することを黒澤に提案した。[3] グレーが少なく引き締まった画調によって、それまでの京マチ子映画とは一線を画す格調ある古典的な女性像が作り上げられたのである。

作品がもつメタ構造を基盤とした映画製作者の協働と実践のもと、京マチ子の〈変身〉は完成した。彼女には一貫した人格がなく、多重人格のように異なる人物を見事に演じ分けている。一見、京マチ子は豊満な体格で大作りな顔立ちから、大味な演技しかできないという印象があるかもしれない。事実、当時の批評でもそのような言説はいくつか見られる。[4] だが、こうした批評は彼女の本質を捉え損なっている。京マチ子は表情だけではなく、全身に神経を使い身体で表現ができる女優であると同時に、繊細な表現力ももっているのだ。彼女のこうした才能の極致は『いとはん物語』、『穴』、『黒蜥蜴』における変幻自在なパフォーマンスを見れば明らかで、一九五〇年代の多くのフィルムで豊満な肉体によるヴォリュームのあるパフォーマンスと、繊細な動きによる表現を使い分けている。そして『羅生門』こそ、初期の京マチ子のイメージを異なる方向へと転回させてゆく契機となった作品なのである。

『羅生門』の受賞以降の大映

グランプリを受賞した『羅生門』が日本映画界に与えた衝撃はきわめて大きい。この作品がなかったら黄金期の日本映画史は間違いなく書き換わっていたといっても過言ではないだろう。当時の新聞では次のようにいわれている。

これまで優秀な欧米映画には到底太刀打が出来ないと半ばあきらめていたわれわれ日本人の一種の気おくれを奮い立たせるうえに大いに役に立った。〔……〕「羅生門」によって切り開かれたこの一筋の細道を海外進出の大きなルートにまで発展させる事も不可能でないことを想わせる。〔……〕自国産の作品の遠征は、当分のあいだ商業ルートにのせるよりも国際映画展参加のかたちで各国の催しに一流選手を派遣するのが賢明だと思う。（『読売新聞』一九五一年一二月二二日付）

この後、実際に大映を中心として製作された「芸術映画」は、一九五〇年代中頃までに大映の『源氏物語』がカンヌ国際映画祭で撮影賞、東宝の『西鶴一代女』（溝口健二、一九五二年）がヴェネツィア国際映画祭で国際賞（現在の銀獅子賞に相当）、大映の『雨月物語』（溝口健二、一九五三年）がヴェネツィア国際映画祭で銀獅子賞、大映の『地獄門』（衣笠貞之助、一九五三年）がカンヌ国際映画祭でパルム・ドール、大映の『山椒大夫』（溝口健二、一九五四年）がヴェネツィア国際映画祭で銀獅子賞と、次々に海を越え、国際映画祭で賞を受けていく。

永田雅一が『羅生門』のグランプリ受賞の報を受け「グランプリとはいったいなにか」と記者団に述べたのは有名な話である。だが、この衝撃が永田の経営方針を「外貨の獲得」に一変させた。京マチ子が肉体をさらす娯楽映画から距離を取るように、欧米の視覚に向けて製作された最初の作品が、大映創立一〇周年記念映画の『源氏物語』であった。当時のプレスシートに掲載された永田の言葉には、海外を意識した語りが見出される。曰く、『源氏物語』は「日本民族が世界に誇り得る古典文学」であるため「一部の国文学者と文学愛好家のみのものでなく広く国民大衆の興味と関心を惹き、国民全体の文学となる動機ともなり日本文化の向上」に寄与すると同時に、「機会を得て海外にも輸出上映致したいと考えている」[5]。この文章で何度か反復される「日本民族」、「日本文化」、そして「海外」、

「世界」という言葉からも永田が目をつけた「古典文学」としての「日本文化」が、日本の外部へ向けてプロモートされるその後の構図が浮かび上がってくるだろう。

プレスシートの売り方については、「単なる好色物と誤解される売り方」や「姦通ものの感じを与えるような売り方は、絶対に避ける」とされ、『源氏物語』が「上品なラヴ・ロマンス」であり「いかにすぐれた芸術作品であるかの解説的な宣伝を行う」と記載されている。▼6 こうして京マチ子は「日本の商品」として輸出ルートに乗せられてゆくことになる。次に、会社の威信をかけて周到に計画され、その戦略が見事に成功した作品を見ていこう。カンヌで頂点を見た『地獄門』は、京マチ子にとっても日本映画史にとっても特に重要な作品となった。

2 『地獄門』の快挙——製作と受容

永田雅一の野望

封建制を象徴する時代劇は占領期に禁止された題材であり、占領期直後も主流ではなかった。戦後高い人気を獲得した映画は、アプレに演じられる登場人物を配した黒澤明の『酔いどれ天使』（一九四八年）や『野良犬』（一九四九年）、戦後の家族を描いた小津安二郎のホームドラマ、「民主主義啓蒙映画」や大映の「母もの映画」、反戦映画や戦争に関わる社会派ドラマなど敗戦後の風俗を取り込んだ現代映画であった。一九五〇年代中頃から東映によるチャンバラ映画が人気を博すことになるが、東映が、中村錦之助や大川橋蔵などを主演に、もっぱら一般の日本人に向けた「娯楽映画」としての時代劇を量産したのに対して、大映は『羅生門』から一九五〇年代中頃まで、国際映画祭のための時代劇を外国人に向けて製作していた。東映の「娯楽映画」には見られず、大映の「芸術映画」に見られる特徴は、外国人の視覚に向けてエキゾチックな〈日本〉がプロモーションされている点である。

ここではいかに「異質な他者」として振る舞えるかが評価の獲得の鍵になる。

大映を中心に海外で評価された日本映画は「古典文学を映画化した時代劇」であり、間違いなくオリエンタリズムのまなざしとともに賛美された。したがって、こうした映画は次のような一貫した特徴をもっていた。

（1）大映の永田雅一が国際映画祭を標的として、外国人の興味を引きそうな古典文学などに見られる主題と物語を選んで戦略的に製作される。
（2）現代日本ではなく、前近代の日本を舞台とし、キモノ、サムライ、ゲイシャなどを視覚的にスクリーンに盛り込むことで東洋趣味を満足させる性質をもつ。
（3）俳優のパフォーマンスとして戦後日本とはまったく異なるモダニズム以前の身振りや発話が要請される。

大映によって製作された『羅生門』が意図せずグランプリを受賞したのに対し、その後はヨーロッパの映画祭で賞を取ることが意図的に目指された。ヴェネツィアでの『羅生門』のグランプリとカンヌでの『源氏物語』の撮影賞の受賞は、この二つがまぐれではなく、狙いに行けば取れるという自信を大映社長の永田雅一に与えたのである。そして彼が満を持して製作に着手したのが『地獄門』であった。「今度は明らかに、映画祭出品を意識して菊池寛先生の「袈裟と盛遠」という戯曲をもとに「地獄門」を作った」[7]と永田本人が語るように、『地獄門』は企画段階から入念に準備され、戦略的に製作されたのである。では、どのような意図で製作が進められたのだろうか。

永田は映画祭を調査し、カンヌも『羅生門』がグランプリを取ったイタリアのヴェニスに匹敵することがわかり、イタリアは社会性を盛り込んだもの、フランスの場合は美的に優れたものが入る傾向が強いと判断した[8]。美的に優れたものにするための戦略として大映が最も重視したのが「色彩」による日本表象である。映画評論家の津村秀夫は「外国の映画祭などに出品するなら、日本の色彩映画はやはり時代映画の方が、有利であろうと思われる（現代日本の生活には残念ながら、色彩的にいって欧米人を讃嘆させるような美しさは失われている）[9]」と記している。奇しくも日本映画はこの時期、モノクロからカラー映画への転換を模索していた。

よく知られているように、日本映画の総天然色映画（カラー映画）は松竹の『カルメン故郷に帰る』（木下恵介、一九五一年）を筆頭に、松竹カラー第二弾の『夏子の冒険』（中村登、一九五三年）、東宝初の総天然色映画『花の中の娘たち』（山本嘉次郎、一九五三年）で、どれも国産のフジカラーが使用されていたが、外国映画に見劣りがするものであった。事実、「色彩効果そのものの点からだけいえば、現在のところフジカラアはイーストマンの足もとにも及ばない[10]」と批評家にもいわれている。大映の永田雅一は国産のカラーシステムを使わず、アメリカのイーストマン・カラーで撮ることを決断する[11]。日本の状況を静観していた永田は、イーストマンの技術に目をつけ、映画祭出展のための総天然色映画の製作に着手したのである。組織委員会を作り周到に準備を進めた大映は、各界の権威を集結させ、超大規模事業として製作が進行することになる。

カンヌへ向けたプロダクション・プロセス

一二世紀日本の話であり、菊池寛の戯曲を翻案した『地獄門』は、一人の侍が他人の妻を愛してしまう単純な悲劇的物語である。平清盛が都を留守にしている最中に謀反から起こった争乱のなか、盛遠（長谷川一夫）は御所の侍である渡（山形勲）の妻である袈裟（京マチ子）の美しさに心を奪われてしまう。彼女への強い欲望が抑えられない盛遠は力づくで女を手に入れようとする。盛遠に従わなければ夫の命が危ないと知った袈裟は、夫を殺してくれと偽り、自らが犠牲となる決心をする。ある夜、女を得るため、渡を殺そうと眠っている姿に刀を突き刺すが、死んだのは盛遠が一番欲する袈裟、その人であった。

きわめてシンプルな物語である『地獄門』は、永田の狙い通り、カンヌでグランプリを獲得する。先にも述べたように、この映画の製作にあたって最も重視されたのは「色彩」であり、スターが着用する着物や日本的な風景を異国情緒あふれるように撮影する技術であった。一九五一年四月、社内に「天然色処理委員会」が作られ、幹事役として碧川道夫が任命される。さらに、大画家であり色彩科学研究所長の和田三造も参加した。彼は、色彩科学の指導者であり、衣裳とデザインを指示した。撮影のクレジットでは、『源氏物語』でカンヌの撮影部門のグランプリを取った杉山公平の名前しか記載されていないが、実際の撮影は二班編成で、名カメラマンの宮川一夫も参加している。

津村秀夫も当時「杉山公平の名前しか出ていないが、実際は宮川一夫が半分ほど撮って協力している」と述べている[12]。たとえば、厳島神社のロケーションは宮川によって撮影され的確な効果をあげた[13]。加えて大映は、計測のためにアカデミックな指導者を求め、通産大臣宛に手紙を書いた。その結果、安達直義技官が色彩の誤差の計測の指導のため参加することになった。また、通産省は独自にメーキャップを研究した岡田喜義を支援に派遣している。このように国際映画祭のために、計画的に企画と撮影が進められたのである。

その結果、カンヌでは審査員の大部分が反対だったが、審査委員長のジャン・コクトーだけが強力に推薦しグランプリが決まった。その理由は「この映画は美の到達点である。ここに能がある」という一本槍で、他の異論に一歩も譲らなかったからだといわれている。このことを聞いた技術監督の碧川は、「彼が推薦したような点を、われわれが目標にして撮っていたかどうか、それを思うと、ぞっとします[14]」と語っている。それでは、海外の国際映画祭のために、いかに歴史的題材を扱ったのか見てみよう。

改変される歴史

一般公開に先立ち、ニューヨークのギルド劇場で、招待試写会が開催された。そこでイギリスの外交官であり前近代の日本の歴史家であるジョージ・サンソムが次のような解説を行なったという。

この劇の中心部をなすものは、国民的叙事詩として親しまれているものであります。われわれは、それをあたかも絵巻物の一部でもあるかのように表現されていることを見ます。事実、皆さんは、宮廷の貴族や武士の素晴しい衣裳を見られるのです。〔……〕こうしたことのほかにこの映画は高度の歴史的正確さをもっていることも注目に値いします。皆さんはこの映画によって七百年昔の日本を見ることができます。▼15

しかし、この映画は本当に歴史を正確に描写していたのだろうか。製作や衣裳デザインの過程を見ていくと、題材や衣裳など、高度の歴史的正確さどころか、欧米人の視覚を満足させるための誇張表現が随所に確認できる。いくつか例をあげてみよう。

映画は、動的な視覚上の効果を狙い、平治の乱とその翌年にかけての京都を背景としている。▼16 平治の乱が起きたとき、平清盛は実際には熊野詣に行っていたが、映画では厳島参詣に変更されている。カラーによる視覚効果のために、日本三景の一つである厳島が舞台として設定されたのである。監督の衣笠貞之助は次のように述べている。

厳島に変更したのは、映画の美的効果のためであって、色彩の観点よりみても、ただ、青一色の熊野よりも、海の青、島の緑の中に、あざやかな朱色もうつくしく、波濤に浮き上る厳島神社の風景は、はるかに印象的でありましょう。この作品が海外へ輸出されることを考えて、あえて、日本の代表的風光をとり入れるため、この変更を行ったことを了承していただきたいと思います。[17]

また『源平盛衰記』に登場する盛遠が袈裟を斬った事件は保延三年（一一三七年）とされるが、この映画が扱っている平治の乱は、その二二年後の事件である。時代をずらしたのは、動乱のなかで武士の活劇を描き、カラー映画としての視覚効果を狙ったからだと考えられる。さらに盛遠が袈裟を斬ったとき、歴史上の平清盛はまだ一九歳であり、映画のように清盛が入道したのは一一六八年のことであった。すなわち、清盛が丸坊主になるのは、平治の乱よりかなり後のことなのだが、出家の姿で清盛を登場させたのは、定着した彼のイメージを重視したのと、緋の衣の色彩効果を考えてのことだろう。[18]また長谷川一夫の衣裳に関しても、試写を観た滋野辰彦は「盛遠が大変立派な、荒武者らしからぬ衣裳をつけていることは、どうやら画面効果をねらった誇張ではないか」[19]と述べている。つまり、この映画は欧米人（とりわけ映画祭審査委員会）の視覚に訴えるように翻案されたのである。

日本人の反応

まずは公開当時の日本の批評家の反応を見てみよう。ほとんどの批評家が口にするのが「色彩の成功」に反する人物造形や物語の展開の乏しさである。公開された一九五三年の座談会で、大黒東洋士は次のように語っている。

「地獄門」はあまりにも演出がイージーすぎるのです。色彩だけに頼っている映画じゃないかと思う。脚本からして気にいらない。袈裟と夫と盛遠と、三者の葛藤というものがないでしょう。袈裟が盛遠に気持が傾いたとか、それを自分から押えようという、もっと苦悩が出てこなければ芝居にならないと思う。余りにも淡々としているのですから、色彩がなければ退屈なものになると思う。[20]

次の批評も色彩の美しさを讃える一方で、人物を描くための演出や筋書きの単調さに対して批判している。

盛遠が論功行賞に袈裟という女を所望して容れられず、強引にふるまうあたりから、内容が勝ってくるにつれて、色彩への慣れと相まってつまらなくなっている。長谷川一夫の盛遠の映画用の単純通俗な苦悩ぶりが、この中世の物語にそぐわず、かえってちゃちな人間解釈となっている。京マチ子の袈裟の苦悩もそのため切実でなく、彼女を殺した苦悩に、憎となる最後は盛り上らず、お話が浮き上ってしまっている。［……］これが黒白映画であれば見るに値しない程度のものであろう。[21]

各界の権威を集めて着手した大事業が、「色彩」の面できわめて高い評価を獲得したことは間違いない。だが、公開当時の批評言説のほとんどが、一貫して「色彩」を褒めた上で他の要素を批判した。とりわけ批判が集まったのが人物の描き方、すなわち演出である。

袈裟の人物造形――京マチ子から奪われる運動

カンヌでグランプリ受賞が決定するのは一九五四年四月のことである。同年一月、津村秀夫が内容の乏しさの第一の原因としてあげたのが、袈裟の描き方に人間味がない点であった。津村が「この「地獄門」の袈裟は、大変貞節無比な人妻ではあるが、少しも人間味の感じられない、生きた血の通っていない「女」になっているのである」[22]というように、確かにこのフィルムの京マチ子は所作が緩慢であり、表情に乏しく、感情がないように見える。監督の衣笠貞之助は演出について次のように語っている。

三人の性格、感情、思想には、近代人の特色たる懐疑や自意識や苦悩などが全然見られません。〔……〕現代人の悲劇は、いつも、このようなストレートなゆき方とは全く正反対の、複雑微妙な心理と感情の陰影をあとづけることによって形成されるのが、通常の例であります。が、この作品に於《お》いて、われわれは、あえて、現代ばなれをした、健康で、簡明な人間像を描いて、現代人の共感をよびおこしたいという方向をとりました。[23]

演出をした衣笠は、近代人に特有とされる懐疑や自意識や苦悩を登場人物に表現させず、あえて「人間味のない」人物を創り上げたということになっているが、会社をあげた一大プロジェクトである『地獄門』の製作過程において重要なのは、大映社長兼プロデューサーであり敏腕のビジネスパーソンであった絶対的権力者の永田雅一の「介入」があったと思われる点だ。自分で撮るといったわけではなく社命だったので断ることができなかった衣笠は、完成したこの映画を「空疎だ」といったという。[24]実際、グランプリ受賞のときのインタビューで「意外な知らせでとまどっています」と答えた衣笠は「製作者の私たちはあまり満足できた作品だとは思っていなかった」（『読売新聞』一九五四年四月一一日夕刊）と率直に話している。

袈裟の人間味のなさに関しては、「衣笠の構想というより、大映自体の註文であるという説が伝わっている」[25]と津村秀夫が述べるように、衣笠の意図とはかなり違った人物に強引に造形されたようだ。永田は「ストーリーは単純で、古い日本の女性はかくのごとく封建的であることをハッキリ出し、そして批判を受けようと思い立ったわけである。衣笠監督はじめみんな難色を示したのをあえて敢行した」[26]と書いている。衣笠組のスクリプターを務めた女性は、脚本を執筆していたとき、しばしば永田と衣笠が喧嘩して大変だったこと、永田が強引に従わせたことを思い返している。永田のいうことを聞いた衣笠の「唇が震えて、腹が煮えくり返るという思いをしているのが」わかった、と側で見ていた女性スクリプターは語る。アメリカでプロデューサーズ・システムを見てきた直後であった永田は、「俺の映画だ。俺がこういうものを作りたいんだ」と『地獄門』に関してはすごい執着だったという。[27]ワンマン社長として知られる永田は、経営者やプロデューサーの領域を超え、映画の演出にまで「介入」したのである。

国際映画賞を本気で狙いにいった大映が「共感」させようとしている「現代人」とは、いうまでもなく、日本人ではなく「外国人」であったはずだ。受賞前にファン雑誌の記事に書かれた「袈裟の、もっとも日本女性的な清い心の相克という材料は、外国人が見たらきっと青い眼を大きくしてびっくりするだけの内容のものと思います」[28]という言説からは、すでに異国趣味を煽《あお》るように〈日本〉を演じはじめている姿が見出される。自我を抑圧し、夫の犠牲になって死んでゆくような女性は、前近代的な封建社会の理想像であり、戦後日本のこの時期に最も拒絶されたイメージであった。だが、外国人へ向けて〈日本〉をプロモートする場合、往々にしてこのような前近代的イメージが呼び戻される。他者のために犠牲になって死ぬという自我の不在は、欧米人の思考とはまったく異なる概念である。だからこそ『地獄門』では、ヴァンプ女優としての京マチ子のイメージが反転し、戦後の欧米人には理解しがたい「異質な他者」が演出されることになった。要するに、西洋にとっては理解しがたい「人間味のない」異質な人物が意図的に造形されたがゆえに、エキゾティシズムやオリエンタリズムを引き起こし、高い評価を獲得したのである。

実際にできあがったフィルムを観てみると、パフォーマンスだけではなく、日本的な風景や建築が多く映し出され、人物の所作に「余分な間」が意図的に挿入されて、物語の流れを中断するほど伝統芸能の時間が設けられている。史実を変更しながら、神社や衣裳など西洋から遠く離れた「日本的な《オリエ》もの《ント》」を投影し、欧米人の視覚へ向けてプロモートする『地獄門』は、「観光映画」と呼ぶにふさわしい作品であった。

海外の反応

それではこの映画は、実際に海外でいかに受け止められたのだろうか。カンヌ以外でも『地獄門』はナショナル・ボード・レビューの外国映画ベストテンでは第三位に選ばれ、アカデミー賞では外国語映画賞、他にも賞を多く受賞している。ここでは各国の批評言説を検討することはできないが、いくつか代表的なものを取り上げてみよう。アメリカ映画産業誌『モーション・ピクチャー・デイリー』は「その映画は戦闘シーンで満ちており、当時の絵画や衣裳、武具、寺はきわめて興味深い。色彩が非常に優れている」[29]と紹介している。作品の構造や展開というより、珍しい「東洋的なもの」に抱く好奇心が垣間見える。また『地獄門』を、西洋人にとって日本の最も特徴的で魅力的な時代である中世を描いた純粋な日本映画とする英国の『タイムズ』では、次のように記されている。

> 監督はつねに盛遠の原始的な欲望と渡の文明化された尊厳と知性の対照性を描き出す。いつも長い刀を手にもっている侍の作法は魅惑的であり、予想もしなかった優しさで満ちている。色彩と照明によって微細に強調された優しさ、家庭のシーンで渡と袈裟はそれを分かち合うのだ。袈裟は非常に高価な日本人形のようだが、京マチ子の動きは観るものを魅了すると同時に、個性と性格を与えている。[30]

こうした海外での反響は日本の映画雑誌でも紹介されている。アメリカの『タイム』誌でも次のように絶賛された。

色彩の映画的処理において西欧の映画製作者をしてこれから何年も考えこませることになるだろう。［……］テクニカラア映画に見られるあの平原の火にその眼球を灼かれてしまった数多くの西欧の映画ファンは、この伝説的な靄《もや》にかかった虹の美しさのような和《やわ》らいだ視覚性の純粋な喜びを経験するであろう。［……］踊り手としての訓練をもち「ラショーモン」と「ウゲツ」にも出演していたマチコ・キョウはさながら古代の扉からぬけ出したように見える。[31]

日本以外の批評の多くは、荘厳な絵巻物や着物、あるいは東洋的な風景や建築物の美しさを色彩表現という点で讃えている。だが、色彩への賛辞は日本においても繰り返されていた。批判の対象として日本と欧米で最も異なっているのは、人物造形に対する評価である。色彩に頼って三者の葛藤が描けていない、人物の苦悩が表現されていないと批判した日本の批評に対して、感情表現を抑制し、他人のために犠牲になる女の身振りは、「理解しがたい東洋の女性」だからこそオリエンタリズムの好奇のまなざしを引き出したのである。

グランプリ受賞後の言説

津村秀夫は『地獄門』が日本で公開されたとき、「日本の批評家たちの選出によるベスト・テンにも無論入らなかったし、「都民コンクール」か何かの大衆投票でも入選しなかった」が、それが「カンヌでフランスの文人たち（審査委員たち）に推賞されたのだから、驚いたのは日本の大衆であり、批評家であろう」と記している。[32] このような外部のまなざしからの「日本の発見」に、戦後の日本人はどのように反応したのだろうか。

明治以降、近代化を推し進めてきた日本人にとって、西洋に認められたいという願望がまず根底にある。したがって、西洋のまなざしの先に日本が映っていることが何より重要なことであり、興味の対象でなくてはならない。敗戦とともに国際的な居場所から転落し、独立を回復したばかりの日本にとって、芸術である映画を通して認められることは国際社会への復権がかかった重大な案件であった。だからこそ、『映画年鑑』では「日本映画の海外進出は「羅生門」を突破口として、ようやく本格化の緒につき、あとは海外向け需要に応じ得るに足る作品の製作ということが命題として残された」と記されているのだ。[33] ここでは西洋のお眼鏡にかなう作品を製作することが率直に求められている。

あるいは、『地獄門』をまだ観ていないという飯島正のグランプリ受賞の報を受けた後に書かれた記事は、作品の出来と乖離した歯の浮くような評価が不本意であった多くの批評家とは（おそらく未見であるがゆえに）ずれている。飯島は、海外の批評がまず褒めているのは色彩であり、「特に衣裳のうつくしさが注目されている」点をあげ、「コステュムの色彩感覚が特に西欧人の目をひいたことは確実」であるとする。

そこでぼくはこういうことを考えた。『地獄門』の色彩そのもののつかいかた・だしかたはもちろんいいものだろうが、それ以上に、むかしから日本の衣裳がもっている伝統的なすぐれた色彩ディザイン――しかもそれについては、なれっこになっているのでぼくたちにはそれほど特に気づかれない――があって、それがことさら西欧人の注目をあつめたのであろう、と。[34]

飯島は、「それをエグゾチスムのあらわれとみることもできるが、こういう西欧人による再発見は、まえからあることでもある」し、歌舞伎の衣裳の美しさは、日本人にもわかっているのだから、そういうものが映画に現れるのは当然であり、「そうなると、普通の意味以上に、国際映画祭には、色彩映画をだすべきだということにもなる」と述べている。[35] 日本人の伝統美を欧米の眼から「再発見」されること、飯島の評には素直に認められたいという願望が見られる。だが、こうした段階が長く続かないのは、歴史のなかで繰り返される言説を見ても明らかだ。この欲望は次第に、ありのままの姿の肯定でない限り、屈折したものへと変化してゆく。それは、たとえば次のような言説に端的に現れている。

〔西欧人の〕批評の大半が日本独自の劇芸術であるカブキと結びつけて、これらの日本映画を眺めているところに何か正常でないものが感じられる。恐らくカブキの実物を見たこともないであろう批評家までも、カブキと連関させて一生懸命に賞《ほ》めようとしているのは、その志しは有難いが、少々喜劇的である。〔……〕これら海外の批評をあれこれ通読して感じられることは、海外における日本映画の流行は、多分にエキゾティシズムに立脚しているということだ。西欧人は自分たちの映画を見るのと同じ眼で日本映画を眺めていないようである。〔……〕ヴェニス及びカンヌの両映画祭の入賞作品はすべて時代劇で、現代劇が一つも含まれていないことは、極言すればフジヤマ、ゲイシャ・ガール式の日本観が、まだ西欧を支配しているからであろう。[36]

当時の批評でしばしば指摘されていたのが、映画祭の受賞作品がすべて時代劇映画であるということだった。つまり、現代の日本ではなく、前近代の日本を舞台に、東洋趣味を満足させる着物や侍を扱った作品ばかりが評価の対象となっていたのである。

私としては、もっと現代の日本を描いた映画が海外で評判になることを望んでいるが、日本映画が一つの芸術作品として外国の作品と同じ水準の批評尺度から律せられる時期がすでに訪れていると思う。従って、これからはすぐれた作品価値を持ったものを輸出する必要があるのではないだろうか、外国人向きというような配慮は少しずつ捨て去るべきではないかと思う。[37]

国際映画祭の出品と受賞は、日本のナショナル・アイデンティティの復活と密接に結びついていることがわかるだろう。このようなオリエンタリズムへの異議申し立ては戦前から幾度となく繰り返されてきた。外部のまなざしによる古典的日本の「再発見」によって、たとえ高く評価されたとしても、現代の日本をそのまま呈示したものではなく、異国情緒あふれる〈日本〉を自覚的にプロモートしているため、きわめて屈折した感情が見られるのである。ここでは、西洋に認められたいという思いと、ありのままの姿を見てほしいという思いが複雑に絡まり合いながら言説が構成されている。そしてこのような戦後の日本人の屈折した感情は、京マチ子というスターの身体や言説にそのまま投影されているのだ。ここで達成されなかった、映画という媒体を通した国際社会における本当の意味での復権は、おそらく大島渚という前衛作家の登場を待たなければならなかった。

3　「国際派グランプリ女優」のパフォーマンス

差異化される「静の演技」

京マチ子の緩慢なパフォーマンスが頂点をきわめるのが『地獄門』である。原節子と違い芸に長けた京マチ子は、舞いを踊ったり琴を奏でたりするとき、優れた舞台女優のような型によるパフォーマンスで観客を魅了する。長い間、歌劇団のダンサーとして培《つちか》った身体を操る力、寸分も狂いのない身体の運動、淡島千景の軽妙な動きとも、若尾文子の艶《つや》やかさとも違った、重力を感じさせる特有の安定感が京マチ子のスクリーン・パフォーマンスにはある。その全身で遂行される運動は、画面を格調高くすると同時に、物語の進行を〈中断〉させながら彼女を注視させる力をもっているのである。

原節子の場合、観客を魅了するこのような〈中断〉は、クロースアップによる目の表情や力強さ、すなわち顔によってなされるが、京マチ子はむしろ全身が映し出されるショットにおける身体の運動によって引き起こされる。日本映画の国際化と同時に彼女は、ヴァンプ映画とは対照的な演技、すなわち、豊満で大柄な彼女の身体の動きを限りなく制御して、静止させるように運動するパフォーマンスを手にする。要するに、京マチ子の国際化は、我慢できずに相手に殴りかかったり、強引に男性に密着してみせたりする「肉体派ヴァンプ女優」としての映画はもとより、『大仏開眼』や『あにいもうと』など封建的な社会を舞台にした物語に現代性を持ち込んだ彼女の過剰な身体から、その運動性を奪ったのである。

衣笠貞之助はもともと旅回りの劇団の女形出身で、歌舞伎も新派も経験した日活向島映画の花形スターだったが、彼はその地位を捨て映画監督へと転身した特異な出自をもっている。彼の経歴は『地獄門』の演出において、きわめて重要な要素であることがわかるだろう。衣笠は撮影現場で、ステージを飛びまわり、主役から脇役まで身振り手振りで演技をつけた監督だといわれている。映画評論家の滝沢一がいうように、「個々の俳優の型の美しさをヴィヴィッドに抽出する」衣笠の演出は、新劇的な演出とはほど遠く、歌舞伎役者の「型」の工夫に似ており、ワンショットの舞台的な調和にたえず心を配っているのである。[38] 事実、彼の映画ではショットの連結によって作られていくダイナミズムは希薄であり、むしろ舞台的な空間設計と俳優の身体を形式主義的に動かすことで画面が構成されている。

『地獄門』では、夫の犠牲になって死ぬ直前、悲しいメロディーを琴で奏でるシークェンスがあるが、ここでの京マチ子の緩慢な身体の動きと身振りは、感情と呼応する自然な動きではなく、身体表現の

図5-10　前景化する身体表現の「型」

図5-11　登場シーンの機敏な動き

「型」が前提としてあり、それを引き延ばされた映画の時間のなかでなぞっているのがわかる【図5-10】。このような「静の演技」は、京マチ子の登場シーンで機敏な動きが印象づけられているため【図5-11】、物語の進行とともに、よりいっそう観客の感性に訴えかける効果があるのだ。

時代劇映画で「型」を緩慢な動きによって表現する彼女特有のパフォーマンスは、『源氏物語』（吉村公三郎、一九五一年）において淡路の上役で登場した後の源氏と酒を飲む船上のシーンや、家で琴を弾くシーンでも確認できる。このようなパフォーマンスは『雨月物語』（溝口健二、一九五三年）で円熟の境に入り、最も美しいかたちでスクリーンに形象化するのが『春琴物語』（伊藤大輔、一九五四年）や『千姫』（木村恵吾、一九五四年）である。彼女が『羅生門』以降、国内の観客だけではなく国外の観客を視野に入れた映画において、いかなるパフォーマンスを実践していたのか。続いて、これらのフィルムから京マチ子に固有の演技を見てみよう。

『雨月物語』の京マチ子に流れる時間

日本映画を代表する映画監督（溝口健二）とカメラマン（宮川一夫）によって紡《つむ》ぎ出される『雨月物語』は、その洗練された様式美に京マチ子の神秘的な存在感が加わることで、より幽玄な作品となった世界的な名作である。『羅生門』で強調されたコントラストは避けられ、色彩はグレーが基調とされた。それと相まって多用されるクレーン撮影の効果――カメラが作り出す不安定な画面――が「怪談映画」という題材を引き立てている。

ときは戦国時代、農業の傍ら陶工をしている貧しい源十郎（森雅之）は、妻の宮木（田中絹代）と子供を残し、焼物を売りに旅立つ。城下町で陶器を数多く購入した姫君・若狭（京マチ子）のために品物を屋敷に届けに行くと、付き添いの老女から勧められるまま若狭と夫婦の契りを結んでしまう。若狭への愛に溺れた源十郎はその場所から帰れなくなり、彼女と生活をともにするようになる――後に彼女たちは織田信長に滅された朽木一族の死霊であることがわかる。老僧に助けられた源十郎は、久々に妻子のもとへ帰り、温かく妻に迎えられるが、夜が明けるとその妻もすでに死んでいたことが明らかになる。源十郎は妻を弔い、陶器作りに精進するのであった。

よく知られているように一九三〇年代以降の溝口健二は、長回しと縦の構図を中心に時空間を設計して演出する独特の様式美を確立していく。▼39『雨月物語』においても、長回しによって時空間がワンショットのなかで持続し、映画の時間の「のろさ」を体感させるシーンが多い。さらに幽霊である京マチ子は、能面を思わせるメーキャップと表情で神秘的な雰囲気を表象するだけでなく、物語の設定上、人間的であってはならないこともあり、その身振りや発話の速度、歩くスピードはきわめて遅く、彼女の周囲だけ時間がゆっくりと流れている。具体的に登場するシーンを確認してみよう。

京マチ子がはじめて登場する場面で、彼女は購入する焼物を源十郎に指示している。彼女の背後にあったカメラが切り返して、今度は森雅之の背後から固定カメラで約三七秒の間、京マチ子の姿を映す。いくつかのシーンの後、京マチ子がゆっくりと歩きながら屋敷へ案内するショットが約三七秒、彼女が部屋の外から森雅之の待つ部屋に入るだけの動作に約二〇秒、そのままショットが切り替わって、彼の手をとって隣の部屋へ連れていき、座らせるショットに約五五秒、彼の背後をまわって座る次のショットに約四〇秒もかけている。老女と付き添いの者が、彼の焼いた器で二人の座敷に酒をもってくるショットは約一分二八秒、二人が酒を酌み交わすショットに約五一秒、契りを交わすように老女に勧められ、京マチ子が森雅之を抱擁するショットに約四〇秒が費やされる。さらにこの直後、物語の流れに関係なく、輸出用映画に挿入される伝統芸能の時間、仕舞を踊るシーンがある。このシーンは扇を片手に今様の節で美しく能を舞う約五二秒のショットと、彼女の踊りから兜へとパンして父君の謡《うたい》を重ねる約一分三七秒のショットで構成されている。契りを結んだ後、京マチ子が布団で眠る森雅之に微笑《ほほえ》みながら鏡の前に移動し、くしで髪をとかすショットに約五四秒、彼の寝顔を覗き込み、彼が目覚めるショットに一分一秒の時間が使われる。これに続くのが湯浴《ゆあ》みのシーンである。

　ジャン＝リュック・ゴダールは、岩風呂から流れ出る湯を移動撮影で追い、湖畔で歌舞に興じ戯れるシーンへとつながっていくという異なる時空間の接合を、快楽と歳月というプルースト的な感情を生み出していると称賛した[40]。肉体関係をもった二人の湯浴みのシーンから水辺で戯れるシーンでは、カメラが岩や砂利や砂を対象に移動し、乖離した時空を接続するが、時間的経過がどれほどのものなのか、朽木屋敷とどのくらい離れた場所なのかまったくわからない。木下千花が「絵巻物モンタージュ」と呼ぶここでのカメラの移動撮影や隠されたディゾルヴによる編集技法は、安定したリニアな時間を揺さぶるように観客の感性に働きかける[41]。観客はそれまでの他のシーンと違って、ここで唐突に線的な時間に置いていかれてしまう。この優麗なシーンでもワンショットの時間はたっぷりと使われており、この後に続く、動乱のなか子供を背負った源十郎の妻が落武者に襲われる場面や、義弟である藤兵衛が兜首を手に入れる活劇が、京マチ子のシークェンスと対照的に機能し、彼女の「静の演技」を印象づけているのである。

触知的映画としての『春琴物語』の時間

永田雅一は東南アジアにも日本映画の輸出の新たなマーケットを求め、一九五三年に東南アジア映画祭製作者連盟を結成し、「東南アジア映画祭」（後に「アジア映画祭」、「アジア太平洋映画祭」に改名）の準備を進める。提案した永田自身が連盟の会長に選出され、第一回東南アジア映画祭が一九五四年五月に東京で開催された。[42] その第二回大会、シンガポールで開催された「東南アジア映画祭」でグランプリにあたるゴールデンハーヴェスト賞を受賞したのが、京マチ子主演の『春琴物語』（伊藤大輔、一九五四年）であった。

谷崎潤一郎の『春琴抄』を原作とする文芸映画『春琴物語』は、幕末から明治にかけての大阪の道修町を舞台に、男女の美しく激しい愛欲を描いた物語である。お琴（京マチ子）は幼い頃に失明して以来、琴と三味線の稽古に勤しむ美しい女性であった。少年時代から仕えてきた佐助（花柳喜章）は、才能に恵まれた高慢な彼女に献身し、唯一の寵愛を受ける。やがて佐助は彼女の稽古の美しい音色を聞いているうちに、密《ひそ》かに三味線を練習するようになる。佐助はお琴にその才能を認められ、主従関係だけでなく師弟関係も結ぶ。そして二人は表面的には見せないものの揺るぎない愛情を育んでいく。だが、ある夜、弟子の復讐にあい鉄瓶の湯が彼女の美しい顔に注がれて、醜い顔になってしまう。愛する佐助にだけは見られたくないと嘆くお琴のため、佐助は自分の両眼に針を突き刺して失明する。「暗闇に生きる」ことを共有した二人は最上の愛を手に入れるのであった。

この映画には、まだはじまって二〇分にも満たないところに、美しい着物に扇をもって京マチ子が静かに舞う圧巻のシーンがある。京マチ子のパフォーマンスと伊藤大輔の編集が、物語の線的な時間の流れを中断し、時空を超えるイメージを呈示するのである。約五分間に及ぶ「幽体の舞」のシーンは、同じ師匠の内弟子であるおえい（杉村春子）が、師匠に才能を買われ寵愛されるお琴への嫉妬をさらけ出す世俗的なシーンの直後からはじまる。おえいを諌《いさ》める師匠の発話の途中にカメラはパンすると、窓の外のしんしんと降る雪を映し出し、ゆっくりと前進してフェードアウト。真っ暗な部屋で

図5-12　桜の花とのオーヴァーラップ

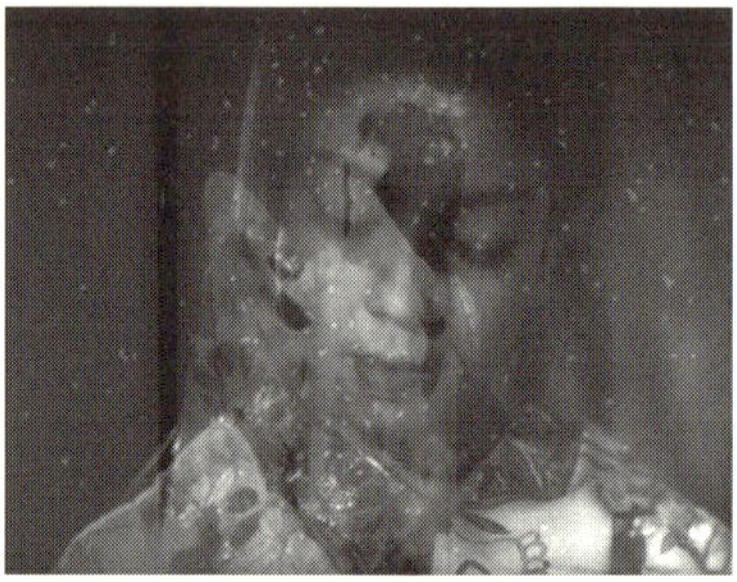
図5-13　三重に重なる時空間

図5-14　京マチ子の静謐な舞
以上3点『春琴物語』（伊藤大輔、1954、大映）

ロウソクの灯火がかすかにお琴の頬を照らす。カメラはお琴が膝下まで映る程度まで静かに後退し、彼女はゆっくりと右手をあげる。そこにオーヴァーラップされるのはひらひらと舞う桜だ。やや下にうつむいたお琴のクロースアップの画面が何度か暗くなったり灯されたりするが、次に舞い散る大量の桜の花びらがお琴の真っ白な顔にきつくオーヴァーラップされる【図5-12】。盲目の身体を残したまま意識は季節や時空を超え、幼い頃のお琴が小さな身体で舞う場面へと接続される。

お琴のクロースアップ、舞い散る桜、お琴が舞う姿、異なる時空間が三重になって表象される絶妙な編集技法である【図5-13】。もはや現実世界で降る雪か想像上の桜か区別がつかない光景のなか、京マチ子の静謐な舞が見るものの心を捉える【図5-14】。目をあけて踊る幼いお琴と目を閉じて踊るお琴が桜を媒介に重なり合い、カメラは交互にゆっくりとした運動を加えながら異なる世界を捉えてゆく、見事としかいいようがない崇高で幻想的なシーン。この場面は、観客である私たち同様、圧倒的な美しい舞に魅せられていた佐助の顔が映され、お琴が段差を踏み外して転倒するところで唐突に終わってしまう。

そして映画の終盤、佐助が針で眼球を突き刺した後のお琴とのダイアローグに、失明した佐助の視点ショットを織り交ぜながら画面が点滅するショットが連結される。「幽体の舞」の場面で光の点滅が繰り返され、編集処理されてあったイメージがここで反復されるのである。対象を客観的に捉えるはずのカメラに、盲目の登場人物の視界が重なり合っているのだ。そもそもこの映画はシーンがフェードアウト／フェードインで切り替わるときの画面の暗闇がやや長く挿入されている。むしろ光があたらない「黒のイメージ」がこの映画の形態として主題を支えているのである。

「盲目」を撮ることが困難なのは、見返される視線を受けるべきショットの存在が正当化できず、「切り返し」による視線劇が成立しないからだ。文学研究者の城殿智行が指摘するように、伊藤大輔は移動ショットを用いることによって、通常は一致させせられるはずの視線をことごとくずらし、人物の出し入れが生み出す距離感によって「心理」が形づくられている。何度もクロースアップされる二人が触れ合う手もまた、移動ショットが空間を造形するように「心理」を表象しているのである。[43]「視覚」による幾何学的な距離によるドラマが遠ざけられるとき、あるいは失明した佐助がカメラに顔を接近させ画面に暗闇がもたらされるとき、「盲目」を主題としたこの作品は、伊藤大輔の手によって触知的映画として立ち現れてくるのだ。二人を映すカメラは何度も触れ合う手をディテール・ショットで捉えてから後退し、二人を画面に収めている。「触れること」を主題としたこの映画は、客観的なリアリズムを排して、カメラによる表現は人物の意識を取り込み、あるいは時間を超越し、感覚的な関係を観客と取り結ぶ。

エピローグは、お琴のもとに弟子入りする少女が訪れるシークェンスである。盲目の二人が少女の琴を静かに聴き、それに涙を流すお琴。翻案された映画の結末は、死んだと思っていた子供が実は佐

図5-15　「手」の触覚性

図5-16　幸福なイメージの閉鎖性

図5-17　山河を見渡すカメラ

図5-18　空へ上昇するカメラ
以上4点『春琴物語』（伊藤大輔、1954、大映）

助の両親に内密に引き取られており、その子に会いに馬車で実家に向かうシーンで終わる。この物語が豊かな感動を生み出すのは、大衆娯楽としての映画の結末が一般観客のためにわかりやすいハッピーエンドにされたからではない。この悲しく痛ましい映画の終幕に私たちが手にすることになる「安息」と「希望」、それは郷里へと走る馬車に乗る二人の「手」の触覚性がクロースアップによって表象され【図5-15】、馬車のなかで語らう幸福なイメージを表象する完結した愛の世界が映し出されたからだけではないだろう【図5-16】。

伊福部昭の静かな音楽と相まって、最後のシーンは一挙に視覚的イメージと連動する。すなわち、カメラは馬車の幸福な二人から離れると、山道の岸壁から美しい山河をパンして見渡し【図5-17】、最後に空へ向かって一気に上昇して終わるのだ【図5-18】。それは物語において抑圧され続けた風景であった。このカメラの運動によって映し出されるイメージは、二人の心象風景に他ならない。だが、それと同時に、全編を通して閉塞的な部屋や主人公と他者との関係性を見せられてきた私たち観客も、それまでの「暗さ」を対照化するように、彼らの「心理」に重なり一挙に解放感を手にすることになる。「盲目」である二人の代わりに、私たちは彼らの目となって美しい映像を観るのだ。大映からデビューしてわずか五年、このフィルムでの京マチ子のイメージは、一つの「芸術」として初期のヴァンプを微塵も感じさせない「格調」をまとっている。

引き延ばされる『千姫』の時間

永田雅一が外貨獲得を目論《もくろ》み製作した『千姫』（木村恵吾、一九五四年）も、『地獄門』のカメラマンである杉山公平と美術の伊藤熹朔など、最高級のスタッフが参加した大作であった。新聞などのメディアでイーストマン・カラー改め、今後は「大映カラー」でいくと高々と宣言されたように、オープニング・クレジットには「大映カラー総天然色」の文字が付されている。新聞評では、桃山時代から江戸初期にかけての人物の服装、御殿、小道具が絢爛豪華で「海外ではこの美しさが多くの拍手の対象となるだろう」とされ、「演出木村恵吾、脚本八尋不二の両人は、もっぱら海外用〝絵物語〟をネラったのだろうか」（『読売新聞』一九五四年一〇月二〇日夕刊）と批判的なコメントが掲載されている。「話そのものは平凡」であり「京マチ子の千姫も美しいだけ」といった新聞評が彷彿とさせるのは『地獄門』のときの国内の評価である。実際、公開の翌年にカンヌ国際映画祭に出品され、パルムドールにノミネートされている。おそらく永田としては『地獄門』のときと同様の戦略で賞を狙ったのだろう。

簡単なストーリーで古い日本女性の封建性を全面に押し出すこと、永田が『地獄門』のときに述べた言葉の通り、『千姫』もまた単純な愛欲物語で、時代設定もヒロインの身振りも『地獄門』にかなり似ている。『朝日新聞』（一九五四年一〇月一九日夕刊）の新聞評は、イーストマン・カラーを「大映カラー」と呼ぶことに触れ、その技術的研究が結実したことは認めていいが、「それにつけても話はつまらない」と述べて「色彩だけを頼りにした時代劇も、このあたりがもう頂点である」と批判している。まさに『地獄門』を再現しているかのように、国内の批評は総じて色彩の美しさを褒めた上で、人物造形や物語に関しては批判的だった。その一方、カンヌでは賞を逃す結果に終わったものの、上映後「満場のかっさいを得、イタリアの名監督デ・シーカ氏も絶賛していた」（『読売新聞』一九五五年五月二一日付）。では『千姫』とは実際どのような作品だったのだろうか。

京マチ子は、徳川家康の孫であり幼い頃から政略結婚の犠牲になってきた悲劇のヒロイン千姫を演じた。豊臣一族が徳川家に城とともに滅ぼされる大坂夏の陣で、秀頼の妻であった千姫は、坂崎出羽守（山形勲）に救出される。家康が「千姫を救った者に姫を与える」と口走っていたせいで、出羽守は千姫を手に入れようとするが、彼女は断固拒否する。出羽守には領地を与え、千姫は本多平八郎へ嫁がせることに決めた家康の対処にも納得がいかない出羽守は、千姫の輿入れ行列に斬り込み、自害してしまう。彼の従者であった新六（菅原謙次）は、仇討ちのために千姫に近づくが二人は次第に惹かれ合ってゆく。真実を知った千姫は悲しみ尼になることを決意、恋と復讐の板挟みになり苦悩する新六は千姫の行列の前で自殺をとげるのであった。

『地獄門』との違いをあげるなら、『千姫』の京マチ子が異様な色気を帯びている点だろう。前者で彼女は貞淑で献身的な妻を演じたのに対して、後者の彼女は、中盤から遊興にふける場面がある。その乱れたときの色気は初期のヴァンプ役で見せていたものとはまるで違っている。豊満な肉体によって男を堕落させるのではなく、肉体をさらすことなくスクリーンに投影される身体の型によって色気を放っているのである。「国際派グランプリ女優」となった彼女の輸出映画にあっては、初期に売り物にしていた身体の運動の暴力性や強度は感じられない。『地獄門』と同じように、緩やかで繊細な動きが時間をかけて達成されるのである。

京マチ子の登場は、約三五秒かけてうつむきながら緩慢に廊下を歩行するだけのシーンであった。侍が中心になる戦や活劇の場面はカット割りが速く迫力があるのに対して、京マチ子のシーンはカット割りが少なく長回しが多用され、「のろい」発話、ゆったりとした身振り、舞台的な演出によって遅緩した映画的時間が印象づけられる。映画の終盤、彼女が尼寺へ向かう決意をした後、登場シーンと同じ構図で、まず廊下を歩くのに約五四秒、続いて通路を歩き輿へ向かって階段を降りるのに約四九秒の時間が使われている。さらにクライマックスの、菅原謙次が行列の前で愛を告白し息絶えるシーンでは、輿から彼のもとへゆっくりと歩いて近寄り、もとの場所へと引き返して涙するという動作を約一分二四秒もの時間をかけて固定カメラの長回しで撮影し、時間がゆっくりと体感される舞台的な演出となっている。この作品においても、『源氏物語』や『地獄門』と同じように、夥《おびただ》しい数の艶やかな衣裳、芸妓の余興の挿入、舞、チャンバラ、桜、切腹など、前近代の要素が盛り込まれ、京マチ子は最前線で〈日本〉を演じているのである。

4　日本の理想と西洋の欲望――『長崎の歌は忘れじ』と『八月十五夜の茶屋』

日米の和解の物語――『長崎の歌は忘れじ』

ここで少し違う視点から京マチ子というスター女優を眺めてみよう。すなわち、彼女が〈日本〉を引き受けて以来、西洋（アメリカ）との「関係性」が表象されている作品において、いかに彼女が映像テクストに埋め込まれているのかを考えてみたいのである。まずは日本側から作られた反戦映画で、どのように戦後の日米関係の理想が描かれているかを確認していこう。実際に広島で被爆した田坂具隆が闘病生活の間に構想し、自身で映画化した作品『長崎の歌は忘れじ』（一九五二年三月二七日）は、すでに前年にサンフランシスコ講和条約を調印し、日本が主権を回復する直前に公開されたフィルムである。

物語は、ハワイの捕虜収容所で瀕死の状態の日本人捕虜から未完の楽譜を託され、曲の完成を約束した米国の青年ヘンリー・グレイ（アーリントン・ロールマン）が、長崎の遺族を訪れるところからはじまる。京マチ子演じる佐伯綾子は原爆によって失明し、夫の帰還を信じて待ちながら生きている女性である。彼女の妹の桃子（久我美子）は、あるときグレイの奏でる未完の曲が、姉の夫の曲であり、すでに亡くなっていることを知るが、夫の帰りを心待ちにしている姉には切り出すことができない。グレイは綾子に会おうとするが、彼女はかつての敵国人である彼に心を閉ざし、かたくなに拒み続ける。やがて夫の死が知らされると彼女は生きる希望を失って死を決意するが、教会堂から完成された夫の曲が流れていることに気づく。グレイは彼女のためにその曲を奏でた。音楽のなかに夫が生きていることを悟った綾子は、強く生きる決心をする。日比谷公会堂で夫とグレイによって完成された合作音楽《心の真珠》が演奏される日、ステージ上には琴を弾く綾子の姿もあった。

この映画が公開された時点で、すでに京マチ子は『羅生門』でのグランプリ受賞を経て「国際派」の称号を手にしていた。彼女が日本を代表するのになんら違和感はともなわなかった。だが、この映画の想定された受け手は、売り方に「特に女性層を、狙って頂きます、これには甘い文案の活用」▼44とあり、監督が「一人でも多くの日本人に観て貰《もら》う事によって、日本人本来の心を取戻し、又、外国の人々には、日本人のこの気持を理解して貰えたらということが、私の切なる願いなのである」▼45と述べていることからもわかるように、主に日本人と日本に駐留するアメリカ人であろう。

したがって、ここでの京マチ子のパフォーマンスは、海外の映画祭のための輸出映画のように、緩慢な動きも見せず、ゆっくりとした発話もしない。かといって彼女のエロティックな肉体で売り出すような低俗な大衆映画でもない。「肉体派」でも「国際派」でもない戦争を題材としたシリアスな作品であるがゆえに、彼女の「個性」が奪われ「標準的」な女性像として演出されているのである。彼女の「失明」は、多かれ少なかれ何かを喪失し、未来が想像できなかった戦後の日本人が感情移入できるような女性でなければならなかったからで、そのような役柄に京マチ子らしさは必要ではなかった。だからこそ、この作品において、彼女は〈日本〉を演じることができたのである。大映宣伝部の発行したプレスシートには次のような文案が見られる。

日本の運命を背負う美貌の女性！　日本の希望を謳《うた》う情熱のアメリカ人！　民族を越えた大いなる人間愛が銀幕に炸裂する！▼46

いかにも非現実的な物語が展開されそうなキャッチコピーだが、「注意として、原爆の云々ということは避けて頂きます」という売り方からもわかるように、グロテスクな現実は覆い隠され、音楽が二つの国家を昇華させる理想主義に徹したフィクションである。端的にいえば、この映画は「アメリカ人が日本のことを知る映画」といえよう。この作品は、グレイが中盤で述べる「オクムラの音楽の完成のために日本をもっと知りたい」という意志によって支えられている。映画では、陶器に目を奪われるアメリカ人の作曲家グレイが日本茶でもてなされ、彼の耳には久我美子たちによる滝廉太郎の《花》の合唱が届けられて、画面は風鈴や琴などの日本的意匠をこらす。そして未完の曲を完成させるために日本を知りたいというグレイを連れ、桃子は美しい日本を周遊することになる。要するに他者としての西洋人が、日本文化を経験し、その美しさを味わい「理解」するのである。「美しいものは外国の人が見たって美しいんだよ」という綾子の叔父の言葉に表れているように、外部からやってきた米国青年は、その視線の先に美しい日本を「発見」するのだ。

こうしてきちんと理解されてこなかった極東の国は、戦勝国である占領の主体に、古き伝統の美しさを呈示する。最終的に物語では、日本の美を知ったアメリカ人が、日本人の未完の音楽を完成させ、その美しい音楽が、二人の芸術家の「和解」を導く。だが、占領末期の政治的状況からこの映画を観ると、音楽を媒体とした二人のこのやり取りは、より大きな問題へと接続される。「日本の運命を背負う美貌の女性」と文案に記されているように、ここで象徴的に描かれているのは、言語や国境を越えて美しい音楽が結びつける日本とアメリカである。次に日本とアメリカを代理する登場人物の対話とスクリーンへの配置を見てみよう。

ポスト占領期における政治的イメージ

小学校教員の野上（根上淳）は、戦災孤児となった子供たちを養っている。アメリカ人であるグレイは、彼のしていることに心を打たれて資金援助を申し出るが、野上はまだその資格がないという。この戦争でアメリカにも父や夫を亡くして悲しんでいる方がたくさんあるはずだ、まずその人たちを助けてあげてくださいと。「私たちにはまだあなたたちに助けていただく資格はない」という教師に対して、グレイは「ノー、そんなことはもうパストのことです」と述べる。だが、その教師は、他の「反戦映画」の加害責任の忘却とは異なり、その責任に自覚的に毅然とした態度で次のようにいう。「いや、私たち日本人の罪はまだ償われていません。私は自分の傷は自分の苦しみで治さなければならないと思うんです。〔笑って〕もしどうしてもダメなら、その時はお願いするかもしれません」。その手を取り「野上さん、戦争のことは忘れましょう」と繰り返すグレイ。彼は「本当に忘れたいと思います」と手を握り返して答える。

このやり取りこそ、占領から独立を経て、冷戦体制を構築する日米関係の理想を描いた隠喩と捉えられないだろうか。敗戦という歴史的トラウマに苦しむ日本人は、それから解放されるためにまず自分たちで立ち上がらなければならない。アメリカにとって日本の侵略、アメリカの原爆は、忘れるべき過去である。独立を回復した日本は、アメリカを中心とした資本主義国家の冷戦体制へと組み込まれなければならないからだ。ともに忘れて冷戦下における協力体制を構築しなければならない。戦後、日本は国防という援助を受けた状態で、アメリカに寄り添いながら経済成長をしてきた。まさにそれによって国際社会へと復帰し、存在感を示すことが可能になったのである。このような国家間の理想的関係は、クライマックスにいたる京マチ子とグレイの間でも視聴覚化される。

日本人が作ったその「未完の楽曲」は、祖国の日本人の手によってではなく、アメリカ人の作曲家によって「完成」されなければならなかった。綾子の夫が死を悟ってグレンに書き残した手紙には、「あなたの友情と才能によって完成していただけないでしょうか」と記されていた。夫の死を知った綾子は絶望して街を出てさまようが、教会でグレイが奏でていた亡き夫の音楽によって救済される。着物の綾子は音楽に導かれるままに教会のなかへと入ってゆく。それまでグレイを拒絶していた綾子は、演奏する彼の肩に背後から手をかけ、同じ方向を見上げるのである【図5-19】。そこで演奏するアメリカの作曲家と綾子、神父と妹の桃子の顔が繰り返しオーヴァーラップされる【図5-20】。この場面の前、グレンは綾子の妹の桃子に、完成した曲を演奏するにはどうしても綾子の琴が必要なのだと伝えている。だから綾

図5-19　同じ方向を見上げる日米の俳優

図5-20　重なり合う日米の俳優

子を迎えにきたのだと。

　最後に催される演奏会では、理想的な「日米の融合」が鮮やかに視聴覚化されている【図5-21】。この図像をまずは分析しておこう。指揮者として世界の中心に立ち、すべてを支配するのはアメリカ人男性であるグレイ、その人である。その正面に構えるのは西洋楽器をもつ人々――そのほとんどが男性で構成されている。そして指揮者の傍らに配置されるのが、京マチ子を中心とする日本の伝統楽器をもった女性たちである。こうした「融合」は、ヴァイオリンやチェロなどの西洋の楽器に、日本の伝統楽器である琴の音色が重ねられることによって「調和」する。冷戦体制の政治的イメージが最後の大団円に凝縮されているのがわかるだろう。

　敗戦によって国際社会から立ち遅れた日本にとって、占領末期からポスト占領期にかけての重要課題は、欧米の資本主義体制へと参入し、自らの存在価値を示すことであった。同時期に推進された永田雅一による東南アジア映画製作者連盟は、テヅカ・ヨシハルが指摘するように、「当時現れつつあった米ソ連冷戦構造を背景にして高まる共産主義の脅威に対する警戒心に駆られ、不安定な情勢にあったアジア映画産業を西側資本主義体制の影響化に包括するという政治的目的を持って設立された」[47]のである。こうしたコンテクストから製作された『長崎の歌は忘れじ』には、日米の関係性を描くにあたって、その理想が投影されている。プレスシートの宣伝文案に見られる「日本の運命を背負う美貌の女性」としての京マチ子は、文字通り〈日本〉を体現しながら、アメリカを代表するグレイとの関係性の摩擦をくぐり抜け、最終的に言語や国境、民族の壁を越えて、自らをアメリカの近傍に位置づけるのである。続いて演奏中の一連のショット構成を確認してみよう。

　それまで美しい調和を見せていた両者の音色と長回しのカメラは、演奏が盛り上がりを見せる中盤から指揮者に導かれながら、二つの世界を分節する。ほぼ全員が男性で構成された西洋楽器は力強く画面を埋めつくす迫力ある構図と音【図5-22】、日本の伝統楽器は全員が女性によって弾かれ、和楽器の音階と音色が強調されている。ここで彼女たちを映し出すカメラは、力強さというより俯瞰ショットによってしとやかさが【図5-23】、その後の横から狙ったショットでは綺麗に整列する繊細さが演出されている【図5-24】。切り返しのショットが何度も繰り返され、伝統楽器を弾く女性たちと迫真力をもつ西洋楽器の演奏者たちが対置されているのである。いったん二つの世界を分離させ、それぞれの個性を演出していたカメラは、やがて上空からパンして再び「調和」を捉え【図5-25】、やがてまた最初の構図へと回帰すると、最後の壮大な「融合」の大団円を映し出す【図5-26】。

四方田犬彦は映画と女優を分析した卓抜なオリエンタリズム論で、西洋人の映像に前近代の因習に満ちた日本が登場する初期段階、西洋のフィルムの男性性に基づくまなざしに日本女性の美が浮かび上がり積極的に描かれる第二段階、それに続く第三段階に「逆立段階」を見出している。それが、一方的にオリエンタリズムの対象とされてきた日本の側に心理的倒錯が生じ、西洋を圧倒的な男性性の

図5-21　視聴覚化される「日米の融合」

図5-22　男性による力強い西洋楽器

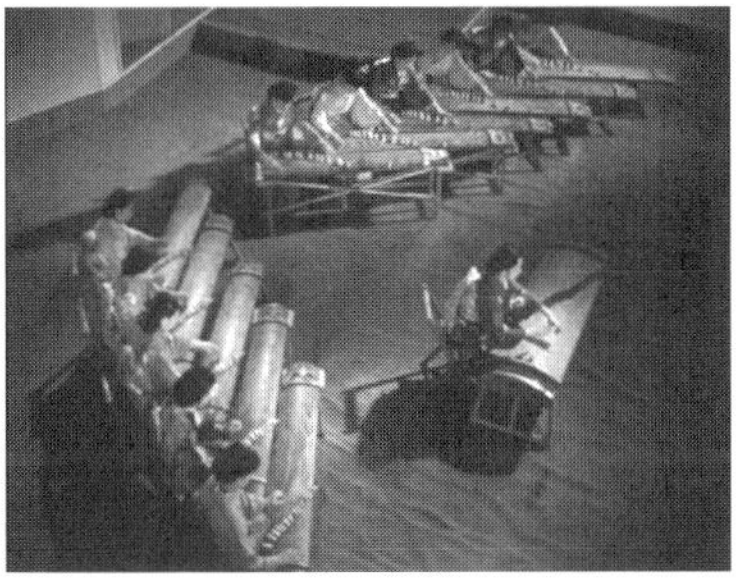
図5-23　しとやかな日本女性の伝統楽器

図5-24　繊細さを表象する日本女性

図5-25　「調和」を演出するカメラの運動

図5-26　大円団の「日米の融合」

もとに了解した日本が自らを女性として表象するという事態である。[48]『長崎の歌は忘れじ』は、まさにこうした段階にあり、琴を奏でる美しい京マチ子によって〈日本〉を女性化し、アメリカ人男性の近傍へと配置している。指揮者である〈アメリカ〉を中心として、音楽によって達成された日米の「和解」と「融合」の理想的イメージがラストシーンに焼きついているのである。失明した綾子の目をなんとか治してあげたいと切実に語るアメリカ人グレイの言葉、独立を目前とした日本に、これほど的確な言葉はあるだろうか。

『八月十五夜の茶屋』のなかの〈日本〉

『八月十五夜の茶屋』（ダニエル・マン、［一九五六］一九五七年）も『長崎の歌は忘れじ』と同じく「アメリカ人が日本のことを知る映画」である。終戦直後の沖縄を舞台に、民主主義を教化しにやってきたアメリカ軍人が、現地の村民たちとコミュニケーションを交わし、未知なる東洋の文化に触れ、幸福になって帰っていく。『長崎の歌は忘れじ』との大きな違いは製作国が日本ではなくアメリカであり、主要な観客もアメリカ人と想定されている点だ。つまり、映画には日本人にとってではなく、アメリカ人にとっての〈日本〉が描かれている。『長崎の歌は忘れじ』には日本の理想が投影されていたのに対して、『八月十五夜の茶屋』にはアメリカの見たいものが投影されているのである。こういう視点から、京マチ子がいかにテクストに埋め込まれているのかを見ていこう。

まず作品の概要について確認しておくと、もともと原作は軍人として沖縄に滞在経験をもつヴァーン・スナイダーが一九五一年に出版した小説である。ジョン・パトリックによって戯曲化された同作はブロードウェイでロングランを記録、ピュリッツァー賞とトニー賞を受賞した。満を持して映画化されたのは一九五六年、同じくジョン・パトリックによって脚色されることになる。一流のスター俳優であったマーロン・ブランドやグレン・フォード、国際的に知名度の高かった京マチ子が共演し、映画も大ヒットした。

沖縄民謡で映画がはじまると、タイトル・バックに重なるように襖《ふすま》が何度か開かれ、マーロン・ブランド扮する沖縄人サキニが登場する。彼によれば、沖縄の歴史は征服者たちの歴史、中国の海賊、西洋の宣教師、日本の将軍、アメリカの海兵隊、文化は求めずとも勝手に向こうからやってきた国。サキニはにこやかな表情でまっすぐにカメラを見つめ、いくつかの挿話をこちら側に語りかける。隣人を信用している沖縄では戸に鍵をかけないが、アメリカは鍵が一大産業となり、不信感が金儲けの種になっている。あるいは、沖縄では、公衆浴場では裸の女性と一緒だがヌード写真は不道徳とされ、アメリカでは公園の裸婦像はよくとも公園の丸裸の女性は罪が科せられる云々。こうして、スクリーンを通して「民主主義を吸収していった過程の話」が沖縄人であるサキニによって（アメリカ人）観客に紹介される。

沖縄地区の占領政策の指揮をとるパーディー大佐（ポール・フォード）のもとに色々な部隊を転々として赴任してきたフィズビィ大尉（グレン・フォード）は、大佐の命令で通訳のサキニを連れてトビキ村に向かう。民主主義の浸透と沖縄復興という目的のなか、フィズビィに与えられた使命は学校の建設であった。はじめは現地の人々とのコミュニケーションや文化の違いに戸惑うものの、彼は次第に沖縄文化に溶け込んでいく。贈物のなかには一流の美しい芸者であるロータス・ブロッサム（京マチ子）もあり、彼女はフィズビィ大尉を気に入ってついて回るが、「ゲイシャ」を売春婦と勘違いしていた真面目な彼は逃げ回る。やがてその何たるかを知った彼は「民主主義婦人連盟」の女性たちのために、ロータスにゲイシャの手ほどきを頼む。村人は「民主主義」を武器に多数決で茶屋の建設を彼に要望、フィズビィは学校建設のために本部から送られた資材を茶屋建設に使い、資金調達のために酒の製造を発案して村に産業を興してしまう。異常を察知したパーディー大佐は、精神科医のマクリーン大尉（エディ・アルバート）を派遣するが、園芸マニアのマクリーンもフィズビィに同調し、現地にすっかり溶け込んでしまう始末であった。パーディー大佐は怒って酒の製造所や茶屋を解体させるが、そのときトビキ村が復興計画のモデル村として選ばれたことを知る。本国から視察がすぐに来るとの報を受けた大佐は狼狽するが、村人たちの計らいで酒の蒸留器は守られ、茶屋も壊さず解体して隠していたことが明らかになる。茶屋はすぐさま再建され、物語はハッピーエンドを迎える。

この作品は、「変わり者」のキャラクターたちがトビキ村に産業を興し、茶屋を建設してしまうスクリューボール・コメディである。この映画で重要な役割を担っているのは、実は沖縄地区の占領政策を指揮しているパーディー大佐だ。なぜなら、この人物の「常識」的な存在によって「変わり者」（スクリューボール）としての主人公たちの滑稽さが際立っているからである。だが、それまで占領の地に美を見出すことのなかった彼が、最終的に東洋の神秘に魅せられることでフィナーレを迎える。このオリエンタリズムに満ちたフィルムに最大の賛辞が送られるとすれば、それは京マチ子のもつ喜

図5-27　マーロン・ブランドの沖縄人
『八月十五夜の茶屋』
（ダニエル・マン、1956、MGM）

劇女優としての要素を抽出し、鮮やかに演出していることだろう。彼女は日本映画ではおよそ呈示しえなかった滑稽な喜劇性を、ハリウッド・スターとの共演で存分に見せているのだ。

だが、歴史的なまなざしからこのフィルムを観ると、地域や民族によって明らかに異なる受容をしていたことが予想される。沖縄が徹底的に未開の地として表象されていることに、当時の日本人や沖縄人は違和感をもったに違いあるまい。沖縄人がトビキ村に赴任してきたフィズビィへの贈物として差し出すのは、コオロギの虫かごやカメの卵などである。むろん、こうした装置が文明化されたアメリカという国を相対化するにしても、フィルムにおける「沖縄」はあまりにステレオタイプに満ちているといえよう。そもそも沖縄人を演じるマーロン・ブランドが、厚塗りのメーキャップに目を吊り上げた「イエロー・フェイス」で登場する時点で、日本人観客にとって滑稽かつ不自然きわまりない「沖縄人」として映るだろう【図5-27】。

映画の前半は、アメリカと沖縄を通訳によって媒介するサキニを含めた占領の主体であるアメリカ軍人たちが個人として描かれ、沖縄の人々は、西部劇において未開を引き受けるネイティヴ・アメリカンさながら、ほとんどが「群衆」として表象されている。彼らは法と秩序をもたらし文明化させるアメリカ人にとって「害悪」でしかない。贈物として女性が贈与されるということ自体、驚くべきことだが、アメリカ人にのぼせ上がった彼女の執拗な世話焼きはフィズビィにとって「災い」でしかなく、彼女の身振りはアメリカ人観客にとって理解不能な「異国の他者」であり、そのミステリアスで奇妙な振る舞いがフィルムに喜劇的要素を持ち込んでいる。

その後、京マチ子とフィズビィは一時的にロマンスを演じることになるが、この時代のアメリカと日本の異性愛が成就することはほとんどなく、同作でも最終的に結ばれることはない。[49] 小説では、「ゲイシャ」とセイコ青年の恋愛関係が描かれ、フィズビィは仲人として現地人同士の恋愛を観察し、応援する役割になっているが、映画における「ゲイシャ」は、彼女に夢中になるセイコ（根上淳）には目もくれず、アメリカ人と「ゲイシャ」との恋物語が焦点化されている。[50] すなわち、原作で民族を超えた平行線の関係は、よりグローバルな観客を想定した映画化に際し、交差する関係へと書き換えられているのだ。だが、それ以上に重要なのは、いかに京マチ子がこの映画で〈日本〉をまとっているかであろう。次に、小説から翻案されるにあたって、彼女のキャラクターがいかに改変されているのかを確認していこう。

沖縄（ジュリ）から日本（ゲイシャ）へ

小説と映画の違いを分析した名嘉山リサによれば、実際に沖縄にいたのは、芸者とは芸風も出で立《いでたち》ちも異なる「ジュリ（尾類）」であり、一九四五年に沖縄復興を担った当事者であったスナイダーがモデルとしたのは、上原栄子という辻遊郭の「ジュリ」であった。小説ではファースト・フラワーとロータス・ブロッサムという二人の芸者が登場するが、琉装の髪結い、沖縄語での発話、沖縄の代表的な弦楽器である三線（蛇皮線）を弾き、琉球舞踊を教える彼女たちは、間違いなくスナイダーが異国で魅了された「ジュリ」である（ただし、読者にわかりやすくするためか小説では「ジュリ」ではなく「Geisha」が使用されている）。だが、映画でフィズビィを癒すために京マチ子によって奏でられるのは、三線ではなく琴による《さくらさくら》だ。

あるいは、茶屋の開店祝いに京マチ子が日本舞踊を披露するシーンがある。その場面には確かに沖縄の琉球舞踊が挿入されているが、ほとんど動かないカメラ、子供たちが加わった踊りと子役による歌によって沖縄は「子供」として表象されている。何よりその直後、〈沖縄〉を体現する彼女たちが襖を開き、大人の女としてメインの舞台で舞う京マチ子が紹介されるための前座的な位置づけからも、明らかに日本舞踊の日本的な要素によって、沖縄的なものが覆い隠されているのがわかる。▼51 このシーンにおける京マチ子の日本舞踊の持続時間やカット割り、あるいはカメラの運動を比べてみても、沖縄と日本の比重は明らかだ。むろん、端役の踊りよりもスターをより魅力的に描写するのは当然だが、その効果として〈沖縄〉は抹消されてしまうのである。オープニングが沖縄の音楽から日本の伝統箏曲《さくらさくら》に取って代わられたように、この場面でも京マチ子の日本的な身振りによって〈沖縄〉が消し去られている。

こうした議論の要は、沖縄の「ゲイシャ」を演じるはずの京マチ子の芸が、まったく沖縄の芸能ではないという点に集約される。日本のことも正確に知ることのなかった西洋のまなざしにとって、沖縄という土着的リアリティは取るに足りないものだったのだろう。京マチ子のパフォーマンスが担うのは当時の琉球文化というより、京都の芸者文化に他ならず、オリエンタリズムのターゲットにされた沖縄の「ジュリ」は小説から戯曲、戯曲から映画へと翻案されるにあたって「日本の芸者」へと抽象化されているのだ。米国で製作されたスクリーン上には、沖縄の土着的な要素をそぎ落とし、リアリティとはほど遠い抽象化された想像上のイメージとしての〈日本〉の「ゲイシャ」が形づくられている。まさにここで描かれているのは、西洋にとっての欲望の対象としてのオリエンタルな女でしかなく、そこから沖縄文化のアイデンティティ、沖縄を具現化するはずの土着性はきれいさっぱりとぬぐい去られているのである。アメリカにとって、本土と沖縄の違いはどうでもよく、「日本的」であればよかったのだ。

復元された茶屋を見たパーディ大佐は、目を輝かせて「東洋の神秘とはこのことだ」と感嘆する。カメラは切り返しショットで沖縄文化と京都の芸者文化が融合した〈日本〉【図5-28】、媒介者としての

図5-28　抽象化される〈日本〉

図5-29　切り返される〈アメリカ〉のまなざし
以上2点『八月十五夜の茶屋』
（ダニエル・マン、1956、MGM）

サキニを含めた〈アメリカ〉を分離して映す【図5-29】。彼らの目に映るのは、歴史的客観性をもつ沖縄の風景ではない。そこにはアメリカが見たいもの、極東のエキゾチックな桃源郷が投影されている。この映像テクストには、中心／周縁の境界線がアメリカと日本だけでなく、日本と沖縄の間にも暗に引かれ、階層化されているのである。

フィルムの冒頭では〈沖縄〉を体現しようとしたマーロン・ブランドが、沖縄の子供たちと一緒に戯れていた。貧しい風貌で表象され屈託のない顔で微笑む〈沖縄〉は、アメリカにとっての子供であり、〈日本〉は魅惑的な異国の女性と化す。アメリカ側が投げかけた視線とは、自らを「文明」として男性化し、沖縄をオリエンタルな意匠によって女性化・子供化した一方的なまなざしに他ならない。

5　京マチ子の言説変容——重厚感と格調

プレスシートにおける言説

京マチ子が『雨月物語』で演じる幽霊は、その美貌によって森雅之を堕落させる「ヴァンプ」である。だが、このフィルムで表象されている妖艶さは、それまでの彼女のヴァンプ・イメージとはまったく異なっている。まず肉体によって男を魅惑していない点、そして階層と時代が違う点である。現代劇の彼女はアプレ役やレビュー劇場の踊り子といったように、歓楽街（特に浅草）に結びつけられることが多かった。だが『源氏物語』、『雨月物語』、『地獄門』、『春琴物語』、『千姫』、『楊貴妃』といった一連の輸出映画で彼女が体現するのは、主に中世や近世の身分の高い古典的な女性である。現代劇から時代劇へ、その移行にともない彼女が獲得していくのが「格調」であり、そこでは肉体を露出しながら男を魅了するのではなく、肉体は着物によって覆い隠されている。また、過剰な肉体の運動は影を潜め、ゆっくりと動かされる京マチ子の肢体には、重厚感がともなうと同時にゆったりとした時間が流れているのが特徴だ。

ここで改めて原節子の「純潔」とは対照的に、常に京マチ子のイメージに付きまとっていた言葉、すなわち、京マチ子の肉体をプロモートする「エロティシズム」に注目してみよう。初期の彼女の肉体が意味していた「エロティシズム」は、彼女が「国際派グランプリ女優」になるにつれて異なる意味へと変質していった。たとえばデビューして間もない『花くらべ狸御殿』の「裸女乱舞するロマンとエロチズム」（文案）、『偽れる盛装』であれば、「京マチ子の発揮するエロッポイ雰囲気は、文案に示す如くとことんまで表面に押し出して謳《うた》って頂きます」（売り方）、文案には「豊満な肉体を惜し気もなく投げ出す京マチ子のアプレ女性！」と記載されている。典型的なヴァンプ映画の『牝犬』の宣伝ポイントには「ヒロイン、京マチ子の強烈な魅力を百％生かした愛欲版として大いに売って下さい」、宣伝文案には「妖しい体臭に群《むらが》る男、男、男！　あざ笑う女の肉体！」等の言葉が並べられ、さらけ出された肉体のエロティシズムを売り出している。すでに確認したように、ここで想定されている観客は、日本の大衆であり、彼女の肉体は世俗的なカストリ文化へと結びつけられていた。

このようなプロモーションは『羅生門』のグランプリ受賞の報告以降、大きく方向を変えていくが、プレスシートを通時的に見ていくと、映画を宣伝する製作者たちの実践が浮かび上がってくる。[▼52] 一九五四年の『春琴物語』のプレスシートの売り方には「単なる芸道ものの線は絶対にさける」と記載され、宣伝の文案では「匂うが如く気品高きエロチシズム」という言葉が使われている。『或る女』（豊田四郎、一九五四年）では、「内容を割《わり》ますと、エロ物に割り切られる恐れがありますので、これは避けて、上品なエロティシズムで売ります」（売り方）、『踊子』（清水宏、一九五七年）では「なんといってもエロチシズムが売りものでありますが、赤本的な安っぽい感じを与えては失敗です」（宣伝ポイント）と記されている。その後の『夜の鬪魚』（田中重雄、一九五九年）における「京、山本の争いに焦点を合わせて、近代文芸大作という格調と厚みを持たして売っていただきます」（宣伝ポイント）や『顔』（島耕二、一九六〇年）の「大作感を盛り上げ、格調高く売っていただきます」（宣伝ポイント）というプロモーションからも、いかに宣伝部が彼女の出演作品を懸命に「格調」をともなった映画として売り出そうとしているかがわかる。

初期に見られた低俗なエロではなく、気品高きエロティシズム。彼女が主演する作品に対する「格調」という価値づけは、何も輸出映画だけにとどまらない。ヴァンプ映画であり、同じ木村恵吾によって撮られた一九五一年の『牝犬』の宣伝ポイントとしてあげられた「京マチ子の強烈な魅力を百%生かした愛欲版として大いに売って下さい」と一九六〇年の『お伝地獄』の宣伝ポイントの「単なる毒婦の愛欲物とせず、女が倖《しあわ》せを求めて苦悩する悲痛な叫びを正面に押し出して売っていただきます」という言説変容も彼女の変遷を物語っているだろう。「国際派グランプリ女優」としての京マチ子の「エロス」が、「低俗」にならないように言説によって厳密に構築されているのだ。改めて、低俗から格調へと変質する京マチ子の言説構成をまとめてみよう。

『羅生門』の受賞以降の京マチ子にまず認められるのは、通俗的ではなくなっていく過程である。同時代の資料を見れば、彼女の肉体がカストリ的な消費の対象としての「低俗」なものではなく、いかに気品高く「高級」なものであるかを売り出す製作者や宣伝部の実践が見出される。デビュー当時におけるカストリ文化に照準した「低俗」なバタくさいエロスは、『羅生門』のグランプリ受賞の報告を経て、高級な「芸術」としてのエロティシズムへと変質していったのである。彼女をプロモートする言説は「格調」に取って代わられ、エロティシズムの意味内容も占領期的なものとは乖離していった。だが、彼女の身体が「格調」や「重厚感」を帯びていくのには、彼女の国際的評価だけではなく、大映の経営戦略も大きく関連している。

映画研究者の河野真理江がいうように、一九五四年の『君の名は』の大ヒットを契機として、それ以降、メロドラマ映画のブームが到来するが、他社が一九三〇年代のモダンなメロドラマを再映画化していたのに対して、大映はより古典的な作品を中心に扱い、永田雅一の海外進出への野望と強く結びついていた。[53]この時期、女性観客をターゲットとした「文芸メロドラマ」が盛んに製作されていたが、大映が京マチ子を主演に製作した作品は、偉大な文豪の小説を原作とした安っぽくない文芸路線を突き進もうとしていたのである。したがって、その宣伝資料に一貫して見られるのは、偉大な作家の原作と巨匠監督のネームバリューで「文芸巨篇」としての風格を印象づけ、内容の解説は難解な印象を与えないようにして売るという手法である。この時期の大映の作品には、国際的に価値の高い京マチ子というペルソナが必要不可欠であった。川端康成、谷崎潤一郎、有島武郎、永井荷風などを原作とした大映の「文芸女性映画」路線と京マチ子の国際的評価が同時並行的に重なり合い、互いに映画の格調を高めていたのである。こうした言説に取り囲まれながら、京マチ子の身体は「格調」と「重厚感」を獲得していった。

京マチ子のペルソナ

京マチ子が「肉体女優」として映画界に進出し、スターダムにのぼりつめたとき、彼女を古風で貞淑な女性とする観客は皆無であった。そこでは、肉体、脚、レビューダンサー、アプレ、パンパン、そういった言葉が彼女のペルソナを意味づけていた。だが、第三章で確認したように、彼女を売り出す大映のプロモーションは、「肉体女優」として売られていた当初から、一貫して彼女の清純なペルソナを映画以外のメディアの言説によって構築していた。それに彼女が自覚的であったかは定かではないが、明らかに古風でしとやかな女性として彼女を価値づけする言説と、京マチ子自身の自己呈示は一致していた。すなわち、彼女は、過激な役を演じつつもしとやかな日本女性のイメージを映画外部の雑誌で構築してきたのであった。

したがって、過剰なパフォーマンスで「肉体派ヴァンプ女優」時代を築いた京マチ子が、『羅生門』以降、オリエンタリズムを内面化しながら世界へ向けた「芸術映画」において積極的に封建的な女性の古典美を演じていく姿が、ヴァンプ・イメージと反転していたとしても、違和感なく受け止められたし、むしろ、「リアリティ」すら感じられたのである。なぜなら、すでに確認したように大衆にとっての京マチ子のペルソナは、スクリーンにおける過剰でエロティックな戦後派アプレではなく、雑誌メディアにおけるしとやかなアヴァンの清楚な女性として受容され、読者にとってはそれこそが「真実の姿」であったからだ。

こうしたペルソナが〈理想化の時代〉において、なぜ必要とされたのだろうか。敗戦の貧困と混乱からようやく復帰していく時代の京マチ子がいかに大衆のまなざしを受け止めていたのかを捉える上で、オリエンタリズムという欲望の論理を正確に理解する必要がある。オリエンタリズムとは一般的に、不気味なもの、異質な他者としての東洋〔オリエント〕の世界に興味を抱き、西洋的な言説の内部で表象する植民地主義的な思考体系とされ、エドワード・サイード以来、厳しい批判の対象にされてきた西洋中心主義的なまなざしである。すでに見てきたように、『源氏物語』、『雨月物語』、『地獄門』、『楊貴妃』といった超大作において、大映は、外部のまなざしを意識して京マチ子の封建的な古典美を、西洋のオリエンタリズムのまなざしへと照準し、〈日本〉を演出していった。

オリエンタリズムを内包する物語において、しばしば西洋は男性に、東洋は女性になぞらえられ、前者によって後者の美が見出される。西洋圏の内部に回収できない「異質な他者」としての魅惑は、西洋の男性性によるまなざしのもとに構築され、最終的にその支配に組み込まれてしまう。ドイツ人監督によって発見され、その瞳に映された〈日本〉を体現した『新しき土』（アーノルド・ファンク、一九三七年）の原節子、戦後の『東京暗黒街・竹の家』（サミュエル・フラー、一九五五年）の山口淑子（李香蘭）、『八月十五夜の茶屋』の「ゲイシャ・ガール」としての京マチ子も同様の権力構造のもとにテクストに埋め込まれている。

だが、問題なのは、こうしたオリエンタリズムのまなざしを、受け手側が内面化してしまう次元である。このとき、非西洋は、近代化や覇権の回復の欲望によって、オリエンタリズムのまなざしを自ら引き受け、「異質な他者」としての「東洋」を演じはじめてしまう。占領末期の『羅生門』の快挙から、『雨月物語』、『地獄門』の作り手たちの活動や受け手の言説に一貫して見られるのは、まさしくこうした振る舞いである。それは何も映像テクストのみにとどまらない。『雨月物語』を出品しヴェネツィア国際映画祭に赴《おもむ》いた日本の代表者たちは次のように描写されている。

> 八月二十日の映画祭第一夜は、日本代表団が注目の焦点となった。キモノの効果と言えるかもしれない。田中絹代さんが「雨月物語」のコスチュームをモデルに現代化したすばらしい衣裳で、とても若々しく新鮮な魅力だったし、三益愛子さんはお振袖で美しく、田中さんの白を基調とした色彩に対して、温かく軟かい黄を基調のお振袖が見事に映え合った。［……］ともかくこのキモノで、エクセルシオル・パラスから三軒ほど先《さき》のシネマ・パラスまでパレードした。入場すると拍手と嘆称の声が起った。まずちょっとした宣伝効果は充分。▼54

彼らが西洋の視線に効果的に映るように〈日本〉を演出しているのがわかるだろう。歴史的トラウマを負い、自信を喪失した日本人にとって、日本映画の海外進出は国際社会へ存在感を発揮するための自己呈示の大きな居場所を提供し、そこで最も脚光を浴びていたのが京マチ子というスター女優であった。彼女の身体イメージは、欧米の美の規範に抵抗できるような「トランスナショナル」な場を志向するまなざしと、戦前の日本的な美の規範を欲望するローカルな場に向かうまなざしが交差していた。時代劇において個性を発揮する京マチ子の「古典美」は、ファッションが西洋化し、再び「時代劇」が撮られはじめた一九五〇年代において、忘却されつつある戦前の日本の「伝統」や「古さ」を想起させる。それはまさに民主主義を体現していた原節子が小津映画によって伝統的な女性像へと回収されてゆく流れとも一致している。外部へと拡張しながら欧米の美に抵抗すると同時に、内部へと縮減しながら封建的な女性の美を回顧する独特なスターペルソナをもつ京マチ子がいかなる言説を構成していたのか。

津村秀夫は「京マチ子の日本女優としての肉体の立派さは有数であり、容貌もモダアンな魅力と生気があり、その性的魅力はアメリカ人にも好まれるらしい」[55]と書いている。こうした語りは批評家だけではない。一般観客の男性も次のように述べている。

コスチュウムプレイが多いが、彼女の顔だちだけで、そこから生れてくる古典の雰囲気というか、香気が感じられるのであるから立派なものである。外国人が京マチ子をみた場合、彼女の美しさはエキゾチックであり、特異な個性に心を惹かれるのであろう。国際性の乏しさが問題にされる日本のスタアの中にあって、珍しく世界の人々にアッピールする。[56]

京マチ子の存在がいかに重要な役割を担っていたかがわかるだろう。ある女性ファンは「イタリアの名花ジーナ・ロロブリジーダ（悪魔をやっつけろ、外人部隊）やカリフォルニアの山との評判高いジェーン・ラッセル（フランス航路、腰抜け二挺拳銃）のように私生活はまことにもって真面目」と京マチ子を欧米のスターと比較し、「あらゆる角度からみて、東洋一の女優になりうる素質を持たれた京さん」▼57と述べている。こうした古典的なものと現代的なものを両義的に感じさせる京マチ子のペルソナには、すでに言及したように、雑誌メディアにおける「古風」なパーソナリティ構築も大きく関与している。

このような語りが対照化しているのは、西洋に対する東洋の象徴としての京マチ子の存在である。戦後日本人の視線は、いったん欧米のスターの身体を経由して、日本の女優を価値づけしていることがわかる。したがって戦後の日本人と彼女のイメージの関係を考えるならば、京マチ子の肉体を媒介にしたアメリカへのまなざしや、戦後の観客が歴史的トラウマにいかに向き合ったのかが考察されなければならない。

彼女のスターイメージは、国際映画祭での受賞とともに、より大きなコンテクストで日本人の欲望を引き受けることになった。溝口健二にはまったくそぐわない、中国の宮廷を舞台にしたメロドラマ映画『楊貴妃』（一九五五年）は、大映と香港のショウ・ブラザーズとの提携作品であり、輸出用映画を目指した永田雅一がグランプリ女優とヴェネツィア国際映画祭の銀獅子賞監督を組ませた映画であった。香港が出資しているものの製作のほとんどは大映によるものであり、実質的に日本がプロデュースした映画と考えていい。国際都市上海を舞台に血も立場も日本と中国の間で引き裂かれた李秀蘭という女スパイを演じる『黒豹』（田中重雄、一九五三年）から『楊貴妃』への流れは「東洋」をまとい、「アジア」統一の幻想を夢見る過程であったかもしれない。だが、このようなフィルムは、立ち位置の曖昧さや、対象とする観客層が不明確なことから失敗に終わったといえる。彼女が日本人観客にとって「東洋」を象徴しているかのように思えたのは、やはり西洋の視覚に向けて製作された「芸

「ピラミッド」と、二十二億円の「トロイのヘレン」を製作した。「ピラミッド」は五千年前、エルキザにピラミッドを建設した第四王朝のチェオップス大王の史実を映画化したもので、製作、演出はハワード・ホークス監督。エキス

ス、オーストリア、ソ連、ギリシア、トルコ、ハンガリア、アルメニア、エジプト、スーダン、オランダと十九カ国にわたり、エジプト、トウラーでの石切場の一場面だけでも九千七百八十七人のエキストラを動員した。「トロイのヘ

なった巨大な木馬は、中に二十五人から四十人が入れる大きさに作られ、小道具では一万四千本のヤリと長さ五フィート半の弓三百、剣八百が使われた。

京マチ子と来日するミス・パリ

先月下旬日本を発ってヴェニス映画祭に出席した京マチ子は、その

パーティーで、ミス・パリ、マネキ

図5-30　『読売新聞』1955年9月30日夕刊

キャロルと京マチ子

パリの約束を果した一夜

娯楽

心から打ちとけて語り合うマルティーヌ・キャロル㊧と京マチ子

タヤミの落ちはじめたきのう六時半ごろ帝国ホテルの一室で約九月ぶり親しく手をとりあっている二人の国際女優がいた。来日中のマルティーヌ・キャロルと京マチ子である。

二人の友情が生れたのは去年の九月なかば、ヴェニスの映画祭に出席した京がアメリカにまわる途中パリを訪れて、[illegible]撮影所の見学に出掛けたときからだ。スタジオで会った二人は言葉もちがい、国籍をかえても同じ芸に悩む人間としての気持は人一倍通じあえた。お互に"肉体女優"といったレッテルは持ちながら、素朴さと誠実味が身上の女優。親しく話しあっただけでなく、こんど日本を訪れたときは必ず会いましょうという約束をとりかわした。来日したキャロルは夫君クリスチャン・ジャック監督の試写関係者との用事もあって関西方面をとび歩き、東京に舞いもどったのが一昨五日夕、落ちつくひまもなくパーティーやらいろいろな会合に引っぱり回されていた。その間も京と連絡をとり、世田谷の成城にある京宅に訪問する段取りを工夫していたが京はきょう七日夜「八月十五夜の茶屋」の撮影のため羽田を発ってハリウッドへ向かうとあって、スケジュールがいっぱい。もっとも妥当な方法として京が帝国ホテルを訪問することになったわけ。

ホテルの部屋にふみこんだとたん、キャロルは京のからだにとびつき両ホオに接吻した。懐しさを体いっぱいに現わした熱っぽさ。

「成城のあなたのお宅にうかがって、あなたの部屋を見、あなたのテーブルで食事が出来なくて残念ですが、それはのちの日のこととして」とキャロル。

「この前お会いしたときよりお顔がちがうような感じなのだけど、おやせになったのではないでしょうか」と京。顔の印象がちがうのは髪の毛を脱色して金髪の色を鮮やかにしたから。しかし五日ごとに脱色しなければならず手がかかるなど、気心のあった会話のやりとり。キャロルも九日羽田を発つから、ハリウッドで会えることやそのあとパリで一緒に仕事しましょうといった話が果てるともない。

京が贈ったキキョウ模様のロの着物をキャロルが羽織ると、二人は抱きあって喜びをわかちあった。

図5-31　『読売新聞』1956年6月7日夕刊

術映画」であったからだ。

デビュー当時、『痴人の愛』の映画評（『読売新聞』一九四九年一〇月二二日付）は「谷崎潤一郎とは縁遠い「痴人の愛」カストリ文化版」で「ハダカ・ショウ程度の美味」と揶揄していたが、着物を羽織る時代劇映画が次々と賞を受賞し、彼女がただの「肉体派女優」から「国際派女優」として世界で評価されていくのと並行し、彼女の「古典美」は事後的に発見されていった。オリエンタリズムのまなざしを受ける時代劇映画やその色彩の欧米での評価は、敗戦のトラウマを負う日本人が、国際的な場

日米二人の美人女優
娯楽

メトロ映画「八月十五夜の茶屋」のためハリウッドに行っていた京マチ子は十五日朝帰国した。「羅生門」「地獄門」などで好演した女優とあって撮影所では大変な人気が集まり「レイントリ・カウンティ」に出演中のエリザベス・テイラーやモンゴメリイ・クリフトらも彼女と歓談、また「八月十五夜の茶屋」で共演しているマーロン・ブランドも、しきりと彼女のキモノ姿をカメラにおさめた。【写真はテイラーと京マチ子】（INP）

図5-32　『読売新聞』1956年8月14日夕刊

に再び回帰する欲望と密接な関係を結んでいったのである。当時の新聞はこぞって、国際的なスター女優と「対等」で「親密」な京マチ子の姿を写真に収めて紹介している【図5-30〜5-32】。「肉体派ヴァンプ女優」時代にあって、彼女がさらす肉体はもっぱら男性観客の欲望の対象であったが、国際的評価を獲得するにつれ、ある女性ファンが一九五四年に「京マチ子さんには男性はもとより私たち女性の眼にも一種の美しさや親しさというものを感じます[58]」と述べるように、女性観客や海外の観客の欲望を取り込んでいった。さまざまなまなざしが重層化する京マチ子の身体イメージを取り巻く言説には、グローバルな文脈に京マチ子の身体を位置づけようとして日本の外部へ押し出そうとする欲望と、伝統美やしとやかさを称揚しながら彼女の属性をローカルな古都に引き戻そうとする力が混在している。まさしくナショナリズムとオリエンタリズムが交錯する結節点に京マチ子の身体イメージがあったのである。この複雑な様相こそ敗戦後の混乱した時代と錯綜する欲望を表しているといえよう。

第六章　ポスト占領期における〈屈服〉——原節子の〈超越的身体〉

1　喪われた伝統美——『晩春』の原節子

ポスト占領期的欲望

女性解放の担い手として戦後民主主義を体現した原節子のペルソナは、一九四九年に小津安二郎の映画に出演してから、アメリカの冷戦的イデオロギーと国家の父権的イデオロギーが交差する〈場〉として機能するようになり、過去の喪われた美をスクリーンに仮構していく。メルクマールとしての一九四九年は、彼女が女優としての評価を確立したと同時に、それまでとは異なるポスト占領期的欲望とでもいうべきイメージを引き受ける転換点としても位置づけられる。小津安二郎の『晩春』（一九四九年）を契機とし、「教育映画」である吉村廉の『白雪先生と子供たち』（一九五〇年）、そして成瀬巳喜男の『めし』（一九五一年）にいたるまでの一連の原節子は、敗戦から一九四九年まで彼女が引き受けた戦後民主主義の欲望とは異なるナショナリズムをその身体で体現しはじめるのだ。

そのような転換が小津映画だけに許された特権ではないことは、たとえば『晩春』の直前に公開された占領期の民主主義映画の代表作『青い山脈』（一九四九年）と、その翌年に公開された『白雪先生と子供たち』を比較することによっても確かめることができる。戦前の家父長的思想や規範を破壊しようとしていた前者とは対照的に、後者からは、戦前の規範を受け入れてしまった原節子の変質が見出されるからだ。

あるいは林芙美子の未完の小説『めし』に製作者たちが付けた結末で、原節子がいかに家族共同体へと帰還するのかという説話的展開によっても、確実に敗戦後とは異質な原節子のイメージを確認することができる。この翻案映画には成瀬巳喜男によってポスト占領期へと向かう男性国家の理想が表象されているのだ。占領期の理想とは反転するイメージを呈示することのような原節子は、間違いなく小津的なパラダイムに属している。一連の映画から見えてくるのは、国民的スター女優としての原節子のイメージが、男性の映像作家たちにいかに利用されていたか、あるいは敗戦という歴史的トラウマを日本人がいかに乗り越え、忘却しようとしたのかというポスト占領期的な欲望である。

一九四九年以降の一連の作品群において、もはや女性を解放へと導く民主主義の女神としての原節子は存在していない。本章では、原節子が、どのように映像テクストに埋め込まれ、封建的で家父長的なイデオロギーに〈屈伏〉していったのかを明らかにしていく。まずは、小津安二郎という映像作家が、占領期の原節子のスターイメージをいかに再構築したのか、その転機となった問題作、小津安二郎の『晩春』を分析していこう。

静止する女性たちの身体

和服をまとい正座をしながら深々と頭を下げる原節子。彼女の女優人生を大きく方向転換させることになった『晩春』の冒頭の茶会のシーンである。彼女だけではない。小津のローアングルの構図に、円覚寺の茶会に集う和装の女性たちが何度も頭を下げるショットが繰り返される。このシーンにおける一連のショットは、女性たちを下へ下へと突き動かそうとするイメージで構成されている。障子の格子や畳の枠を背景に配置される女性たちの身体は、ともすれば檻に囲われているかのような印象を与える。茶道の所作をしなやかな手つきで行なう女性と微動だにせず座ったままの女性を並置するショット、背筋をピンと伸ばし正座する女性たちがきちんと計算されて横並びに座るショット、女性だけの社交空間に織り交ぜられるのは、ゆっくりとたゆたう鎌倉の木々や葉、風に揺れる花のショットだ。

このようなイメージをモンタージュすることによって、小津は激しい自己主張や反対表明によって民主主義の躍動するイメージを体現してきた女性たちを、まるで大地に根をはる植物のごとく不動のまま静止させようとしているかに見える。民主化された自由と解放の時代を生きる女性たちが、軍国主義や家父長制を象徴する男を追及する時代にあって、ひたすら女性の自我と力強さを動的なイメージで声高に叫び続けてきたとするならば、このフィルムがまとっているのは重力による「静止のイメージ」だろう。

物語は単純である。紀子（原節子）は大学教授の父・周吉（笠智衆）とたった二人で暮らしている。妻に先立たれた父の世話で婚期を逃しつつある紀子を心配し、叔母（杉村春子）と周吉が縁談をもってくるが、紀子は父との生活をこのまま続けたいと見合いを拒絶する。その後、父が三輪秋子（三宅邦子）と再婚するという話を聞いて激怒する紀子だが、父の説得に応じて見合い結婚を決意し、家から去っていく。後で再婚は娘を無理やりにでも嫁に行かせるための嘘だったことが明らかにされ、父は誰もいない家に帰宅するのだった。

小津は当時、『晩春』のシナリオの「紀子の役は、最初から原君を予定して書いた。原君自身は余り乗っていない様だが、僕は彼女を立派に生かして見せる自信のもとに仕事を続けている」[1]と話している。この発言は、これまで原節子を演出し、彼女を活かせなかった監督たちへの痛烈な挑戦状のように聞こえなくもない。黒澤明や吉村公三郎、今井正といった監督は、原節子の大柄な身体に運動性を与えることによって、彼女を女性解放の指導者として戦後民主主義の寵児に仕立て上げた。小津はその躍動する身体を封じることからこの映画を開始しているのだ。

叔母を演ずる杉村春子を画面の奥に、原節子を画面の手前に配置し、うつむいたまま話をする原節子の横顔のショットによって、原節子の古風でたおやかな女性像が印象づけられる。『安城家の舞踏会』の冒頭、「敦子は反対でございます」と毅然とした態度で叫んだ令嬢、あるいは封建的な思想の人々に個人の自由を説く『青い山脈』の女教師とはおよそ対立する女性像。彼女が敗戦とともに担った戦後民主主義の身体イメージは、ここにきて鮮やかに反転している。そのことは戦後の原節子映画を順に観ていくとはっきりわかる。明らかに冒頭のシーンで「民主主義の女神」に対する強烈なアンチテーゼが投影されているのだ。いや、それだけではない。続くシークェンスにおいても小津は彼なりのパスティーシュでそれを示唆している。

占領期にＧＨＱに検閲された企画書や台本が、アメリカ国立公文書館に残っている。『晩春』の脚本は、検閲のため一九四九年五月五日に第一稿が民間情報教育局（ＣＩＥ）に提出された。その後、検閲官による訂正や削除を受け、第二稿が九月一二日に再提出されている。[2] 同年六月には文化統制の自立化を目指し、旧映倫が設立されるが、その後もＣＩＥによる介入は占領が終わる一九五二年四月まで続いた。[3]『晩春』は五月から九月までが撮影期間とされ、浅草国際劇場で九月一三日に独占封切り、正式な公開は九月一九日であった。

シナリオのシーン28は、自転車に乗った原節子と父の助手でよく家に出入りしている宇佐美淳演じる服部が七里ヶ浜を颯爽と走っていく場面、まさしく戦後民主主義を象徴するイメージである。ここでＣＩＥへ提出された第一稿にはない台詞《せりふ》が第二稿に加筆され、映画の同場面で交わされている。それが宇佐美の「大丈夫ですか、疲れませんか？」という言葉と「ううん、平気よ」という原節子の応答である。つまり、この台詞は提出された一九四九年五月五日以降、撮影に入った後で新たに加わっ

図6-1　『晩春』における「アメリカ的記号」

たことになる。他者（アメリカ）から与えられたイデオロギーの伝達という使命を受け、ひたすら一直線に走り続けてきた「民主主義の女神」にぴったりのアイロニーだと、穿《うが》った見方をすることもできよう。

その直後、それまで日本的な記号ばかり映してきたこのフィルムに突如としてアメリカ的な記号が映され、画面を占有する。英語で書かれた立て看板、そして立て続けに二人が走ってくる画面の手前に大きくコカコーラの看板が映されるのだ【図6-1】。このような「アメリカ的記号」は決定稿の時点でも何も記されておらず、現場で小津が取り入れたものだと思われる[4]。浜辺に置かれる自転車が映され、そこに座って語り合う男女、二人はここで「青春」を演じてみせる。小津が二か月前の七月一九日に封切られて空前の大ヒットを記録した『青い山脈』のラストシーンを意識して作り込んでいったかは定かではないが、明らかに類似するシーンとなっているのがわかる。

このフィルムからは、他者に与えられた「自由」や「解放」にアイロニカルなまなざしを注ぐ小津安二郎の態度、あるいは日本／アメリカの記号的なイメージと戯れてみせる批判的態度が見てとれる。『青い山脈』のよく知られたラストシーンは、自転車で海沿いの道を駆け抜ける三組の男女、そして自転車が浜辺に置かれ男女の告白のシーン——沼田先生（龍崎一郎）が島崎先生（原節子）へ、金谷六助（池部良）が寺沢新子（杉葉子）へ率直な気持ちを伝える、戦後民主主義を象徴する場面で終幕を迎える。『青い山脈』が、封建的な勢力による抑圧のなかで、原節子を中心とした民主主義派が、最終的に自由と解放へと向かって突き抜けていくような明朗闊達な映画であったのに対して、同年に封切られた『晩春』では、『青い山脈』を引用するかのように象徴的なイメージが反復されつつずらされているのだ。というのも、『青い山脈』のラストシーンに見られる自転車に乗る原節子のイメージが前半で「借用」され、まったく異なる意味づけがなされているからである。

そもそも、陽気な音楽とともに颯爽と自転車で走るこのシークェンスは、全体の映画の基調からしてやや違和感を覚えるくらい浮いている。そう思わせる要因はおそらく、原節子を静止させることによって冒頭で反転させておきながら、この部分だけ動的な原節子の身体が前景化されているからだろう。まるで、原節子の「民主主義啓蒙映画」のワンシーンをとって付けたかのように挿入されているのだ。「自転車に乗る女」というメディア表象は時代ごとにまったく異なる文脈をもち、占領期には民主主義化による「女性解放」、「男女平等」の表象として意味づけられた。[5]

だが、この「青春」のシーンが「借用」されたとすれば、『青い山脈』と同じレベルで「女性解放」を表象していたわけではないことは、並置されるコカコーラの看板や、このシーン以降の説話論的な『晩春』の物語の展開によって明確になってくる。すなわち、いったん戦後民主主義の「女性解放」を演じてみせた原節子は、この後、次々と日本的な記号に包囲され、それへと〈屈服〉していくのである。中村秀之の卓見によれば、「ひとりの女性が、本人の望みを許さない肉親の絆にからめとられ、封じ込められていく、その段階的な進行を、原節子の身ぶりと表情の変化によって示すこと」[6]こそ、小津がこの映画で原節子に担わせた役割であった。

居場所をめぐる物語

これまで『晩春』は、父と娘の過剰な愛情のかたちばかりが注目され、議論の対象となってきた。なかでも見合い結婚を決めた紀子が父と京都旅行に行き、二人で布団を並べて交わす旅館の部屋でのやり取りと差し挟まれる壺のショットをめぐって多くの議論が交わされた。代表的なのが、父と娘の間の性的な欲望についての「近親相姦」言説である。[7]むろん「性的なもの」はこの映画に一貫する重要なモチーフである。だが、はたして親子の性的結合の欲望がこの作品で描かれているだろうか。むしろこの映画における紀子は、徹頭徹尾、「性的なもの」に対する嫌悪を表明していたはずだ。

たとえば映画の序盤、一人娘がありながら再婚した父の友人・小野寺（三島雅夫）を責めるシーンで彼女から発せられた言葉を思い出してみよう。「でもなんだか嫌ね」という紀子の言葉に小野寺は「何が。今度の奥さんかい?」と返す。すると彼女は「ううん。おじさまがよ」という。このときに見せる表情は、それまでの原節子が表現したこともない屈折したおぞましい顔をのぞかせ、観る者をゾクッとさせる表情が引き出されている【図6-2】。「なんだか、不潔よ」、「汚らしいわ」という紀子の言葉や、有名な能の場面における父の微笑《ほほえ》んだ顔と再婚相手だと思った女性を見比べ、嫉妬や嫌悪感をむき出しにしてみせるシーンからわかるのは、初老の男性が再婚することに対する「性的欲望への嫌悪」である。

図6-2　セクシュアリティの嫌悪

紀子が一貫して過敏になる男性の「再婚」という事態。それは未婚の女性＝処女である紀子にとって、死者を裏切る行為であると同時に初老の男性の性を感じさせる行為だったのである。再婚によって性が代行されてしまうこと。このような「性的なもの」に対する原節子の潔癖な印象に関しては、小津映画以前からファン雑誌等で広く知られていた。小津は、すでに「永遠の処女」という呼称を確立し、数々の「潔癖言説」を構築した占領期の原節子のスターペルソナを、間テクスト的に物語の内部と接続してみせる。『晩春』の原節子の表情は、スクリーンの紀子と、映画外部で構築された原節子というスターが一致する瞬間であり、同時代的なメディア・テクストを考慮するならば、原節子の内面の激情と堅固な意志を、当時の観客は私たち以上に感受し、リアリティを感じ取っていたはずな

▼8のだ。あるいは、三〇歳を目前にいまだ結婚しない実在する原節子が、小津の映画内の紀子とも連関し、物語のリアリティを強化している。当時の日本人観客にとってのこのフィルムは、他のスターでは成立しない、原節子にしか演じられないというのが最大の強度だったのである。

「嫉妬深い女」と自認する原節子の情動が、覆い隠していた表層（仮面）を突き破り、基層（実態）が顕《あらわ》になる瞬間の、彼女の内面に潜むおぞましさが一挙に表情へと生起する瞬間が抉《えぐ》り出されること。端的にこれは、父親に性的な欲望を覚える娘の話などではない。日本的な淑女として懸命に振る舞いながら、どうしても飼い馴らせない感情との葛藤のなか、「日本的な記号」に屈していく健気《けなげ》な女性の悲劇なのである。したがって、私たちはこの作品を、「紀子の居場所をめぐる物語」として捉え直してみよう。そうすれば自ずと、原節子という女優が小津以降、観客のいかなる欲望を体現したのかがわかってくるはずだ。そのためにも、この映画に映っているもの、話されていることから実証的に結論を導いていきたい。というのも小津安二郎は、画面に映り込むものすべてを正確に計算する作家としてよく知られているからだ。優れた作家は、言葉よりも、むしろ映像によって饒舌に語る。小津の映画にあっては俳優の身振り、背景、発話、すべてがコントロールされ、緻密な空間設計によって作家の意図が表現されているのだ。

　原節子演じる紀子が表面的にはしとやかな日本女性として登場していながら、その内面が見かけとは裏腹に、情動的な過剰さをもっていることは有名な能のシーンでも明らかだ。だが、そのシーンにいたるまでの物語的展開はきちんと押さえておく必要がある。話を宇佐美淳と原節子が「青春」を演じるシーンに戻そう。このシーンでの二人の会話は次のように交わされる。

紀子「じゃ、私はどっちだとお思いになる？」

服部「そうだな……あなたはヤキモチなんか焼く人じゃないいな」

紀子「ところが私ヤキモチ焼きよ」
服部「そうかなあ」
紀子「だって私がお沢庵切ると、いつも繋がってるんですもの」
服部「それはしかし、包丁とまな板の相対的な関係で、沢庵とヤキモチの間にはなんら有機的な関連はないんじゃないですか？」
紀子「それじゃあお好き？　繋がったお沢庵」
服部「たまにはいいですよ。繋がった沢庵も」
紀子「そう」

この対話からわかることは、紀子はヤキモチ焼きではないように見えて、実はヤキモチ焼きであるということ。そしてそんな自分が好きかどうか服部に間接的に尋ね、「たまにはいい」と返されているということだ。表層に見えるものと裏腹に、紀子の心情が覆われたまま物語は進行する。『青い山脈』のように率直な想いを伝えることができない紀子は、遠回しで間接的な方法でしか気持ちを伝えることができない。彼女の想いが服部に伝わっているかどうかは定かではない。確かなことは「嫉妬深い女」は好きかどうか尋ね、「たまにはいい」と返されていることだ。この後、すぐに服部が紀子の女学校の後輩と結婚を決めていることが明らかにされる。そんなこともまったく知らない父と叔母は紀子を服部にどうかという話を進め、その日の夕食のとき、父は服部をどう思うか紀子に尋ねる。優しいし、亭主としていい、「私、好きよ。ああいう方」と答える紀子。自転車で二人が出かけた日、彼の婚約はすでに決まっていたことがわかる。その上で彼らは二人で海沿いを自転車で散歩し、沢庵の会話を交わしているのだ。

『青い山脈』の映画館でのインタビュー調査の結果からも明らかだが、この時代の北鎌倉の地にあって、未婚の男女が自転車で遠出したり、カフェで落ち合いコンサートに誘ったりと、服部と紀子の関係は、ただの友達の関係をいささか超えているように思われる。そのカフェでのシーンで、服部は「ね、紀子さん、巌本真理のヴァイオリン聴きに行きませんか」と突然誘う。「今日、切符があるんですがね」という服部に「いいわね」と返す紀子。彼から見せられる切符を手に取り、次のような会話が交わされる。

紀子「これ、私のために取ってくだすったの？」
服部「そうですよ」
紀子「ほんと？」
服部「ほんとですよ」
紀子「そうかしら……でもよすわ。恨まれるから」
服部「いいですよ、行きましょうよ」
紀子「嫌よ」
服部「繋がってますね、お沢庵」
紀子「そう、包丁がよく切れないの」

反復される海辺の「ヤキモチ焼き」に関する会話。チケットは紀子のために取ったものだというが、それが真実かどうかはわからない。婚約者にすっぽかされたのかもしれないし、他の女性と行く予定だったが来られなくなったのかもしれない。映像から判断するに紀子は自分のためにチケットを取ったという言葉を疑っているようだ。極端に「省略」を好むこの映像作家は、すべてを見せてはくれない。だから、結局この二人にどれだけの恋心が芽生えていたのか、紀子が一方的に恋心を抱いていた

図6-3　表象される空白

のかはわからない。だが、次のシーン、ヴァイオリン・ソロを背景に劇場のロビーで一人の女給仕が佇《たたず》んでいる姿が映される場面を見過ごしてはならない。シナリオには書かれていないが、フレーム外からもう一人の案内嬢がインし、チケットを手渡すショットが挿入されているのである。

余分なショットを極度に嫌う小津にあって、この短いシーンは必要不可欠だったはずだ。文芸評論家の末延芳晴も指摘するように、紀子はいったん服部の誘いを断ったものの、気が向いたら来てくれなどといわれチケットを受け取り、悩んだ結果、チケットを案内嬢に手渡して帰宅したと考えるのが妥当だろう[9]。次に寂しげな様子でもの悲しい音楽に聞き入る服部と、その隣の空席を映した直後【図6-3】、シナリオでも「なんとなく寂しそうに、紀子が一人で歩いている」と書かれているように、もの憂げな様子で帰路につく紀子のショットが続いていることからも「省略」に隠された物語は、服部と紀子の諧謔的なやり取りの裏に流れる失恋の主題だ[10]。

家事を手伝っているしげとその夫が服部の新婚写真を見ながら交わす「この人、紀子さんの旦那さんになるかと思ってたによ」という言葉からも、二人の仲がただの友人以上のものに見えていたことがわかる。海辺のシーンと喫茶店のシーンに共通するのは、小津特有の切り返しショット、すなわち、イマジナリー・ラインのルールを侵犯した対話だ。二人の真ん中にカメラを設置し交互に映されるため、カメラを媒介にした二人の視線は交わっていないように見える。本心を語らない二人の会話同様、すれ違い続ける二人の関係がこの物語で交差することはない。帰宅して「ただいま」という紀子の声はやや暗いトーンで発せられるものの、家に訪ねてきたアヤと父親の前ではそんなそぶりはまったく見せない。「二階行かない?」と嬉しそうにアヤと手をつなぎあって、二階で楽しそうに話しはじめる。明るく気丈に振る舞い、平静を保つ彼女の人物造形が見事に描かれているシーンだ。

海辺のシーンで「ヤキモチ焼き」は好きかどうか尋ね「たまにはいい」と彼にいわれていたことを思い返そう。「ヤキモチ焼き」である紀子は、相手にとって最愛の存在でなければ気がすまない。服部の隣に映し出された空席は、彼女のためのものではなく新妻の席であるはずだ。結婚が決まった服部の隣の席を紀子が今後占有することは不可能である。そう悟った彼女は、服部の隣に座りたい気持ちを制御する。「たまにはいい」といわれた彼女にとって、誰かの代わりになることは我慢ならないのだ。服部の隣に彼女の居場所はない。仮にそれを失恋とするならば、落ち込んで帰宅した紀子が、平然として、その後も引きずっていないのは、もう一つの居場所があるからに他ならない。すなわち、父親の隣、死んだ母親の代理としての居場所である。中村秀之がいうように、紀子が亡き母の代わりを務めていたのは明らかであり、「周吉と紀子の世界そのものがこの代補によって維持されていた」のだ。▼11

彼女にとって、母の代補は絶対的な居場所であり、嫉妬深い彼女を脅かすものはなかった。なぜなら、服部の新妻が生者であるのに対して、父親の妻(つまり紀子の母)は死者であるからだ。死者である母の代補としての存在に充足していた紀子にとって、父の隣の居場所は彼女を裏切ることのない絶対的な空間なのである。だが、このシーンの後、彼女は叔母の家の玄関で三輪秋子に紹介され、叔母から縁談の話をもちかけられる。自分がお嫁に行くと父が困るという理由で断るが、叔母に三輪を父の再婚相手にどうかといわれた途端、急に不機嫌になり、あからさまに感情をさらけ出しはじめる紀子【図6-4】。その後も彼女のテンションは持続し、名高い能楽堂のシーンで制御不能になって一挙に絶頂に達する。

それまで速いカットで進行していた映画の時間が、ここにきてゆっくりと引き延ばされる名場面、

図6-4　不機嫌になる紀子の表情

図6-5　むき出しにされる紀子の感情

父と観能していた紀子は、同じく観能に来ていた三輪に父が会釈したことに気づき、二人を見返して嫉妬と怒りの形相を浮かべるのである【図6-5】。嫉妬深い彼女は、唯一無二の自分の居場所を、愛する父の「再婚」によって奪われようとしている。「再婚」にともなう父の「不潔」さと三輪への「嫉妬」が絡《から》まり合い、抑えられなくなった情動が彼女の表情へと集結するのである。山本薩夫や黒澤明が身振りによって感情の昂《たかぶ》りを表現させていたとするなら、小津は原節子の身体を静止させたまま、「顔」だけで激昂する紀子の心情を表現させている。激情型のアクションの発動を制御した小津は、原節子の烈《はげ》しさを極限的に静的な表情と独特な〈間〉に集約させ、彼女特有のおぞましげな表情を演出したのである。服部の隣の空間は喪われ、父の隣の空間も擬似的に占有されてしまった彼女にとって、もはや自分の居場所はなくなってしまった。

　この映画には、服部の結婚相手だけではなく紀子の結婚相手もまったく登場しない。服部から父への「居場所をめぐる物語」として、『晩春』のなかに紀子が見出す居場所を提示してはならないからだ。彼女の居場所の喪失が決定的に映像で表現されるのが、京都旅行を満喫した夜、帰り支度をしている場面だ。画面右側の手前にあぐらをかいて座って身支度をする父の左側の奥で、正座をしながらカバンに荷物を詰める紀子。周吉の右膝が紀子の臀部から腹部に重なっているのがわかる【図6-6】。

図6-6　原節子の身体に重なる笠智衆の脚

図6-7　抜去される右脚

「こんなことなら、今までにもっとお前と方々行っとくんだったよ、これでもうお父さんとはおしまいだね」という父。カメラは周吉に切り返し「まあ、どこへも連れていってやれなかったけど、これからは連れていってもらうさ。佐竹君に可愛がってもらうんだよ」という台詞の直後、紀子の様子がおかしいのに気づいた父は「どうした？」と尋ねる。カメラは紀子と父をミディアム・クロースアップで細かく交互に切り返す。彼女が「私、このままお父さんといたいの。どこへも行きたくないの。お父さんとこうして一緒にいるだけでいいの」というと、カメラは最初のポジションへと戻るが、画面には微妙なずれが生じる。

先述したように、小津は画面の内部を数センチ単位で厳密にコントロールする監督である。その監督にあって、「それだけで私愉《たの》しいの」、「お嫁に行ったって、これ以上の愉しさはないと思うの」、「お父さんが好きなの」と畳み掛けるように「愛」を告白し、セクシュアリティをまとう声色が艶《あで》やかさを帯びて親子の関係を超えようとしたその瞬間、父の身体がわずかながら後退——画面右側へと移動——しているのを見逃すことはできない。その移動にともない、先ほどまで男根のごとく娘の臀部に突き刺さって見えた右膝は抜去されているのだ【図6-7】。

娘の過剰さに辟易したからか、形式的で空虚な人生論をくどくどと説いてみせる父。娘の屈服を決定的にしたのが、その父からはじめて発せられる母の存在である。封切り直前に提出された第二稿から加筆された次の台詞は、撮影に入る前の第一稿では記されていない。

周吉「お前のお母さんだって初めから倖《しあわ》せじゃなかったんだ。長い間にはいろんなことがあった。台所の隅っこで泣いているのをお父さん幾度も見たことがある。でもお母さんよく辛棒してくれたんだよ[12]」

つまり、当初のシナリオは撮影に入った後で書き換えられ、現場で「母」が召喚されたことになる。松竹のプレスシートにおける宣伝文案では、「嫁ぎゆく処女の悩ましい心の乱れ！」や「結婚直前の処女の妖しい胸のときめきがあなたの耳にハッキリ聴える」と明らかにセクシュアリティの揺らぎがほのめかされている[13]。ここに最初の居場所を占めていた母が呼び戻されたのは、原節子が過剰な妖艶さを撮影現場のパフォーマンスで見せてしまったからではないだろうか[14]。蓮實重彦がいうように、この場面における原節子の瞳は、「紋切型」そのものへの理不尽な憤りに、あやしいまでの艶《つや》を帯びている[15]。「紋切型」の記号として浮遊する父の人生論とは対照的に甦る母の存在。彼女は、きっと幸せになってみせますわと笑顔を浮かべることしかできない。彼女の結婚への完全なる承諾＝屈服は、このような視聴覚的ドラマの上で遂行されていたのである。

『晩春』の受容

嫉妬深い女性が自分の居場所に執着すること。はじめは平静を装った原節子が、居場所を喪っていくにつれ、次第に制御できない嫉妬や怒りが形相に可視化されてゆく。突如として原節子の「顔」に憎悪や嫉妬が結晶するショットこそ、この静謐な映画がもつ独自の過剰さであり、このフィルムを

「芸術」たらしめているものに違いない。まさに人間のおぞましさが「顔」だけで表現される奇跡的な映画なのだ。だが、この優れたフィルムの画面を注意深く見れば、さまざまな仕掛けや異質なイメージの衝突（モンタージュ）が挿入され、この映画自体が——観能する日の観客の感情によって能面がまるで違って見えるように——まったく違う映画となってしまう。そしてそのような謎や仕掛けは、後世の偉大な批評家や研究者が時を経て解明してきたものであった。では、この『晩春』は同時代的な観客に向けて、いかにプロモーションされていたのだろうか。占領期という文脈を忘れてはならない。このフィルムもまた「女性解放」や「男女平等」、あるいは「封建的な思想の排斥」というコンテクストから、他の映画と相対的に見られたはずである。まずは、松竹のプレスシートを確認してみよう。宣伝文案には次のような言葉が見られる。

ともすれば忘れ去られようとする日本的な美しさ！　静けさ！　鎌倉、京都の古風な背景にカメラを据えて小津安二郎監督が静かに振返った日本風習への鋭い批判！▼16

放送原稿に見られるのは「父親ひとり残して、結婚は出来ないと云う娘との間に、かもし出される涙ぐましい愛情を描いて、皆様の美しい涙を誘う一篇であります」という文面。当時、「日本風習への鋭い批判」という宣伝文句を目にしたり「父親ひとり残して、結婚は出来ない」という館内放送を聞いた観客も多くいただろう。してみると、占領下の日本にあって、批判対象とされているのは「日本風習」であり、この映画で「日本的な美しさ」が称揚されたのと同時に批判された「日本風習」とは、観客にとって何だったのかが考察されなければならない。

端的にいって、それは家父長的な精神そのものと、見合い結婚という独特の制度によって人生が決定されるということ。いうまでもなく、見合い結婚という日本的な記号が、「伝統的」で「封建的」

たりうるのは、民主社会における「女性の解放」や「男女平等」が進歩的なものとされ、家父長制が悪しき慣習として断罪されたコンテクストがあるからである。CIEへ脚本第一稿が提出される前、仮題『晩春』として「梗概」つきの企画書が一九四九年四月一二日に提出されているが、検閲官による鉛筆の線が最も引かれているのが「見合い」という言葉であった。[17] 伝統的な価値を志向する日本的な記号として警戒されたのである。たとえば、平野共余子が明らかにしているように、お見合いからはじまり結婚を決意するまでが喜劇的に描かれる『お嬢さん乾杯』は、「封建的なお見合い結婚」を削除するよう指示され、設定の変更を余儀なくされた。[18]

『晩春』で描かれているのは、対等な男女の関係と自由な恋愛が叫ばれた占領期にあって、自主的に相手を選択することなく、伝統的な制度へと回収されてゆく娘、すなわち、自分の人生を犠牲にしてまで利他的に父につくす献身的な愛情によって婚期を逃しつつある女性が、見合い結婚という日本的な記号に絡め取られていく悲劇、そのなかに見られる父と娘が互いに思い合う美しく強い愛情であろう。だが、その封建的で献身的な愛のかたちが「日本的なもの」として当時の観客に美しく映っているることが批評言説からわかる。こうした次元で、『晩春』はナショナリズム言説を誘発し、戦前派の批評家たちにとってノスタルジックな映画となっているのである。この作品が当時どのように見られたのか確認していこう。

＊

一九四九年の座談会で、戦前派の映画批評家たちは『晩春』を巨匠らしい立派な作品と褒めている。「ああいう世界に自分の生活体験がある人とない人では、感じ方に大変な違いがある。［……］戦前にあの生活の体験をもっているともっていないとでは、感じがまるで違う。『晩春』もそれと同じだ」と話す映画評論家の清水晶は、アプレゲールの人たちとは意見がわかれるとしながら、『晩春』を

「古いからあれだけ深い」と高く評価している。[19] ここでは、戦前の生活を知っている人間とそうでない人間では、体験の差によって映画の受容が全く異なっているとされている。つまり、小津映画が「深い」のは「古い」からであり、その「古さ」を知らない「アプレ」には小津映画の価値がわからないとも取られるような差異化がなされているのだ。

こうした批評は同年しばしば見られ、『映画芸術』でも『晩春』は「所謂《いわゆる》アプレ・ゲエルの人達には理解し難い、純日本的な味わいの映画である」[20]と書かれている。滋野辰彦もまた、「この愛情と主題に好意を持てない人たちにとって「晩春」はおそらく無縁の作品にちがいないから、彼等の議論は全く別の立場に基いて行われるであろう。わたくしは今それにふれる興味がないだけであろ」と、戦前の価値観がわかるものとわからないものに区別してみせる。ここでいわれている「愛情と主題」とは、「今の世の荒れすさんだ環境にめげず、日本の伝統的な愛情に富んだ家庭と人間の生活を、この映画は提出しようとしている。あらしの中に、一点のゆるがない不動の美を点出しようとする」ことである。[21] 滋野が「荒れすさんだ環境」という文化的な占領によって既存の秩序が崩壊した時代のなかで、小津安二郎と原節子が織りなす日本の伝統的な美が、多くの戦前派の批評家を魅了しているのだ。『キネマ旬報』と同じく『スクリーン・ステージ』という映画雑誌でも、ベストテンの第一位に選出されたのは『晩春』（平均九二点）であり、第二位は『青い山脈』（平均八八・四七点）であった。採点者一七名のうち、ほとんどすべてが戦前派の男性知識人、その結果を評した友田純一郎は興奮気味に次のように記している。

この国の代表的映画作品「晩春」は、映画をたっとび、映画を愛し、且《かつ》民衆全般のくらしむきを誠実に思考する国の方々ならば世界何処《どこ》の映画国民にも、これを外来語に翻刻し、正確詳細に解説し以《もっ》て日本映画文化の真骨頂をとくと理解して頂きたい逸品。[22]

ここには敗戦から『青い山脈』までに作られた映画にはなかった語りが存在する。日本人以外にも見てもらいたいという意志は、敗戦後に量産された「民主主義啓蒙映画」には見られなかった言説である。なぜなら、それまでの映画で描かれている世界は、勝者から敗者に与えられた「民主主義」であり、そのなかにあって『晩春』は、動乱の時代を迎えた日本で喪われつつある伝統的で封建的な女性や家族の美しさを復元してみせたからだろう。「日本風習への鋭い批判」を掲げたフィルムは、明らかに倒錯的にナショナリズムを誘発するテクストとして観客の前に立ち現れているのだ。

映画評論家の南部圭之助は、小津安二郎に向けた私信という形式をとった記事で、今日、純日本的ということは懐古的であるという憶測をつけられ、保守的であるか、封建的であるかとされてしまうが、四〇半ばを過ぎると、「純日本的なものに憧れをもって来ます」[23]と書いている。「逆コース」へと向かう政治的転換と、小津映画を肯定的に語るこれらの批評家の受容言説は奇しくも一致しているのだ。黒澤明の『わが青春に悔なし』や亀井文夫の『戦争と平和』などの「進歩的映画は、民主化の停頓とともに影をひそめ、時代劇の増加にともない懐古的な現代劇が目だちはじめた」とする映画評論家の今村太平は、「この転機は日本映画界の古いゼネレーションを代表する小津安二郎の『晩春』によってもたらされた」と一九五三年の批評で書いている。そして今村は「小津がひたすら古風をたたえていることはあきらかである。過去の日本の中にこそ最善のものがあると彼は信じている」と断言している。[24]ここからも、戦後の世相や文化的な隷属のなかで、喪われた過去を懐古するノスタルジックなまなざしが理解できるだろう。

〈理想化の時代〉におけるポスト占領期的欲望

ここで原節子の「転回」が見出される一九四九年に賞賛されたのはどのような映画であったかを整

理しておこう。世代の差による評価の仕方は異なっているとはいえ、キネマ旬報ベストテン第一位の『晩春』と第二位の『青い山脈』の二つの映画が圧倒的な支持を受け、そのどちらの映画にも原節子が出演している。この二つの映画の共通点と差異をまとめてみよう。年末の座談会で『晩春』が賛美された流れから、同年の大ヒット作『青い山脈』が相対的な視点で次のように言及されている。

清水：「青い山脈」はいったいどこがいいのかと考えてみた。そうすると「若い人」なんかより劣ると思う。結局非常に健全な常識を持った、変なところのない写真だというだけだと思う。
登川：あの健康さだけ、あれだけの健康さをもっている他の映画をいえというと、容易にない。
清水：つまり、ジャスト・ミートしているだけなのだ。［……］ほかの人が真似しようとして、そんなに及びもつかん個性的な作品じゃない。[25]

あれほど戦前派の批評家に絶賛された『青い山脈』が『晩春』を経由することで、「健全」なだけの凡庸な映画と化してしまっている。だが、「優等生映画」である『青い山脈』と「芸術映画」である『晩春』の価値づけには共通する部分があった。佐藤忠男が『晩春』について、「闇、パンパン、住宅難、アプレ、ストリップ・ショー、労働争議、占領軍兵士の闊歩、等々、戦後風俗を象徴するあらゆるものが出そろっていた時期」に「それら戦後的な風俗のいっさいを、きれいに画面からぬぐい去ってみせた作品であった」[26]と振り返るように、『青い山脈』を価値づけていた言説と驚くほど似通っているのがわかるだろう。一方は戦後民主主義を高らかに掲げ、もう一方は伝統美を独自の様式で示したが、どちらの映画もカストリ文化的な記号や敗戦を感じさせる女性の身体を描かなかったのである。むろん、「敗者の身体」や「アメリカ的なもの」を回避するペルソナを構築していた〈離接的身体〉として原節子が演じたことの意味も、映画受容を考えるときわめて大きかっただろう。では、二つの映画に見られる差異とはいかなるものか。

小津は、原節子がそれまで構築してきた民主主義の伝道師というスターイメージのなかでも、その潔癖で知的なイメージは温存しつつ、父の説得で縁談を承諾し、日本的な記号に屈してゆく姿を描くことで、民主主義の指導者としてのイメージをぬぐい去り、伝統的な美的感覚を彼女の身体に呼び戻した。原節子は小津映画の女優としても、実在の女性としても、キャラクター／パーソナリティが、当時の年齢規範に対して「遅延している」という印象を強く大衆に刻み込んでいたことは、多くのファン雑誌の言説からもわかる。時代に取り残された淑女はアメリカニズムの風潮のなか、喪失した伝統美を守ろうとしているかのように、スクリーンに懐古的な輝きを放つ。まさしく時代の「最先端」を走っていた民主主義の巫女は、小津以降にあって、忘却されつつある日本的な記号とともに静止し、「遅延」する女性としてスクリーンに復元されたのである。

佐藤忠男は戦後四年目で「この作品くらい、平和と秩序と伝統の回復を実感させてくれた芸術作品は他にちょっとない。飢餓と混乱の最悪の時期はようやく終ったが、まだ日本人は日本的なものには自信を失なったままだった。そこにこの映画が現れた」[27]と述べている。理想化された社会＝リアリティの不在を基盤とし、民主主義の勝利を声高に叫んだ『青い山脈』などの映画において、「日本的なもの」の敗北が、まるでなかったかのように雲散霧消していたことに対する小津なりの批判があったのかもしれない。何にせよ、あれだけアメリカ化されたスターが、日本的な記号に屈服し、日本的な制度に回収されていってしまうのである。そこに、小津の痛烈な批判を読み込むこともできるだろう。

ともあれ静謐な空間に暮らす清潔な父と娘、茶会や能、京都の寺社めぐりなど伝統的な記号によって構成されるこの作品は、他の同時代の作品群に比べて「純日本的」な映画として受容されたのは確かだ。小津映画は、彼女から大柄な身体性がもつ運動とその躍動感を封じることによって、戦後の

「親米民主主義」の巫女としての彼女のスターイメージを反転させ、その硬質で静的な美を封建的なナショナリズムに同化させたように受け止められたのである。

『晩春』は欧米的な記号と日本的な記号が交錯し、最終的にヒロインが日本的な記号に溶け込んでいくという意味で、伝統主義者としての小津のイメージを構築し、ナショナリズムを引き出した。だが、『青い山脈』と『晩春』という占領期の記念碑的映画における原節子の身体を媒介に占領期的欲望からポスト占領期的欲望へと大きく転回した戦後意識も、〈理想化の時代〉に属していることは注意しておかなければならない。『晩春』の主人公たちを「理想化された小津の自画像と見ていい」とし、小津映画の「物静けさと、その古風な雰囲気」は「現代日本とは思えない」と記す今村太平は、小津の芸術性とは「私小説性の別名にほかならぬもの」であり、彼の映画には「私小説の逃避的性格があらわである」と論じている。[28]

敗戦の貧しい国で目指された新しい民主主義国家を作り上げようとする意志、それは『わが青春に悔なし』から『青い山脈』まで連綿と作られ、賞賛された映画に反映されている。ここで描かれているのは、現実から乖離した「理想化」された社会である。そして、転機となった一九四九年の『晩春』以降、スクリーンには冷戦体制と独立へと向かう時期におけるアメリカとの切断の意志がかすかに顕在化しはじめ、自立した国家を構築する占領末期には封建的なナショナリズムやノスタルジーが復元されてゆく。これらはどちらも現実や日常を直視し描写する意志とはかけ離れた、〈理想化の時代〉にこそ産み落とされたフィルムなのである。本章では、小津安二郎の『晩春』以降、ポスト占領期へと向かう敗戦の記憶と忘却のなかで、原節子がノスタルジーとナショナリズムを見出すペルソナとして機能しながら、いかに〈日本〉を体現していったのかを分析していく。

2　変遷する指導者――『白痴』と『白雪先生と子供たち』

『わが青春に悔なし』から『白痴』へ

小津安二郎との運命的な出会いが『晩春』によって果たされ、原節子の身体表象に劇的な変化が生じたのが一九四九年のこと、この転回をはさんで『わが青春に悔なし』から『白痴』へ、黒澤映画の原節子が、小津映画を介していかにスターイメージを変質させたかも確認しておこう。『白痴』は、いわずと知れたドストエフスキーの翻案映画である。興味深いことに、プレスシートの宣伝ポイントには「原作ドストエフスキーはなるべく避けて欲しい」と記載され、「下の層にはあくまでアクション・ドラマとしてハッタリのきくダイナミックな感じで内容を売ってゆきましょう」とある。[29] 実際、黒澤によって再創造された『白痴』は、高尚な文豪の原作を知らずとも愛憎のドラマを演じる豪華俳優陣のパフォーマンスだけで観る価値がある映画だ。

だが、黒澤の意図に反して、四時間二五分の完成版が、松竹からの異議申し立てによって三時間二分に短縮、最終的には二時間四六分にされた。黒澤明にとって不本意な映画であり、失敗作とされることもあるが、『白痴』は「目の映画」といっても過言ではないほど、森雅之と原節子の目の演技による対話が映像に緊張感をもたらし観客を惹きつける。「彼女が宿命の女《ファンム・ファタール》として危険で秩序破壊的な美しさを帯びたのは、『白痴』の一本においてであったと断言できる」[30] と四方田犬彦がいうように、他のどの監督も原節子を魔性の女にすることはできなかった――たとえば『颱風圏《たいふうけん》の女』のヴァンプ役は完全に失敗している。小津は原節子を最高級の映画女優にしたが、原節子を本物の宿命の女にすることはできなかったのである（しなかったというのが適切だろう）。「規範的」という言葉がいつも原節子というスターにはつきまとっていたが、これほど反社会的な女性を演じさせて違和感がないのはやはり黒澤の演出力といえよう。だが黒澤が残した原節子の二本の異様なフィルムは、ただ一点において重大な変質が見られる。

汗と泥まみれになった『わが青春に悔なし』の躍動的なイメージから一変、雪降る札幌の地で原節子は、前作とは対極の「静止」のイメージによって硬質な美とエロスを醸し出しているのである。四方田が指摘するように、原節子は最初、「実物としてではなく、札幌駅前の写真館のウィンドウに飾られている巨大な肖像写真として」亀田（森雅之）の前に登場し、「ヒロインに超自然的で神話化された存在という印象を与えている」[31]。このような意味において、写真の静止イメージとしてフィルムに登場した原節子は、一九四九年以降の原節子、すなわち小津映画のパラダイムに属しているといってよいだろう。プレスシートの宣伝文案にも「モナリザのような不思議な微笑をたたえた女」[32]と描かれているように、動的な民主主義の指導者は影を潜め、もっぱら静止するイメージに回収されているのである。次に、一九五〇年に撮られ、教師役という意味でも『青い山脈』との連続性が想定される『白雪先生と子供たち』における変質を確認しよう。

『青い山脈』から『白雪先生と子供たち』へ

子供と原節子が無言で見つめ合い、ショットの連結だけで語られる異様なシーンが『白雪先生と子供たち』（吉村廉、一九五〇年）の中盤にある。親も家もなく学校に行けない少年が絵を描くのが好きだと知った雨宮先生（原節子）は、彼の住処《すみか》にそっとクレヨンを置き、そこで少年が描いた絵（雨宮先生の肖像画）を彼女が発見する場面だ。その少年の暮らす場所は住む家とはいいがたい防空壕の跡、大量に降った雨が入り込み地面がぬかるみになっている。カメラは真っ黒な顔で彼女を睨みつける心を閉ざした少年の顔【図6-8】、それとは対照的に真っ白な肌でまっすぐに彼を見返す原節子を交互に何度か切り返すと【図6-9】、外から入り込んでくる雨水をパンで捉えながら、今度は原節子の脚から少年

図6-8　睨みつける少年

図6-9　見返す原節子

図6-10　原節子の足元

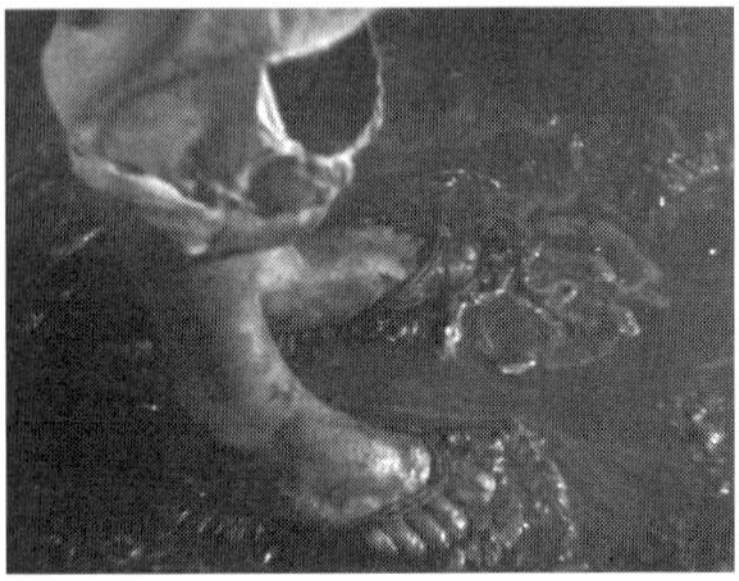

図6-11　少年の汚れた足元

の汚れた脚を対照的に映し出す【図6-10】【図6-11】。続いて、原節子の顔、少年の顔、原節子の脚、少年の脚と何度もズームインしながらクロースアップで捉える短いショットの連鎖に土砂降りの雨のショットが挿入される。この実験的なモンタージュによって構成されるシーンの最後、じっと少年を見つめた原節子の目から涙がこぼれ、それを受けた少年は耐え切れなくなって泣き叫ぶ。

ここでぬかるんだ足元と泥水に取り囲まれる原節子を捉えるショットは、『わが青春に悔なし』で黒澤明が泥まみれにしてみせた原節子とはまったく異なる意味づけがなされている。自らが水田のなかに入り込み、泥まみれになりながらエロスを放った黒澤映画とは違い、真っ白な美貌と美しく清らかな彼女の心が少年によって対照化されているのだ。すでに小津的なパラダイムに属しているこうした演出は、小津が反転させた原節子イメージの変奏であり、犯されがたい荘厳さをまとっている。一九四九年の切断面を考える上で、『晩春』だけではなく、『青い山脈』と『白雪先生と子供たち』の比較からも、ポスト占領期的欲望に原節子が引き寄せられていることがわかる。端的にいって、ここでももはや民主主義を先導していた原節子のイメージを見ることができない。封建的な思想がはびこる社会を「解体」していった『青い山脈』に対して、同じく教師を演じた『白雪先生と子供たち』では、これから見ていくように封建的な社会への「屈服」を表現しているのである。

この教育映画は、東京郊外にある小学校とその付近にある子供たちの遊び場としても学ぶ場としても大事にされてきた池をめぐって展開する物語である。路上生活を余儀なくされた少年・常治が一部の児童に悪影響を与えていることがわかるが、雨宮先生が引き取るという条件で、彼は学校に通うことになった。雨宮先生の学級の原島敏彦の父は染料工場を経営し、PTAの会長も務めて学校に協力してきた実力者、級長で優等生の服部良夫は母と貧しい二人暮らし、その母は原島の父に掃除係として雇われている。そのため良夫が敏彦の宿題をやってあげていることが発覚し、自分のためにならないと雨宮先生に指導されたときも、良夫の母は自分の立場を守るため先生のもとへ抗議しにくる始末であった。ある日、再開した原島の工場から池に汚毒物が流れ込み、次々と鯉が死んでしまう事件が起こる。悲しむ子供たちのため雨宮先生は、突然、原島のもとへ行き善処を願い出るも、許可は取っているからと彼はまったく聞く耳をもたない。自治会で決議し児童たちも抗議に向かうが、雨宮先生の先導だといって原島は憤慨する。そしてPTAとの協議を経て、雨宮先生は辞職へと追い込まれてしまう。だが、子供たちの池を守りたいという純真な心と汚濁した水を一生懸命汲み取る行為を見た雨宮先生は、引きとめる子供たちに心を動かされ、決して辞めないと誓うのであった。以上が簡単な物語の概要である。

『青い山脈』における会議は「民主的」な場として意見が交わされ、原節子が性の問題や男女の交際に関して封建的な思想の持ち主たちを糾弾する姿が見られた。だが、池問題の解決の場として開かれたPTA会議では、汚毒物が池に流れないようにお願いするという決断がなされるも、雨宮先生を吊るし上げる場となってしまう。PTAの会長を辞めると激怒した原島をなだめるのは難しいという話になり、その責任は、はじめに原島宅へ勝手に向かった雨宮先生にあると追及されるのだ。良夫の母がさらに「雨宮先生は原島の旦那を怒らせることばっかり考えてるじゃありませんか」と追い討ちをかける。彼女は、「旦那に気兼ねすることない」、「民主主義でいこうや、民主主義で」と声をかける男にきっぱりと「私は嫌ですよ」という。池さえ助かれば私たちはどうなってもいいのか、と校長に訴える彼女に賛同する参加者。原島の感情を和らげ辞意を撤回してもらうためと、彼らは雨宮先生を辞職に追い込んでゆく。そして深刻な面持ちで立ち上がる雨宮先生が次のように校長に述べる。

「わたくし、皆さまにご迷惑をおかけしたことにつきましては、責任を取らせていただきます」

そういい終わると、彼女はその場から逃げ出してしまう。ちなみに八住利雄によるシナリオの台詞は「校長先生……私、出すぎまして御迷惑をかけましたことについては、私……私、責任をとらせていただきます……」[33]であった。その直後、彼女を引き止め、一緒にやろうという協力的な同僚に対しても、「でも、わたくし、もうそんな力はございません」と言い残し、誰もいない教室へと去って行くと、彼女は教卓の上に突っ伏して泣いてしまうのだ。

むろん、教育映画である本作品がここで終わるわけではない。ラストシーン、彼女は子供たちに向かって、学校を辞めるなんてもう決していわないと約束する。だが、辞職を決意した彼女を思いとどまらせ、原島の父に汚毒物を流さないように決断させるのは、池を守ろうと必死に汚水を汲み出そうとする純真な子供たちの行動であり、原節子が封建的な力に屈したままであることを見逃してはならない。民主主義の指導者であったなら、敗戦から『青い山脈』まで一貫して行なってきたように、保守的な勢力を「解体」させ、改心させた上で、ハッピーエンドへと観客を導いていたはずなのだ。つまり、ここでの原節子は彼らを「啓蒙」することはなく、封建的な思想との戦いを放棄したことになる。『晩春』の紀子が日本的な記号に屈服していったように、白雪先生もまた男性的な権力や保守勢力とは棲み分けることによって、対立は回避されてしまうのである。

3 『麦秋』における〈集合的記憶〉

分裂する家族共同体

原節子が紀子役で主演した小津の『晩春』、『麦秋』、『東京物語』を「紀子三部作」と呼ぶことがある。反復される名前や細かい設定からそのような呼称が定着したことは容易に理解できる。間違いなくどれも原節子という映画女優でなければ成立しない物語だが、「三部作」の紀子という登場人物にまったく連続性もないし、一貫した主体性も見られない。『晩春』で、障子の格子や畳、あるいは着物などで原節子の身体を取り囲んでいた日本的な記号は、彼女がマンションの窓やブラインドなどと同化することによって明らかに縮減している。確かに『麦秋』では、『晩春』と同じように障子の格子や襖《ふすま》の枠組みがフレーム内の人物の背景へと配置されている。だが、『晩春』における背景が人物たちを捉え、囲い込むような日本的な記号として機能していたのに対して、『麦秋』では、そういうイメージとして表象されず、人物は絶えずフレーム内外を自由に行き来しているのだ。

彼女が演じる『麦秋』の紀子は、洋服を着て英文をタイプする大手貿易会社の専務秘書であり、前作に比べかなり西洋文化に馴染《なじ》んでいる。同じように婚期を逃しつつある娘の縁談を軸に物語が進行していくのだが、たとえば兄とのやり取りで「お前そんなこと思っているからいつまでたってもお嫁にいけないんだ」といわれたのに対して、彼女は「いけないいんじゃない、いかないの。いこうと思ったらいつでもいけます」と飄々としている。つまり、『麦秋』では、結婚しない理由が晩春ほど明確ではなく、三部作におけるそれぞれの「紀子」は、その造形や物語内部での位置づけがまったく異なっているのだ。だが、三作品の原節子から通時的に見えてくるのは、彼女の「死者」との関わりが物語のなかで顕在化してゆく事態であり、そこには明らかに戦争の「記憶」と「不在」というモチーフが深く結びついていることがわかる。ここでも『麦秋』という物語を分析した上で、歴史的コンテクストからポスト占領期的欲望を体現する原節子を見てみよう。

『麦秋』は、『晩春』や『東京物語』と違って、かなり「難解な映画」である。むろんこの物語を「婚期を逃した女性が周囲の反対を押し切り、身近にいた男性との結婚を決意することによって一家が離散する話」と簡潔にまとめることはできる。だが、小津映画では重要なことがことごとく「省略」され、明瞭には観客に伝えられない。とりわけ、この作品の小津は映像においても曖昧にしか語らないのである。より具体的に表層に流れる視覚的イメージを要約すれば、このフィルムに満ちあふれているのは中流階級のきわめて幸福な日常のイメージであり、あまりに近くにいすぎて気づかなかった男性との「恋愛」が発見され、彼女が自分の意志で結婚を決めるという結末には、戦後初期に求められた「自由」な恋愛や、戦後女性の自立を称揚するハッピーエンドが描かれている。だが、彼女の「決断」が本質的な意味で「自由」ではなかったことには注意しなければならない。それはある種の「不自由さ」のなかで「偶然」もたらされ「発見」されたものにすぎないからだ。まずは、北鎌倉に住む間宮一家が、紀子の結婚を機に離散していくまでを描いたホームドラマ『麦秋』のあらすじを確認しておこう。

原節子が演じる二十八歳の紀子は丸ノ内の貿易会社の専務秘書、彼女は大学を退職して隠居する父の周吉（菅井一郎）と妻の志げ（東山千栄子）、紀子の兄であり医者の康一（笠智衆）と妻の史子（三宅邦子）、その兄夫婦の息子二人と暮らしている。そこに紀子の伯父（高堂国典）が大和の本家から訪ねてくる。突然、専務である佐竹（佐野周二）から縁談の話が持ち上がり、もうお嫁に行かなければと案ずる康一はじめ間宮家でもその話に乗り気になる。だが、戦死した次兄省二の親友であり近所に住む矢部謙吉（二本柳寛）の母親たみ（杉村春子）に、自分の息子と紀子が結婚してくれたらといつも思っていたと明かされると、紀子は謙吉との結婚を「私でよかったら」とその場で決めてしまう。謙吉は康一と同じ病院に勤める医者だが、妻に先立たれ五歳の女の子を母と育てており、秋田の病院に栄転することが決まっていた。紀子が謙一との結婚を決断したのは、彼が出発する前日の晩、紀子が矢部家に挨拶に行ったときのことだった。間宮家の人々は、反対し考え直すよう説得するが、彼女の気持ちは変わらず、彼女の結婚を機に周吉夫婦は大和の伯父のもとへ、紀子は秋田へと旅立つことになるのであった。

この大家族の分裂は大きく二つの事情によってもたらされる。一つは兄夫婦が寝泊まりしている一階は、康一が町医者として開業するための診療室として必要とされていること。つまり兄夫婦が二階で生活し、子供たちも大きくなっていくと老夫婦の居場所がなくなってしまうのである。そしてもう一つは、多くの論者が指摘するように、康一とともに家計を支えていた高給取りの紀子が結婚を決意し家を出ることによって、康一だけで両親と子供たちを養う余裕がなくなってしまうという事情があげられる。伯父はあるメッセージを携えて大和から出てきたと高橋治は述べる。すなわち、大和へ帰る前夜に彼が周吉へ話す「一度、大和へもこんかな」という言葉と、周吉の「ええ行きますよ。これで紀子でも片づいたら……」に返したその次の「来た方がええ。お志げさんもな。大和はええぞ。まほろばじゃ。……いつまでも若いもんの邪魔しとることない」という台詞における意図的に仕掛けられた矛盾には、若い者のお荷物であることをやめて大和で余生を送ったらどうか、という提言が隠されているのだ。▼34

老夫婦が自分たちの居場所を喪う一方で、紀子は自分の居場所を「発見」する。だが、その紀子の居場所は、長男との同居から切り離され、扶養同然の状態で故郷へと帰還する老夫婦の悲劇とは対照的な、自分の意志に基づく幸福な居場所だったろうか。彼女が見出した居場所とは、端的にいって、縁談相手の知らない中年サラリーマンではなく、長い時間を過ごした謙吉を媒介とした、忘却されつつある「戦争の記憶」とともに生きていくこと。戦死した兄の省二とその親友である旧友とともに戦後を生きていくことに他ならない。

カメラの運動――空の移動ショット

この作品が映像によって伝えようとしていることは「不在」と「記憶」のイメージであろう。『麦秋』においては、人物の動きには一貫して無頓着なカメラが、「かつてそこに誰かがいた」という「不在」の風景には敏感に反応し、運動する。小津映画のなかでも『麦秋』には移動撮影が多用されている。[35]たとえば、歌舞伎座のいっぱいになった客席の桟敷席に座る兄夫婦と伯父を、カメラが席とは平行に舞台側に移動しながら捉えるシーン【図6-12】。その直後の同じ芝居を料亭のラジオで聞いている紀子と友人アヤ（淡島千景）のシーンでは、二階の部屋に来ている専務のもとを紀子が訪れた後、部屋を出て一階へ続く階段を駆け下りるところをいつものローポジションから固定カメラで映し出す。だが、紀子がフレームアウトした瞬間、カメラはゆっくりと彼女が立ち去った料亭の廊下を前進しはじめるのである。

通常、手前から奥へと縦に動いた人物をカメラの移動で捉えるなら、その人物の移動に合わせてカメラを移動させるのが常識的な手法だろう。だが、ここでは原節子が去った後、彼女の動線をたどるかのようにカメラが遅れて無人の廊下を自動的に動き出すのである。さらに、その直後のショットで、歌舞伎の客席を映すショットと同じ構図で移動撮影をするが、先ほどまで埋めつくされていた客席にはもう誰一人座っていない【図6-13】。すなわち小津は、誰かがいた場所を、時間的経過のなかで反復し、去った後の光景を映像化していることになる。この「不在」を捉えようとするカメラの運動こそ、

『麦秋』という映画をある意味で不気味なものにしているのだ。ちなみに、紀子を後から追いかけたカメラの移動はシナリオではシーン43、その次は間宮家の台所のシーンになっており、繰り返された無人の客席は現場で撮影され、この場面に挿入されている。

また、自分たちのために父親が電車のレールを買ってきたと思った子供たちが、パンだとわかり抗議する場面がある。紀子の縁談相手のことで議論が交わされ、志げと妻に怒って洗面所に向かい乱暴に水道をひねる康一。気まずい沈黙が流れ、志げと妻も居間を去る。そして不機嫌な顔で机に座る父のもとに、子供たちがやってきて「なんだい、こんなもん！」とパンを蹴飛ばす。康一が子供を殴ると、彼らは家出してしまう。紀子が帰宅し、康一と史子と少し言葉を交わした直後、シナリオに記載されていないパンのショットが挿入される。子供に蹴飛ばされて真っ二つに割れたパン。それを捉えるカメラはまたしてもゆっくりと前進をはじめる【図6-14】。

図6-12　移動撮影で客席を捉えるカメラ

図6-13　無人の客席を捉えるカメラ

図6-14　パンに向かって前進するカメラ

家族共同体の分散がゆるやかに進行するなか、こうした断絶は主題と密接に関わりながら視覚上のイメージとしても提示されている。紀子が家族にとって不本意な結婚を決めた翌日、周吉はカナリヤのエサを買ってくると出かける。ゆっくりと歩きながら線路を渡ろうとする周吉の前に遮断機が下りてくる。彼は少し引き返して道端に腰を下ろす【図6-15】。ため息がもれ、電車が過ぎ去っても動こうとしない周吉。空を仰ぐ彼の視線の先には美しいうろこ雲が一面に広がっている。諸氏が指摘するように、一家の離散が踏切によって見事に映像に結実する場面である。もちろん、ここで周吉は紀子の結婚が何を意味するのかを理解している。一見、物語の進行とは関連性のない分断されるパン、目の前を遮る踏切、小津の〈切断の美学〉とでもいうべき主題が、視覚イメージとして形象化されているのである。

カメラの運動に話を戻そう。謙吉との結婚を決めた紀子とアヤが料亭で冗談を交わした後、専務の

図6-15　遮断機の前に座る周吉

図6-16　無人の台所に前進するカメラ

図6-17　何度も反復される光景

縁談相手が客座敷に来ているから見にいこうと、二階の廊下を手前に歩いてくる二人を後退しながらカメラが捉えるシーンの直後、誰もいない紀子の家の台所に向かってゆっくりとカメラが前進する移動ショットが挿入されている【図6-16】。かつてそこには二階と一階を行き交う間宮家の家族が、あるいは台所で立ち話をする紀子や康一の妻が、何度も同じ構図で捉えられていた【図6-17】。自律化したこのカメラの視点は、登場人物たちが進行させる物語の時間からは超越した、幽霊的なものの現前を感じさせる。

シーンとシーンの間に挿入される「空の移動ショット」が追いかけようとする対象とは、「かつてそこにあり、いまはもういないもの」、すなわち、「不在」そのものである。突如として意志をもったかのように前進したり、横に移動したりするカメラの形態と映画の本当の主題は分かち難く結びついているのだ。繰り返されるカメラの構図（反復）と対象の変化（差異）。作品を超えて何度も映像化されるこのような表現形式は、長谷正人が卓抜な小津映画の時間論で示そうとした「何かが過ぎ去ってしまった」という時間感覚と関わる問題だろう▼36。紀子が去った後を追い、無人の客席を反復して映し、誰もいない台所に前進するカメラ、あるいは切断されたパン、これらは取り返しのつかない時間の進行を捉えようとしているのである。

抱擁される〈集合的記憶〉

家庭の食卓の幸福な光景が作り出す美しいイメージのなかに突然、死者の存在が召喚される。間宮家の内部は円環構造のように閉じられ、誰も死者のことを口にする者はいない。だが、外部から「死者」が呼び戻されたとき、この家族共同体がきわめて危ういまま「幸福のイメージ」を生きていることがわかってくる。この「幸福なイメージ」に「翳《かげ》り」が見えはじめる最初の出来事が、映画がはじまって中盤近く、謙吉の母たみが訪ねてくる場面である。興信所の職員が訪ねてきて紀子のことを聞いて帰ったので、たみは紀子に縁談の話があって先方がその下調べに来たに違いないと思い、手土産をもって間宮家に飛んでくる。出迎えたのは紀子の母の志げである。

おしゃべりと自称するたみは「いやなやつでねえ、なんでもよく調べるんでございますよ、こちらの省二さんとうちの謙吉が同じ高等学校だなんてことまで……」と悪気なく話しはじめる。そこへ父の周吉が現れ挨拶を交わすが、ふと日常に戦争の記憶と「死者」が呼び込まれ、お茶を入れる志げの表情は明るくない。一瞬、妙な間があり、周吉が「謙吉君も立派になられて、あなたもお楽しみだ」と話すと、たみは「いいえ、もう、なんですか、嫁が亡くなりましてから本ばっかり読んどりまして……」と返す。「一昨年でしたな」という会話から、原因はわからないが謙吉の妻が亡くなっていることが明らかにされる。たみが「お宅の省二さんも……」といいかけると、それを遮るように、周吉は「いやあ、あれはもう帰って来ませんわ」と述べる。「でも、このごろになってまたポツポツ南方から……」というたみの言葉に対しても「いやあ、もう諦めてますよ」と断言する周吉。その一方で、妻の志げは「省二がどっかで生きてると思っている」とされ、ラジオのたずね人を根気よく毎日聴いているという。戦後復興の時期にあって、戦争の記憶から抜け出すことができない老夫婦の苦しみが、表層の明るさとは裏腹に、名バイプレーヤーの杉村春子と東山千栄子の絶妙な表情と間によって表現され、物語に「死」の「翳り」がもたらされているのだ。

もう一つ、外部の人間から死者が呼び戻される重要なシーンが、たみの息子である謙吉と紀子がカフェで康一を待つ場面だ。まだ専務の縁談の話が進行するなかで、秋田への転勤を承諾した謙吉の送別会のため、紀子と謙吉は先にカフェに行き、康一を待っている。むろん、ここでの紀子と謙吉はこの後、自分たちが結婚することになろうとはお互いにまったく思っていない。このシーンは物語のなかで、いかなる役割を果たしているのだろうか。

まず紀子と謙吉が御茶ノ水付近の坂道を一緒に歩いている。続いて「ニコライ堂」の名で知られる

図6-18　窓の外を見上げる二人

東京復活大聖堂教会の外観のショットが挿入され、それを喫茶店内の窓から二人が見上げているショットに切り替わり、二人がともにニコライ堂を見ている視点ショットであることが示される[▼37]。ニコライ堂は、空襲による被害を免れたが、東京大空襲の後、大聖堂に大量に焼け焦げた遺体が運び込まれた場所であった。戦災永眠者が眠る場を二人が一緒に見ていることは、この後きわめて重大な意味を帯びてくる。ここで原節子はかすかに聞こえる賛美歌を背景に、死者の眠る教会に視線を送り続け、その間に二本柳寛は一度テーブルに視線を戻すも、再び窓の外の教会を見上げる【図6-18】。このようにして戦争と死者の記憶が教会に媒介され、謙吉から「昔、学生時分、よく省二君と来たんですよ、ここへ」という言葉が発せられる。「そう」と穏やかな微笑みを浮かべながら答える紀子。「いつもここへすわったんですよ。やっぱりあの額がかかってた」と謙吉がいうと、二人は一緒に壁に飾ってある絵画を眺める――シナリオではミレーの《落穂拾い》を眺めることになっていた。実際の撮影で、なぜ絵画が変更されたのかはわからないが、ここで重要なのは絵の内容ではなく、二人が省二の記憶を媒介に同じ対象を見つめているということだ。なぜなら、この絵画へとまなざしを送る二人が共有するのは、かつての省二のまなざしに他ならないからである。

「よく喧嘩もしたけど、あたし省兄さんとても好きだった」という紀子の発話と同時に、沈黙していた聖歌隊のコーラスが再び流れはじめる。日中戦争中に軍事郵便で省二から麦の穂が入った手紙が送られてきて、ちょうど『麦と兵隊』を読んでいたことを謙吉が伝えると、紀子は「その手紙頂けない?」と真剣な面持ちで話すのだった。「あげますよ。あげようと思ってたんだ」という謙吉に「頂戴!」と嬉しそうに話す紀子。省二のことを想起する紀子は、父の周吉や母の志げとはかなり違って見える。このシーンにこそ、本当の「幸福のイメージ」が描かれているといってもよいかもしれない。この後の二人の結婚を予告的に暗示する静謐で崇高な名場面である。この隠された意味を汲み取った観客ならば、次に紀子が謙吉の家に餞別を届けに訪れ、たみの口からふと発せられる「あなたのような方に、謙吉のお嫁さんになっていただけたら、どんなにいいだろうなんて、そんなこと思ったりしてね」という言葉を受けた紀子が、その場で結婚を承諾したことも納得できるだろう。[38]

この家族は円満に見えて「一点ポッカリと口を開いた暗部が周到に用意されて」おり、「この作品における間宮家の不在の息子、行方不明の省二の存在がドラマの展開上きわめて重要である」と指摘する佐伯知紀は、紀子が唐突に謙吉との結婚を決めるくだりも、「この不在の兄を介してながめると、きわめて自然なものとなる」と述べている。[39]むしろ、次のようにも考えることができる。不在の中心であった次兄の省二が必然的に二人を引き合わせたのだと。そのように考えると、このフィルムの各所に挿入されていた自動的に運動するカメラ、「無人の空の移動ショット」は、この死者である省二の幽霊的な視線であるようにも思えてくる。「不在」の戦没者を中心に進行するこのドラマには、生者と死者の無言の対話が織り込まれているのだ。

確かに紀子は、周囲の人々からすれば、「偶発的」に結婚を決めてしまう「軽率」な娘となる。だが、省二が「かつてそこにいた」場所を謙吉と共有し、一緒にニコライ堂や壁の絵画を眺めた紀子は、謙吉と一緒にいる幸福――省二の記憶とともに生きていくこと――を実感したのである。『晩春』で居場所をなくしていった紀子は、ここにきて自分の「居場所」を発見する。ここで省二が「麦の穂」を入れて送った手紙は、謙吉から紀子へと手渡される。二人の結婚は戦死者からの「麦の穂」を共有することを意味している。いや、それだけではない。ニコライ堂を謙吉と一緒に眺める紀子の視線は、省二を媒介に、戦没者たちへと注がれているだろう。父と母が大和へと引っ越した後のラストシーンは、風にそよぐ無数の麦の穂を移動撮影によって捉えて終幕となっている。映画の説話においてこの「麦の穂」は省二でもあると同時に、戦争で命を無くした無数の戦没者でもある。[40] 物語に潜む戦争の「記憶」と「不在」の視点から捉えると、『麦秋』は「かつてそこにあり、いまはもういない」不在のイメージを現前する「死者」たちの弔いにも似たフィルムとして立ち現れるのである。

物語は表面上、「売れ残り」の紀子に縁談をもってくる家族の望みに反して、紀子が妻を亡くし幼い娘をもつ謙吉と「自分の意志」で結婚するということになっている。換言すれば、封建的な制度や圧力を排して、民主主義的な自由意志に基づく占領期のコンテクストにおける決断のように見える。だが、本当の意味での自由な意志に基づくものではなく、戦争という過去の記憶と不在の次兄によってその選択が規定されていることは見逃してはならないだろう。しばしば誤解されてきたような近親相姦的な意味ではなく、死者を記憶することという責任を引き受けた彼女は、ある種の「不自由さ」のなかで、省二という兄、そして戦没者たちを抱擁し、死者の記憶とともに生きていく決断をしているのである。そしてそれはむろん、敗戦の時空に生きた多くの日本人にとって共感できるものだったに違いない。日本の独立前夜、原節子は戦争の〈集合的記憶〉を忘却するのではなく、しっかりと記憶にとどめ、共有して生きてゆくのだ。ここにおいても、もはや戦後民主主義の指導者の姿は認められず、ポスト占領期の欲望を体現するイメージとして原節子はスクリーンに表象されている。

そして『晩春』と同じく、『麦秋』でも、観客の現実生活と映画の世界との距離は批評言説で多く取り上げられている。飯田心美は『麦秋』の公開後に次のように書いている。

「晩春」や「麦秋」は工芸品ではあっても今日の日本映画の代表的作品ではない。これは今日の空気など通わぬように金屏風で仕切った床の間の盆栽と相距《あいさ》ること遠くないものである。逸品ではあろうが我々の生活とは縁の遠い作品だ。[41]

同時代の批評を見ると、この時期の小津の作品を表す用語として多用されているのは、「懐古趣味」や「伝統」、あるいは「日本的」や「封建的」という言葉である。小津の意図がどうであれ、観客にはそのように映っている。だが、西洋／日本といった文化的記号によって画面が構成されている『晩春』に比べて、とりわけ『麦秋』に顕著なのは、表層に見られる女性の結婚の問題の根底に流れている、戦没者を介した戦争の「記憶」と「忘却」の問題であった。小津映画にあっては、「民主主義啓蒙映画」のような占領期の進歩的映画と違って、過去は決して否定され排除されるものではない。そのような態度は、敗戦から六年を経て独立を回復する日本人のノスタルジーを喚起し、ナショナリズムを誘発することになったのである。次に、それが映像テクストに結実した『東京物語』を分析していこう。

4　「戦争未亡人映画」としての『東京物語』

再び居場所をめぐる物語

日本的な記号がスクリーンを占有することによって、植民地日本で享受されていたアメリカ文化を相対化することになった『晩春』、戦死した兄の不在をめぐって危ういまま結びついていた共同体の分裂と死者の記憶の共有を決断する『麦秋』、「紀子三部作」の二本のフィルムは、このような大きなコンテクストのなかで描かれる鎌倉の家族の小さなドラマであった。『晩春』では、結婚相手も嫁いだ先もまったく描かれず、『麦秋』で謙吉と向かった秋田も映し出されることはなかった。それに対して『東京物語』は、「東京」と「尾道」という明確な固有名が与えられている。さらに『東京物語』にあっては、不在化されていた戦死者がより前面に押し出されるだけでなく、登場人物自体が死んでしまう。この二つの場所と二重の死をめぐって描かれる物語が、「紀子三部作」と呼ぶにふさわしくないとすれば、それはおそらく、話の中心が紀子ではなく、尾道から旅立った老夫婦が東京を経験し、故郷へ回帰するまでを挿話的な接合によって描写した「老夫婦の東京の物語」だったからだろう。だが、後で述べるように、原節子がこの最高傑作と称される小津の代表的フィルムで、「戦争未亡人」という戦後のきわめて重要な社会的身体を演じたことの意味は大きい。まずは物語を確認しておこう。

平山周吉（笠智衆）と妻のとみ（東山千栄子）は、末娘の京子（香川京子）と一緒に尾道での老後の生活を静かに送っている。その老夫婦が、東京で町医者をし、二人の子供をもつ長男の幸一（山村聰）とその妻の文子（三宅邦子）、そして美容室を経営する長女の志げ（杉村春子）とその夫の庫造（中村伸郎）の家族に会いに上京するが、忙しい生活に追われる子供たちはもてなす余裕もない。そのなかでただ一人、戦死した次男の嫁である紀子（原節子）だけが、仕事の休暇を取って東京観光に連れていったり、自宅に招いてお酒を酌み交わしたりと、ていねいにもてなすのだった。血のつながりのない紀子に毎回頼むわけにはいかないという長男と長女の計らいで、老夫婦は熱海に行くことになるが、宿での若者たちのどんちゃん騒ぎにゆっくりすることもできず早々に東京に戻ってきてしまう。次第に厄介者として扱われるようになる老夫婦は居場所を喪失する。周吉は同郷の老友を訪れ深夜まで飲み明かし、とみは紀子の家に泊めてもらうことになる。こうして東京の子供に会う旅は終わり、尾道に帰った老夫婦だが、まもなくとみは脳溢血で死んでしまう。駆けつけた子供たちが、悲しみに暮れながらも葬儀が終わるとすぐに東京に帰るのに対して、紀子だけが数日残って周吉のもとにとどまる。そして別れのとき、紀子はとみにはいえなかった本心を周吉に打ち明ける。周吉が妻の形見をもらってくれと時計を贈り、彼女の幸福を祈ると、紀子は号泣するのであった。

この作品も同じく「居場所をめぐる物語」であり、物語においても映像においても「居場所」が重要な軸となり視覚化される。まず上京してきた老夫婦を迎える子供たちの家族の場面は、『麦秋』と

図6-19　居場所をなくす勉強机

同じように、きわめて幸福感に満ちあふれている。だが、周吉ととみが二階で寝泊まりするため、孫息子の実の勉強机が縁側の隅に出されているのをカメラはしっかりと収めている【図6-19】。居場所をなくした実は、夜になって診察室に教科書を広げて英語の勉強をするのであった。幸福な家族のイメージに「翳り」が見えはじめるのがその翌日、長男の幸一が子供たち二人と両親を観光へ連れていく予定が、来訪者によって中断される日曜日の朝のことだ。

　患者の子供の容態が思わしくなく、急遽、往診に行くことになり、観光は中止になってしまうのである。ふてくされる子供たちを気遣い、とみが弟の勇を外に連れ出して遊んでいる光景が「あんなとこで遊んどるよ」と二階の窓から見る周吉の視線に媒介されて映し出される。だが、この場面の構図は、画面左側に一軒家の屋根を大きく手前に、右奥に小さく二人を捉えるロング・ショットで、先行きを案ずるかのような非常に違和感のある不安定なショットだ【図6-20】。とみは孫に一方的に話しかける。「あんたがのう、お医者さんになるころあ、お祖母ちゃんおるかのう……」と、不吉な言葉を放つとみの言葉は、独り言のように呟《つぶや》かれるだけで、もちろん誰の耳にも届いていない。だが、窓の外を見るショットで画面左手前の居場所を文子が占めていたのに【図6-21】、とみと孫の短いコミュニケーションが交わされた直後、カットバックしたカメラが映すのは、文子が去った後、独りで退屈そうにぼんやりと団扇《うちわ》で扇ぎ、体にとまる蚊を叩く周吉の姿である【図6-22】。そしてこのショットは、妻を亡くした後のラストシーンで見事に反復される。同じように窓の外を眺めながらぼんやりと団扇で扇ぎ、蚊を叩こうとする周吉【図6-23】。差異は東京か尾道かであり、ここで反復しているのは、いうまでもなく「不在」のイメージの連鎖である。

図6-20　不安定な構図のショット

図6-21　窓の外をみる笠智衆

図6-22　反復と差異

図6-23　反復される身振り

さらには『東京物語』における「東京」が具体的な場として表象されておらず、徹底的に「不在」の象徴として描かれていることも、この作品において重要である。吉田喜重が指摘するように、戦死した次男の嫁に案内されて東京を見物することになるのだが、「バスの車窓から眺められる絵葉書のような景色を、われわれは東京と名づけるしかなかったのである。しかも東京はついに語りえない、不在の都市として老夫婦の前に限りなく拡がっていた」[42]。老夫婦は息子の家に数日泊まった後、長女の家に滞在するが、志げが忙しくて店を休めないことを理由に、紀子に案内を頼んでいたのだ。観光の帰り、夫婦は紀子の古びたアパートへと立ち寄る。

　紀子の部屋の場面は、老夫婦が見る棚の上に飾られてある戦死した次男の写真の話題からはじまる【図6-24】。『麦

図6-24　戦死者をめぐる会話

秋』と違ってこの夫婦は、息子の死を完全に受け入れているように懐古的な口調で昔話をする。この場面の話題の中心にあるのはむろん、戦死した「不在」の昌二である。だが、吉田喜重もいうように、「その写真——」と書かれたシナリオから判断するに、この場面で次男の写真がクロースアップで映されることが予定されていたようだが、現場ではそれは拒絶されている[43]。まさにそれは、写真の具体的なイメージを提示することによって意味内容が限定されること、すなわち観客の想像力が途絶えてしまうことを回避する小津の戦略だったに違いあるまい。ここでも『麦秋』のごとく、戦死者に普遍的なイメージが与えられるのである。

　子供たちに会いに来たのにもかかわらず熱海に追いやられてしまった老夫婦は、昼間の静かな海や温泉は楽しんだものの、深夜まで続く若者たちの麻雀の騒音やどんちゃん騒ぎで安らげる場所にはならない。太陽光を反射する水面を眺めながら休んでいる翌朝の防波堤のシーンは、まるでこの世のものとは思えない崇高な光景に老夫婦が溶け込んでいる。あたかも死者が天国へと召喚されたかのように、息を呑むような美しさが画面いっぱいに拡がるこのショットは、その前の就寝のシーンの暑苦しさと、若者の騒音が作り出す閉塞感に対置され、解放感を演出している。だが、またしてもこの幸福なイメージに「翳り」が埋め込まれる。「お前はよう寝とったよ」という周吉に「嘘いいなしゃ。私も寝られんで……」というとみだが、「嘘いえ。鼾《いびき》をかいとったよ」といわれる喜劇的な対話の後、まったく物語の進行に関係のない宿の女中が二人で掃除をしながら新婚の悪口をいうシーンが挟み込まれているのだ。幸福なシーンはまずこの異質なシーンによって断ち切られる。

さらに老夫婦のショットに再び戻って会話が続く。「東京も見たし、熱海も見たし、もう帰るか」といって周吉が立ち上がると、目眩《めまい》のせいでとみは立ち上がることができない。むろん、物語が進めばとみが死んでしまい、このシーンのよろめきが彼女の死につながるのだが、一メートルはくだらない防波堤の上に老夫婦を座らせ、そのすぐ先には海が広がっているという場所を選んだのには、小津の明確な意図があるだろう。子供たちにやっかいものにされ、東京から熱海という辺境の地へ送還された老夫婦は、周縁に取り残されていると同時に、彼岸と此岸の境界に立たされているのだ。「こんなとこは若いもんの来るところじゃ」という老夫婦にもはや居場所はない。美しい風景をバックに、老人が歩くには危なっかしい防波堤の上を宿の方向へと進んでゆく画面には、危うさと崇高さが共存している。

早々に志げのもとへ帰宅した老夫婦は、今晩は家で寄合いがあるから、もっとゆっくりしてきてほしかったといわれてしまう。「とうとう宿無しになってしもうた……」と苦笑する周吉。彼らは東京で完全に居場所を喪失してしまった。周吉は旧友の服部を訪ねることにし、とみは紀子のところへ泊めてもらうことにするが、それまでは上野公園の片隅に腰を下ろして時間を潰している。ゆっくりとした映画内の時間は彼らだけに流れている。それを確かめるかのように、ゆったりとした移動ショットで二人が何か食べているのが横から映される。観客の不安をかきたてるように、とみが傘を忘れて、周吉は「それ見い、すぐそれじゃ」と言い放つ。確かに、大都市東京を彷徨《さまよ》う老人たちにこの後、かすかな救いの場面が用意されている。だが、とみの方にもたらされた至福のイメージは、よく画面を観てみると、きわめて危うく恐ろしいショットで構成されていることがわかるのだ。

旧友と夜更けまで酒を酌み交わし、子供たちへの不満を吐き出す周吉は楽しそうに見える。一方、紀子のもとを訪れたとみは紀子の部屋で肩を揉んでもらっている。一見するとこのシーンは、昌二を媒介に血のつながらない他者同士で交わされる幸福なイメージで満ちあふれている。彼女を労《いた》わる紀

図6-25　ライティングによるコントラスト

図6-26　光と影による境界線

子に礼をいうとみ。二人が並んで布団を敷き、休もうとするとき、とみは「思いがけのう昌二の布団に寝かしてもろうて……」といい、かすかに音楽が鳴り出す。ここでとみが「不在」の昌二に二重化され、彼女に息子と重なり合った「死」が忍び寄っていることが暗示される。死んで八年にもなる昌二の写真を飾っているのを見ると、本当に気の毒になるからいつでも気兼ねなしにお嫁にいってくれと頼むとみに対して、紀子は、この方が気楽で勝手にこうしているだけだと答える。その言葉に感激して涙ぐむとみに「じゃ、おやすみなさい」と声をかける紀子。その直後に紀子が立ち上がって電灯を消す瞬間の画面設計は、このシーンの不気味さを最大限に引き出しているのだ。

　紀子は座った状態で義母にいった「おやすみなさい」という言葉を、立ち上がり電灯を消す瞬間に、もう一度いう。だが、二回目の紀子の口はまったく動いていないのである。突然、画面外部からもたらされる声。これは紀子の心の声と理解すればよいのだろうか。おそらく重要なのは、電灯を境界としてその手前に配置されるとみには光があたらず、奥に立つ紀子にのみ光があたっていることであろう【図6-25】。ここでも彼岸と此岸の境界線が引かれ、観客の方から見て左手前のとみは真っ暗に、右手奥の紀子は対照的に明るく照らされていることが、昌二の布団で「死」が重ねられたとみの行く末を暗示している。さらに二人が横になった後も、玄関の光源は紀子の身体だけに光を注ぎ、とみは暗闇に包まれているのだ【図6-26】。光と影によって視覚的に物語構造が織り込まれるこの場面は、周吉と紀子のラストシーンに匹敵する名場面である。

いよいよ老夫婦が帰る場面、東京駅のホームの待合所に幸一と志げと紀子が見送りに来ている。ここでとみは自分の死を予期しているかのような発言をする。「みんなにも会えたし、これでもう、もしものことがあっても、わざわざ来て貰《もら》わあでも……ええけ」というとみに志げは「何お母さん、そんな心細いこと、まるで一生のお別れみたいに……」と反応するが、とみは「ううん、ほんまよ。ずいぶん遠いんじゃもの」と答えている。観客はここで物語の序盤、尾道から上京したとみが、挨拶に来た紀子に「東京いうたらずいぶん遠いとこじゃ思っとったけど、昨日尾道発って、もう今日こうしてみんなに会えるんじゃもんのう……」と話していることを思い出すだろう。このような感覚のずれからも、とみが「東京」を経由した後、現世からより遠くに位置づけられていることがわかる。

死者たちの饗宴

表層に流れる「幸福のイメージ」とは裏腹に、これほどまで基層に「翳り」を描いたホームドラマがあっただろうか。『東京物語』は「死」にとり憑かれた映画なのである。とみの死に目に会えなかった三男の敬三が遅れて尾道へとやってきて、顔に白布のかかった母の顔を沈痛に枕元で眺めている。するとそこに木魚の音が聞こえてくる。終盤のとみの葬儀の場面である。この場面では、墓地のショットが葬儀のシーンを取り囲むかのように導入と終わりに二つずつ、そして葬儀の途中に耐え切れず立ち上がって外の景色に目を向けた敬三の視線の先に一つ、合計五つの墓のショットが挿入されている。ちなみに葬儀の直前の墓地のショットはシナリオに記載されていないものであった。『麦秋』で想起された無数の死者たちは、ここにおいて画面に乱立する墓に置き換えられている。すなわち、『麦秋』で風に揺れる麦の穂に象徴されていた無数の死者のイメージは、立ち並ぶ個々の「死」のイ

図6-27　墓場に具現される「死」

メージとして具現されているのだ【図6-27】。

　三番目の墓地のショットは敬三の視点だが、他は誰が見た光景なのか映画で示されることはない。ここで墓地のショットが登場人物の視点とは切り離されて挿入されているのは、観客である私たちの視線を意識させるためのように思われる。多角的なアングルからいくつもの墓が映し出されることによって無数の死が表象される効果があるが、なぜとみ個人の死は無数の死者たちへとイメージを敷衍《ふえん》されなければならなかったのか。観客である私たちは、無数の死を見ていると同時に無数の死者たちに見返されているのだ。ここには日本の侵略戦争における毒ガス作戦にも関与したといわれる小津なりの態度が見てとれるかもしれない[44]。語りかける無数の死者たちのイメージは、戦争体験のない現代の観客とは程遠い、より逼迫したものだったはずだ。小津はこのフィルムを通して無数の死者たちとのダイアローグを実践しているようである。そして『東京物語』はついにクライマックスを迎える。原節子の基層（実態）を覆い隠していた表層（仮面）が暴かれ、最後に真実の姿が現前することになる名高いシーンだ。

　昌二のことは気兼ねせず忘れてもらってかまわないと、周吉が行く末を案じていうと「わたくしずるいんです」と紀子は語りはじめる。自分はそういつも昌二のことばかり考えてるわけじゃない、思い出さない日さえある、忘れている日が多い。このままじゃいられない、どこか心の隅で何かを待っている、と。そしてこういうことは「お母さまには申し上げられなかった」、だから自分はずるい。まさにここにきて『晩春』と『東京物語』に通底する主題が明らかになる。前者においては、再婚相手の出現によって自分の居場所が奪われそうになり、情動を刺激されることで嫉妬や怒りが顔に表出したが、後者では、「戦争未亡人」としての理想的で崇高な自己イメージに耐えられなくなり屈服し、実態を現前させるのである。ただ彼女のその姿があまりに美しく、これ以上ないやり方で観る者の心を捉え深く揺さぶってくる。原節子の潔癖なペルソナがあったからこそ、深い感動を呼び起こすことができた名場面である。当時の観客は、この原節子をいかに受け取ったのだろうか。それには、社会的身体としての「戦争未亡人」が、どのような意味を担っていたのかを歴史的コンテクストから理解しておかなければならない。

「戦争未亡人」としての原節子

一九四七年の厚生省児童局の調査によれば、「戦争未亡人」の人数は五六万六四〇五名であったが、川口恵美子は、内地・外地ともに混乱しているこの時期に正確な数字が把握できるはずはなく、戦争末期の若い戦死者で籍を入れていない夫婦もいたため、「戦争未亡人の実数はこれよりさらに増えるはずである」と述べている。戦時中の未亡人の再婚は、女性問題から国策問題にまで発展する。招集軍人未亡人の増加が顕著になった一九三〇年代末からは再婚の奨励の声は潜まり、夫が国家のために犠牲になったのだから、自分も犠牲になり、立派に遺児を育てるべきだという理由から「否定論が声高になり、やがては再婚という文字さえもが誌上から消されていた。〔……〕夫の命の代償である扶助料は経済的困窮から未亡人の身を護っていたが、その見返りとして、再婚の禁止による性の封じ込めを、新しい倫理として軍人未亡人に課していた」のである。[45] 敗戦後の「戦争未亡人」の価値もまたセクシュアリティによって大きく規定されることになる。女を押し殺して母として生きた者、あるいは戦死した夫を想い独りを貫いた者が、憐憫の対象となったのに対し、生活が困窮し「性」を「売り物」にして生き延びた者は逆に「パンパン」の烙印を押された。このような時代背景のもと、戦後日本映画は、「パンパン」と同様、物語に多くの「戦争未亡人」を登場させてきたのである。[46]

婦人運動家の神近市子は、一九四七年の『女性改造』で「婦人の処女性の尊重」の問題を取り上げ、「家族制度によって強制される未亡人の独身生活」は「夫の死後にまで妻の貞操を強制するものである」と述べ、「未亡人の生活は殉死に近い苦痛な生涯」であると論じている。[47] だが、当時、「戦争未亡人」の貞操賛美の言説に自らを主体化させる構造も見出される。浦田大奨によれば、「戦争未亡人」を公的に語る機会がなかったが、「戦争未亡人によって展開された運動は、戦争未亡人からパンパンを排除するものだった。戦争未亡人は、パンパンを他者として認識することを通して自己認識を形成し、彼女たちを戦争未亡人として逸脱した存在として位置付けている」[48]という。すなわち「戦争未亡人」も〈離接的身体〉として「パンパン」という「敗者の身体」には犯されないような言説構築を実践していたのである。

「パンパン」と「戦争未亡人」という敗戦後の女性の身体をセクシュアリティの視点から眺めたとき、性を売るか売らないかで一方はスティグマを負い、もう一方は、戦死者を忘却することなく貞操を守る理想的イメージとしての価値を獲得することになる。「パンパン」という社会的身体の存在は、アメリカに性を売ることなく戦争の記憶を共有する、理想化された「日本女性」としての「戦争未亡人」を価値づけているのだ。同時期に公開された『母なれば女なれば』（亀井文夫、一九五二年）は「戦争未亡人」の抱える問題を焦点化した映画である。山田五十鈴が「戦争未亡人」である春枝を演じたが、亀井はこの作品で「戦争未亡人を「世間」[49]や「夫の位牌」という「封建制」に縛られた存在として規定し、春枝を啓蒙の対象として描いている」。『東京物語』の原節子もまた、過去と死者を忘却することない崇敬すべき聖なる存在として描かれた。この作品では、戦後、加害責任がのしかかり軍国主義者の妻として差別の対象になるというような実際にあった問題は捨象され、貞操を守り戦争の記憶とともに生きる崇高な女性として登場しているのだ。

こうした貞操のイメージに、どれほど「永遠の処女」としての原節子のペルソナが一致していたかはいうまでもなかろう。敗戦後の「戦争未亡人」は、夫の死が正当に評価されずに「犬死」しされることへの挫折感だけではなく、経済的な衝撃も受けることになった。すなわち、一九四六年二月から扶助料が復活する一九五三年四月までの約七年間、扶助料の支給停止というGHQの政策により「戦争未亡人」の日常生活は、経済的な困窮によって苦しめられることになったのである。戦時中は「英霊の妻」という称号を背負い、国から保護されていた「軍人未亡人」は、戦後に「戦争未亡人」となり、軍国主義の残像として国から見捨てられることになったのだ。[50] したがって古びたアパートの狭い部屋で、死んだ夫の写真を飾りながら一人暮らしをする『東京物語』の紀子は、こうした背景から理解されなければならない。このような文化的コンテクストから『東京物語』の原節子を観たとき、彼女が「殉死」に近い状態で、危うい〈生／性〉と隣り合わせだったことがわかる。

その視線の向かう先

小津は最後のシーンで原節子を「殉死」から救い出す。彼女の最後の告白は、吉田喜重の言葉を借りるなら、聖なる存在と思われていた義理の嫁が偽りの演技によって自らを隠していたのであり、俗なる凡庸な者にすぎないことを暴露する「人間宣言」であっただろう。だが、最後の視線の連鎖劇は、彼女が本当の意味で戦死した夫から解放されたことを示唆してはいなかったように思う。

葬儀が終わると忙しいからと早々に帰っていく子供たち。またしても紀子が義理の親の世話をすることになる。末娘の京子が紀子に向かって、兄さんと姉さんは勝手だ、と批判する。他人同士でももっと温かいと思う、親子ってそんなもんじゃないと思うと。すると紀子は、子供がだんだん親から離れていってしまうこと、それぞれ自分の生活が大事になってくること、といった世の常を大人の立場から京子に説く。抵抗も虚しく「紋切型」に屈してしまった『晩春』の笠智衆さながら、原節子が他者に向けて「紋切型」の説教をするという事態、「紀子三部作」に一貫した主体性など見られないのは歴然としているだろう。

京子と別れの挨拶を交わした紀子は、東京に戻ることを周吉に告げる。本心をさらけ出した紀子に周吉は「やっぱりあんたはええ人じゃよ、正直で」といい、形見としてもらってくれととみの時計を渡す。号泣する原節子に子供の声の唱歌が重ねられる。画面は切り替わり、小学校の校舎の前を歩く家族が映し出される。母親と子供二人、そこに父親はいない。多くの論者が指摘しているように、この後、東山千栄子の重厚な身体が不在のまま同じ構図が反復されている笠智衆の場面からも、このフィルムは、常に何かが欠落しているイメージを呈示しようとしていることがわかる。父親が不在の家族を捉えたカメラが次に小学校の廊下を映すと、香川京子が授業をしている場面に切り替わる。彼女は、腕時計を見て窓際に移動すると、窓の外に目をやる。その視線の先にあるのは、原節子を乗せた東京へ向かう列車だ。車内の原節子が深刻な面持ちで座っている。

シナリオのト書きにあるように、紀子はこの場面で「懐かしげに窓外に目をやっている」はずであったが、小津はそういった演出を原節子にしなかった[51]。さらに亡き義母の形見をカバンから取り出し、懐中時計をひらいて時間を見ると、彼女はそれを両手で握りしめる。シナリオでは「形見の時計を耳にあて、懐かしく思いに耽《ふ》ける」はずだった。だが、映画ではそのような演出は一切なく、彼女の視線はただ行き場をなくし宙をさまよう。なぜ小津は彼女に窓の外を見させなかったのか。なぜ死者を「懐かしむ」身振りを奪ったのだろうか。ここでの改変の効果はきわめて大きい。小津はここで原節子に、死者を心理的に遠くへと配置し、死者を死者として懐古する身振りを禁じたのである。だから、ここでの原節子は、窓の外へと視線を送って「懐かしさ」を演じることなく、ただ義母の死を真摯に受け止めるしかない。こうして彼女には二人の死が重くのしかかり、亡き義母の懐中時計と戦死した夫の写真という「静止した時間」とともに生きていかねばならないのだ。

ノスタルジーとナショナリズム

川本三郎は、戦後日本映画は、「戦争未亡人を描くことで、ついこのあいだの戦争で死んだ多くの死者たちを追悼、鎮魂しようとしたのだ。「死者を忘れるな」と生き残った自分たちにいい聞かせようとしたのだ」[52]と書いている。この作品が扱っている主題は、『晩春』や『麦秋』に比べてより現実的なものだったが、一九五四年に佐藤忠男に書かれた批評では、小津映画の「生活はすでに単なる風景と化してしまっている。工場街の煙突が写っても、その下で誰かが働いているという感じはしないし、盛り場のビルデングが写っても、ごみっぽい都会の騒音は無視されてしまう。スピード感のない電車。患者の顔の見えない病院。貧乏ったらしくない貧乏人」等々、「これらは、すべて、小津安二郎によって巧みに描き上げられた、セミ・ユートピアの風景画の中の生活であって、現実に生きている我々の生活とはどこか違っている」[53]とされ、次のように批判されている。

> 生活の匂いというものを抹殺した次元に成立した風景画の中で、どんなもっともらしい教訓が語られたところで、それがどれほどの感銘をもたらそう。少くとも、私には、小津安二郎の映画は、部分的には仲々面白いけれども、全体としては空虚でしらじらしいものだとしか思えないのである。なによりも嫌なのはあのポーズである。生活の真実を描いている如《ごと》く見せかけて、実はその表面を趣味的になでまわしているのでしかない。[54]

戦前派や佐藤忠男のような戦中派にかかわらず、小津映画が共通してその受容の局面で実際の生活とはかけ離れたものと感じられたことは重要である。現実社会に実在した問題は、意図的に画面から排除され、そのようにして創り上げられた想像上の〈日本〉が小津のスクリーンに投影されている。だからこそ『晩春』から『東京物語』にいたる批評言説において、一貫していわれているのは古風を讃えるその趣味的な態度であり、小津が日本人観客に見せようとしたのは、戦前の家父長的な社会のリアリティではなく、排除と隠蔽のもとに構成される〈日本〉だったのだ。そういう意味で、小津安二郎という作家は伝統主義者というよりも理想主義者に近い。

『青い山脈』と『晩春』が公開された一九四九年は、原節子にとって俳優としても大衆のスターとしても最も絶頂の時期にあたる。黒澤の「動的なリアリズム」にはじまった「進歩的映画」としての原節子の身体イメージは『青い山脈』で頂点に達し、『晩春』を分水嶺として小津安二郎の「回顧的映画」において、「静止的古典趣味」[55]へと変貌をとげたのである。原節子は、これからの日本の未来を担う民主主義の指導者としてのイメージを創出する一方で、喪失した過去の純日本性を復元し、理想化された未来／過去をスクリーンに投影したのだ。一見対立するこれらのイメージは〈理想化の時代〉の枠組みにおいて、同じ位相にある。すなわち、現実の生活にはない未来／過去を志向する表象空間において、現実をありのままに描かないという点で同質なのだ。この時代においては、現実ではないものを志向し理想化するイデオロギーが、現実の社会を克明に描写するリアリズムよりも支配的なのであった。〈理想化の時代〉にあって、『わが青春に悔なし』や『青い山脈』、あるいは「紀子三部作」は、観客の欲望を理想化したままスクリーンに投影した。すなわち、リアリティが欠落しているからこそ、観客を魅了し、多くの観客を獲得したのである。

さらに、私たちはもう一つの問題に踏み込まなければならない。ポスト占領期的欲望を体現しはじめた原節子は、いかにナショナル・アイデンティティを引き受けていくのか。今村太平の次のような語りからは、戦前からある封建的な日本の規範を称揚する文化的ナショナリズムが見出せる。

小津の映画が日本的なのは、能や茶の湯が出てきたり、主人公がお茶漬を好いたりするからではない。その考えかたが日本的なのであります。現実にたいする彼の態度が日本的なのである。

［……］それはみな昔ながらの日本の生活その思想と道徳の礼讃です。これが観客に安心感をあたえる。小津の映画がうける理由は、その古めかしい日本的な思想が安心立命をあたえるからだと思うのであります。これは日本の堅実な小市民の思想である。小津安二郎のよりどころはこの小市民の堅実な思想や道徳であります。だからそれは一種模範的な家庭劇である。いまわしいものは何一つない。子供に見せても害はない。「晩春」から「東京物語」まで、小津はたえず戦後の頽廃にこの堅実な小市民の道徳を対置している。▼56

いうまでもなく、「頽廃」とは戦後のアメリカ文化の影響であり、ここで対照されているのは、純日本的な生活である。この語りに明らかなように、ノスタルジーにナショナリズムが組み込まれ、「逆コース」への転換のなかで、共犯的に国民国家の論理へと回収されているのが見て取れるだろう。このようなイデオロギーのもと、原節子の身体はいかにスクリーンへと埋め込まれるのだろうか。私たちはもう一人のシネアスト成瀬巳喜男の映画へと議論を移していこう。

5 『めし』における共犯的イデオロギー

メロドラマと家父長的イデオロギー

成瀬巳喜男は、原節子と上原謙というスターを主演に迎えて撮ったフィルム『めし』（一九五一年）によって、長いスランプを脱した。「女性映画」の名手成瀬の、日常の細やかな描写から女性の心情を見事に映像化した作品の一つであるといえるだろう。一般市民の夫婦生活を題材にした物語だが、原作者の林芙美子によるタイトル「めし」には、アメリカ占領下における日本人の生活をいかに考えるかといった重要な意味が込められていることが、彼女の次のような発言からわかる。

私は、日本人の生活に、めし以外に論じる重要な食物が、他にあるとは考えられません。［……］日本の政治のなかに、この、めしの問題を考えないで、パンばかりの政治でも、ちょっと、困るのではないかと思います。［……］めしを常食にしている、私達、日本人の言葉を、ふっと、この小説の題名にしてみたのです。（『朝日新聞』一九五一年三月二九日付）

「パン」はアメリカ、「めし」は日本の比喩であり、「めし」には日本人の常食である「米」の意味が込められている。原作『めし』は、戦後の混乱からようやく立ち直りつつある時期、アメリカへとまなざしを注ぎながら一人の日本人女性作家が、日々の生活のなかでの男女の「すれ違い」を描いた作品だ。一九五〇年頃の日本は、朝鮮特需による戦後の不況からの脱却と、「逆コース」からくる再軍備問題が湧き起こり、冷戦体制へと組み込まれていくなかで「自由」や「民主主義」が問い直された時期だった。独立を目前として、林芙美子は、妻にとっての幸福とは何かを読者に問うている。だが、その回答は彼女の残した小説にはない。なぜなら映画『めし』は、一九五一年に『朝日新聞』に連載された林芙美子の長編小説の映画化だが、連載中に彼女が急逝したため、未完の原作に映画製作者たちによる独自の結末が付け加えられることになった作品だからである。

『めし』は、原節子演じる三千代と、上原謙演じる初之輔が暮らす夫婦生活の倦怠期を描く物語だ。サラリーマンの夫と主婦の、日々の単調な暮らしのなかで、妻は毎日「めし」を作るという役割を与えられている。些細なことで争い、すれ違い、その反復のなかで妻が当時描いていた夢の結婚生活は儚《はかな》く消え去り、五年という歳月を経て、自分の人生に疑問を抱く。物語の展開は、その生活の外部である東京から、初之輔の姪である里子（島崎雪子）が家出をしてくることから生じる。里子が、自由奔放な生活をし、夫婦の生活の調和をかき乱していった結果、三千代は東京の実家へ帰り、そこで職を探すことになるのだ。初之輔のもとへは帰らないと決めていた三千代だが、迎えにきた初之輔と話し合い、結局、自分の人生を「積極的」に受け入れ、大阪郊外の生活へと戻っていく。映画化された『めし』にはこのような結末が付けられた。

日本の主権回復に先立ち、一一月二三日に公開された『めし』は、林の描く夫婦関係の倦怠を軽妙なタッチで映像化した親しみやすいホームドラマだ。「女性解放」や「自由」とはいかなるものかを時代の流れに合わせて問い直したこと、当時、最も人気の高かったスター同士の組み合わせなど、公開後、大きな興行的成功と高い評価を獲得する。[57]『映画の友』による世論調査（第六回）では「昭和二六年度（一九五一年）封切日本映画のベスト・ワンは?」というアンケートに一万二二三六人の回答があり、第一位に五〇八〇票の『麦秋』、第二位に三二四九票の『めし』と、七九三票である第三位の『馬喰一代』（木村恵吾）や四四三票である第四位の『カルメン故郷に帰る』（木下恵介）を大きく引き離し圧倒的な票を集めている。『キネマ旬報』ベストテン（一九五一年）でも、大衆の人気に呼応するように第一位に『麦秋』、第二位に『めし』が選ばれた。このように『めし』は批評家・観客ともに賞賛された作品である。むろん、すべての評論家が絶賛したわけではなく、たとえば戸田隆雄は、作者の急死によって登場人物がばらばらに放りっぱなしにされ、落ち着くところに落ち着かせないまま急逝してしまった小説に付けられた映画の結末に対して、次のような批判を載せている。

この映画を作った人たちは、中絶した物語に、あわただしい結末をつけた。映画の初と終についている、三千代の独り言がそれである。それは決して原作者の言葉ではない。この映画を作った人たちの独断である。[……]映画「めし」は、なお一層、殊更《ことさら》に通俗化しようと企てられているようだ。[58]

彼は、映画製作者により取り付けられた結末が、原作者である林芙美子のものではなく、「映画の作家たちの、俗ウケへのコビ」だと言い放っている。これは換言すれば、多くの一般市民が感情移入するように最も観客に受けるような配慮がなされ、映画製作者たちによって「俗ウケ」するような物語として翻案されたといえるだろう。当時の男性批評家たちの批評言説から推測すると、『めし』の作品的価値は生活のアクチュアリティにあり、市民の生活に近く親しみやすい描写がなされていたところにある。また、映画製作者によって取りつけられた結末は、賛否両論あるものの、より通俗化することを狙い、結果的にも成功した。したがって、この賞賛された通俗的な文芸メロドラマを分析することによって、当時の共有されたイデオロギーと、それに組み込まれる観客の感情の様式が理解できるはずだ[▼59]。

メロドラマとしての『めし』がいかに観客の情動に働きかけ主体化させるのか、それを明確にするために、物語構成のよく似た同時代の映画『自由学校』（吉村公三郎／渋谷実、一九五一年）の批評言説を補助線とし、『めし』の価値づけを理解していこう。『自由学校』は、戦後の「自由」と「解放」の社会のなかで、サラリーマンあがりの中年男が社会や家庭からの解放を求めて、それまでとは価値観の異なるコミュニティではじめて接する社会や人間に魅了されながら、真実の生き方を見出していくが、最終的には家へと戻ってくるという物語である。映画評論家の杉山平一は、原作がなぜ観客を満足させたかについても踏まえて次のように評価している。

> 五百助はのびのびと家を外にして、一切に煩わされることなく、戦後という異常風俗を傍観する。それはあくまで傍観者でなければならなかった。一般の大多数の社会人（大人）にとって、戦後の新聞雑誌のとりあげる風俗は、可笑《おか》しい珍らしいよそごとであるからだ。そして傍観して、深入りしそうになるところで、もとの家へ戻ってくる。あくまで、のびのびとしてみる自由の「可

能性」の範囲に止《とど》まることで、保守的に終ることで、一般の読者との身近さが生きてくるのである。誰にも自分のこととして空想し得る範囲に止まることが、夢をとどくものにし、満足させたのである。[60]

『めし』と『自由学校』に共通する観客・読者を満足させる要素とは、主人公の前半部の「自由」や「解放」の描写と結末の「家への回帰」である。戦後の混乱のなかで押し進められた民主化政策のもとで、「自由」とは何かが文学、映画、雑誌などで盛んに議論されてきた。獅子文六の原作が、いかに世間で話題を生んでいるかに触れた『近代映画』の記事では、「戦後、われわれに与えられた自由が、夫婦の間に危機をもたらしたのではないか、――という議論が、小説『自由学校』の登場によって、色々と論じたてられた[61]」と記されている。一九五一年の『自由学校』の配給収入は、松竹と大映による戦後初となる競作としてメディアが話題にしたことも手伝って、第四位（大映）と第九位（松竹）という大ヒット作となった。[62] 妻を媒介として家族の枠組みの内／外で「自由とは何か」を考える両作品の類似する物語構成を大衆が好んだのは、当時の観客の当事者意識と密接に関わっていたからだろう。

また夫のありがたみを感じ、夫婦の絆を強化＝日常生活を肯定する『お茶漬の味』（小津安二郎、一九五二年）が一九五二年の配給収入第一位だったことも、この時期のホームドラマの人気を物語っている。『めし』を監督した成瀬巳喜男は、作品の主題を「丁度《ちょうど》「自由学校」のようなテーマを扱い、それを地味にした夫婦生活の話なのです[63]」と解釈している。『めし』を観て久しぶりに感激したというファンは、その理由を「従来のサラリーマン生活の描写は真実の生活から遊離したいわゆる都合主義映画にはまったものが多かったけれど、めしの中のサラリーマンの生活からは、私達の胸にそくそくと迫る真実と哀愁がにじんでいました[64]」と感想を書いている。

一時的な「自由」と「解放」の断片的描写を経て、最終的に家へと帰属することによる日常の肯定。このフィルムには、戦後民主主義を象徴する社会的身体としての女性を、家という〈場〉から解放させ逃走させせようとする脱封建的な力と、そこへ回帰させ包摂しようとするナショナルな欲望のせめぎあいが投影されている。それでは、「自由」を経て家族共同体に回帰する女性の身体を、成瀬巳喜男はどのように表現しているのだろうか。イデオロギーの担い手としての原節子の身体が、戦前から一九四九年の『青い山脈』までとはまったく異なる仕方でジェンダー化されていく作品内部の身体表象を見ていこう。

隠蔽する／占有される身体

『めし』で三千代が家へ回帰する動機は判然としない印象があり、明確に言語化されることもない。たとえば、シナリオには、家出して東京の実家で「自由」を得た三千代が部屋で初之輔に向けて書いた手紙の内容が記されている。

あなたにあいたい。あなたがいない自分をこんなに、みじめだと思った事はありません、あなたにあいたい。ごめんなさい。わがままを通して出て来てしまって。〔……〕明日にでも帰りたいと思う……あなたのそばをはなれるという事が、どんなに不安に身をおく事かやっとわかった様です。あいたい。かしこ。[65]

こうした手紙を書かせる明確な物語の筋展開や葛藤は描かれず、脚本で言語化された直接的な妻の想いも映画では観客に伝えられない。もちろん、好意的に思っていた一夫（二本柳寛）が里子とデートし、彼女が放った「少し付き合ってから結婚しちゃおうかと思ってんの」という言葉、あるいは初之輔の兄嫁の大阪へ帰った方がいいという言葉などのさまざまな伏線があり、三千代に居心地の悪さを与えてはいる。しかし、三千代を東京から大阪へ帰る気持ちにさせた決定的な出来事は、初之輔が出張で三千代の実家に立ち寄ったことよりもむしろ、戦争で夫を亡くし、女手一つで子供を育てている旧友（中北千枝子）が一人で新聞を売りさばいている姿を目の当たりにした時のように思われるのだ。

成瀬巳喜男が「林さんの『めし』は未完で終っているので、三分の一は「少年期」の田中澄江さんと井出ちゃんがこしらえ上げたものです[66]」と「演出前書」で話しているように、未完の原作からシナリオを協同執筆したのは田中澄江と井出俊郎――男女が混在する作り手である。したがってこのフィルムは、一見、ジェンダー論に引きつけて論じるのは困難なように思われる。だが、興味深いことに成瀬巳喜男は、この家への回帰に関して、物語の筋展開を退け、きわめて映画的に独自の結末＝「視（聴）覚的解決」を与えている。ここで成瀬による処理だと断定できる理由としては、脚本に書かれたシーン163「階下の部屋」と164「村田洋品店」の間に、脚本にはまったくない、家への回帰の動機とも捉えられる重要なシーンが挿入されているからである。視聴覚メディアとしての映画が、どのように原節子を家へと帰還させるのだろうか。成瀬巳喜男が独自に挿入したと思われるシーンを詳細にショット分析してみよう。

図6-28　画面を横切るカップル

図6-29　〈二〉に取り囲まれる原節子

まず、三千代は一人で走る電車を見上げて立っている。続くショットで、

図6-30　友人に遭遇する原節子

図6-31　一人で働く「戦争未亡人」

図6-32　母に背を向けて座る子供

図6-33　原節子のクロースアップ

三千代が川の土手を一人で歩いていくとき、急に画面手前を女性の肩に手をかけたカップルが横切り【図6-28】、その後カメラは彼女の背後へと反転して、川の全景を見渡すような視点を取る。その途端、何組ものカップルが彼女の周囲に配置される【図6-29】。つまり、〈二〉という記号の形態が、〈一〉として疎外された三千代の身体を取り囲むのである。彼女一人に課せられた男性の不在、その〈男性性の不在の不安〉は、その直後に連続するショットで音楽の高揚とともに最高潮に達する。

　街をさまよう彼女は、働いている「戦争未亡人」の友人に遭遇する。このショットはまず、三千代が友人を見るバストアップからはじまり【図6-30】、友人が新聞を売りさばくショット【図6-31】、さらに三千代の視点が横に移動し、側で働く母に背を向けて座る小さな子供のショット【図6-32】、最後にそのショットが三千代の視点ショットであることがわかるように、今度は彼女がクロースアップで映される【図6-33】。悲しい音楽の高揚とともに、残酷なものを見るかのような悲痛めいた表情をした三千代に重ねられるのは、マイナースケールを基調とした悲しい音楽だ。そしてそのまま三千代は目を下へとそらし、背を向けて去っていくのである。この場面でパフォーマンスと同じく重要な役割を担っているのが伴奏である。リンダ・ハッチオンは、活字からパフォーマンス・メディアへの翻案に関して、想像されたものから現実の視覚上の知覚への移行がしばしば考察されるが、聴覚的なものも同様に重要であると述べる。[67]ロラン・バルトは、キャプションが写真の知覚を支配し限定する性質を「投錨」という言葉で示したが、映画音楽もそのプロセスと同様に機能し、多義的な意味から一つの意味を強調するのである。[68]

つまり彼女の家への回帰は、「幸福な生活」を再認識して戻るのではなく、「不幸な生活」の可能性を見てしまったからだと考えられるのだ。成瀬がそのシーンの直後に差し込んだ祝祭のショットは、神輿をかつぐ男性の特権的な〈場〉として映像化されていた。ここで成瀬が挿入した祭のショットは、現在の彼女のいる場所が非日常的な空間であるということを示唆するだけではなく、女一人で生きていくことがいかに不幸かという、ありえるかもしれない「不幸な未来」の姿を当時の観客に見せつけていたのではなかったか。子供と母だけの旧友の家族、父の不在の貧しい家族の姿と、その直後に映し出される祭のショットのあふれんばかりの多くの身体。画面を占有する男の肉体のモンタージュによる静と動の対比は、父、あるいは夫の不在の空虚さをあからさまに表象している【図6-34】。要するに、成瀬のカメラは、ジェン

図6-34　男性性を表象する祭りのモンタージュ

ダー的な差異による家庭の構成員の役割――戦争未亡人、父親のない子供、家出中の原節子――を徹底的に分離して提示し、そこに何が必要なのかを映像の連結、すなわちモンタージュの技法によって明示しているのだ。まるで男の不在の不幸を社会へ訴えかけているように、男は女の性を占有し、男の不在の苦しみを訴えるのである。

こうして男性不在の光景を次々に見せられた三千代は、夫が隣にいるということ自体に価値を見出していく。平凡な日常を肯定し、夫を支え、家を守るという役割の持続を「幸福」へとすり替える詐術とでもいうべき編集である。では、夫を支えることの「幸福」を見出して終幕を迎えるこの映画が、いかにして男性観客を満足させ、女性観客を主体化させるのか、次に原節子のナレーションの機能について考察していこう。

原節子のナレーションの機能

映画は、原節子の画面外部のナレーションではじまり、エンディングもまた彼女のナレーションで終わる。冒頭のナレーションで町の日常の風景を描写し、エンディングも再び彼女の独白のナレーションで締めくくることによって、物語に統一感が保たれている。成瀬映画によく見られるもとの地点に回帰するという主題を提示するために、女性の家からの解放という物語のなかで、その変動する女性性が霧散したままにならないようにナレーションによって巧みに操作されているのである。冒頭から確認していこう。

『めし』は、冒頭のナレーションと三千代のいくつかの描写で、何が語られる映画であるかを明示している。三千代が家の玄関の戸をあけて家のなかから「ユリ！」と猫の名前を呼ぶ。猫が家の屋根の上を自由に歩き回っているショットに切り替わり、三度猫の名前を呼ぶが、妻は夫の「めし」の用意をし、鍋に火をかけているため家の外部には出ず台所へと帰ってくる。家の屋根を自由に歩いている猫は、三千代にとって「自由」や「解放」の象徴的記号であり、観客は、このシークェンスで夫婦の倦怠期とずれだけでなく、冒頭の猫に、「家に縛られる妻」（三千代）の自由への憧憬や「解放された者」（里子）の家の内部への侵入を読み取ることができる。境界をまたぐことが可能な猫は、妻とは対極にある記号なのだ。冒頭のナレーションの続きで原節子は以下のようにいう。

東京で周囲の反対を押し切って結婚してから五年目。大阪へ夫の勤め先が変わってから二年目。あの頃私を支えていた希望や夢はどこへ行ったのだろう。夫が食卓の前に座っている。私が、みそ汁の鍋を運ぶ。昨日も今日も明日も……一年三六五日、同じような朝があり、同じような夜が来る。台所と茶の間と……女の命はやがて、そこでむなしく老い朽ちていくのだろうか。

このナレーションの間、妻の夫のための絶え間ない動作が続いている。食事を運ぶため、何度も台所と食卓を往復するその休むことのない妻の身振りに、夫は一切視線を送ることはなく、ただタバコを吸いながら新聞を読んでいる。妻が茶碗を手渡すが、お互い視線を合わすことなく自分のことをやっているので、タイミングが合わずうまく手渡せない。決定的にすれ違っている夫婦の姿は、この場面の最後に「また止まっている」といわれる家の時計と、夫の腕時計の時間がずれていることからもわかるだろう。そして、倦怠期の夫婦のもとへ東京から家出をしてくる血のつながっていない初之輔の姪・里子は、いわば三千代と正反対の性格で自由奔放な生き方をしており、初之輔と三千代の家をかき乱していくことで物語が展開する。

だが、「男性不在の不幸」を目の当たりにした妻は、最終的に家＝夫を支えることに「幸福」を見出していく。それでは、いかにして国民的スター女優は「家」という共同体を持続させながら、大衆を国家へと組み込み、「理想の国家」を再生産していくのだろうか。その決定的な要因は、林芙美子の未完の原作に付け加えられた「結末」、つまり夫婦関係の回復だけではなく、円環の機能を果たすべく付けられたナレーションの機能にある。迎えに行った夫と酒を少し飲む場面に続いて、電車のラストシーンになる。全編を通して「疲弊」しきっていた女に代わって、横で眠る「疲弊」した男、彼は家の外で過酷な労働と戦っている。それを守るべく隣に寄り添う女。最後のシーンの原節子は「疲弊」している姿を表象することはなく生き生きとしている。二人が電車の車内に並んで座り、進行方向と逆を向いているのは、「家」への帰還を示しているからだろう。原節子はしとやかに微笑み、車窓から外を眺めている。そこで画面内の原節子の身体から分離し、記録された原節子の「声」が挿入される。彼女の内なる声は次のように語る。

私のそばに夫がいる。目をつぶっている平凡な、その横顔。生活の河に泳ぎ疲れて、漂って、しかもなお闘って泳ぎ続けている一人の男。その男のそばに寄り添って、その男と一緒に幸福を求めながら生きていくことが、そのことが私の本当の幸福なのかもしれない。幸福とは、女の幸福とはそんなものではないのだろうか。

この画面外の声により、具体的な身体を有する登場人物の三千代は、戦後日本映画を生きる抽象的な女として立ち現れる。つまり物語内部の登場人物は、抽象化され、戦後日本を生きる女の「声」として観客に語りかけ、社会的コミュニケーションを行使するのだ。顔の欠落と声の脱身体化は、三千代と初之輔に固有のコミュニケーションを、映画と観客のコミュニケーションへとすり替える。視覚性を排除した聴覚的メディアとしての「声」は、〈国家のイデオロギー装置〉として、女性にとっての単調で退屈な日々の「疲弊」を、泳ぎ続けている男の側に寄り添う女の「幸福な日常」へと転換させるのだ。そのように女性を国民国家のために再生産しようとしているのは、むろん男性の権力である。占領期の民主化のコンテクストのなかで、女性の「解放」を謳《うた》いながら前近代の家制度の内部に引き戻すという男の倒錯した抑圧のイデオロギーが透けて見える。[69] こうした男性権力とアメリカの思惑が、独立を目前に偶然にも一致していくのである。

歴史的トラウマの超克と〈文化的記憶〉

ここまで、敗戦のトラウマのなかで男性中心主義の欲望が、いかに『めし』という映像テクストに刻印されているかを見てきた。女性を家へと包摂する男性の権力は、当初アメリカにとって封建的な思想を一掃するために厳格に排除すべきものだった。すなわち、占領初期の映画は、アメリカの絶対的権力のもと家父長主義からの「解放」をスター女優の身体を借りて表象してきたのである。だが、世界情勢が変動し、共産主義との対立が顕在化するにつれ、統治主体は、強い国家の構築へと舵を切ることになる。つまり、共産主義の隆盛による対立関係は、再軍備などの「逆コース」というかたちで戦前期のシステムを志向し、男性の権力はアメリカとの共犯関係を取り結びはじめたのだ。日本を自由主義、資本主義国家の一員として強い国家にしようとするアメリカと、戦争責任の断罪と敗戦によるトラウマによって自信喪失していた日本人男性の権力回復への欲望が、奇しくもこの時期に合致していくのである。

新たな国家の再建のため求められた「自由」や「解放」、そしてそこから強い国家を再構築するための家父長制への回帰。だが、ここにあったのは本当に男性とアメリカの共犯的イデオロギーだけだったのか。女性は映画の「犠牲的身体」に共感し、その共犯的イデオロギーに参加する無自覚な主体だったのだろうか。ここで問うべき問題は、「自由」と「解放」の戦後民主主義の風潮のなか、なぜ女性は占領期を通して再び家父長的価値と共謀していったのか、である。それには過去の歴史的トラウマの超克にともなう、男女によってそれぞれ異なる文脈を検証しておく必要がある。[70] ここでは、共時的な視点から通時的な視点へと移行しながら、男と女の戦争と敗戦にまつわる記憶と忘却の物語を考察しておきたい。

戦時中の女性研究で、「大多数の女性たちが、戦争そのものを熱心に応援し、息子や夫を「進んで」戦場に行かせたのである」[71]といわれるように、「女たちはある意味では、男たちより熱烈な愛国主義者だった。天皇のために散華する男の情念を支持し、そのすがたに陶酔したのは女たちだった」[72]。それにもかかわらず、女性たちが戦争責任を回避できたのには大きく二つの理由が考えられる。参戦国の多くの国と違って、日本は建前では女性を兵士として志願させたり徴用しなかったのに対して、「イギリスとアメリカは積極的に女性を登用した」[73]という歴史的事実、それから映画などの大衆娯楽メディアが女性（母や妻）の犠牲的表象を繰り返し描き続けてきたからではないだろうか。マリタ・スターケンは記憶と忘却の関係について、「文化的記憶とは歴史においてある場所をめぐって異なる物語が競い合う文化的交渉の領域」であり、「記憶と忘却は共―構成的なプロセスである。お互いがお互いの存在にとって不可欠」だと論じている。

記憶は、回収され、追体験される経験の複製というより物語なのである。したがってそれは記憶が思い出される時、どのように文化的記憶が構築されるのかを探究することであり、解釈の形式としての記憶への探究なのである。［……］文化的記憶は現代の文化、写真のイメージ、映画、テレビを通して生産される。［……］記憶は写真の中や、カメラ・イメージの中に存在してはいない。というより記憶はカメラ・イメージにより作り出されるのだ。それは記憶のテクノロジーであり、過去を構築し、過去を現在に配置するメカニズムなのである。[74]

封建制度を賛美する仇討ちや復讐を題材とする時代劇も厳しく禁止された占領期、制度的制限を受けて、特に戦後一九四八年からの数年間に、大映を中心に作られた母親を主役とするメロドラマ、つまり「母もの映画」がブームになった。禁止された主題の中で、最も大衆向きの題材は愛情であり、映画製作者たちは、古くから日本人に好まれている母と子の悲運に目をつけたのである。[75]「母物では、いつも主役の母親は報われること少なく、つねに犠牲を強要される哀れな女性として描かれる。恵まれて、豊かで、幸せな母は、母物映画の主役になりえない。忍従と自己犠牲こそが母物の主役女性に求められる美徳であり」、それは封建時代からの日本的道徳が、「戦後になっても、日本人の倫理観の中に根強くはびこっていたことを示している[76]」。

「母もの映画」だけではなく、「銃後」に表象される女性たちは、男性の死や不在に苦しみ、残された子供や家族に献身し、その犠牲的精神を捧げてきた。男性に「戦争責任」を課し、自らを「被害者＝犠牲者」として歴史に位置づけること。戦争に関わるこうした「犠牲的客体」としての女性像は、ポスト占領期の国民的映画『二十四の瞳』（木下惠介、一九五四年）で頂点に達するだろう。繰り返される大衆映画の表象によって忘却される個人の戦争体験。映像メディアによって〈文化的記憶〉としての過去が再文脈化され、広く共有されていくのである。

上原謙のスターイメージ

男性はいかに戦争責任を回避しながら歴史的トラウマを乗り越えるのだろうか。それは、この『めし』にも顕著に刻印されているように、男性性を前面に押し出すことなく、男の不在の不幸を社会へ訴えかけることである。そのために男は女の性を占有し、男の不在の苦しみを訴える。だから戦後日本映画は何度も「戦争未亡人」を描いて、その犠牲的精神を称揚し、男の不在の苦しみを繰り返して傷ついた精神を慰め続けたのである。[77]木下惠介や成瀬巳喜男たちの作る「女性映画」の男性主人公は、頼りないその存在を画面に表象するか、男性性は不在であることとすらある。戦後の「女性映画」において、しばしば描かれる男性は、女性を引き立たせながら頼りないその存在を画面に提示し、男性権力は抑制されていることが多い。男は戦争責任を回避しながら、女性を「被害者」として描くことによって自分たちの存在価値を間接的に示すのだ（むろんそこでの「加害者」は軍部や国家ということになっている）。

男性の身体性との関係から女性の身体表象を考えたとき、『めし』の夫役に戦前から大スターであった上原謙が使われたことの意義はきわめて大きい。上原謙は整った美貌をもち、出自も他の俳優と大きく異なり、当時としては珍しい大卒の良家の子息として、「スクリーン上で女性たちの理想的な結婚相手であるブルジョワ家庭の息子を演じ」、そのスターイメージは「理想の良人型男優」というコンセプトに関連づけられた[78]。松竹が蒲田調から大船調へと企業転換を図るなかで、彗星のごとく売り出されたスター上原謙に特徴的なのは、河野真理江が指摘するように、「ヒロインと女性観客に対しフェミナイズされて表象されたこと」であり、「男性的アイデンティティやそこに含まれる父権的な意味は矮小化され、ファリックな脅威がそがれた無害なエロティシズムのみが誇張されているようにみえる」。河野は女性的男性の類型を歴史的に検討した上で、上原謙は「女性性と親和する身体的特徴により女性観客の心を摑んだ[79]」と論じている。

戦前に構築された上原謙のスターペルソナは、戦後日本映画においても、女性との関係性において必然的に要請された。女性を男性的権力で抑圧せず、男性性《マスキュリニティ》を縮減する両性具有的な美しい顔と身体をスクリーンに表象した戦前のスターイメージに、戦後、「無気力」で「退屈」な夫のイメージが付与される。たとえば「軍神」と呼ばれた藤田進のような戦中の権力／暴力的イメージからはかけ離れていたがゆえに、端正で知的な上原謙のイメージは女性観客にも好感をもって迎えられたのだ。ここで男性俳優の人気投票を見てみよう[80]【表6-1】【表6-2】。「ニューフェイス」として戦後派スターが出そろいはじめる一九五〇年頃から一九五五年あたりまで、スターダムでトップクラスの人気を獲得したのは、

スター男優(日本)	第1位	第2位	第3位	第4位	第5位
『近代映画』1946年8月	長谷川一夫(128)	佐野周二(100)	藤田進(76)	佐分利信(72)	上原謙(68)
『映画ファン』1947年4月	上原謙(1504)	長谷川一夫(1314)	佐野周二(1119)	佐分利信(588)	藤田進(523)
『近代映画』1951年4月	長谷川一夫(14299)	池部良(12941)	上原謙(11988)	三船敏郎(11908)	若原雅夫(11179)
『映画ファン』1951年5月	池部良(1790)	若原雅夫(1337)	三船敏郎(1319)	鶴田浩二(1142)	上原謙(840)
『映画ファン』1952年5月	鶴田浩二(1638)	池部良(1266)	若原雅夫(1239)	三船敏郎(1227)	長谷川一夫(862)
『近代映画』1953年4月	鶴田浩二(8325)	長谷川一夫(6122)	池部良(6006)	上原謙(5559)	佐分利信(3806)
『映画ファン』1956年2月	中村錦之助(9969)	佐田啓二(7392)	菅原謙二(4880)	東千代之介(4678)	高田浩吉(4016)
『映画ファン』1957年2月	中村錦之助(6800)	大川橋蔵(6232)	佐田啓二(3445)	東千代之介(2587)	長谷川一夫(2513)
『近代映画』1957年2月	中村錦之助(3537)	東千代之介(1860)	大川橋蔵(1654)	長谷川一夫(949)	伏見扇太郎(806)
『映画ファン』1958年1月	大川橋蔵(9012)	中村錦之助(7595)	石原裕次郎(4292)	津川雅彦(4055)	市川雷蔵(3928)
『近代映画』1958年3月	中村錦之助(13972)	大川橋蔵(13827)	石原裕次郎(4112)	東千代之介(2686)	鶴田浩二(2312)
『映画ファン』1958年12月	中村錦之助(4280)	石原裕次郎(4183)	大川橋蔵(4149)	市川雷蔵(1562)	東千代之介(1309)
『近代映画』1959年3月	大川橋蔵(33001)	中村錦之助(30749)	石原裕次郎(23544)	里見浩太朗(10203)	市川雷蔵(8822)
『近代映画』1960年3月	中村錦之助(42513)	大川橋蔵(37152)	石原裕次郎(17673)	里見浩太朗(10611)	中村賀津雄(10230)
『近代映画』1962年4月	大川橋蔵(28209)	小林旭(14952)	中村錦之助(14760)	石原裕次郎(11103)	里見浩太朗(9045)

スター男優(日本)	第6位	第7位	第8位	第9位	第10位
『近代映画』1946年8月	阪東妻三郎(60)	片岡千恵蔵(48)	嵐寛寿郎(36)	灰田勝彦(32)	榎本健一(28)
『映画ファン』1947年4月	宇佐美淳(486)	若原雅夫(341)	原保美(331)	灰田勝彦(261)	片岡千恵蔵(248)
『近代映画』1951年4月	宇佐美淳(10653)	鶴田浩二(10496)	森雅之(9973)	佐野周二(8998)	佐分利信(8912)
『映画ファン』1951年5月	長谷川一夫(675)	佐分利信(582)	宇佐美淳(381)	佐田啓二(278)	森雅之(222)
『映画ファン』1952年5月	上原謙(781)	高橋貞二(590)	佐分利信(528)	佐田啓二(503)	三國連太郎(353)
『近代映画』1953年4月	佐田啓二(2502)	若原雅夫(2487)	三船敏郎(1440)	高橋貞二(1277)	菅原謙二(926)
『映画ファン』1956年2月	大木実(3556)	鶴田浩二(2843)	市川雷蔵(2313)	長谷川一夫(2307)	三船敏郎(1872)
『映画ファン』1957年2月	市川雷蔵(2380)	田村高広(1906)	大木実(1687)	高田浩吉(1669)	鶴田浩二(1609)
『近代映画』1957年2月	大木実(748)	高田浩吉(683)	菅原謙二(675)	佐田啓二(648)	鶴田浩二/川口浩(598)
『映画ファン』1958年1月	宝田明(2805)	長谷川一夫(2487)	東千代之介(2467)	佐田啓二(2217)	鶴田浩二(2146)
『近代映画』1958年3月	津川雅彦(2187)	市川雷蔵(1995)	長谷川一夫(1173)	宝田明(1091)	菅原謙二(437)
『映画ファン』1958年12月	里見浩太朗(1098)	高田浩吉(999)	鶴田浩二(968)	長谷川一夫(726)	川口浩(650)
『近代映画』1959年3月	中村賀津雄(8346)	東千代之介(7352)	高倉健(4365)	鶴田浩二(3954)	小林旭(3455)
『近代映画』1960年3月	鶴田浩二(8763)	小林旭(7404)	市川雷蔵(7152)	東千代之介(6552)	小野透(4986)
『近代映画』1962年4月	中村賀津雄(6204)	橋幸夫(6051)	加山雄三(5655)	浜田光夫(5577)	松方弘樹(3783)

表6-1　男性スターの人気投票『映画ファン』、『近代映画』（筆者がデータを集計し作成）

スター男優(日本)	第1位	第2位	第3位	第4位	第5位
『平凡』1951年9月	鶴田浩二(42885)	池部良(35375)	長谷川一夫(23735)	若原雅夫(21838)	三船敏郎(15806)
『平凡』1952年9月	鶴田浩二(108633)	池部良(43725)	高橋貞二(43350)	三船敏郎(27088)	長谷川一夫(26719)
『平凡』1953年9月	鶴田浩二(118074)	佐田啓二(43657)	高橋貞二(27276)	長谷川一夫(27069)	高田浩吉(19499)
『平凡』1954年9月	佐田啓二(119971)	鶴田浩二(71008)	高田浩吉(31001)	菅原謙二(29844)	高橋貞二(21252)
『平凡』1955年9月	中村錦之助(84825)	東千代之介(32049)	佐田啓二(18454)	高田浩吉(18167)	菅原謙二(16657)
『平凡』1956年9月	中村錦之助(35701)	東千代之介(12609)	菅原謙二(9236)	高田浩吉(7800)	大川橋蔵(6496)
『平凡』1957年10月	中村錦之助(19785)	大川橋蔵(17091)	津川雅彦(9173)	菅原謙二(7286)	東千代之介(7151)
『平凡』1958年9月	石原裕次郎(70145)	中村錦之助(45703)	大川橋蔵(41159)	東千代之介(19717)	長谷川一夫(17419)
『平凡』1959年9月	中村錦之助(53601)	石原裕次郎(50847)	大川橋蔵(43664)	里見浩太朗(17242)	東千代之介(16892)
『平凡』1960年9月	中村錦之助(53208)	大川橋蔵(48006)	石原裕次郎(43362)	小林旭(34314)	本郷功次郎(16066)
『平凡』1962年3月	小林旭(58550)	石原裕次郎(47078)	大川橋蔵(38056)	中村錦之助(32053)	加山雄三(16510)
『平凡』1963年3月	小林旭(39223)	高橋英樹(37234)	石原裕次郎(29548)	浜田光夫(29190)	大川橋蔵(26677)
『平凡』1964年6月	浜田光夫(44252)	石原裕次郎(34430)	高橋英樹(29698)	小林旭(23880)	大川橋蔵(18380)

スター男優(日本)	第6位	第7位	第8位	第9位	第10位
『平凡』1951年9月	上原謙(11803)	佐田啓二(4801)	佐分利信(3777)	高橋貞二(2920)	佐野周二(2611)
『平凡』1952年9月	若原雅夫(24309)	佐田啓二(12531)	三國連太郎(6619)	上原謙(5754)	佐分利信(4883)
『平凡』1953年9月	池部良(18410)	三船敏郎(18051)	菅原謙二(11084)	川喜多雄二(6835)	若原雅夫(6679)
『平凡』1954年9月	長谷川一夫(18293)	石浜朗(15180)	池部良(10275)	川喜多雄二(9890)	三船敏郎(7827)
『平凡』1955年9月	鶴田浩二(15059)	石浜朗(13105)	長谷川一夫(9466)	大木実(8401)	高橋貞二(5860)
『平凡』1956年9月	伏見扇太郎(5812)	長谷川一夫(5534)	佐田啓二(4964)	大木実(4211)	鶴田浩二(4201)
『平凡』1957年10月	高田浩吉(6257)	宝田明(6028)	石原裕次郎(6007)	長谷川一夫(6002)	鶴田浩二(5496)
『平凡』1958年9月	宝田明(16021)	市川雷蔵(15389)	鶴田浩二(15339)	津川雅彦(13218)	高田浩吉(11067)
『平凡』1959年9月	小林旭(16457)	市川雷蔵(15380)	津川雅彦(13666)	鶴田浩二(12807)	長谷川一夫(11702)
『平凡』1960年9月	赤木圭一郎(15128)	里見浩太朗(14480)	和田浩治(13790)	東千代之介(13004)	市川雷蔵(12405)
『平凡』1962年3月	赤木圭一郎(15585)	宍戸錠(15375)	浜田光夫(14563)	三船敏郎(13479)	里見浩太朗(13470)
『平凡』1963年3月	加山雄三(22376)	中村錦之助(21728)	松方秀樹(19244)	里見浩太朗(17011)	三船敏郎(11670)
『平凡』1964年6月	倉石功(17975)	加山雄三(17028)	山内賢(15843)	松方秀樹(13703)	里見浩太朗(12659)

表6-2　男性スターの人気投票『平凡』(筆者がデータを集計し作成)

池部良、鶴田浩二、佐田啓二、三船敏郎、若原雅夫たち、戦後に活躍しはじめた男性俳優である。そして戦前派スターで戦後も人気投票の上位に名を連ねているスターは、上原謙と長谷川一夫だ。『愛染かつら』の爆発的な人気とともにスターの座を不動のものにした上原謙は基本的に戦前のスターであったにもかかわらず、その人気は戦後も連続的に持続し、一九四六年が第五位（『近代映画』）、一九四七年が第一位（『映画ファン』）、一九五一年が第三位（『近代映画』）と第五位（『映画ファン』）、一九五二年が第六位（『映画ファン』）、一九五三年が第四位（『近代映画』）と、〈理想化の時代〉においてはほとんどベスト五に入っている。上原謙もまた原節子と同時代的に求められた、理想化されたペルソナだったといえるだろう。

民主主義の伝道師の敗北

「自由」と「解放」を与えられた女性が、男性主体の家を支えること。それを自発的に「幸福」と認識させることこそが、強い資本主義国家を構築するために男性とアメリカが共犯で行なってきた占領末期の構造である。小説『めし』は、このような歴史的コンテクストのなかで小説から映画化されることになった。だからこそ、翻案プロセスを経て映画『めし』は、女がとめどなく続く平凡で単調な日常を肯定し、家族という共同体を支える道具となるための映画に仕立て上げられたのである。成瀬が文学を視覚イメージ化したとき、いかに女性の身体が空間に配置されたかを分析した堀口典子がいうように、三千代は、「家という空間の中で明らかに初之輔より低い領域を占める[81]」。この映像テクストにおいて、民主主義の伝道師であった原節子の身体イメージは、男性主体の国民国家の論理に絡め取られているのだ。だからこそ、男性批評家は『めし』を評して、「三千代の良識とささやかな抵抗。その二つが簡潔な手法で調和されているのである。［……］原節子の知的だと言われる面が、こういう作品のなかで生かされたことを、私はつよく認識したいと思った[82]」と記すのだろう。すなわち、妻は与えられた「自由」のなかで「ささやかな抵抗」をするが、それは家族という共同体を崩壊させる「自由」であってはならない、それに気づく妻が「知的」であり、「理知的」なスター女優として認識されていた原節子が演じたからこそ「生かされた」のである。

占領期に求められた知的な女性像との関係から原節子の身体を論じた吉村いづみは、「旧来の家制度の廃止によって、女性たちは家の所有物という静的な役割から、自ら考え行動する動的な役割への転換を求められた」[83]と論じている。確かに戦後の女性は静的な役割から、自ら考え行動する動的な役割へと変わり、占領初期の『わが青春に悔なし』では、「静」から「動」へと女性を「解放」する語りで終わっている。しかし、占領末期の『めし』におけるナラティヴは、「動」から「静」へと反転していることに注意すべきだろう。占領末期のイデオロギーに内在する映画の作り手によって身体は配置され、物語における身体の運動も「動」から「静」へと変化することで、家という共同体へと同化する結末が与えられたのである。

ポスト占領期へと向かう戦後の視覚文化において、国民国家を再生産するための映画の「語り」は、男性性《マスキュリニティ》を後景化しながら男性を「欠落の主体」として、女性性《フェミニニティ》を前近代へと遡行させながら女性を「犠牲的客体」として繰り返し表象することで、強固な共同体を構築しつつ戦争責任からの逃避や敗戦のトラウマの超克を導いてゆく。

ここで分析してきたように、国民国家のイデオロギーは、アメリカと暗黙のうちに共犯関係を結び、スター女優の身体を占有した。だが、「犠牲的客体」であった女性の身体に自らを投影し、同一化をはかり、積極的に参入する女性観客も少なからず存在しただろう。男がアメリカと共犯関係を構築するように、女性もまた過去の戦争の記憶と忘却のなかで、男性的イデオロギーによって描かれ続けたメディアの表象自体と共犯関係を結んでいたように思われるのだ。男／女、それぞれ異なる文脈で記憶と忘却を繰り返し、過去＝歴史が構築される。

ポスト小津映画の原節子

小津安二郎と成瀬巳喜男の映画で、原節子のイメージは一挙に民主主義の指導者から国民国家や家族といったものを想起させる役割へと移り変わっていった。この「転向」によって占領期の政治的イメージは、一九五〇年代の映画で次第に希薄になっていく。すべてに触れることはできないが、一九五〇年代前半のいくつかのフィルムに言及しておこう。『晩春』を経て、翌年に出演した『七色の花』(春原政久、一九五〇年)の彼女は、口数の少ない清楚で古風な女性として登場し、コケティッシュな風貌でアプレ女性を演じる角梨枝子と対照的に演出されている。後半、白いブラウスで作家の仕事の手伝いをする彼女は、小津映画の紀子のようにも見えてくる。彼女が男性を想って身を投げる姿に、もはや民主主義の伝道師を見ることはできない。このように小津の力学に包摂されてゆくのが原節子の一九五〇年代であった。

文芸映画の巨匠と称される豊田四郎が撮った『風ふたたび』(一九五二年)は、夫と別れ、渋谷の叔父の家で暮らす女性(原節子)が、金持ちで優しい実業家(山村聡)と北海道で研究に専念しようとする青年(池部良)の間で揺れ動く姿が描かれている。元気のなかった原節子が、彼女を後妻にもらおうとする山村の計らいで転職し、生き生きと仕事に勤しんで「青春」を取り戻す。実の兄である会田吉男が撮影したからか、この作品は、たとえば正面からしばしば捉えられる小津映画の彼女と違って、横や斜めからのクロースアップが多用され、原節子の神々しい美しさが引き出されている。ここでも民主主義を先導していた彼女の姿は認められない。

義兄である熊谷久虎の『白魚』(一九五三年)は、敗戦を迎え長い間スランプにあった熊谷が戦後はじめて撮った作品であると同時に、撮影に参加した実兄の会田吉男が現場で列車にはねられ事故死してしまったいわくつきの作品である。小津を通過した原節子は、戦中の多くの映画とは違って和服を基調とした古風な女性を演じ、この作品でもモダンで奔放な岡田茉莉子とは対照的に配置されている。物語は、医師だった夫がいまだ生死不明で復員せず、料亭で働きながら一人息子を育てている原節子と、妻が病床にありスランプに陥っている作家（上原謙）との関係を描いていく。妻に死なれた上原に代わって、新聞記者の二本柳寛が、彼の結婚の意思を原節子に伝えるが、彼女は帰らぬ夫を待っていると述べる。「法律的には一方的な離婚も許されている」という二本柳に対して「ええ、法律的にはね。古いってお笑いになるかもしれませんけど」と返し、申し出を断る。その直後、外に出た二本柳を追いかけ「私、先生を……」と言いかけ押し黙る原節子。

街をふらつき、自分に会いに来て不在だとわかった上原謙が帰る姿を遠目から見つめる彼女の後ろで、急に耳を突き刺すような踏切の警報が鳴り、電車が画面を横切る。その前の上原謙と原節子が観能をするシーンでは、小津のように正面からではなく、ずっと二人の後ろ姿を捉え、最後に触れ損ねた手を移動撮影でクローズアップする場面がある【図6-35】。間違いなくここで意識されているのは『晩春』の観能シーンであり、踏切と電車による断絶を示す手法からは、遮断機で家族の離散を視覚化してみせた『麦秋』が想起されるだろう。ちなみに背景には、ローマ字の標識がフレーム内に映し出されている【図6-36】。明らかにこのフィルムには、小津の亡霊とも呼ぶべきものが影を落としているのだ。

この作品は、酒に逃避する上原謙の酔っ払った演技が拙《つたな》く、物語の展開や構成もまとまりがない奇妙な映画だが、監督と撮影が実際の家族であったからか、『風ふたたび』以上に、それまで誰も撮ったことのないショットが挿入されている。踏切のシーンの直後、料亭の掃除をする彼女に上原から電話がかかってくる。不在を装い苛立《いらだ》ちを見せる彼女は急に床の雑巾がけをはじめ、それを最初は正面から移動撮影で捉える。だが、彼女が引き返して反対へ雑巾がけをすると、カメラはそのまま原節子の臀部を追いかけていくのだ【図6-37】。そしてカメラは彼女の臀部めがけて廊下の奥までついていく【図6-38】。これまで誰がこれほど異様な原節子のショットを撮れただろうか。おそらく彼女にとって絶

図6-36　踏切の場面

図6-35　『白魚』の観能シーン

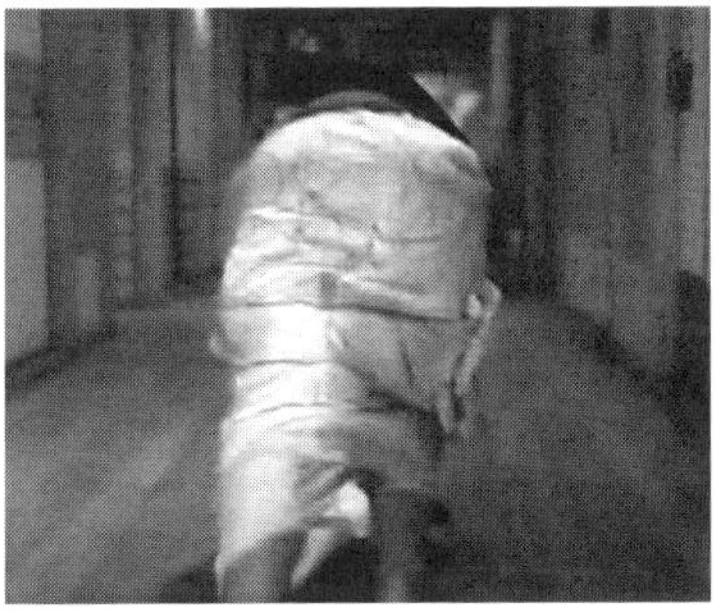

図6-37　原節子の臀部

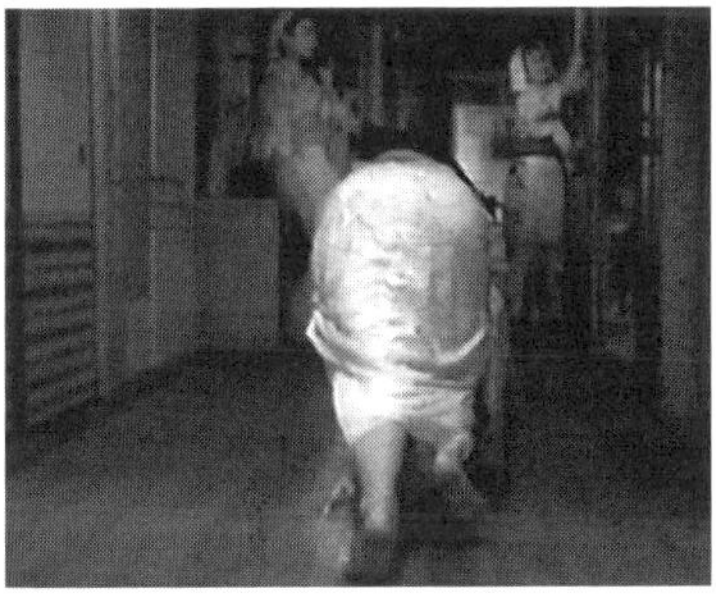

図6-38　臀部を追いかけるカメラ

対的超自我であった熊谷の演出と兄の撮影だからこそ許されたショットであろう。

物語は最後に、敗戦後の日本に鬱屈し書けなくなった上原が、突然「富士山へ登る」と旅立つ。カメラは彼の後を追った原節子を、凄まじい雷雨のなかで捉える。頂上へたどり着くと壮観な朝日の眺めに天啓を得て立ち直り、叫びをあげる上原、そしてその姿に感激する原節子をカメラが映すと、次に彼女が大写しで富士山とオーヴァーラップされ、映画は終わる。熊谷の意識のなかでは、アーノルド・ファンクの『新しき土』が念頭にあったのかもしれない。最後に着物姿で富士山を登る姿は、彼女のフィルモグラフィーのなかでは明らかにファンクの山岳映画と相似形をなすからだ。いずれにせよ、このいびつなフィルムは原節子の新奇性を呈示しながらも、小津的な規範のなかに埋没している。

日常の不安や寂しさに耐えるこのような女性像は、成瀬巳喜男の『山の音』（一九五四年）や『驟雨』（一九五六年）へと受け継がれ、結婚生活の継続か離婚かのはざまで思い悩む女性が丹念に描かれている。裕福な家庭の嫁を演じた『山の音』では、義父（山村聰）の愛情を一身に受ける彼女だが、夫（上原謙）には冷淡に扱われ、外に女も作られている。この作品は、身ごもっていた子供を中絶した原節子が、最後に夫との離婚の意志を義父に告げる悲劇である。成瀬は徹底して孤独に向き合い、苦しみ、耐える一人の女性を克明に捉えている。

『驟雨』は『めし』と同じように家庭のなかで退屈な日常を目の前に、どうすることもできず小言を並べる夫婦の倦怠がコメディ・タッチで描写される。一九五一年に撮られた『めし』と一九五六年の『驟雨』を比べると、同じように夫婦の危機を扱ったホームドラマでありながら、後者では驚くほど戦争の影が薄くなっていることがわかる。事実、一九五〇年代の多くの原節子映画は、占領期の作品群や小津の「紀子三部作」、あるいは成瀬の『めし』における映像テクストにあった強烈な政治性が漂白されている。では、一九五〇年中頃の原節子が批評言説上でどのようにいわれていたのかを確認してみよう。

原節子は日本の恋人と呼ばれる程の美貌と貫録に恵まれた大女優であるが、戦後、黒沢の『わが青春に悔なし』や今井正の『青い山脈』のヒットの他松竹で吉村作品や小津作品で好調を続け、さらに東宝に戻ってからは『めし』『山の音』などで大いに点を稼いだとはいうものの、最近では『驟雨』や『愛情の決算』のような不発弾が多い。要するに質量共に揃った大作の主演女優としての価値であり、B級作品ではマイナスになることが多く、大スタアなるが故に難しい女優である。[84]

理想の国家へと大衆を導く占領期の「民主主義啓蒙映画」や、独立を回復する時期における古風な女性像や郷愁的な社会を投影した小津の「紀子三部作」、あるいは成瀬の『めし』のような映画では、国の行く末を示す明確な「モデル＝イメージ」が必要とされた。そこでは日常の不安や夫婦のすれ違いよりも理想の国家、こういってよければ国体の提示が必要とされた。原節子のような現実味のない高貴な美貌をもった女優はこうした映画にこそふさわしく、社会が安定し消費社会へと突入するなか、身近にある日常の小さな出来事を描く作品にはふさわしくないことが当時の批評言説から読み取れるだろう。原節子は現実とは乖離した〈理想〉の社会が〈理想化〉されたままの映画、すなわち、誇張された社会や女性を描く政治的な映画でこそ輝きを放つスター女優だったのである。

終章　聖女と魔女——原節子と京マチ子

1　「永遠の処女」と「肉感的な魔女」

「銀座の女」と「浅草の女」

一九二〇年生まれの原節子と、一九二四年生まれの京マチ子。意外にも同世代である二人の女優のイメージはまったく正反対であった。舞台への出演もグラビアでの水着撮影もほとんどしなかった原節子に対して、一九三六年に最年少で大阪松竹少女歌劇団（ＯＳＳＫ）に入団し、常に踊り子として人前に肉体をさらしてきた京マチ子。一方は、一〇代半ばにして世界的に知られ、戦争や帝国主義に翻弄された戦前派スター、もう一方は、レビューの女王から映画界入りして瞬く間に国際派女優にまでなった戦後派スター。

冒頭でも述べたように、二人の国民的スター女優の出演映画のタイトルからは、原節子＝「東京」、京マチ子＝「夜」の「浅草」という関係が連想される。なるほど、確かに原節子という観念的な美を象徴するスターには、下町情緒のあふれる雑多な現実空間ではなく、そういった土着性をそぎ落とした想像の「東京」という仮想都市が最も似つかわしいかもしれない。だがここで、二人の日本の女優を対照させるために、「東京」という抽象的な近代都市に具体的な名前を与えるならば、それはおそらく「銀座」ということになるだろう。実際、多くの出演作で原節子は銀座を歩く女性を演じている。一方、京マチ子には「浅草」という明確なトポスが与えられていることに、ある種の必然的なコントラストを見ることができよう。

江戸時代以来、吉原の遊郭や猿若町の芝居小屋、さらには二〇世紀初頭からの活動写真館の隆盛や私娼窟まで、伝統的なものと新しいものが渾然一体となった歓楽街・浅草を社会学者の吉見俊哉は、強力な消費能力をもち、多様な階層を包摂する変幻自在な性格の街として捉えている。一方、関東大震災後、デパートが立ち並び、カフェが乱立して、丸の内オフィス街が中心的役割を果たしていく繁華街・銀座は〈外国＝未来〉に結びつくモダンな都市空間となっていった。常に〈未来〉を意味の備給源として外部から保証される美しく新しい銀座に対して、都市生活から〈脱出〉できる避難所〈アジール〉として浅草が機能したのには、江戸時代に〈異界＝他界〉への窓として担った役割が大きい。[1]もちろん、吉見の主眼は、一九二〇年代における浅草から銀座への盛り場の移行にあるが、〈浅草的なもの〉がその後、急速に衰え消失したわけではない。戦中／戦後においても、その個性的な空間イメージは持続して人々を魅了したのである。

下町風情のある地方的・世俗的な浅草の空間は、散逸的で開放感にあふれている。それに対してモダンな物質文化を体現した銀座には、洗練され画一化された閉塞性が見出される。消費主義に裏打ちされた二つの異なる空間が経験した近代から、日本を代表する女優の対照性を捉えることは決して無駄ではないだろう。

原節子が生涯かけて構築したペルソナは、〈浅草的なもの〉とはまったく相容れない。なぜならば、彼女は潔癖で理知的で高貴な女性であり、均整のとれた西洋的なモダン都市・銀座の表象に高い親和性があるからである。彼女には〈未来〉を志向する洗練された〈銀座的なもの〉が最もふさわしく、京マチ子に与えられた「夜」の「浅草」になぞらえていうならば、「昼」の「銀座」ほど彼女のペルソナを適切に表象する都市はないだろう。白昼の銀座こそ彼女の「健全」なイメージを的確に示すメタファーとなるのだ。男たちのまなざしや欲望が渦巻く歓楽街としての「夜」の「浅草」、その場所で妖艶な肉体を惜しむことなくさらけ出すのは京マチ子である。また京マチ子が肉体派女優から国際派女優になっても、彼女が雑誌メディアで構築した伝統的な古い女性イメージは、郷愁を想起させる浅草とどこか通じるところがあるし、映画における変幻自在な印象も〈浅草的なもの〉を喚起させるだろう。都市を媒介とした彼女たちのイメージの対照性は、二人のスターペルソナをはっきりと輪郭づける性質をもっているのである。

「永遠の処女」と「肉感的な魔女」

一九六三年、急に映画界から姿を消すことによって原節子は「伝説の女優」となった。その彼女を一言で表す強力な言葉が「永遠の処女」であり、当時は「聖処女」という言葉でも形容されていた。世俗的なものから超越した原節子は、どこまでもセクシュアリティという本能的な欲求＝衝動からは遠くに位置づけられてきた。セクシャルなものを極限まで排除した彼女の〈生／性〉の倫理とは、男性に媚びることなく毅然たる態度を徹底し、ときにフェミニストのように振る舞うことであった。彼女は人生をかけて「聖女」として「永遠の処女」を実践したのである。

一方、過激な肉体イメージでスクリーンに登場した京マチ子は、多くのフィルムで男を魅了し、ときに堕落させ、ときに狂わせるファム・ファタール（運命の女）、日本の文脈に引きつけていうならば毒婦のような強烈な女を演じていた。こうした京マチ子のスクリーン・イメージを端的に示すならば「肉感的な魔女」である。思い返せば、大映からデビューしたての『花くらべ狸御殿』で彼女は文字通り肉体美をもつ魔女を演じていたし、プレスシートでも「魔女の魅力は京マチ子」と宣伝されていたのであった。あるいは彼女の人気を決定づけた『偽れる盛装』の文案に記載されていたのは「肉体か？　黄金か？　白蛇の肌を紅灯の巷に張って男心を嘲笑する美貌の魔女！」であり、国際派グランプリ女優となった後の『雨月物語』はその変奏であるといってよいだろう。

聖女と魔女。スクリーン・イメージとしての原節子と京マチ子は明らかな対照をなしている。琴や能楽や踊りなど芸達者で何でもできる京マチ子に対して、無芸な原節子。肉体を画面いっぱいにさらけ出した京マチ子に対して、徹底してさらすことを拒絶し続けた原節子。

かくも異なるイメージをもつ二人の女優が交差するのが、一九四九年という占領下の日本である。もちろん、京マチ子は大映の専属女優として五〇年代を生き、フリーから東宝へと戻った原節子は他社へと「貸し出し」されることはあったにせよ、二人の国民的スター女優がスクリーン上で接点をもつことはなかった。だが、〈日本〉を引き受けた彼女たちは、戦後の時空を生きた観客に圧倒的な存在感を示していた。二人は異なる仕方で〈日本〉をまとい、大衆の欲望をその身体いっぱいに受け止めていたのである。

敗戦という歴史的トラウマを抱え、伝統的な社会や規範が一掃された時空で、集合的欲望としてのスターの価値を最も高めた戦前派女優、そして肉体言説のなか突如として現れた戦後派女優。民主主義の指導者としてこれからの〈日本〉をまとい、小津によって回顧的な〈日本〉を着せられた原節子。カストリ文化という敗戦のコンテクストのなかで刺激的なイメージを焼きつけたと思えば、そのイメージをひっくり返して〈日本〉を世界に向けて呈示することになった京マチ子。彼女たちは国家の再建、国際社会への復帰、日米関係という絶対的条件のもとでスターダムの頂点へ駆け上がっていった。こうした文脈がなければ、おそらく戦後日本のスターダムの編成ももっと違ったものになっていただろう。

敗戦後のコンテクストが駆動させているのは、〈理想〉の国体を作り上げるという衝動、その集合的意志は、スターの身体上で形成される。だからこそ戦後の大衆文化は、現実にはないような理想の女性イメージをスクリーンに求めたのである。本書では、敗戦から一九五〇年代中頃までを〈理想化の時代〉と称した。ここで要請されたのは、貧しく混沌とした現実をそのまま映し出すようなイメージではなく、未来を象徴的に示すような、換言すれば、理想のイメージとして極限的に現実を誇張するような強度をもったスターである。原節子は〈離接的身体〉としてアメリカの〈性的な〉「占領」を解除するようなイメージと言説を構築し、正義や規範をスクリーンに投影した。

原節子に対して「敗者の身体」を演じたのは、京マチ子であった。彼女は文字通り「敗者」であったわけではなく、そのパフォーマンスは観客に〈抵抗〉を促すようなイメージを呈示し、鬱屈した若者のエネルギーを豊満で過激な身体で受け止めていた。いうまでもなく、「敗者の身体」なくして「理想の身体」は存在しない。ここには歴史的な「共犯性」が見られる。二人の日本の映画女優は、戦後の社会的身体を代理するという意味で、必要不可欠なスターとしてスクリーンに輝きを放ち、名声を獲得したのだ。

原節子がスクリーン・イメージとファン雑誌などの他のメディアで一貫したペルソナを構築したのに対して、京マチ子は、スクリーンの過剰なイメージとは矛盾する古風な人格を映画以外のメディアで構築することによってその人気を担保した。

もはや明らかだろう。二人の女優はスクリーンという仮想の世界で、役柄を「演じること」によってカリスマ的なスターとなる一方で、インタビュー、座談会などの現実のパーソナリティを作り上げるメディア上——読者に「演じていない」人格と想定される映画以外のメディア——では、戦前の規範を捨てることなく国体を守ってみせたのである（すでに田中絹代の振る舞いがいかに日本人の傷跡《トラウマ》を刺激したかは述べた）。戦前派と戦後派スターを代表するトップスターになるためには、端的にいって、特定のファンを獲得するだけではスターダムの頂上へは到達できない。本書で確認してきたように、原節子は若者たちの〈青春〉を体現し、民主主義の象徴となり、京マチ子は徹底して過去を破壊し、若者たちのエネルギーを体現した。だが、それだけではなく、戦後の言説空間を占有する多くの戦前派知識人たちをも魅了したのであった（この時期において言説の主体である彼らを飼いならすことこそ最重要課題である）。その決定的な要因となったのが、雑誌メディアを中心に彼女たちが構築したセクシュアリティ言説だったのである。

何もかもが対照的に見える二人には、ある共通点があった。スキャンダルのないスター、異性とのゴシップのない女優、潔癖で純粋無垢な人、未婚であること。原節子はよく知られているが、京マチ子もまた類似する言説を構築し、恋愛をした経験がないことなどが当時のファン雑誌を見ると多く語られている[2]。映画スターの「リアリティ」を大衆へ接続するファン雑誌に限定してこの二人を見てみると、京マチ子は「魔女」から「処女」へと反転するのである。こうして彼女たちは、世代を超えて、ジェンダーを超えて、戦後日本の欲望の対象となった。

原節子は敗戦を機にイメージが反転したのではなく、一九三九年の「転向」から一九四九年まで一貫して意志が強く教養のある洗練された女性としてモダニズムを体現していた。彼女が小津安二郎と邂逅したときも、こうした要素は決してぬぐい去られたわけではない。ただし、そこには決定的な違いがあった。抽象的にいうならば、この時期から原節子のスクリーン・イメージは「動」から「静」へと変化していったのである。躍動的な原節子の身体は制御され、物語には戦前の制度（見合いや家父長への愛）、敗戦の記憶、日本的な意匠、家族という主題が流れ込むことによって、少なからず当時の観客のナショナリズムを誘発することになった。大衆の集合的欲望を引き受ける彼女のイメージを歴史的に眺めてみると、ひたすら日本という境界線の内側へと突き動かす力によって〈日本〉というナショナル・アイデンティティが構成されていることがわかる。それに対して、京マチ子のイメージは、境界を越えて、外へ外へと拡散しながら〈日本〉を形づくっている。このような二つの力学が原節子と京マチ子を媒介にして〈理想化の時代〉を構成したのである。

2　〈理想化の時代〉の終焉

原節子から若尾文子へ

本書が〈理想化の時代〉と呼ぶ時期の末期にあたる一九五四年、ファン雑誌の読者投稿では、原節子は「一頃の田中絹代の如《ごと》く、スクリーンへの憧憬の代名詞とまで謳《うた》われ普及した彼女の《美貌》も中頓座《ママ》した感がある」▼3といわれている。このような指摘が雑誌でちらほら見えはじめるのが一九五〇年代中頃のことである。すなわち、原節子を基軸として高峰三枝子やイングリッド・バーグマンに代表されるスター女優が圧倒的な人気を誇っていた時代から、若尾文子の時代へと推移していくのがちょうど一九五五年頃なのだ。

再び人気投票のデータ【表1-5】【表1-6】に戻れば、京マチ子がランキングから姿を消すのもこのあたりである。ファン雑誌では『近代映画』の一九五三年を最後に、『平凡』では一九五四年を最後に、京マチ子はベスト一〇から姿を消す。原節子も一九五三年の『近代映画』と『平凡』を最後にベスト一〇からもれてしまう。むろん原節子の場合は『山の音』（成瀬巳喜男、一九五四年）の後、次の作品の撮影中に白内障が発覚し、療養生活に入ったブランク期間があることも一因である。だがこのようなスターダムの編成は単純な年齢規範では判断できない。『ノンちゃん雲に乗る』でスクリーンに復帰すると、一九五五年には二本、五六年には五本、五七年には六本とコンスタントに出演を重ねたものの、スターダムの再編成によって訴求力を次第になくしていった。

京マチ子と同じく一九二四年生まれの高峰秀子は、戦前に子役スターとして一世を風靡したスター女優だが、一九五五年の『平凡』ではベスト一〇圏内であるし、『映画ファン』では一九五七年までベスト一〇にランクインしている。ちなみに高峰秀子は、原節子から山本富士子へという系譜とは対照的に、田中絹代から高峰秀子へという親近感のあるスターとして語られたスターである。

平凡な可憐さ、親しみ易《やす》い庶民的美人といったタイプの大先輩では田中絹代や高峰秀子という大物がいるが、若尾文子の躍進的ななかにも堅実味のある歩みぶりを見ていると、この大先輩二人に続く次の一人は若尾文子であろうということさえ出来るようである。[4]

原節子的なイメージから若尾文子的なイメージへ。このスターイメージの変遷は、大衆文化における欲望モードの決定的な変容を意味している。なぜなら、しばしば原節子の系譜といわれて日本の美の称号が与えられた山本富士子の人気が、一九五〇年代後半を通して若尾文子と美空ひばりの人気に及ぶことはほとんどなかったからである。この時期にスターダムの頂点にいたのは、バタくさい西洋的な顔と肉体をもった大柄なスター女優ではなく、五〇年代後半の大衆文化の欲望を一身に受けた親近感のある若尾文子であった。

ロラン・バルトはかつて、映画の女神であるグレタ・ガルボとオードリー・ヘップバーンの顔を対照させ、ガルボには〈イデア〉を、ヘップバーンには〈出来事〉という言葉を与えた。あるいは、ガルボが「概念」の次元に属しているのに対して、ヘップバーンは「実体」の次元に属していると形容した。[5] これになぞらえていうならば、原節子が観念の美を〈象徴〉する映画のミューズであるのに対して、若尾文子は大衆の日常を〈具現〉する映画のアイドル、当時の観客にとって若尾文子というスターの登場は、それまでのスターとは違った「実体」をもった何かであったのだ。

〈日常性の時代〉における言説

スター女優としての若尾文子を理解するのにまず注意しなければならないことは、彼女が人気の絶頂にあった一九五〇年代中頃は、現代の多くの観客が知っているようなペルソナ――圧倒的な美貌と妖艶さをもった美の権化のような「映画女優」――ではなかったという点だ。それは増村保造が「スター女優」であった彼女を一九六〇年代以降に「映画女優」[6]として大成させた後のイメージであり、数々の「芸術映画」を通して構築されたペルソナなのである。一九五〇年代の同時代的な観客は、若尾文子を「親近感」のある「庶民的」なアイドルとして欲望した。

スターを一二のタイプに類型化した一九五五年の記事で、若尾文子は「平凡型」に分類され「どこにでもある平凡な顔、したしみ深い可愛い顔というのが若尾さんの人気の源泉」[7]といわれている。ちなみに美空ひばりが分類されたのは「下町娘型」である。翌年、若尾文子が二年連続で『平凡』の人気投票一位を獲得したことを受け、「この庶民的な風格が相変らず人気を集めているのはよくわかる」[8]と批評家にいわれ、ファン雑誌でも「若尾文子さんは親しみやすい娘さんという条件がモノをいって、人気のトップにおさまった」[9]と人気の要因が述べられている。つまり、この時期の若尾文子を価値づける言説は、「庶民的」で「親近感」のある「平凡」なスターであり、〈日常性〉を体現するスターが欲望の対象となっていくのである。このような〈日常性〉言説があふれる一九五〇年代中頃に、〈理想化の時代〉はついに終焉を迎える。

敗戦後の日本人は、封建的な制度や前近代的な女性像を否定しながら、スクリーンに理想化された社会に生きるペルソナを投影した。この時期に欲望されたのは、アメリカ型の民主社会を象徴する存在であり、一九五〇年中頃に見られるような大衆文化を具現化した記号的存在ではない。だからこそ、現実とはかけ離れた存在感をもつ〈理想化〉されたスターイメージが求められたのである。だが、一九五〇年代中頃になると、崇高なカリスマとしてのスターではなく、観客自らのアイデンティティを誇張することなく投影するような意識の体現者が欲望される時代へと変遷していく。手の届かない観念的な美や現実にはおよそありえない過剰な肉体イメージをもつカリスマ的女優から、到達可能な日常のイメージを体現する女優への転換、ここには現代まで続く、スクリーンに観客が自己投影を可能にするようなロールモデル型スターシステムの原点を見ることができるのではないだろうか。一九五〇年代後半のスターに向けられた言説からは、観客とスクリーンの間に明白な心理的距離の〈近さ〉が感じられる。テレビ的機能を果たしていたファン雑誌を通して考えると、若尾文子はテレビ時代のアイドルの起源に位置づけることもできるだろう。

スターとは、資本主義原理のもと過剰に大衆の欲望を集め、ある一時期に時代の寵児になる歴史社会的現象である。スターは大衆の欲望を満たし、ときに社会的危機を投影する。スターとしての原節子という記号は、それ自体、空疎な記号にすぎないのかもしれない。だが、その構築されていくスターイメージを通して、あるいは彼女に対して語られる言葉から、その時代に生きられた日本人の感情や感性が透けて見えてくる。

〈戦後〉という言葉に織り込まれた重層的な意識や、一九五〇年代に起こった敗戦意識の変遷を理解すること。すなわち、原節子や京マチ子のイメージと言説の分析は、若尾文子や美空ひばり、あるいは石原裕次郎や中村錦之助などに代表される一九五〇年代後半の〈戦後〉とは異なる、「占領期／ポスト占領期」的な〈戦後〉を浮上させることができる。こうした時代区分は社会学者の小熊英二による、秩序が不安定であった「第一の戦後」(敗戦から一九五四年)と、社会秩序が安定化していく「第二の戦後」(一九五五〜一九六〇年前後)の転換期と重なる部分がある。小熊は「第二の戦後」に向かう一九五五年から六〇年代にかけて、ナショナル・アイデンティティに関わる議論に変動があることを言説分析——同じ言葉がもつ意味内容のずれ——から質的に論じた。[10] 一九五〇年代後半の〈日常性の時代〉における若尾文子や美空ひばりといったスター女優への詳細な分析には、本書では細かく踏み込むことはできなかったが、いずれにせよ一九五五年頃に決定的な転換点が確認できる。[11] 大衆の欲望が結集するスターという歴史社会的現象を分析することによって、知識社会学では捉えることができない〈戦後〉が、大衆文化を反映するスターの身体イメージにいかに形成されていたのかが理解できるのである。

3　〈日常性の時代〉の原節子と京マチ子

〈変身〉する映画女優──京マチ子

本書は、スター女優の身体と言説に注目し、ジェンダー／セクシュアリティ規範のもとで、原節子や京マチ子がいかに〈戦後〉を可視化してきたのかを分析してきた。しかしながら、多くの言説を調査した私は今、観客論や文化史とは違った文脈で映像テクスト自体──彼女たちのパフォーマンスそのものと向き合いたいという欲望にかられている。それはある意味で、本書が貫いてきた方法論を覆してしまうような欲望といっても過言ではない。

一九五〇年代後半の二人について細かく語る余白はない。だが、最後にここで、スターダムが再編され若尾文子や美空ひばりの時代になったときに彼女たちが映画のなかで引き受けた二つの主題について触れておきたい。それは京マチ子の〈変身〉と、〈母〉になる原節子である。

しばしば豊満な肢体からか、不器用で大味な演技といわれることがあった京マチ子が、実は繊細なパフォーマンスで役柄を演じ分けていたことはすでに述べてきた。『羅生門』における異なる人物の主観的回想によってまったく別の女性を演じる必要に迫られた彼女は、黒澤明に厳しく鍛えられたことも功を奏し、女優として開眼した。このような技巧は「国際派グランプリ女優」になるにつれ、前面に押し出されることはなかったにせよ、その才能はスター女優から「映画女優」になるにつれて開花していったのだ。彼女の類いまれなる才能は、国際映画祭で評価された「芸術映画」ばかりが焦点化されてきたこともあって、同時代に京マチ子映画を観てきた者以外、あまり知られていないように思われる。

典型的なのが『いとはん物語』（伊藤大輔、一九五七年）である。この作品では、三姉妹のなかで一人だけ不器量に生まれた心の美しい女性を演じた京マチ子の見事な〈変身〉を見ることができる。この作品では、美貌も肉体美もすべてをそぎ落とし、メーキャップの技術だけではなく、細かい身振りや顔の表現によってまったく異なる女性が造形されているのである。鶴田浩二との新婚旅行を想像するシーンでは、普段の気品あふれる京マチ子に文字通り〈変身〉してみせる。私たちはこの豹変ぶりにただ畏《おそ》れおののくしかない。他にも『黒蜥蜴』（井上梅次、一九六二年）のプレスシートでは「七つの仮面をもつ黒蜥蜴」という文案が記載され、『穴』（市川崑、一九五七年）におけるプレスシートの宣伝ポイントには、「内容は意味ありげに伏せて、京マチ子の七つの顔と姿体の魅力を強烈に訴えます」[12]とある。こういった作品では、物語のスピーディーな展開とともに演技派・京マチ子の〈変身〉が存分に味わえるのだ。演技派として変幻自在のパフォーマンスを見せていた彼女の〈変身〉の主題は、もっと注視して論じられるべきだと思う。

日本映画の黄金期、大映は、京マチ子に続く日本トップクラスのドル箱スターを作り上げることに成功した。大映を代表するスター女優は、そのまま日本を代表する女優であることを意味し、一九五〇年代後半、京マチ子から若尾文子と山本富士子の時代へ突入していく。「国際派グランプリ女優」として商品価値のある京マチ子が、若者に圧倒的な人気を博すスターと共演し、映画内部がスターダムと同様の闘争の場となる映画も撮られている。たとえば、『夜の素顔』（吉村公三郎、一九五八年）などは、「映画女優」となった京マチ子と、「スター女優」として人気絶頂期にある若尾文子という現実の世代交代の縮図を、そのまま物語にあてはめた作品だ。新旧のスターがパフォーマンスを見せ合うアリーナと化した表象空間において、緊張感を高めるフィルムが語られないまま多く眠っているのである。

〈母〉になる映画女優――原節子

原節子研究において、重視されるのは決まって小津安二郎や成瀬巳喜男の映画、あるいは限られた時局映画のみである。そのなかにあって、たとえば熊谷久虎の戦後の映画は、ほとんど顧みられることはない。だが、〈母〉になった原節子――むろん実際には母になる以前に妻になることもなかったのだが――の愛情の表現に、私は他の女優とは別格の人間愛を感じている。その転機は一九五五年にある。彼女はこの年、二本の映画に出演し、どちらも母と子供の愛情を描いた作品に出演しているのだ。それが『ノンちゃん雲に乗る』（倉田文人）と『美しき母』（熊谷久虎）である。

もちろん、このときまでに原節子に母親役がなかったわけではない。早い例をあげれば、島津保次郎の『緑の大地』（一九四二年）で乳飲み子を抱く若い母親を演じているし、『白魚』（一九五三年）でも一人息子がいる設定になっている。だが一九五五年の両作品は、母と子の関係を中心に、愛情に満ちあふれた〈母〉としての原節子の姿が克明に焼きつけられているのだ。特に『美しき母』は、甲斐性なしの夫に蹴られたりひっぱたかれたりする原節子がそれでも懸命に我が子を愛し、気丈に生きる強く美しい姿が観る者の心を揺さぶる映画であり、愛に満ちた「人間」としての原節子の強度が伝わってくる。無償の慈愛をこれほど豊かに表現する女優はそう多くいない。熊谷が近親者であり、特別な関係であったからだろうか、戦後の熊谷作品には『白魚』に見られたようなカメラの斬新な原節子の切り取り方もあるが、『美しき母』では、何よりも原節子の表面的ではない愛情の深さを引き出すことに成功している。このような子供と母親の関係は、『路傍の石』（久松静児、一九五九年）や、娘と血のつながっていない母親を演じた『娘と私』（堀川弘通、一九六二年）など、後期原節子の重要な主題なのである。

『女ごころ』（丸山誠治、一九五九年）では外に女を作られ、息子を連れて家出する母親を演じていたが、『愛情の決算』（佐分利信、一九五六年）では、子供をもつ母親役で家庭をもちながらも三船敏郎との愛に溺れる人妻として「不道徳な女」を演じている。ここにもはや「聖女」としての原節子は存在していない。民主主義の象徴として、女性的であることは副次的でしかなかった彼女のイメージを考えると、この映画の原節子は恐ろしいほどの女性性をまとっている。これらが詳細に分析されてこなかったのは、端的にいって、小津や成瀬映画以外の映画についてあまり語られない作家主義的な伝統がいまだに強力だからである。

〈母〉になった原節子の慈愛に満ちたフィルムや、日常の不安と違和のなかで「翳《かげ》り」をもった成瀬的な主題を引き継ぐ、寄る辺ない「空虚な女性」を描く映画は、これまでにない原節子のイメージを呈示していたにもかかわらず、ほとんど忘却されてしまっているのだ。『山の音』や『愛情の決算』など、一九五〇年代中頃の原節子は、民主主義の象徴であることをやめ、より一人の女性としての実存の問題へと突き進んでいる。いずれこの時期の〈母〉になる原節子と〈変身〉する京マチ子に関しては、筆を改めて論じてみたいと思う。

*

二〇一六年末、原節子の「幻の自筆エッセイ」が発掘された。それは一九四六年、『わが青春に悔なし』が公開された直後に雑誌に書いたものであったという。彼女はまず日常に起こったささいな出来事を軽やかな筆致で書き進め、当時の日本人について次のように記している。

敗戦前の日本人は、日本人自身をおめでたいほど高く評価していた。日本という国は世界無比の国であり、日本人は世界で最も優秀な民族であると考え、自惚《うぬぼ》れていた。

ところが敗戦は、その日本人をひどく自卑的にし、今ではあべこべに日本人は全くなっていないという声が、はんらんしている。ほんとにわたしたちは日本人でありながら日本人がいやになってしまうほどのいろいろな現象を目撃する。日本人にあいそをつかしたい思いをさせられることはたびたびである。

けれども、欠陥の多い日本そして日本人であるが、自卑してはいけないと思う。日本人はあくまで日本人である。日本人にあいそがつきたといっても、自分も日本人である以上、めいめいが何とかして一日も早くお互いに愉しく生きてゆけるように仕向けようではないかというこころになって、手近かな自分の周囲からその実現につとめなくてはいけないと思う。それは結局自分のためだし、それが大きく結集してはじめて日本全体が住みよく明るい国として育って行くのだと思う。わたしはけっして教育家でも宗教家でもない。ただ、敗戦後わたしはいつもそんなことを考えずにいられない険しい世相の中に生きながら、日本人の誰もが自分とこの祖国を正当に再認識してほしいと念《おも》うのである。日本再建はそこからだとわたしは云いたい。[13]

一九四五年八月一五日は一般に「終戦記念日」と呼ばれている。だが連合国にとってそれは、日にちに差はあるにせよ「対日戦勝記念日」ということになっている。日本人はこれを対概念である「敗戦の日」ではなく、「終戦の日」と呼び換えることで、この日を何度も召喚し〈戦後〉に意味を与えてきたのである。

二〇代半ばの映画女優は「終戦」という言葉ではなく「敗戦」という言葉を選び、敗戦直後の占領下の時空で、「日本人」や「日本」の未来について語っている。この文章からは、〈日本〉を託されたスター女優の切実な想いと気概のようなものがひしひしと伝わってくる。そして彼女のこうした気概は、メディアにおけるパフォーマンスを通じて、敗戦後の観客にきちんと届いたのだと思う。だからこそ、最初に取り上げた大島渚や矢島翠は、その強烈なイメージからただならぬものを受け取り、佐藤忠男はスクリーン上で演じるスター女優に、日本の未来を見ていたのだ。

私は、ほとんど仰ぎ見るようにして、この幸枝という女性を見ていた。私はそこに、日本人の未来があるように感じたのである。▼14

註

【序章】

▼1　大島渚『体験的戦後映像論』朝日新聞社、一九七五年、四六・四七頁。
▼2　同前、五三頁。
▼3　北川冬彦「敗戦後の日本映画」、『キネマ旬報』一九四八年一月号、二二頁。
▼4　佐藤忠男『黒澤明の世界』朝日文庫、一九八六年、一三〇頁。
▼5　岡本博「戦後派スターの実力」、『映画芸術』一九五五年一〇月号、一九頁。
▼6　谷村錦一・秋山庄太郎・由原木七郎・加東康一「ベスト10スターの素顔を語る」、『近代映画』一九五七年七月号、八八頁。
▼7　ベネディクト・アンダーソン『増補　想像の共同体――ナショナリズムの起源と流行』白石さや・白石隆訳、NTT出版、［一九八三］一九九七年、二四頁。
▼8　Jean-Michel Frodon. *La projection nationale: cinema et nation*. Paris: Editions Odie Jacob, 1998.（野崎歓訳『映画と国民国家』岩波書店、二〇〇二年、二頁）
▼9　中村秀之『敗者の身ぶり――ポスト占領期の日本映画』岩波書店、二〇一四年、四三頁。
▼10　木下千花『溝口健二論――映画の美学と政治学』法政大学出版局、二〇一六年、五二〇頁。
▼11　蓮實重彦「原節子と日本の名女優」、『週刊読書人』二〇一六年一月二二日号、一面。
▼12　リチャード・ダイアー『映画スターの〈リアリティ〉――拡散する「自己」』浅見克彦訳、青弓社、［一九七九］二〇〇六年、一一二・一一七頁。邦訳は一九七九年の初版ではなく、ポール・マクドナルドの論考を収めた一九九八年の新版からである。
▼13　ダニエル・J・ブーアスティン『幻影の時代――マスコミが製造する事実』星野郁美・後藤和彦訳、東京創元社、［一九六二］一九六四年。
▼14　ヴェーバーが「天与の資質（カリスマ）」としてあげたのは、「呪術的能力・啓示や英雄性・精神や弁舌の力」をもつ、「預言者・軍事的英雄・偉大なデマゴーグ」などであった（マックス・ウェーバー『支配の社会学Ⅰ』世良晃志郎訳、創文社、［一九二二］一九六〇年、四七頁）。しばしばスター／セレブリティ研究では「スター」や「有名人」を捉えるのにヴェーバーの「カリスマ」概念が用いられる傾向がある。だが、ヴェーバーの関心は、近代化による世俗化＝脱宗教化のプロセス、すなわち資本主義と近代国民国家の形成にともない「神聖性」が喪われた後の社会において、宗教的な支配ではない価値の復権を捉えることであり、彼の政治理論が対象とする「カリスマ」と、映画という巨大産業が作り上げる「カリスマ的存在」とでは、時代も関係性も異なっているため慎重になる必要があるだ

ろう。本書では、後述するように映画という固有のメディアがもたらす効果——たとえばクロースアップなどの技法——がいかに個人に擬似的な「カリスマ性」を付与するのかを重視する。

▼15　このような「有名性」の時代区分に関しては、石田佐恵子がより詳細な分析をしている。石田佐恵子『有名性という文化装置』勁草書房、一九九八年、四九‐七六頁。

▼16　アメリカ映画におけるスターシステムの成立過程とその変遷を分析したものにRichard deCordova, *Picture Personalities: The Emergence of the Star System in America*, Urbana: University of Illinois Press, 1990. アメリカでは、俳優の映画以外のパーソナリティを扱う言説が生まれた一九一〇年代中頃にスターを商品として循環させるスターシステムが確立された。尾上松之助を事例とする日本の初期映画におけるスターダムの歴史は、藤木秀朗『増殖するペルソナ——映画スターダムの成立と日本近代』名古屋大学出版会、二〇〇七年で詳しく論じられている。

▼17　マックス・ウェーバー『支配の諸類型』世良晃志郎訳、創文社、［一九二二］一九七〇年、七〇頁。

▼18　ベラ・バラージュ『視覚的人間——映画のドラマツルギー』佐々木基一・高村宏訳、創樹社、［一九二四］一九八三年、八九‐一一〇頁。

▼19　ジル・ドゥルーズ『シネマ1　運動イメージ』財津理・齋藤範訳、法政大学出版、［一九八三］二〇〇八年、一五四‐一八〇頁。ただし、ドゥルーズは、情動を表現するものを顔の表情のクロースアップだけに限定しているわけではない。バラージュ・ベーラとは異なり、ドゥルーズは、手や胃、腹などの身体の部分、あるいは物のクロースアップにも情動イメージを見出している（一七一‐一七二頁）。クロースアップは、対象を〈実質存在〉の状態へと昇華し、顔（顔貌化された対象）は、情動としての〈力〉と〈質〉を表現する。

▼20　Jean Epstein, *Ecrits sur le cinema, 1921-1953 edition chronologique en deux volumes tome 1: 1921-1947*, Paris: Seghers, 1974, p. 98.

▼21　岡田温司『映画は絵画のように——静止・運動・時間』岩波書店、二〇一五年、三一頁。

▼22　P. David Marshall and Kim Barbour, "Making Intellectual Room for Persona Studies: A New Consciousness and a Shifted Perspective," *Persona studies* 1 (1), 2015, pp. 2-4. ユング心理学においてペルソナは、個人が社会環境へ適合しようとする影響を受けながら、他者に特定の印象を与えたり、本来の自分を隠したりするために私たちが呈示する自己の仮面であった。個人の仮面としてのペルソナは、「社会と個人の間の相互作用から構成されるものであり、社会のなかの個人を意味する」(p. 4)。このようなペルソナの概念は、アーヴィング・ゴッフマンの日常生活における自己呈示やパフォーマンスについての研究の有用な分析概念となった。異なる空間や異なる目的のために私たちが演じる役柄として自己のパフォーマンス

を記述するゴッフマンのアプローチは、スター研究やペルソナ研究に大きな影響を与えている。

▼23 E・ゴッフマン『行為と演技』石黒毅訳、誠信書房、［一九五九］一九七四年、一一九八頁。

▼24 四方田犬彦『日本の女優』岩波書店、二〇〇〇年、一五頁。

【第一章】

▼1 占領期と日本映画の関係を考察した著書として代表的なものは、平野共余子『天皇と接吻――アメリカ占領下の日本映画検閲』草思社、一九九八年。アメリカ映画と占領政策について分析したものに、谷川建司『アメリカ映画と占領政策』京都大学学術出版会、二〇〇二年。これらはGHQの精緻な資料調査から映画と政策の歴史的関係を描いているが、映画と社会や文化という広範な枠組みから映画と大衆の関係を捉えているわけではない。それに対して、北村洋は占領政策のみではなく、その宣伝者、興行者、文化人の活動からより多角的に捉え、「占領」を複数の視点から描くことに成功している。Hiroshi Kitamura. *Screening Enlightenment: Hollywood and the Cultural Reconstruction of Defeated Japan*. Ithaca, NY: Cornell University Press, 2010.（二〇一四年『敗戦とハリウッド――占領下日本の文化再建』名古屋大学出版会）。だが、北村は、アメリカ映画が「文化」として日本にどのように売り出され、受容され、拡散したのかという分析を中心にしたため、日本人に多大な影響を与えていたはずの日本映画との相互的関係や映画スターの分析は重視されていない。一般大衆がアメリカとの文化的関係から、いかにアメリカのイメージを受容し、日本映画において表象していったか、という循環的な視点から本書は「占領」を描き出す。

▼2 山田和夫「占領軍と映画政策」、山田和夫監修・映画の事典編集委員会編『映画の事典』合同出版、一九七八年、四八三頁。

▼3 占領軍の映画政策の詳細な経緯については以下を参照されたい。平野共余子、前掲『天皇と接吻』一四 - 一六頁。

▼4 山田和夫監修、前掲『映画の事典』三二五 - 三二六頁。

▼5 原田健一「地方と中央の劇場事情」、山本武利、石井仁志、谷川建司、原田健一編『占領期雑誌資料大系 大衆文化編（二）デモクラシー旋風』岩波書店、二〇〇八年、四頁。

▼6 調査が行なわれたのは、東京、大阪、京都、名古屋、横浜、神戸の六大都市。調査方法は、「層化任意標本抽出法により六大都市から八〇カ所を選び、そこから六大都市の世帯数の二五〇〇分の一の確率で世帯名簿により一一〇七世帯を抽出、世帯主、主婦、家族一人（一五 - 一九歳）につき直接面接により一七三八の回答をえた」。各項の％は、総回答に対する割合。

▼7 『サーヴェイ』一九四七年六月号、一七頁（"Survey-

Yoron Chosa", RG331, Entry1700, Box5891, National Archives at College Park, 以下NACPと略記）。この調査は、京都市内で配布したアンケート用紙を後日回収する方法で実施された。他の娯楽は実数がかなり少ないため省き、二二項目のなかから上位四つを順番に並べ替えた。

▼8 時事通信社編『映画芸能年鑑 一九四七年』時事通信社、一九四七年、一一八頁。

▼9 「映画観客の動態——東京の映画館観客調査から」、『キネマ旬報』一九四九年一〇月号、二四‐二五頁。この世論調査によれば、職業別で最も多いのは、会社員（三五・五％）、次に学生（二五・八％）であり、全体の六一・三％を占めている。

▼10 登川直樹「映画の社会性への回顧」、『映画評論』一九四七年五月号、三八頁。

▼11 城戸四郎・永田雅一・森岩雄「当面の四ツの問題」、『キネマ旬報』一九五四年三月上旬号、六五頁。

▼12 長谷正人「韓国における日本映画開放によせて——国際評価とナショナル・アイデンティティー問題を手がかりに」、『国際交流』一九九九年四月号、九八‐一〇三頁。この文章は、一九九八年に韓国で公的に日本の大衆文化の一部が開放された際にひらかれた「アジア芸術映画祭・国際シンポジウム」での報告をまとめたものである。長谷は、日本映画の紹介のあり方をめぐる日本映画のアイデンティティのねじれから「日本の国際的映画と大衆的映画の両方を平等に見ていただきたい」（一〇一頁）と述べている。

▼13 北川鉄夫「「映画法」と戦争体制」、山田和夫監修、前掲『映画の事典』四九一頁。

▼14 高峰秀子『瓶の中』文化出版局、一九七二年、一六九頁。

▼15 同前、一七一‐一七二頁。

▼16 野口鶴吉・岡田熟「スタア発見係今昔座談会 新人はこうして探した」、『近代映画』一九五〇年六月、三五頁。

▼17 敗戦直後の広報誌『松竹』では、当時の松竹の副社長であった城戸四郎の戦略が紹介されている。「映画、殊に日本映画の観客の七八割は二十歳から三十歳止りの青年男女」であり、「この人達にピッタリ来る題材は、女性中心ロマンス、恋物語である」という見通しから、松竹映画の題名は一貫した特色をもち、「女、娘、妻、嫁、令嬢等、要するに女性とか色気とかを持つ文字を好んで用いる」（小林勇吉「映画の世に出るまで——題名にもこの苦心」、『松竹』一九四六年一二月号、八頁）。ここからも戦後の観客層に向けた映画会社の戦略と戦後の女性映画の重要性が理解できるだろう。

▼18 野口鶴吉・岡田熟、前掲「スタア発見係今昔座談会 新人はこうして探した」三五頁。

▼19 岡田茉莉子・江藤文夫・山田宗睦「戦後女性像の解読——スターをサインにする方法」、『思想の科学』［第五次］一九六三年二月号、八七頁。

▼20 友田純一郎「後記」、『映画春秋』第四号、一九四七年、八六頁。

▼21　式場隆三郎「映画と近代女性」、『新映画』一九四七年七月号、二〇 - 二一頁。

▼22　「読者欄」、『新映画』一九四九年一一月号、四四頁。

▼23　読者投稿欄に見られる「ようやく私達の町にも「青い山脈」が来た。小説を読んだ時に、これが映画になったらきっと素敵だと思って居たので、封切になったその日にかけつけた。［……］いよいよ映画が初《ママ》まった。ラジオで耳なれていた「青い山脈」の主題歌が初《ママ》まった。私は血があつくなるのを感じた。そして、それが終るまで続いた」（同前）という観客の言葉から、小説とラジオの音楽との間メディア性《インターメディアリティ》（Intermediality）に条件づけられた視聴モードが構成されていることがわかる。オーディエンスを分析するためには、他のメディア媒体との関係、あるいは他のテクストとの連関によって意味づけられる間テクスト性《インターテクスチュアリティ》から受容を捉えることが必要不可欠である。たとえば、文化社会学者の近藤和都は、映画館プログラムを対象に、「映画を観ること」を、その「前後の実践」から捉え直している。近藤和都「映画観客の読書実践――一九二〇年代映画プログラムと「観ること」」、『マス・コミュニケーション研究』第八七号、二〇一五年、一三七 - 一五五頁。

▼24　飯田心美「映画雑誌今昔譚」、『映画評論』一九五〇年五月号、二四頁。

▼25　飯田心美「映画雑誌今昔譚（承前）」、『映画評論』一九五〇年六月号、三九頁。

▼26　阪本博志『『平凡』の時代――一九五〇年代の大衆娯楽雑誌と若者たち』昭和堂、二〇〇八年、五六 - 五九頁に『平凡』の作り手のインタビューなどが紹介され、当時の出版状況が語られている。そこでも映画雑誌といえば、「『映画ファン』と『近代映画』と、もうひとつ、『キネマ旬報』。この三つが映画雑誌だったんです」と当時の社員が証言している。ただし、飯田心美によれば、『キネマ旬報』は評論誌に属し、出版部数を見てもファン雑誌との差は明らかである。

▼27　同前、六〇 - 六一頁。

▼28　総理府新聞出版用紙割当局「雑誌割当審議簿」国立公文書館所蔵、一九五一年。

▼29　Press & Publications Branch, "Magazine Releases," February 6, 1947, RG331, Entry1665, Box5262, NACP.

▼30　Press & Publications Branch, "Film Coming to Japan Depicts Life of Composer Gershwin," February 20, 1947, RG331, Entry1665, Box5262, NACP.

▼31　飯田心美、前掲「映画雑誌今昔譚（承前）」三九頁。

▼32　『平凡』では、美空ひばりは映画枠ではなく歌手の人気投票に入れられ、一九五二年から一九六四年まで連続で第一位となっているが、『近代映画』の人気投票も踏まえて考えると、一九五五年から一九五八年あたりまでは「若尾文子の時代」だといえる。また、筆者の調査によれば、『平凡』が最初に映画スターの人気投票を実施したのは一九五一年である。なお、一九六一年は「平凡創刊一五周年記念」で、男優・女優関係なく、映画・音楽・放送・

演劇・スポーツという境界も越えて「オール日本人気スター」の投票が実施されているため、表には含まなかった。

▼33 「調査第一四号報告 アナタの好きな俳優は誰？」」、『九州世論』一九四七年一月号、一二－一三頁（"Translations from Kyushu Yoron Magazine," RG331, Entry1700, Box5897, NACP）。福岡は、戦前の映画館文化が栄えた都市であった。一九三二年の調査では、年間の観客総入場数は第一位が東京（約三五四四万人）、第二位が大阪（約三二六六万人）に次ぐ第三位（約一一五二万人）であった。『キネマ週報』第一一六号、一九三二年、一二頁。

▼34 藤田三造ほか「近頃斬捨御免座談会」、『新映画』一九三九年八月号、八一頁。

▼35 水島公夫「花形スター・インタービュー　原節子の巻」、『映画読物』一九四八年五月号、二〇頁。

▼36 「映画ファン第一回世論調査発表」、『映画ファン』一九四七年四月号、四頁。

▼37 前掲「調査第一四号報告　アナタの好きな俳優は誰？」一二頁。

▼38 「今後期待する演出家は？」という質問の結果は、第一位が黒澤明（七七票、一七・六％）、第二位が溝口健二（五一票、一一・六％）、第三位が衣笠貞之助（四九票、一一・四％）である（同前、一三頁）。

▼39 配給収入に関しては、「戦後日本映画各年別配収トップ一〇」、『映画四〇年全記録』キネマ旬報社、一九八六年二月増刊号、一六－一八頁を参照。松竹ヌーヴェルヴァーグを牽引した篠田正浩は映画におけるファッションが一般の人にまで影響を及ぼした例として、『君の名は』の「真知子巻き」をあげ、北海道ロケがあまりにも寒く岸恵子がもっていたストールを頭から肩まで巻いた姿を監督が気に入って映画に採用されたと話している。志村三代子・北村匡平「篠田正浩監督に聞く――戦後日本映画における衣裳について」、『都留文科大学研究紀要』第八四集、二〇一六年、一五五－一七〇頁。映画スターと観客との関係を考えるとき、特にスター女優のファッションはきわめて重要なテーマである。

▼40 京マチ子は戦中にも『天狗倒し』（井上金太郎・小坂哲人、一九四四年）、『団十郎三代』（溝口健二、一九四四年）に出演しているが、本格的に映画デビューしたのは一九四九年に大映に入社してからであるため、本書は彼女を「戦後派スター」とする。

▼41 前篇・後篇にわかれて公開されたものもタイトルが同じため一本として換算。なお、タイトルの比較において特徴を捉えがたい「人」は排除した。

【第二章】

▼1 Motion Picture Branch, "Weekly Reports," November 17-23, 1946, RG331, Entry1667, Box5304, NACP.

▼2 小林信彦『和菓子屋の息子――ある自伝的試み』新潮社、一九九六年、一六〇頁。

▼3　四方田犬彦『日本の女優』岩波書店、二〇〇〇年、二八八、二九〇頁。四方田は原節子を「静的なイメージ」として単一的に捉えているわけではなく、たとえば、山中貞雄の『河内山宗俊』における沈黙する原節子のクロースアップに『わが青春に悔なし』へと展開する「自己犠牲を厭わない女」の原型を見出している（三二一‐三二二頁）。本書では、このようにスクリーンでは主流とは見なされていないイメージとファン雑誌などの彼女のパーソナリティとの関係、すなわち、メディア・テクストとしての原節子のイメージと社会的コンテクストのなかで同時代的に観客に共有されていたイメージの関係を重要視している。

▼4　佐藤忠男「作品解題」、『全集　黒澤明　第二巻』岩波書店、一九八七年、三二一頁。

▼5　デヴィッド・コンデが占領初期にいかに権力を行使し、映画製作や検閲に関わったかは、浜野保樹『偽りの民主主義――GHQ・映画・歌舞伎の戦後秘史』角川書店、二〇〇八年、七‐五六頁。

▼6　松崎啓次「わが青春に悔なし　製作覚書」、『映画製作』一九四六年創刊号、三四‐三五頁。平野共余子による黒澤明へのインタビューでも、CIEがこの企画に影響を及ぼしたという事実はないと語られている（平野共余子『天皇と接吻――アメリカ占領下の日本映画検閲』草思社、一九九八年、二八五頁）。

▼7　伊津野知多「女性は勝利したか」、岩本賢児編『占領下の映画 解放と検閲』森話社、二〇〇九年、一一三頁。

▼8　飯島正「映画時評」、『映画春秋』第四号、一九四七年、一九頁。

▼9　北川冬彦「日本映画批評　わが青春に悔なし」、『キネマ旬報』一九四七年一月号、四六頁。

▼10　瓜生忠夫『映画的精神の系譜』月曜書房、一九四七年、一三〇‐一三一頁。

▼11　北川冬彦、前掲「日本映画批評　わが青春に悔なし」四六頁。

▼12　瓜生忠夫、前掲『映画的精神の系譜』一三二‐一三五頁。

▼13　津村秀夫「日本映画と野の花」、『松竹』一九四七年一月号、一二‐一三頁。

▼14　批評家に酷評されたにもかかわらず『キネマ旬報』で第二位を獲得したことに関しては、『大曾根家の朝』と『わが青春に悔なし』の二作が、不振、貧困の日本映画の中で、かろうじて映画としての質を担保しているというのが当時の批評家の見方である。

▼15　「フォアイエ」、『新映画』一九四〇年二月号、九五頁。

▼16　「『新映画』読者賞争奪　日本映画ベストテン発表」、『新映画』一九四七年二号、一二‐一三頁。

▼17　「日本映画総決算　第一回映画ファン世論調査」、『映画ファン』一九四七年四号、三‐四頁。

▼18　これまで映像と観客の関係を分析した受容研究を概観すれば、構造主義的精神分析やフェミニズム理論を基盤

とし、映画テクストに織り込まれた観客性を捉える理論的研究が一九七〇年代に隆盛した。代表的なのは、映像テクストから観客性や視点の位置を問題化したフェミニズム映画理論のローラ・マルヴィである（Laura Mulvey, "Visual Pleasure and Narrative Cinema," *Screen* 16-3, 1975, pp. 6-18）。一九七〇年代末以降になると、アメリカ初期映画研究を契機として、歴史的コンテクストを重視する多様な観客――ジェンダー、階級、世代、地域、人種――の受容形態を重視する観客論へと移行していく。その流れを受け、一九九〇年代頃、映画研究者のミリアム・ハンセンなどを中心に、歴史的・社会的コンテクストのなかで、当事者としての観客が映画館でいかなる経験をしたのかを浮上させる研究が盛んに行なわれた。ハンセンは、映画作品それ自体よりも、興行の様態や受容環境が観客に影響を及ぼす歴史的で多様な実践に焦点をあて、その多声性を読み解いたのである（Miriam Hansen, *Babel and Babylon: Spectatorship in American Silent Film*, Cambridge: Harvard University Press, 1991）。ハンセンは、社会的属性によって大きく規定されていたユダヤ系新移民にとって、社会的営為としての映画経験が、アメリカのヘゲモニー的支配に対抗する可能性をもっていたことをニッケルオデオンの興行状況を分析することから明らかにしている。こうした受容研究は、一九九〇年代を通して、実際の観客の受容＝反応ではなく、その映像テクストの受容を条件づける社会的コンテクストにおける言説編成に照準することによってさらに精鋭化されていった。たとえば、William Uricchio and Roberta E. Pearson, *Reframing Culture: The Case of the Vitagraph Quality Film*, Princeton: Princeton University Press, 1993; Janet Staiger, *Interpreting Films*, Princeton: Princeton University Press, 1992; Janet Staiger, *Bad Women: Regulating Sexuality in Early American Cinema*, Minneapolis: University of Minnesota Press, 1995 などがあげられる。

カルチュラル・スタディーズのオーディエンス研究における方法論的展開にもこのような問題関心は通底している。受容研究の大きな潮流は、一九七〇年代のスチュアート・ホールの言語論・記号論的モデルやテクスト分析への過度な集中に対して、一九八〇年代から九〇年代にかけて隆盛していった。デヴィッド・モーリーを契機としたテレビ・オーディエンスの研究は、テクストの外部から決定される受容や人々の社会的位置を問題にし、文化的編成や実践を捉えようとした。モーリーは、テレビ視聴を包摂するレジャー活動という日常的コンテクストの枠組みから家庭におけるジェンダーの役割やメディウムとしてのテレビの機能を分析している（David Morley, *Family Television: Cultural Power and Domestic Leisure*, London: Comedia, 1986）。テクストに内在するイデオロギーの分析に対して、ヘゲモニーに抵抗するオーディエンスの主体性を強調する研究へと移行していくこの時期から、インタビューや実験などを通して特定のオーディエンスの受容を分析するエスノグラフィックな実証的受容研究が大量に登場し、ジェンダーを中心とした受容研究が豊富に誕生している。たとえばイアン・アングは、テクスト分析とエスノグラフィーを組み合わせ、能動的オーディエンスの分析をした（Ang Ien, *Watching Dallas: Soap Opera and the Melodramatic Imagination*, London: Methuen, 1985）。

このような二つの学問領域の展開に共通するのは、映像テクストの意味が、一定の観客にとっての受容の社会的条件、読解の位置、言説編成のなかで決定されるということであり、それを解明するためには、理論構築やテクスト分析から距離を取る歴史的で実証的な方法への転換は必然的だったといえよう。本書も、このような視座から、製作者の〈青春〉の表現を条件づける歴史的コンテクストと、戦後観客や批評家の受容を決定する歴史的・社会的条件を考察し、多様な観客性を捉える。

▼19 たとえば、福間良明は『きけわだつみのこえ』などの遺稿集に対する受容や戦争体験の語りから、戦中派と戦前派の世代論的認識の差異を分析し、その語りには「教養」という説明変数があったことを明らかにしている（福間良明『「戦争体験」の戦後史——世代・教養・イデオロギー』中央公論新社、二〇〇九年）。

▼20 佐藤忠男『黒澤明の世界』朝日文庫、一九八六年、一三〇・一三二頁。

▼21 「読者欄」、『新映画』一九四七年一月号、二二六頁。

▼22 矢島翠『出会いの遠近法』潮出版社、一九七九年、七七・七八頁。

▼23 北山みね「人間の魂は滅びない」、『世界』一九五五年八月号、七五頁。

▼24 角梨枝子「わたしの思春期」、『女性改造』一九五一年四月号、一一四頁。

▼25 渡辺清『砕かれた神——ある復員兵の手記』朝日新聞社、一九八三年、八一頁。

▼26 高橋治・黒田清「飢えと戦争と青春」、『潮』一九八四年六月号、二八〇頁。

▼27 堀川弘通『評伝　黒澤明』毎日新聞社、二〇〇〇年、六七頁。

▼28 山田和夫『黒澤明——人と芸術』新日本出版社、三八・四四頁。

▼29 飯島正『戦中映画史』エムジー出版、一九八四年、一七八・一七九頁。

▼30 大塚恭一「新進監督に望む」、『新映画』一九四八年一一月号、二〇・二一頁。

▼31 山田和夫、前掲『黒澤明』四八頁。

▼32 黒澤明『蝦蟇の油——自伝のようなもの』岩波書店、一九八四年、三〇七・三〇八頁。

▼33 黒澤明「節ちゃんについて」（『全集　黒澤明　第二巻』岩波書店、一九八七年、二八四・二八五頁）。初出不明とあるが文脈から一九四六年の本作公開前と推察される。

▼34 黒澤明・原節子・藤田進「座談会　映画演技に就《つい》て——〝わが青春に悔なし〟をめぐって」、『新映画』一九四

七年一月号、二三頁。

▼35　脚本家の久板栄二郎は黒澤明と組むことになり野心を抱き「大いにねばった」が、「監督に引きずられた形となり、この相撲は完全に私の敗《ま》けであった」とし、その理由を「監督のイメージに妥協したから」と書いている（久板栄二郎「シナリオ作家一年生の記」、『新映画』一九四七年二月号、二一頁）。

▼36　松崎啓次、前掲「わが青春に悔なし　製作覚書」三五頁。

▼37　黒澤明「近頃考えたこと」、『映画春秋』第二号、一九四六年、一三頁。

▼38　林勝俊「起ち上る映画作家――（木下恵介と黒沢明・二つの情熱）」、『青年評論』一九四七年（石井仁志・谷川建司編『占領期雑誌資料大系　大衆文化編　第四巻　躍動する身体』岩波書店、二〇〇九年、一九六頁）。

▼39　山田和夫、前掲『黒澤明』六八頁。

▼40　黒澤明、前掲『蝦蟇の油』三一八頁。

▼41　大島渚『体験的戦後映像論』朝日新聞社、一九七五年、四七頁。

▼42　登川直樹「作品批判　わが青春に悔なし」、『映画評論』一九四七年二月号、三〇頁。

▼43　ただし、留意しておかなければならないことは、世代の受容の差が、単純に戦争体験の有無だけに還元できないということだ。すでに言及したように、ここには、映画を「知的」かつ分析的に観ることを要請される批評家という職業的な集団と、映画を感覚的に観ることが許される一般大衆という対照性が織り込まれている。そうした異なる位相のなかで複雑に絡まり合いながら観客の受容は決定されているのである。

▼44　東宝プレスシート『わが青春に悔なし』。

▼45　このシークェンスの原節子の顔の急速な変化については、四方田犬彦、前掲『日本の女優』一六九頁。また、彼女のエモーショナルな演技と強烈なエネルギーについては、田村千穂『マリリン・モンローと原節子』筑摩書房、二〇一五年、七二・八三頁でも言及されている。

▼46　山田風太郎『戦中派焼け跡日記』小学館、二〇〇二年、三三一頁［傍点引用者］。

▼47　「みんなの頁」、『映画物語』一九四六年一一月、四二頁。

▼48　山田和夫、前掲『黒澤明』六九・七〇頁。山田風太郎が感受し、言語化し損ねていた「迫真力」を、山田和夫は的確に説明している。

▼49　堀川弘通、前掲『評伝　黒澤明』九六頁。

▼50　黒澤明、前掲『蝦蟇の油』三一六・三一七頁。

▼51　出久根達郎「最も美しい原節子はどの映画のどのシーンか」、「新潮45」特別編集『原節子のすべて』新潮社、二〇一二年、一三四頁。

▼52　黒澤明研究会編「黒澤明研究会座談　戦後映画の輝かしい出発」、『黒澤明――夢のあしあと』共同通信社、一九九九年、九二頁。

▼53　村上忠久「俳優の条件　演技」、『映画展望』一九四七年九月号、八頁。
▼54　山本緑葉「短評」、『映画』一九四六年一二月号、一九頁。
▼55　黒澤明・原節子・藤田進、前掲「座談会 映画演技に就て」一二三頁。
▼56　小津映画における「雨の不在」は逆説的に『浮草』（一九五九年）の豪雨のシーンを浮上させ、何かとんでもない異常な事態が起こるかもしれないという不安感を煽る。『浮草物語』（一九三四年）や『東京の宿』（一九三五年）、あるいは『宗方姉妹』（一九五〇年）でも雨は降るが、『浮草』ほどの強度はなく、小津映画における原節子は、雨とは無関係に、〈乾き〉とともに存在している。
▼57　登川直樹、前掲「作品批判　わが青春に悔なし」三二頁。
▼58　四方田犬彦、前掲『日本の女優』七三頁。
▼59　吉見俊哉『視覚都市の地政学――まなざしとしての近代』岩波書店、二〇一六年、六三頁。また三〇年代を連続的に問い直す点に関しては、概略的に事例がまとめられている（一〇二 - 一〇四頁）。
▼60　宜野座菜央見『モダン・ライフと戦争――スクリーンのなかの女性たち』吉川弘文館、二〇一三年。
▼61　ミツヨ・ワダ・マルシアーノ『ニッポン・モダン――日本映画一九二〇・三〇年』名古屋大学出版会、二〇〇九年、一七五頁。
▼62　岩本憲児「モダニズムと日本映画――小山内薫から牛原虚彦へ」、岩本憲児編『日本映画とモダニズム　一九二〇 - 一九三〇』リブロポート、一九九一年、六 - 七頁。ミリアム・ハンセンがいう「ヴァナキュラー・モダニズム」（vernacular modernism）は、古典期のハリウッド映画を代表とする大衆文化がローカルな場所での近代の経験に文脈化され、それまでは知覚されなかった日常経験のモードが異種混淆的に再編されていく事態を捉え返すための有用な概念である。Miriam Bratu Hansen, "The Mass Production of the Senses: Classical Cinema as Vernacular Modernism," *Modernism/modernity*, Vol. 6 (2), 1999, pp. 59-77. 近年は、近代主義の経験を特定の文化的コンテクストのなかで捉えようとする研究が誕生しており、日本の映画女優もまた、ハリウッド映画との文化の衝突における言説実践のなかで再考されなければならない。
▼63　千葉伸夫『原節子――伝説の女優』平凡社ライブラリー、二〇〇一年、一三五頁。
▼64　溶鉱炉の神様といわれる吉野が、ダイナマイトを仕込むという残された非常手段を藤田に開陳する場面、独断で藤田がダイナマイトを第四溶鉱炉に仕掛けることを決意するシーン、互いに譲らぬ藤田と沼崎が決闘するシーン、重要なショットの背後では、必ずといっていいほど蒸気が立ち上がり、人物の感情とシンクロしている。
▼65　メロドラマ映画『愛染かつら』において田中絹代を媒介に、「大衆」がいかに「国民」というカテゴリーへと

再編されているかは、御園生涼子『映画と国民国家――一九三〇年代松竹メロドラマ映画』東京大学出版会、二〇一二年、二〇五-二五〇頁。

▼66　「サウンドボックス」、『映画ファン』一九三八年九月号、一五四頁。

▼67　「フォアイエ」、『新映画』一九四〇年七月号、八八頁。

▼68　岸松雄「原節子」、『新映画』一九三六年五月号、七〇頁。

▼69　「フォアイエ」、『新映画』一九三七年二月号、八三頁。

▼70　夏村扇吉「スタアの印象」、『映画ファン』一九四〇年二月号、四九頁。

▼71　映画法の制定と施行の経緯とその強化、また戦時体制下の国民がどのような映画を好んで観たのかについては、古川隆久『戦時下の日本映画――人々は国策映画を観たか』吉川弘文館、二〇〇三年。

▼72　小林信彦、前掲『和菓子屋の息子』一一六頁。

▼73　同前、一六六頁。

▼74　同前、一六二-一六三頁。

▼75　同前、一六三頁。

▼76　「サウンドボックス」、『映画ファン』一九三九年八月号、一三九頁。

▼77　「みんなのページ」、『映画物語』一九四七年八月号、三四頁。

▼78　リチャード・ダイアー『映画スターの〈リアリティ〉――拡散する「自己」』浅見克彦訳、青弓社、［一九七九］二〇〇六年、一一二-一一七頁。

▼79　富田秀富・長田政次郎・仲代富士男・小林猷佶・近藤茂雄・松下富士夫「人気スタア総ざらい」、『映画ファン』一九四〇年四月号、八四頁。

▼80　代表的なものに、小熊英二『〈民主〉と〈愛国〉――戦後日本のナショナリズムと公共性』新曜社、二〇〇二年、六七-九〇頁。J・ヴィクター・コシュマン「テクノロジーの支配／支配のテクノロジー」葛西弘隆訳、小森陽一ほか編『岩波講座　近代日本の文化史』岩波書店、二〇〇二年、一六八頁。

【第三章】

▼1　カストリ雑誌の研究書として代表的なものに、山本明『カストリ雑誌研究――シンボルにみる風俗史』出版ニュース社、一九七六年があげられる。

▼2　「京マチ子さん　春の装い」、『映画ファン』一九五四年四月号、グラビア。

▼3　松竹プレスシート『天狗倒し』。

▼4　上野一郎、岡俊雄、尾崎広次、双葉十三郎、淀川長治「新人総まくり」、『映画ファン』一九五一年四月号、三六頁。

▼5　同前、三六頁。

▼6　「トピックの人噂のスタアに訊く」、『近代映画』一

九五一年二月号、四〇頁。
▼7　木村恵吾「ニュー・フェイス登録帳　京マチ子さん」、『映画ファン』一九四九年六月号、三四頁。
▼8　大黒東洋士「明るい希望の夢のせて！期待される十一人のホープを展望する」、『近代映画』一九五一年四月号、三九頁。
▼9　マス・コミュニケーション研究やカルチュラル・スタディーズの研究の中心は受け手＝オーディエンスの分析に傾斜し、送り手／受け手をめぐる研究の蓄積には明白な非対称性がある。
▼10　Richard deCordova, *Picture Personalities: The Emergence of the Star System in America*, Urbana: University of Illinois Press, 1990.
▼11　Paul McDonald, *The Star System: Hollywood's Production of Popular Identities*, Wallflower Press, 2000, p. 7. p. 109. ダイアー以降、いかにオーディエンスがスターに関与しているかという視点で彼らの担う役割を分析する Jackie Stacey, *Star Gazing: Hollywood Cinema and Female Spectatorship*, London: Routledge, 1994. や、映画産業とイメージの影響からスターダムを分析するマクドナルドなど大きくわけて二つのアプローチがある。
▼12　水越伸は、日本のマス・コミュニケーション研究の中心は受け手研究にあり、その卓越と、送り手研究の蓄積の乏しさについて指摘している（水越伸「送り手研究のこと――その限界と可能性をめぐる覚書」、『情報学研究』第七一号、一五一‐一五六頁）。映画研究においても今後、映画産業論と各撮影所の組織論とを接合させながら送り手研究を発展させていく必要があるだろう。
▼13　本書では、便宜上「プレスシート」という場合、宣伝部から興行者に向けて配布され、宣伝のための「文案」、「売り方」、映画館での「放送原稿」が指示されているものを指す。それを包括するより大きな概念として、試写でマスコミ向けに配られるチラシやプログラム、雑誌や新聞で読者に向けて掲載される広告を「プレス資料」とする。どちらも撮影所の宣伝部が主体となって作られる「プロモーション」に属す。
▼14　大映プレスシート『最後に笑う男』。
▼15　大映プレスシート『花くらべ狸御殿』。
▼16　大映プレスシート『三つの真珠』。
▼17　大映プレスシート『花くらべ狸御殿』。
▼18　「痴人の愛」、『Daiei Grapho』No. 3。大映ファン社発行の『大映グラフ』の冊子に掲載されたもの。
▼19　木村恵吾「監督の言葉」同前。
▼20　同前。
▼21　日本映画の年間配収ベストテンに入った木村恵吾の作品には、一九五一年の『馬喰一代』（第三位）や一九五四年の『千姫』（第八位）がある（「戦後日本映画各年別配収トップ一〇」、『映画四〇年全記録』キネマ旬報社、一九八六年二月増刊号、一六・一八頁）。
▼22　東京国立近代美術館フィルムセンターの特別映写に

て『遥かなり母の国』を視聴した。

▼23 大映プレスシート『復活』。

▼24 大映プレスシート『偽れる盛装』。

▼25 「作品月評」、『新潮』一九五一年二月号、七二頁。

▼26 大映プレスシート『自由学校』。

▼27 大映プレスシート『牝犬』。

▼28 詳しい経緯は、関係者の証言をもとに溝口像を捉えたドキュメンタリー映画『ある映画監督の生涯 溝口健二の記録』（新藤兼人、一九七五年）を参照されたい。

▼29 大映プレスシート『春琴物語』［傍点引用者］。

▼30 大映プレスシート『或る女』［傍点引用者］。

▼31 山口菜穂子「トランスアトランティック「ヴァンプ」——アメリカ映画黎明期における性の地政学」、『F-GENSジャーナル』第五号、お茶の水女子大学21世紀COEプログラムジェンダー研究のフロンティア、二〇〇六年、三九三-三九四頁。「ヴァンプ」という言葉の初出はOED（2nd ed.）によると一九一一年、「意図的に男を誘惑し、食い物にする女」で、演劇や映画における常套的人物（a stock character）とされている。また、「ファム・ファタール」という語は、映画の批評用語であり、「ヴァンプ」という型は、フィルム・ノワールなどを経て事後的に「ファム・ファタール」という概念に包摂された。すなわち、日本映画史において戦前から戦後初期まで「ヴァンプ」という言葉は存在したが、「ファム・ファタール」という用語は存在していない。

▼32 Sumiko Higashi, *Virgins, Vamps, and Flappers: The American Silent Movie Heroine*, St. Albans Vt.: Eden Press Women's Publications, 1978, pp. 71-72.

▼33 冨田美香「コメント」（ジャネット・スタイガー「つれなき美女、ファム・ファタール、ヴァンプ、ゴールド・ディガース——堕落した女の変遷と物語的価値」）、『言語文化』第二三号、明治学院大学言語文化研究所、二〇〇六年、二六〇-二六一頁。

▼34 大映プレスシート『お伝地獄』。

▼35 川本三郎『今ひとたびの戦後日本映画』岩波書店、一九九四年、二五三頁。

▼36 双葉十三郎「映画批評家の手帖」、『近代映画』一九五一年三月号、四六-四七頁。

▼37 川本三郎、前掲『今ひとたびの戦後日本映画』二五二頁。

▼38 「現代日本の娼婦を描く」、『近代映画』一九五六年四月号、七八頁。

▼39 登川直樹「批評作品 牝犬」、『映画評論』一九五一年一〇月号、四四頁。

▼40 「京マチ子さんの脚線《おみあし》美拝見」、『映画スタア』一九五〇年六月号、一九頁。

▼41 則武亀三郎文・由原木七郎画「京マチ子さんインタビュ ペラペラと大阪弁で」、『映画物語』一九四九年一一月号、グラビア。

▼42 大映プレスシート『偽れる盛装』。

▼43　大映プレスシート『牝犬』。
▼44　「昨日・今日・明日のスタア」、『シネマ時代』一九四七年一月［新春創刊号］、一〇頁。
▼45　マーク・スタインバーグ『なぜ日本は〈メディアミックスする国〉なのか』大塚英志監修、中川譲訳、KADOKAWA、二〇一五年、二五‐三一頁。
▼46　則武亀三郎文・由原木七郎画、前掲「京マチ子さんインタビュ　ペラペラと大阪弁で」グラビア。
▼47　堀ひかり「ジェンダーと視覚文化　一九三〇～五〇年代　日本における女性と映像を中心に」、『環太平洋女性学研究会会報Rim』第四巻第二号、二〇〇二年、五五頁。
▼48　藤井田鶴子・大迫倫子・石川由幾子「日本映画女優さんのお話」、『新映画』一九三九年一二月号、七二頁。
▼49　吉村公三郎・新藤兼人「対談　京マチ子さんへズバリ一言」、『映画ファン』一九五二年二月号、九一頁。
▼50　「京マチ子の秘密」、『映画新潮』一九五一年一一月号、一三頁。
▼51　「京マチ子さんの魅力を探ぐる」、『映画ファン』一九五二年二月号、九一頁。
▼52　永戸俊雄「博愛主義のリスト――私の好きな俳優に就て」、『映画ファン』一九五四年五月号、七五頁。
▼53　「京マチ子さんとはこんな女優さん！」、『近代映画』一九五三年一一月［臨時増刊号］、二七頁。
▼54　前掲「京マチ子の秘密」一四頁。
▼55　斉藤綾子「カルメンはどこに行く――戦後日本映画における〈肉体〉の言説と表象」、『ヴィジュアル・クリティシズム――表象と映画＝機械の臨界点』玉川大学出版部、二〇〇八年、八八‐八九頁。
▼56　木村恵吾・京マチ子「対談　肉体美なんか買わないよ」、『映画ファン』一九五二年二月号、八七頁。
▼57　京マチ子・清水千代太「淑やかな令嬢」、『近代映画』一九五二年九月号、七〇‐七三頁。
▼58　春山茂「歌と踊りのスタア評判記」、『近代映画』一九五三年二月号、一七三頁。
▼59　則武亀三郎文・由原木七郎画、前掲「京マチ子さんインタビュ　ペラペラと大阪弁で」グラビア。
▼60　根上淳「京マチ子さんにおくる」、『映画ファン』一九五四年一二月号、六一頁。
▼61　前掲「京マチ子の秘密」一三頁。
▼62　木村恵吾「ニュー・フェイス登録帳　京マチ子さん」、『映画ファン』一九四九年六月号、三四頁。
▼63　「京マチ子の採るべき道」、『映画ファン』一九五四年一〇月号、八九頁。
▼64　ユリー役を吉村公三郎の大映版では京マチ子が演じ、渋谷実の松竹版では淡島千景が演じた。大黒東洋士は、戦後に出た新人の傑作は京マチ子と淡島千景であり、京マチ子は「ヴォリューム」、淡島千景は「軽妙」でありタイプが全く違うと論じている。大黒東洋士「新人NO1京マチ子」、『映画ファン』一九五一年四月号、四〇頁。
▼65　「京マチ子は戦後派女優のNo・1」、『映画ファン』

一九五二年二月号、八八頁［傍点引用者］。

▼66　リチャード・ダイアー『映画スターの〈リアリティ〉――拡散する「自己」』浅見克彦訳、青弓社、［一九七九］二〇〇六年、五二-五四頁。ダイアーによるマリリン・モンローの分析は顕著な例である。モンローは一九五〇年代における矛盾する性的な言説の具現化であり、解放的な性、セクシーな特性と同時に、無垢で脆弱な女性性という混合は、対立するものを「魔術的に総合する」とダイアーは論じている。Richard Dyer, *Heavenly Bodies: Film Stars and Society*, London: British Film Institute/Macmillan Education, 1986, pp. 19-66.

▼67　Richard deCordova, *Picture Personalities: The Emergence of the Star System in America*, Urbana: University of Illinois Press, 1990, pp. 98-99. アメリカにおけるこのようなシステムへの変遷は一九一二年から一九一四年に起こった。

▼68　津村秀夫「特殊な二人だが」、『近代映画』一九五五年二月号、六六-六七頁。

▼69　『或る女』は明治三〇年代を舞台としながら、森雅之と取っ組み合いになったり、手の甲に噛みついたり、若尾文子を引きずりまわしたりと過激なパフォーマンスを呈示している。同作については、東京国立近代美術館フィルムセンターで特別映写を行なった。

▼70　佐藤忠男『日本映画史第二巻　一九四一-一九五九』岩波書店、一九九五年、二三五頁。

▼71　滝沢一「作品評　あに・いもうと」、『映画評論』一九五三年一〇月号、六九頁。

▼72　前掲「京マチ子の採るべき道」八八頁。

▼73　川本三郎、前掲『今ひとたびの戦後日本映画』二五四-二五六頁。

【第四章】

▼1　原節子に関する歴史的資料を体系的に整理したものに、千葉伸夫『原節子――映画女優の昭和』大和書房、一九八七年。同書は平凡社から『原節子――伝説の女優』として二〇〇一年に再刊されている。

▼2　たとえば、堀口典子「移動する身体――林芙美子原作・成瀬巳喜男の翻案映画をめぐって」、斉藤綾子編『映画と身体／性』森話社、二〇〇六年、二二二-二六六頁では、女性作家の小説の映画化にあたって、女性の身体がどのような空間を占めているかが論じられている。

▼3　なぜ原節子の人気が占領期に最も高まったのかを解明する本書の問題意識とは異なるが、社会的コンテクストからクィアな観客の読みの可能性を論じたものに、Yuka Kanno, "The Eternal Virgin Reconsidered: Hara Setsuko in Contexts," *ICONICS* 10, 2010, pp. 97-118. がある。

▼4　四方田犬彦『日本の女優』岩波書店、二〇〇〇年。他にも、スクリーンの原節子の演技を詳細に分析した、田村千穂『マリリン・モンローと原節子』筑摩書房、二〇一五年がある。このような論考において重視されるのは、批

評家としての著者にとって、スクリーンの原節子がいかに見え、どのような分析が可能かである。また、本書とも関連する時代を映画から論じた中村秀之は、映像テクストに潜在する映画の「思考」を救い出すことによって、ポスト占領期の政治的イメージを捉えようとした（中村秀之『敗者の身ぶり——ポスト占領期の日本映画』岩波書店、二〇一四年）。だが、本書の関心は、映画のテクストに内在する美学的読解ではなく、一貫して映画スターとそのペルソナを価値づける外在的な言説との連関にある。

▼5　リチャード・ダイアー『映画スターの〈リアリティ〉——拡散する「自己」』浅見克彦訳、青弓社、［一九七九］二〇〇六年。

▼6　Su Holmes, “Starring... Dyer?”: Re-visiting Star Studies and Contemporary Celebrity Culture,” *Westminster Papers in Communication and Culture* 2, No. 2, 2005, p. 8.

▼7　ファン雑誌では、読者層の違いからより低い年齢層に訴える言葉が選択され、『映画評論』に書く同じ批評家でも書き方が異なる。

▼8　ブライアン・ターナーは、欲求（need）とは、その欲求を満たす対象で、その対象は欲求の外部にあるのに対し、欲望（desire）は、それ自体が対象なので社会のなかで満たされることはないと述べている。Bryan S. Turner, *The Body and Society: Explorations in Social Theory*, 3rd ed., London: Sage, 2008, p. 18. スターに向かう欲望の様式とは、ある社会における支配的言説が規定し、その社会において広く共有された欲望の集合体である。スターは、理想的なイメージを呈示することによって、文化的な脅威から規範を取り戻そうとする欲望の代理として機能する側面がある。

▼9　身体の社会学を提起するブライアン・ターナーは、「身体」は社会的構成概念であり、欲望の言説と身体の位置づけは、社会構造全体の大きな変化の観点から理解されなければならないと論じている（*Ibid.*, p. 32）。本書における「身体」とは、歴史的言説の所産として構成された身体を意味している。

▼10　藤木秀朗『増殖するペルソナ——映画スターダムの成立と日本近代』名古屋大学出版会、二〇〇七年、八頁。

▼11　佐藤健二『歴史社会学の作法——戦後社会科学批判』岩波書店、二〇〇一年、四五 - 四六頁。佐藤が企図しているのは、個人と社会という対語的な用語法によって、前者が「代表性」の概念の抑圧に回収されてしまうのを反転させることである。

▼12　コンデが作ったとされる映画は、清水晶『戦争と映画』社会思想社、一九九四年、一七六 - 一七九頁を参照。

▼13　松竹プレスシート『安城家の舞踏会』。

▼14　斉藤綾子「カルメンはどこに行く——戦後日本映画における〈肉体〉の言説と表象」、『ヴィジュアル・クリティシズム——表象と映画＝機械の臨界点』玉川大学出版部、二〇〇八年、九〇頁。

▼15　飯島正「特集・映画批評　安城家の舞踏会　シナリオ構成」、『キネマ旬報』一九四七年一一月上旬号、二八頁。

▼16　第一位が、高峰三枝子主演の『今ひとたびの』（五所平之助、一九四七年）で七八四票、第二位の『安城家の舞踏会』は七二八票と、第三位の『戦争と平和』（亀井文夫・山本薩夫、一九四七年）の四五八票を大きく引き離している（「第二回『新映画』読者賞　日本映画ベストテン決定」、『新映画』一九四八年五月号、一九頁）。

▼17　「映画界時評」、『新映画』一九四八年五月号、一九頁。

▼18　松竹プレスシート『誘惑』。

▼19　久保豊「天女のくちづけ――『お嬢さん乾杯！』における原節子」、『ユリイカ』二〇一六年二月号、一五七頁。

▼20　「近代映画愛読者選出　昭和24年度ベスト・5」、『近代映画』一九五〇年四月号、六五頁。第一位は黒澤明『野良犬』（二三二〇票）、第三位は小津安二郎『晩春』（二一七四票）であった。

▼21　大塚恭一「作品批評　青い山脈（東宝作品）」、『映画評論』一九四九年九月号、二一頁。

▼22　藤本眞澄・時實象平「『青い山脈』はこうして完成した」、『映画評論』一九四九年九月号、四頁。ここでスター中心主義についても議論され、一番費用を使うのが俳優費で三三%であるといわれている。それにもかかわらず、三社が最も高額であったスターの一人である原節子を要望していたことからも、民主主義の指導者としての『青い山脈』の先生役が、いかに原節子に適役だと思われていたかが理解できる。

▼23　占領期の代表的な映画雑誌『キネマ旬報』、『映画評論』、『映画ファン』、『近代映画』、『新映画』、『映画』、『映画春秋』、『映画芸術』、『映画物語』、『映画読物』で、新しい女性を示す言葉として使用されているのは「理知性」と「意志」の他に「主体性」、「明るさ」、「個性」がある。

▼24　野口久光「女性に近代美を」、『キネマ旬報』一九五〇年一月下旬号、二二頁。

▼25　「オフ・スクリーンの原節子」、『映画ファン』一九四六年一月号、グラビア。

▼26　たとえば、「節ちゃんのお部屋」、『近代映画』一九五一年一二月号、三四-三五頁には、本棚にフォークナーやドス・パソスのある質素な部屋で読書する原節子が掲載されている。

▼27　金原文雄「スタアものがたり　原節子」、『新映画』一九五二年一月号、三七頁。

▼28　原節子「原節子は答える」、『映画グラフ』一九四八年三月号、二一頁。

▼29　「吉村公三郎・原節子　対談」（初出『映画之友』一九四一年一二月号）、吉村公三郎『映画監督　吉村公三郎　書く、語る』ワイズ出版、二〇一四年、一八〇頁。このような「読書する原節子」を印象づけるテクストは戦前から雑誌に散見される。他にも、一九四〇年の対談で「私の好きな作家はドストエフスキー、トルストイ、日本の作家で

は志賀直哉」と答えている（原節子・轟夕起子・石井美笑子・東山光子・大河百々代・真山くみ子・古川登美「美しき花・七人寄れば」、『映画ファン』一九四〇年二月号、一一四頁）。また一九三九年のお宅訪問では「彼女の読書好きは、スタジオでも、ツトに有名であります」と記され、本棚の前で読書する原節子の姿が写真に収められている（「家庭の原節子」、『映画ファン』一九三九年三月号、グラビア）。

▼30 会田吉男「原節子を語る」、『映画ファン』一九五二年五月号、九一頁。このような「読書する原節子」の知的なイメージは、東宝がプロモーションのために周到に作り上げた実像と異なるパーソナリティではない。同じく東宝の看板スターであり公私ともに付き合いのあった映画女優・司葉子氏はインタビューで筆者の「原節子さんの知的なイメージはかなりありましたか」という質問に対して「だって隅から隅まで新聞読んで、本という本はもう誰よりもたくさん読んでいらっしゃるから。文学の世界のこともね、私たちが、勉強しなくて駄目だなっていうようなこともみんな会得してらっしゃって。政治も詳しかったですね。朝は好きなように起きて、それで新聞を片っ端から読んで、そして夜は読書。もうとにかく本が好きだから辞めて早く本を読みたかったんじゃないかなって思うくらいですよ」（二〇一六年七月一二日、帝国ホテル東京にて）と答えている。

▼31 「読者討論会・第二回　原節子論」、『映画ファン』一九四七年六月号、三一頁。

▼32 今村三四夫「「野性」の原節子」、『映画ファン』一九五一年一月号、五二頁。

▼33 村上忠久「俳優の条件　演技」、『映画展望』一九四七年九月号、八頁。

▼34 水島公夫「花形スター・インタービュー　原節子の巻」、『映画物語』一九四八年五月号、二二頁。

▼35 たとえば、旗一兵「原節子を語る」、『映画読物』一九四九年五月号、三五頁など、いくつかのファン雑誌がこの話題を取り上げ、記事にしている。

▼36 原節子「ファンの皆様へ　私のこの頃」、『映画読物』一九四九年九月号、一九頁。

▼37 「撮影所閻魔帖」、『映画ファン』一九三八年九月号、七三頁。

▼38 大黒東洋士「ああ乾杯！　原節子さん」、『近代映画』一九五二年一月号、五八頁。

▼39 豊田四郎「女優の個性と演技」、『キネマ旬報』一九四九年九月下旬号、一四頁。豊田は若杉慧原作の『エデンの海』の映画化を企画していたようだが、実際は松竹から中村登によって一九五〇年に映画化されている。

▼40 双葉十三郎「俳優の条件　知性」、『映画展望』一九四七年九月号、一四・一五頁。

▼41 同前、一四頁。

▼42 「小津安二郎監督放談」、『映画ファン』一九五二年一〇月号、七六頁。

▼43　旗一兵、前掲「原節子を語る」三四頁。
▼44　新洞寿郎「昨日・今日・明日のスタア」、『シネマ時代』一九四七年一月〔新春創刊号〕、一〇頁。
▼45　吉村公三郎「俳優の本質について」、『キネマ旬報』一九四七年一二月特大号、二一頁。
▼46　前掲「読者討論会・第二回　原節子論」三〇頁。
▼47　金原文雄「原節子の歩いた道」、『映画グラフ』一九四九年八月号、三五頁。
▼48　「スポット　原節子は何故評判が悪いか」、『映画ファン』一九三九年四月号、六一頁。
▼49　金原文雄「原節子抄」、『映画物語』一九四九年一一月号、三二頁。
▼50　金原文雄「丹羽文雄の語るスタア　世界に通用する原節子の美」、『映画グラフ』一九四九年七月号、二九頁。
▼51　原節子、前掲「ファンの皆様へ　私のこの頃」一九頁。
▼52　同前。
▼53　津村秀夫「日本女優論」、『女性改造』一九五一年二月号、八〇‐八一頁。
▼54　市川芙沙子「原節子さんの場合」、『映画ファン』一九五三年九月号、六四頁。
▼55　旗一兵「花形人気解剖　二人の原節子」、『松竹』一九四九年六月号、二五頁。
▼56　原節子「私の歴史4」、『映画ファン』一九五三年二月号、六八頁。

▼57　旗一兵、前掲「原節子を語る」三五頁。
▼58　千葉伸夫は、原節子が「永遠の処女」と呼ばれた初出は『映画ファン』（一九四六年九月号）であるとする（千葉伸夫、前掲『原節子――伝説の女優』二〇五頁）。だが、一九五二年の記事における「既に十数年も原節子さんを表現する文句として使われ」ているという記述から、戦前、すでに呼ばれていたものと推察される。しもあれ、「永遠の処女！　この書き出しの形容詞だけで、ファンの方は「原節子さんの事を云っているのだな」とピンとくるに違いない」と書かれていることからも、広く認知されたのは占領期だと思われる（金原文雄、前掲「スタアものがたり　原節子」三四頁）。
▼59　吉見俊哉『親米と反米――戦後日本の政治的無意識』岩波書店、二〇〇七年、一〇三頁。
▼60　高峰秀子『瓶の中』文化出版局、一九七二年、一七一頁。
▼61　斎藤光は、次官会議決定から「純潔教育の実施」までに、文部省とGHQとのやり取りが存在したことを資料から明らかにしている。「純潔教育」は、街娼対策として文部省が構想した社会への教育的介入から、新しい男女関係の構築に向けたGHQとの合作的な教育的・指導的介入へと性質を変化させた（斎藤光「純潔教育委員会の起源とGHQ」、小山静子・赤枝香奈子・今田絵里香編『セクシュアリティの戦後史』京都大学学術出版会、二〇一四年、三七‐四一頁）。

▼62　池谷壽夫「純潔教育に見る家族のセクシュアリティとジェンダー——純潔教育家族像から60年代家族像へ」、『教育学研究』第六八巻第三号、二〇〇一年、一七頁。
▼63　小山静子「純潔教育の登場——男女共学と男女交際」、前掲『セクシュアリティの戦後史』三三頁。
▼64　斎藤光、前掲「純潔教育委員会の起源とGHQ」三七・四一頁。
▼65　牟田和恵『ジェンダー家族を超えて——近現代の生／性の政治とフェミニズム』新曜社、二〇〇六年、一四五、一四七頁。
▼66　渡辺清『砕かれた神——ある復員兵の手記』朝日新聞社、一九八三年、二二六頁。
▼67　帯刀貞代「新しいモラルについて」、『女性改造』一九四九年三月号、四五頁。
▼68　Michael Molasky, *The American Occupation of Japan and Okinawa: Literature and Memory*, London; New York: Routledge, 1999, pp. 103-110.（『占領の記憶／記憶の占領——戦後沖縄・日本とアメリカ』鈴木直子訳、青土社、二〇〇六年）
▼69　「何故？　日本女性は脆いのでしょう」、『近代映画』一九五三年二月号、三四頁。お時とは、有楽町の娼婦たちを支配していたとされる女性である。
▼70　Michael Molasky, *op.cit.*, p. 109.
▼71　ただし、検閲でカットされず、封切り後に警官に発見されフィルムが没収された映画もある。「接吻映画」に関しては、平野共余子『天皇と接吻——アメリカ占領下の日本映画検閲』草思社、一九九八年、二四二‐二六〇頁に詳しい。
▼72　岩崎昶ほか「禁じられたフィルム　検閲で抑圧された問題の映画の裏面史！」、『婦人公論』一九五六年一〇月号［頁数の記載なし］。
▼73　徳永直「キッスシインと岸旗江」、『平凡』一九五一年五月号、六三頁。
▼74　福岡武男「接吻より見たる男性の欲望」、『女性改造』一九五〇年七月号、四八‐五一頁。この記事で彼は、終戦後、青年会の女子たちの前で性科学の話をした後、接吻と妊娠に関係があるかという質問がかなりあったと記している。
▼75　前掲「オフ・スクリーンの原節子」グラビア。
▼76　金原文雄、前掲「丹羽文雄の語るスタア　世界に通用する原節子の美」二九頁。
▼77　山内達一「批評特集　青い山脈　生きるよろこび」、『キネマ旬報』一九四九年七月上旬号、二二頁。
▼78　同前。
▼79　三宅成也「作品研究　青い山脈」、『映画春秋』一九四九年八月号、三九頁。
▼80　大黒東洋士「試写評　青い山脈」、『映画世界』一九四九年八月号、三二頁。
▼81　岩崎昶「この三人——亀井、今井、山本」、『映画芸術』一九四九年一二月号、一五頁。

▼82　飯島正「青い山脈を見て」、『青い山脈』映画パンフレット、新東京出版社、一九四九年。
▼83　川本三郎、前掲『今ひとたびの戦後日本映画』二八頁。
▼84　「日本の青春を愛す」、『女性改造』一九五一年八月号、八八‐八九頁。
▼85　山本明『戦後風俗史』大阪書籍、一九八六年、八九、九一頁。
▼86　アメリカでは、どの角度から撮っても女優を美しく映す美容師の存在や、眉を剃り眉墨で美しくみせる美容術があることが議論されている（前掲「オフ・スクリーンの原節子」グラビア）。
▼87　旗一兵「原節子の素顔」、『映画』一九四七年一月号、一八頁。
▼88　風間四郎「原節子の見取り図」、『映画』一九四八年七月号、二五頁。
▼89　金原文雄、前掲「スタアものがたり　原節子」三六頁。
▼90　前掲「読者討論会・第二回　原節子論」三〇頁。
▼91　たとえば「原さんはよくダ・ヴィンチの描いたモナ・リザにたとえられる」（「理知の人・原節子」、『新映画』一九五〇年六月号、八〇頁）、あるいは「モナリザ原節子さん」（秋山庄太郎『新映画』一九五一年一二月号、二八頁）といった記事のタイトルなどが、多くのファン雑誌に散見される。
▼92　「人気スタアを解剖すれば…」、『映画ファン』一九四七年一〇月号、二四頁。
▼93　「第4回・読者討論会　高峰三枝子論」、『映画ファン』一九四七年八月号、二八頁。
▼94　旗一兵「高峰三枝子の構図」、『近代映画』一九四七年一一月、二一‐五頁。次の註までの鍵括弧はすべてこの記事からの引用である。
▼95　大黒東洋士「アメリカ映画報告」、『映画之友』一九四六年九月号、一六頁。
▼96　中野五郎「あめりか映画調」、『映画芸術』一九四七年五‐六月号、一九‐二〇頁。
▼97　原田健一は、日本電報通信社が一九五〇年に行なった「映画調査」から、年齢別では年齢が上がるにつれ、また学歴別では学歴が低くなるにつれフランス映画が好まれない傾向にあることを明らかにしている。また洋画で、フランス映画とアメリカ映画のどちらを観るかという調査に関しては、職業別では給料生活者、労務者、商工業者、学生、主婦、無職その他のなかで、学生のみ唯一フランス映画の支持が四二・一%でアメリカ映画の四〇・三%を超えている。また小卒、中卒、高専卒、大学卒のなかでも、大学卒が唯一フランス映画四一%でアメリカ映画三四・二%を超え、生活程度別では富裕層とそれに次ぐ生活に余裕がある階層のみ、フランス映画四八・三%でアメリカ映画三一・五%を超えているのに対して、生活の程度が平均以下に属する階層は、アメリカ映画が七〇%以上、フランス映

画が約二〇%程度とかなりかけ離れた数値がでている。原田健一「映画調査を読み解く」、山本武利・谷川建司・原田健一・石井仁志編『占領期雑誌資料大系　大衆文化編(3)アメリカへの憧憬』岩波書店、二〇〇九年、七頁。

▼98　山田和夫監修・映画の事典編集委員会編『映画の事典』合同出版、一九七八年、三三三頁。

▼99　山田和夫「解説 映画関係統計」、同前『映画の事典』三四三頁。

▼100　時事映画通信社編『映画年鑑』時事映画通信社、一九五一年、一九四頁。

▼101　「アメリカ映画総決算」、『映画之友』一九四七年二月号、六頁。

▼102　Hiroshi Kitamura, *Screening Enlightenment: Hollywood and the Cultural Reconstruction of Defeated Japan*. Ithaca, NY: Cornell University Press, 2010.（二〇一四年『敗戦とハリウッド——占領下日本の文化再建』名古屋大学出版会）

▼103　渡辺祥子「さようなら イングリッド・バーグマン」、『キネマ旬報』一九八二年一〇月下旬号、二七頁。

▼104　同前、二六頁。

▼105　伊藤道郎「六月の風 バアグマン」、『スクリーン』一九四七年六月号［頁数の記載なし］。

▼106　春山行夫「バアグマン 美しきひと」、『スクリーン』一九四七年六月号［頁数の記載なし］。

▼107　ローレンス・リーマー『イングリッド・バーグマン——時の過ぎゆくまま』朝日新聞社、［一九八六］一九八九年、一四八頁。

▼108　四方田犬彦、前掲『日本の女優』一五頁。

▼109　大黒東洋士、前掲「ああ乾杯！ 原節子さん」五八頁。

▼110　登川直樹「安城家の舞踏会」、『映画評論』一九四七年一一月号、三〇-三一頁。

▼111　北川冬彦「特集・映画批評　安城家の舞踏会　概観」、『キネマ旬報』一九四七年一一月上旬号、二九頁。

▼112　登川直樹、前掲「安城家の舞踏会」三〇頁。

▼113　吉村公三郎「演出について」（初出『シナリオ』一九四七年八月号）、前掲『映画監督　吉村公三郎　書く、語る』一〇二頁。

▼114　東京池袋、板橋、富山、高岡の映画館で主として女子高校生を対象に調査した結果である。「映画　青い山脈をめぐって—編集部—」、『社会と学校』一九四九年一一月、七四五頁。

▼115　同前。

▼116　山本明、前掲『戦後風俗史』八七-八八頁。

▼117　佐藤忠男「明るさの中の〝かげ〟——1949年」、『映画芸術』一九五七年三月号、二二頁。

▼118　淺沼圭司『昭和あるいは戯れるイメージ——『青い山脈』と『きけ　わだつみのこえ』』二〇一二年、水声社、二一-二二頁。

▼119　同前、三五-三七頁。

▼120 同前、一〇五 - 一〇六頁。
▼121 永富映次郎「スタア交友録4 原節子さんの巻」、『映画』一九四九年一月号、二九頁。
▼122 相坂操一「京マチ子さんの魅力を探ぐる」、『映画ファン』一九五二年二月号、九一頁。

【第五章】

▼1 古賀太「『羅生門』の受賞とその後――ストラミジョーリとジュグラリスを中心に」、岩本賢児編『日本映画の海外進出――文化戦略の歴史』森話社、二〇一五年、二七五 - 二八八頁。
▼2 『羅生門』における社会秩序の不可能性という広く受け入れられてきた「多元的現実論」に対して、長谷正人は占領下の時代劇批判の言説から、最初の殺陣の様式美と人間の弱さという客観的事実を示す二度目の殺陣のヒューマニズムを比較し、黒澤映画と観客の関係を捉え返している。長谷正人「占領下の時代劇としての『羅生門』――「映像の社会学」の可能性をめぐって」、長谷正人・中村秀之編著『映画の政治学』青弓社、二〇〇三年、二三 - 六〇頁。
▼3 宮川一夫のカメラワークに関しては、渡辺浩『映像を彫る――改訂版 撮影監督 宮川一夫の世界』パンドラ、一九九七年、八八 - 一〇四頁。
▼4 「大型の肉体派という定評を背負い」演じる役柄の幅がせまかった京マチ子は「芸質も大アジで、小まわりがきかず、器用にどんな役柄でもコナせる弾力がない」といわれ、「その不器用さが逆に製作側を慎重にさせて、いい加減な作品を少くした」（旗一兵「映画界ライバル物語5 京マチ子と乙羽信子」、『映画芸術』一九五七年九月号、五二頁）。だが、これは初期のヴァンプ女優のイメージであり、国際派女優になるにつれ、彼女はきわめて繊細で豊かなパフォーマンスを見せている。後述する『いとはん物語』（伊藤大輔、一九五七年）などにおける変幻自在な京マチ子を見れば、「器用にどんな役柄でもコナせる弾力がない」とはいえないだろう。
▼5 永田雅一「『源氏物語』の製作に就いて」、大映プレスシート『源氏物語』。
▼6 大映プレスシート『源氏物語』。
▼7 日本経済新聞社編『私の履歴書 第4集』日本経済新聞社、一九五七年、二二四頁。一九五〇年代における日本映画の国際化に向けた永田雅一の実践に関しては、田島良一「永田雅一と日本映画国際化戦略」、前掲『日本映画の海外進出』一七九 - 二〇一頁に詳しい。
▼8 同前、二二三 - 二二四頁。
▼9 津村秀夫「日本映画をめぐる話――「地獄門」の受賞と「大阪の宿」」、『映画芸術』一九五四年七月号、二頁。
▼10 滋野辰彦「試写室より 地獄門」、『キネマ旬報』一九五三年一一月上旬号、五九頁。
▼11 フジカラーはすでに一九四五年の日映の『自然と学童』におけるパートカラー、一九四六年の東宝の『十一人

の女学生』のタイトルなどで使用されていたが、戦争によって国産カラーが一〇年立ち遅れてしまった現状と、イーストマン・コダックの研究方針から、大映の技術顧問であった碧川道夫はイーストマン・カラーの採用を会社に進言した。色彩映画の一〇年史に関する記録としては、碧川道夫「色彩映画の十年」、『映画芸術』一九五五年一〇月号、二六‐二七頁を参照。

▼12 津村秀夫、前掲「日本映画をめぐる話」二頁。

▼13 山口猛編『カメラマンの映画史――碧川道夫の歩んだ道』社会思想社、一九八七年、一九七頁。また、『地獄門』が誕生するまでの詳細な経緯は同書、一九三‐二〇四頁を参照。

▼14 同前、二〇七頁。

▼15 「『地獄門』のアメリカにおける反響」、『映画の友』一九五五年三月号、一七八頁。

▼16 「脚本が描く主要人物の立場――「衣笠監督のメモ」より」、『近代映画』一九五三年臨時増刊号［地獄門特集号］、一九頁。「衣笠監督のメモ」を文章化した記事で、衣笠自身が語っているように書かれている。

▼17 同前。

▼18 『源平盛衰記』と『地獄門』の相違については「地獄門　愛情読物」、前掲『近代映画』一九五三年臨時増刊号、三〇‐三三頁に詳しく解説されている。

▼19 滋野辰彦、前掲「試写室より　地獄門」五九頁。

▼20 上野一郎・滋野辰彦・登川直樹・大黒東洋士「日本映画座談会」、『キネマ旬報』一九五三年一二月上旬号、三七頁。

▼21 杉山平一「日本映画批評」、『キネマ旬報』一九五三年一二月上旬号、六八‐六九頁。

▼22 津村秀夫「今月の映画手帖　芸術祭参加作品3」、『近代映画』一九五四年一月号、一一三頁。

▼23 前掲「脚本が描く主要人物の立場」一八頁。

▼24 山口猛編、前掲『カメラマンの映画史』二〇五‐二〇六頁。

▼25 津村秀夫、前掲「今月の映画手帖　芸術祭参加作品3」一一三頁。

▼26 日本経済新聞社編、前掲『私の履歴書　第4集』二二四頁［傍点引用者］。

▼27 桂千穂『スクリプター――女たちの映画史』日本テレビ、一九九四年、四六‐四七頁。

▼28 前掲「地獄門　愛情読物」三三頁。

▼29 "Motion Picture Daily Feature Reviews," *Motion Picture Daily*, December 15, 1954, p. 4.

▼30 A Film from Japan, *The Times*, June 7, 1954.

▼31 前掲「『地獄門』のアメリカにおける反響」一七九頁。

▼32 津村秀夫、前掲「日本映画をめぐる話」一頁。

▼33 時事映画通信社編『映画年鑑』時事映画通信社、一九五三年、六二頁。

▼34 飯島正「グラン・プリと日本映画」、『キネマ旬報』

一九五四年九月下旬号、二二頁。

▼35 同前。

▼36 上野一郎「日本映画の海外進出」、『映画芸術』一九五五年一〇月号、二九頁。

▼37 岡田真吉「海外における日本映画の評判」、『キネマ旬報』一九五四年九月下旬号、二二頁。批評言説だけではなく、このような屈折した感情は、一般の読者投稿でも見られる。「「地獄門」がカンヌでグランプリという最高の栄冠を獲得したことは僕にはなにか割切れない気持が残る。「地獄門」が公開された時どれほどの讃えるような批評があったかというと、色彩の点を触れた以外皆無に近かったのである」(「ぼくたちはこう考える」、『映画ファン』一九五四年八月号、七一頁)。他にも、「カンヌ・ベニス等の国際映画祭に於《おい》て「羅生門」「地獄門」「雨月物語」等が受賞されているが、これ等の映画も又、前記の映画〔「七人の侍」と「山椒大夫」〕も皆時代劇である。〔……〕我々が望む事は国際映画祭等には、是非現在の日本の姿を表わした現代劇でグランプリ等を受賞して貰《もら》いたい」など散見される(「ファンルーム」、『近代映画』一九五五年三月号、一四五頁)。『地獄門』の日本と欧米の評価のずれは、オリエンタリズムに異議申し立てをする多くの言説を生み出すことになった。

▼38 滝沢一「衣笠貞之助論」、『キネマ旬報』一九五五年新年特別号、六六‐六七頁。

▼39 小松弘「向島新派映画に見る溝口映画の原点」、四方田犬彦編『映画監督 溝口健二』新曜社、一九九九年、二四‐六五頁。また一九三〇年代であっても無声映画『瀧の白糸』(一九三三年)などでは「縦の構図」の萌芽は見られるものの、カット割りはその後の溝口映画に比べてかなり速く、編集によって見せる古典的ハリウッド映画に親和性がある。

▼40 J‐L・ゴダール「簡潔さのテクニック」保苅瑞穂訳、『ユリイカ』〔一九五八〕一九九二年一〇月号、五六‐五九頁。この時間処理の仕方に歓喜したのかどうかは定かではないが、一九五三年にヴェネツィア国際映画祭に出席した映画評論家の清水千代太は、京マチ子と森雅之の野中のラブシーンの後に拍手が起こったことを報告している(清水千代太「ヴェニス映画祭に出席して」、『キネマ旬報』一九五三年九月下旬号、二九頁)。

▼41 『雨月物語』を中心とした溝口映画の「絵巻物モンタージュ」を「自由間接話法」の概念から捉え、異なった世界を連続的に並存させる「視覚的語り」の優れたショット分析は、木下千花『溝口健二論――映画の美学と政治学』法政大学出版局、二〇一六年、五三一‐五五六頁を参照されたい。なお、このディゾルヴによる時空を超えた二つのショットの接続の効果は、後部にシャッター開角度変換ノブが付いているミッチェルNCを自分の手で操作しながら撮影した宮川一夫の技術によるところが大きい。彼はオペレーターに機械的に処理されるのを嫌ったという。渡辺浩、前掲『映像を彫る』一二一‐一二二頁。

▼42 永田にとって東南アジア映画祭の目的は、新たな映画市場の開拓による外貨獲得と、冷戦体制のなかでアジアの映画産業を西側資本主義体制に組み込むことであった。詳しい経緯については、田島良一、前掲「永田雅一と日本映画国際化戦略」一八六‐一九三頁を参照。

▼43 城殿智行「映画と遠ざかること――谷崎潤一郎と『春琴抄』の映画化」、『日本近代文学』第六一集、一九九九年、六七‐六九頁。

▼44 大映プレスシート『長崎の歌は忘れじ』。

▼45 田坂具隆「抱負を語る」同前。

▼46 大映プレスシート『長崎の歌は忘れじ』。

▼47 テヅカ・ヨシハル『映像のコスモポリティクス――グローバル化と日本、そして映画産業』せりか書房、二〇一一年、八六頁。なお、連盟と映画祭へのアメリカの関与、あるいはマッカーサーやジョセフ・ドッジと親しくなった親米派の永田雅一が反共の砦として利用されていた可能性を田島良一は指摘している。田島良一、前掲「永田雅一と日本映画国際化戦略」一九〇‐一九三頁を参照。

▼48 四方田犬彦『日本の女優』岩波書店、二〇〇〇年、三〇五‐三〇六頁。

▼49 『サヨナラ』（ジョシュア・ローガン、一九五七年）は日本人女性とアメリカ人男性の異なる人種間恋愛が成就する、きわめて珍しい映画である。

▼50 名嘉山リサ「消されたOKINAWA――The Teahouse of the August Moon 小説から映画への翻案過程における脱沖縄化」、『沖縄工業高等専門学校紀要』第五号、三八‐三九頁。

▼51 小説、戯曲、映画の翻案過程にいたる改変の詳細な分析は、名嘉山リサ、同前、三三‐四三頁を参照。

▼52 以下、大映本社宣伝部が興行者に向けて発行していたプレスシートを参照。

▼53 河野真理江「リバイバル・メロドラマ――戦後日本におけるメロドラマの再映画化ブームについて」、谷川建司編『戦後映画の産業空間――資本・娯楽・興行』森話社、二〇一六年、一四六‐一七三頁。

▼54 清水千代太、前掲「ヴェニス映画祭に出席して」二八頁。

▼55 津村秀夫「特殊な二人だが」、『近代映画』一九五五年二月号、六八頁。

▼56 「京マチ子の採るべき道」、『映画ファン』一九五四年一〇月号、八九頁。

▼57 同前、八八‐八九頁。

▼58 同前、八八頁。

【第六章】

▼1 小津安二郎「原節子君」、『映画物語』一九四九年九月号、一九頁。

▼2 Ban Shun, RG 331, Entry 1666, Box 5291, NACP.

▼3 平野共余子『天皇と接吻――アメリカ占領下の日本映画検閲』草思社、一九九八年、一五頁：Hiroshi

Kitamura, *Screening Enlightenment: Hollywood and the Cultural Reconstruction of Defeated Japan*, Ithaca, NY: Cornell University Press, 2010.（二〇一四年『敗戦とハリウッド――占領下日本の文化再建』名古屋大学出版会、六一頁）

▼4　小津安二郎『小津安二郎作品集Ⅲ』立風書房、一九九三年、二一〇 - 二一一頁。

▼5　戦前から戦後のメディアにおける「自転車に乗る女」の変容に関しては、紙屋牧子「「自転車に乗る女」のメディア表象――三浦環から原節子へ」、『演劇研究』第三六号、二〇一三年、一 - 一七頁。

▼6　中村秀之『敗者の身ぶり――ポスト占領期の日本映画』岩波書店、二〇一四年、五六頁。この映画で重要なのが、紀子の友人である北川アヤを演じる月丘夢路と、三輪秋子を演じる三宅邦子の存在だろう。紀子を案じて縁談をもってくる杉村春子、紀子の居場所を奪う役割として登場するしとやかな女性である三宅邦子が、常に和服で「日本的なもの」を体現してスクリーンに現れるのに対して、「アメリカ的なもの」を最も体現していたのは月丘夢路である。観能の後、原節子が立ち寄った彼女の部屋では、モダンな暮らしぶりや椅子に積み上げられた洋書がディテール・ショットで映される。出戻りの彼女は、結婚にもさして興味を示さない進歩主義者、「だいたい、男なんてダメよ」と放言し、英語の速記（ステノグラファー）もやる自立した女性だ。原節子は、茶会や婚礼の日には和服を着ているが、それ以外は洋装をし、日本と欧米の文化的記号の間を揺れ動く存在として映し出されている。原節子は杉村春子の見合い結婚や三宅邦子の「再婚問題」に翻弄され、父親の「紋切型」の人生論によって「日本的なもの」に屈服していくのである。

▼7　代表的なものに、蓮實重彦『監督　小津安二郎』〈増補決定版〉筑摩書房、［一九八三］二〇〇三年や、高橋治『絢爛たる影絵――小津安二郎』文藝春秋、一九八二年。

▼8　中村秀之は、『晩春』を「原節子の顔の映画」と呼び、「日本的なもの」の記号が、紀子を絡め取るしきの原節子の情動に焦点が当てられていると論じている（前掲『敗者の身ぶり』五五 - 七一頁）。彼女の顔の複数性と変化を「微妙な陰影と激しい振幅、しかし一貫して強さと輝きを帯びた表情」（六三頁）と表現する中村の優れた分析からも、小津が黒澤明や山本薩夫とはまったく異なるアプローチで原節子の「烈《はげ》しさ」を演出していることがわかる。

▼9　末延芳晴『原節子、号泣す』集英社新書、二〇一四年、一一六頁。

▼10　服部への失恋に関しては、同前、一一四 - 一一八頁。あるいは、田村千穂『マリリン・モンローと原節子』二〇一五年、筑摩選書、六〇 - 六七頁でも言及されている。

▼11　中村秀之、前掲『敗者の身ぶり』七〇頁。

▼12　Ban Shun, RG 331, Entry 1666, Box 5291, NACP.

▼13　松竹プレスシート『晩春』。

▼14　中村秀之は、父がはじめて母の思い出を口にすると

きに、父の右側にわずかな空白が広がることから「紀子が最終的に結婚を承諾するのが、不在の母親のその不在が映画の中で初めて顕現した直後だ」（前掲『敗者の身ぶり』七〇頁）と論じている。性に関わる居場所がないことが父から間接的に語られ、禁忌を犯すことのできない紀子は屈服するしかないのである。

▼15　蓮實重彦、前掲『監督　小津安二郎』二五二頁。蓮實は、儀式的なお辞儀ではじまり、黙礼や挨拶を繰り返し、花嫁の別れの一礼で終わる『晩春』において、原節子にとっての結婚とは、「紋切型」の最終的な勝利とその犠牲者としての自分を受け入れ、それを演じてみせることだとした（二五三頁）。

▼16　松竹プレスシート『晩春』。

▼17　Ban Shun, RG 331, Entry 1666, Box 5291, NACP.

▼18　平野共余子、前掲『天皇と接吻』一一六頁。

▼19　登川直樹・今村三千代・清水晶「本年度の映画界を顧る（座談会）」、『映画評論』一九四九年一二月号、三五頁。

▼20　山村謙一「日本映画の一年」、『映画芸術』一九五〇年三月号、一七頁。

▼21　滋野辰彦「作品批評　晩春（松竹映画）」、『映画評論』一九四九年一一月号、二二頁。

▼22　友田純一郎「スクリーン・ステージ　ベストテン決定」、『スクリーン・ステージ』一九五〇年三月号、二七-二九頁。

▼23　南部圭之助「「晩春」について　小津安二郎氏への私信」、『映画世界』一九四九年八月号、一〇頁。

▼24　今村太平「日本映画の性格」、『映画評論』一九五三年七月号、二五-二六頁。

▼25　登川直樹・今村三千代・清水晶、前掲「本年度の映画界を顧る（座談会）」三五-三六頁。

▼26　佐藤忠男『定本　小津安二郎の芸術』朝日文庫、二〇〇〇年、四三六頁。

▼27　佐藤忠男『日本映画史第二巻　一九四一-一九五九』岩波書店、一九九五年、二八一頁。

▼28　今村太平、前掲「日本映画の性格」二五頁。

▼29　松竹プレスシート『白痴』。

▼30　四方田犬彦『日本の女優』岩波書店、二〇〇〇年、一八二頁。

▼31　同前、一七九頁。

▼32　松竹プレスシート『白痴』。

▼33　「白雪先生と子供達」、『シナリオ』一九四九年一〇月号、二九頁。

▼34　高橋治、前掲『絢爛たる影絵』一七七-一七九頁。

▼35　前田秀樹は、『麦秋』を「小津固有の移動撮影が、最も高い地点で結晶した作品」としている。前田秀樹『小津安二郎の喜び』講談社、二〇一六年、一八二頁。

▼36　長谷正人は、蓮實の小津論における主題論的分析に対し、説話論的な構造と関わりながら観客がいつの間にか取り残されてしまうという時間経過の感覚を論じている。

長谷正人『映画というテクノロジー経験』青弓社、二〇一〇年、二〇七 - 二二五頁。
▼37 シナリオには「窓から見えるニコライ堂――。紀子と謙吉がお茶をのんでいる」というト書きがある。小津安二郎『小津安二郎作品集Ⅳ』立風書房、一九九三年、四八頁。
▼38 人物の振る舞いとショットのつながりから『麦秋』における「空を見上げる身ぶりは死者を招喚する機能を持つ」ことを論じた中村秀之も、省二の手紙の場面において、謙吉が両親や長男（笠智衆）ではなく紀子に手紙を手渡すことから、紀子は「省二の記憶を抑圧するのではなく他者と共有し継承すること」を決意し、謙吉こそパートナーにふさわしい「信頼でき」、「安心できる」人物であることを確信したと述べている。中村秀之、前掲『敗者の身ぶり』八〇 - 八一頁。
▼39 佐伯知紀「小津事典 家族」、『小津安二郎を読む――古きものの美しい復権』フィルムアート社、一九八二年、三七六頁。
▼40 映画史家の田中眞澄が述べるように「麦畑の無数の麦の穂は、無数の死者たちになぞらえられる」。田中眞澄『小津安二郎周游』文藝春秋、二〇〇三年、三六三頁。
▼41 飯田心美「趣味の名人芸――小津安二郎に現れた人間像」、『映画評論』一九五二年一〇月号、四一頁。
▼42 吉田喜重『小津安二郎の反映画』岩波現代文庫、［一九九八］二〇一一年、一九五 - 一九六頁。
▼43 同前、一九七 - 一九八頁。
▼44 小津の詳しい戦争体験と関与に関しては、田中眞澄、前掲『小津安二郎周游』二二〇 - 二四八頁を参照されたい。
▼45 川口恵美子『戦争未亡人――被害と加害のはざまで』ドメス出版、二〇〇三年、一〇、七四 - 七六頁。なお、厚生省児童局の統計資料に関しては同書からの引用である。他に労働省や厚生省の実施した調査を詳細に分析したものも論じられているので、統計上の数値や戦前から戦後にいたる戦争未亡人の変遷に関しては川口の著書を参照されたい。
▼46 「戦争未亡人」と映画の関係を考える上で重要なスターは、戦後に未亡人役を多く演じた田中絹代だろう。たとえば、『不死鳥』（木下恵介、一九四七年）や『風の中の牝鶏』（小津安二郎、一九四八年）、『おかあさん』（成瀬巳喜男、一九五二年）、『煙突の見える場所』（五所平之助、一九五三年）など多くあげられる。また、男性の欲望の言説で構築される国民的な「戦争未亡人映画」が存在するとすれば、それは『東京物語』の原節子や『二十四の瞳』の高峰秀子の身体へと結実し、ナショナル・アイデンティティを体現したといえる。
▼47 神近市子「貞操返上」、『女性改造』一九四七年一一月号一六 - 一七頁。
▼48 浦田大奨「映画表象にみる「戦争未亡人」――一九五〇年前後を中心に」、『女性史学』第一九号、二〇〇九年、一一一頁。

▼49　同前、一一六頁。
▼50　川口恵美子、前掲『戦争未亡人』一〇七 - 一〇八頁。
▼51　小津安二郎、前掲『小津安二郎作品集Ⅳ』一二〇 - 一二一頁。
▼52　川本三郎『今ひとたびの戦後日本映画』岩波書店、一九九四年、七頁。
▼53　佐藤忠男「生活という名の風景が」、『映画評論』一九五四年七月号、六一 - 六二頁。
▼54　同前、六二頁。
▼55　小津を形容したこの用語は、当時の批評家である今村太平が使った言葉である。今村太平、前掲「日本映画の性格」二六頁。
▼56　今村太平「最近の日本映画」、『映画評論』一九五四年六月号、三二 - 三三頁。
▼57　第二回ブルーリボン賞（一九五一年）では、作品賞、脚本賞、主演女優賞（原節子）、助演女優賞（杉村春子）を、毎日映画コンクールでは、日本映画大賞、監督賞（成瀬巳喜男）、女優演技賞（原節子）、撮影賞、録音賞など数々の賞を受賞している。
▼58　戸田隆雄「作品批評　めし」、『映画評論』一九五二年一月号、八五 - 八六頁。
▼59　アルチュセールはイデオロギーの概念を思想の体系というよりむしろ「実践」として主張した。Louis Althusser, *Sur La Reproduction* (Actuel Marx Confrontation), Paris: Presses universitaires de France, 1995. スチュアート・ホールがいうように、イデオロギーとはかつてのマルクス主義者がいうような、労働者階級の眼の前を覆うヴェールとして機能するものではなく、アルチュセールにとっては、「それを通して人間が自分自身を見出す物質的条件を解釈し、意味を与え、経験し、「生きる」ような」概念化の枠組みであった。Stuart Hall, "Cultural Studies and the Centre: some problematics and problems," Stuart Hall et al, eds. *Culture, Media, Language: Working Papers in Cultural Studies, 1972-79*, London: Hutchinson; Routledge, 1980, p. 20. それゆえイデオロギーは文化を生産するだけではなく、自分自身についての意識をも生産するとされる。
　アルチュセールを参照して、キャサリン・ベルシーも「すべてのイデオロギーの目的は主体（社会における個人）である。そして人々を主体として構築することこそイデオロギーの役割なのだ」と述べている。Catherine Belsey, "Constructing the Subject, Deconstructing the Text." Judith Lowder Newton and Deborah Silverton Rosenfelt, eds. *Feminist Criticism and Social Change: Sex, Class, and Race in Literature and Culture*, New York: Methuen, 1985, p. 658.
▼60　杉山平一「日本映画月評」、『映画芸術』一九五一年七月号、四二頁。
▼61　櫻邦夫「街の話題を呼ぶ〝自由学校〟の解剖」、『近代映画』一九五一年五月号、六四頁。
▼62　「戦後日本映画各年別配収トップ一〇」、『映画四〇

年全記録』キネマ旬報社、一九八六年二月増刊号、一六-一七頁。『自由学校』は獅子文六の人気小説を松竹で渋谷実が、大映で吉村公三郎が映画化し、同じ週に公開された。

▼63　成瀬巳喜男「「めし」演出前書」、『新映画』一九五二年一月号、四七頁。

▼64　「ファンの声」、『近代映画』一九五二年六月号、一〇八頁。

▼65　田中澄江・井出俊郎「『めし』シナリオ」、『映画評論』一九五一年一一月号、九二頁。本書におけるシナリオの引用は決定版として『映画評論』に掲載されたものに依拠する。

▼66　成瀬巳喜男、前掲「「めし」演出前書」四七頁。

▼67　リンダ・ハッチオン『アダプテーションの理論』片渕悦久・鴨川啓信・武田雅史訳、晃洋書房、[二〇〇六]二〇一二年、二三-二七頁、五一頁。

▼68　Kathryn Kalinak, *Film Music: A Very Short Introduction*, Oxford: Oxford University Press, 2010, p. 18.

▼69　占領期、一貫して女性の「自由」や「解放」が描写され、最終的に家へと帰属する物語が撮られてきたわけではない。すでに確認した『わが青春に悔なし』は女性が家から出たまま農村改革運動に参加して終わり、『花ひらく眞知子より』（市川崑、一九四八年）は、富裕階級の女性が古い考えで抑圧する家を捨て「自由」を得る近代的女性像が描かれている。重要なことは「逆コース」へと移行してゆく占領末期、家への回帰や女性が家庭に幸福を見出す映画が全体的に増えてきたことである。

▼70　戦争の記憶と忘却の問題を「身体」の視点から考察し、いかにその責任を逃れて過去を構築したかに関して五十嵐惠邦は優れた分析をしているが、ここで抜け落ちてしまっているのは、男女が異なる歴史的コンテクストからメディアや身体表象と関わったという、ジェンダーの差異に基づくプロセスである。Yoshikuni Igarashi, *Bodies of Memory: Narratives of War in Postwar Japanese Culture, 1945-1970*, Princeton: Princeton University Press, 2000.（『敗戦の記憶——身体・文化・物語　1945-1970』中央公論新社、二〇〇七年）

▼71　若桑みどり『戦争がつくる女性像——第二次世界大戦下の日本女性動員の視覚的プロパガンダ』筑摩書房、一九九五年、一〇二頁。若桑は戦時下での女性の動員について研究し、多くの女性は本意ではなかったというだろうが、「社会的現象と言説はそのあきらかな証拠を残している」と述べる（一〇一-一一七頁）。

▼72　矢島翠『出会いの遠近法』潮出版社、一九七九年、二二三頁。

▼73　若桑みどり、前掲『戦争がつくる女性像』八五頁。

▼74　Marita Sturken, *Tangled Memories: The Vietnam War, the AIDS Epidemic, and the Politics of Remembering*, Berkeley: University of California Press, pp. 1-2, pp. 7-20.

▼75　滋野辰彦「泣かせに泣かせた〝悲劇の母〟」、前掲『映画四〇年全記録』二四頁。

▼76　同前、二四頁。
▼77　木下惠介の国民的映画『二十四の瞳』（一九五四年）を取り上げ、女性の身体と共同体に関してフェミニズムの視点から分析した斉藤綾子は、戦後の日本映画が女性との関係で戦争を描いている事実の裏には、日本人男性が、「生きている証」として女性の身体を借りて、その傷付けられ、失われた男性性を取り戻そうとしている姿が見えてくるとし、「家父長制社会によく見られる女性という性の盗用・占有に深くつながっている」と論じている。斉藤綾子「失われたファルスを求めて──木下惠介の〝涙の三部作〟再考」、長谷正人・中村秀之編著『映画の政治学』青弓社、二〇〇三年、八七頁。
▼78　河野真理江「上原謙と女性映画──一九三〇年代後半の松竹大船映画における女性観客性の構築」、『映像学』第八七号、二〇一一年、二六頁。
▼79　同前、二九頁。「企業転換」に関して、河野真理江は、蒲田調の女性映画は「転落した女の物語を主調としたものが多かった」のに対し、トーキーの到来後、撮影所が移転してから、上原謙を主役とする女性映画の多くは「放蕩娘ないし不幸な女性が「理想の夫」となる男性に出会って幸福になるまでの紆余曲折ある成長譚あるいはサクセス・ストーリーへと」書き直されていったと論じている（二六・二七頁）。
▼80　『近代映画』一九五三年四月号では、佐分利信は第七位と表記されているが、同誌二月号と三月号の中間報告から判断する限り、得票数は正しく順位が誤記だと思われるため、得票数の順番に並べ直した。
▼81　堀口典子「移動する身体──林芙美子原作・成瀬巳喜男の翻案映画をめぐって」、斉藤綾子編『映画と身体／性』森話社、二〇〇六年、二三三頁。
▼82　尾崎宏次「失われていない映画作家の良心」、『映画ファン』一九五二年二月号、一一四頁。
▼83　吉村いづみ「白い身体、黒い肉体──『青い山脈』と『キクとイサム』における占領のイメージ」、塚田幸光編著『映画の身体論』ミネルヴァ書房、二〇一〇年、一二七頁。
▼84　西久保光雄「映画スタアと興行価値」、『映画評論』一九五七年一月号、六三頁。

【終章】

▼1　吉見俊哉『都市のドラマトゥルギー──東京・盛り場の社会史』河出文庫、［一九八七］二〇〇八年、二〇〇・二六六頁。
▼2　たとえば、京マチ子・清水千代太「淑やかな令嬢」、『近代映画』一九五二年九月号、七〇・七三頁。
▼3　「私たちのスター評」、『近代映画』一九五四年三月号、一三六頁。
▼4　「若尾文子のAからZまで」、『映画ファン』一九五五年一二月号、四三頁。
▼5　ロラン・バルト「ガルボの顔」、『現代社会の神話

――一九五七』(ロラン・バルト著作集3)下澤和義訳、みすず書房、[一九五五]二〇〇五年、一一一-一一四頁。

▼6 若尾文子の「アイドル・スター」から「女優」への変化に関しては、斉藤綾子「女は抵抗する」、四方田犬彦・斉藤綾子編『映画女優 若尾文子』[新装版]みすず書房、[二〇〇三]二〇一六年、一五〇-一七九頁。

▼7 「女性美に関する十二章」、『平凡』一九五五年一月号、一五三頁。

▼8 井沢淳「人気は精進のたまもの」、『平凡』一九五六年九月号、一八六頁。

▼9 南俊子「若尾文子の演技」、『映画ファン』一九五五年一二月号、四六頁。

▼10 小熊英二『〈民主〉と〈愛国〉――戦後日本のナショナリズムと公共性』新曜社、二〇〇二年。

▼11 若尾文子と〈日常性の時代〉における言説分析に関しては、北村匡平「映画スターへの価値転換――一九五〇年代のスクリーンにおける観客の欲望モードの文化的変遷」、『社会学評論』第二七〇号、二〇一七年、二三〇-二四七頁。

▼12 大映プレスシート『穴』、大映プレスシート『黒蜥蜴』。

▼13 原節子「手帖抄」、『新潮』[一九四六]二〇一七年一月号、二二九頁。

▼14 佐藤忠男『黒澤明の世界』朝日文庫、一九八六年、一三〇頁。

あとがき

山口県下関市に生まれた私は、下関駅前に行かなければ映画が観られず、映画館が身近になかったため、もっぱら家で映画を観て育った。当時は九〇年代だったからＤＶＤではなくＶＨＳによる映画視聴が中心だったと記憶する。もちろん、たまの休みには小倉や下関の映画館に出かけることもあったが、何しろ都市部からかなり離れた山の麓《ふもと》にある実家では、バスは一時間に一本、電車は一時間に二本程度しかない（そもそも最寄駅まで徒歩三〇分）。下関駅まで出ていくのに車なしでは一苦労なのである。だから、映画は公開された期間ではなく、レンタルが開始されてから自宅で視聴することの方が圧倒的に多かった。だが、そういった映画熱を持続させてくれる——それどころか昂揚させるメディアがスター中心の映画雑誌だった。『SCREEN』や『MOVIE STAR』などの雑誌を毎月買い求めては、ハリウッド・スターのポスターを部屋中に貼り、ゴシップまがいの記事をむさぼり読んだ。ハリウッドの新作映画が日本で公開される頃には、必ずといっていいほど雑誌で知ったスターのパーソナリティがすでにできあがっていて、その作品についてのさまざまな情報を頭に詰め込んだ上で、映画を（ほとんどは家で）観るのが私にとって当たり前のことだったのである。

このように私の映画経験は、きわめて間メディア的であり、これこそが私にとっての映画の原体験であった。ファン雑誌と映画の関係に無意識に引き寄せられたのも、少年期の映画経験が大きかったように思う。本書は、映画の外部から言説によって構築される原節子や京マチ子の理想的なイメージがいかに作り出されていたかを分析してきた。だが本書を書き終えて、映像に翻弄されるという経験を改めて実感している。それは小津映画に宿る奇形的な力であり、黒澤映画が放つ突出した人間の力であり、原節子と京マチ子というスター女優の類を見ないパフォーマンスの力によるものであった。本書の方法論にブレが見られるとすれば、それはいうまでもなく、私の非力のせいに違いないが、何よりも圧倒的な映画の魅力に、苦しみながらも向き合えた日々は、この上ない幸福な時間であった。

＊

本書は、二〇一五年一月に提出された修士論文「映画的身体の歴史社会学――占領期／ポスト占領期におけるスター女優の身体表象と言説分析」（東京大学大学院学際情報学府文化・人間情報学コース、主査：吉見俊哉、副査：北田暁大、丹羽美之）から原節子と京マチ子を論じた二章を大幅に改稿したものである。修士論文では、主に原節子、京マチ子、高峰秀子、若尾文子を論じたが、本書を出版するにあたっては敗戦から一九五〇年代前半に焦点をしぼり、二人のスター女優を中心に論じることにした。もはや原形をとどめないほど加筆されているが、その要因は、修士論文から個別のテーマを抽出し、学会誌などで論文として刊行したからである。以下、初出と書き下ろしなどの情報を示しておく。

序章：書き下ろし
第一章：修士論文をもとに加筆・修正。
第二章：「スクリーンに投影される〈青春〉――黒澤明『わが青春に悔なし』のオーディエンス」、『マス・コミュニケーション研究』第九〇号、二〇一七年、一二三－一四二頁：「スクリーンの〈湿度〉と原節子の眼差し――『わが青春に悔なし』から『熱風』へ」、『ユリイカ』［特集：原節子と〈昭和〉の風景］二〇一六年二月号、二〇三－二一三頁。ただし、戦中の映像テクストの分析は書き下ろし。

第三章：「重層化する身体への眼差し――ヴァンプ女優としての京マチ子の分析」、『マス・コミュニケーション研究』第八八号、二〇一六年、七七‐九六頁。収録にあたり大幅に加筆した。
第四章：「敗戦のスター女優――占領期における原節子のスターペルソナ」、『映像学』第九六号、二〇一六年、六八‐八八頁。ただし、イングリッド・バーグマンについては修士論文に加筆・修正を加え、占領期の原節子の映像テクストについては書き下ろし。
第五章：『地獄門』に関しては、Society for Cinema and Media Studies [SCMS]（March 30, 2016, Atlanta）における口頭発表を論文化したものであり、それ以外はすべて書き下ろし。
第六章：「隠蔽する／占有される映画的身体――成瀬巳喜男『めし』における原節子の身体表象」、『年報カルチュラル・スタディーズ』第二号、二〇一四年、七二‐八五頁。『めし』について論じた五節以外は書き下ろし。
終章：書き下ろし。

［付記］各論文の多くは、日本学術振興会の特別研究員奨励費（15J11024：二〇一五―一七年度）を受けた研究成果であり、本書もその一部である。

まずは、本書が誕生するきっかけとなった指導教員の吉見俊哉先生に感謝を記しておきたい。青写真が誕生したのは約四年前、二〇一三年の夏のことである。吉見研究室では夏にゼミ合宿が行なわれ、二日間連続で所属するメンバーが研究発表をする慣例行事がある。所属メンバーの多さからほとんど休息もなく、多くの発表者が吉見先生の手厳しいコメントに粉砕されるのだが、そのとき不意に原節子研究を勧められていなければ、私の修士論文はまったく違うテーマになっていたと思う。それまでの私は、まさに本書が距離を取った作家主義そのものであった。さらに原節子の訃報が流れた後、『ユリイカ』で原節子特集が組まれ、論考を書かせていただくことになったのを報告したのが二〇一五年末。その日は学会の会議があり、たまたま帰りが一緒になったのだが、原節子の本をいま出版したほうがいいのではないか、と先生がふといわれた。この二つの「不意」に発せられた言葉が重なって本書は編まれることになった。まったくの偶然の産物である。

吉見先生の多くの書物に導かれて、直接ご指導を仰げるようになったことは、私の研究生活にとって最大の幸運であった。論文ゼミでの発表者に対する鋭いご指摘や、事象をまったく異なる次元から見渡す視野の広さと深い知性に圧倒されっぱなしである。いつも抽象的になりがちな議論が、より具体的なものになったとすれば、それは先生の名著『都市のドラマトゥルギー』での、上演としての都市における「身体」や「パフォーマンス」への問いの問題意識を、ほんの少しだが共有できたからだと思う。終始適切な指導で論文を完成まで導いてくださった吉見先生に心から感謝申し上げたい。

そして副指導を快く引き受けてくださった北田暁大先生。所属するコースを越えてまでも北田先生に教えを乞うたのは、進学する前から北田先生の著書に啓発されていた読者の一人だったからである。北田研究室での発表に対する先生からのご指摘やご助言の多くがこれまでの論文や本書に反映されている。ここに記して感謝申し上げたい。考えてみれば、私がご指導を仰いだ先生方は、大学で出会ったというよりも、すでに書物を通して私が一方的に私淑していた存在であった。そういう意味では、もっと長い時間をかけて、テクストを通じて多くを学んでいたのだと思う。先生方のこれまでの研究の蓄積にも改めて感謝したい。

長谷正人先生には、学部時代から大変お世話になり、卒業論文として書き上げたフェデリコ・フェリーニ論にもコメントをいただき、大学院のゼミにも参加させていただいた。長谷先生の文章は、読者を惹きつける力と発想力に満ちあふれており、冗長で抽象的な文章しか書けない私の憧れであった。私が所属するゼミに社会学者が多く集まるなか、長谷先生の大学院ゼミは、映画を愛する者が語り合えるとても愉しい場所だった。そのような場所があることは筆者にとって深い喜びであり、それを与えてくださる先生に感謝の意を表したい。

岡室美奈子先生には、学部時代から作品や物語と徹底的に向き合う真摯な態度と分析手法などを熱心にご指導いただいた。岡室先生の手にかかって、凡庸な作品が細部から輝きはじめる驚きを何度も味わった。サミュエル・ベケット研究者である先生の大学院ゼミには、研究領域は違っても作品分析の専門家が集い、そのスリリングな手さばきから多くを学ばせていただいた。

東京大学大学院の吉見研究室有志による「メディア思想史研究会」のメンバー（近藤和都、加藤聡、執行治平、篠田ミルの諸氏）からは、学会誌に論文を投稿するにあたってさまざまな助言をいただき、いつも刺激を受けている。近藤和都氏、執行治平氏、吉井奈津美氏には拙《つたな》い原稿に目を通してもらい貴重なアドバイスをいただいた。ここに記して感謝申し上げる。また、各学会誌の匿名査読者の先生方による非常に有益なコメントによって、これまでの論文はかなり書き直されている。学会誌の査読システム上、お名前は知る術《すべ》もないが、いつも感謝の気持ちを忘れたことはない。

資料に関する謝辞も述べておきたい。日本映画研究家の下村健氏は、原節子や京マチ子が出演する多くの貴重な映像資料を提供してくださった。氏の映画の知識量にはいつも圧倒されている。映画研究は、一次資料としての映像がないと研究自体が成立しない。そういう意味で、下村氏の親切なご協力なしには、本書が主眼としていた大衆文化としてのスターを論じることは不可能であった。ここに記して深謝申し上げたい。また志村三代子氏には貴重な映像資料を提供していただいただけではなく、共同研究を進めるなかいつも刺激を受けている。京マチ子が出演している映画『女の肌』、『或る女』、『遥かなり母の国』に関しては、東京国立近代美術館フィルムセンターで特別映写を行ない、同センターの大傍正規氏には大変お世話になった。まだまだアーカイブの意識が途上な日本において、資料としてはあまり認知されていないプレスシートに関しては、川喜多記念映画文化財団と松竹大谷図書館を中心に拝見させていただき、職員の方々にはご多忙のなか資料の特性や探し方など多くのことをていねいにご教示いただいた。資料や論文に関して有益なアドバイスをいただいた木下千花、宮本明子、木原圭翔、田村千穂の諸氏にも特別な感謝を。また、映画スターと衣裳に関するインタビューに応じてくださった篠田正浩監督、岩下志麻氏、司葉子氏にも心から感謝を申し上げたい。黄金期を肌で感じ、日本映画史を最前線で引き受けてこられた方々から直接お話を伺えたのは、映画を愛する者にとって、言葉ではいい表すことができないほど幸福な経験であった。必ず話にでる原節子イメージは、インタビューを通してより輪郭づけられていったし、ここでは書けない貴重な思い出もたくさん伺うことができた。

本当に数えられないほどの方々の存在に支えられながら、本書は書かれている。そのことを、資料集めや整理が終わり、執筆の孤独で苦しい段階を経て、最後にこのあとがきを書きながら実感している。素晴らしい先生方や先輩、同輩、後輩、不肖の息子を常に応援してくれた両親、心の支えとなっている家族や友人がいなければ決して本書を書き上げることはできなかった。筆者の研究に関わったすべての方々に厚く感謝申し上げる。

そして最後に、本書の編集を担当してくださった作品社の青木誠也氏に心から感謝の念を捧げたい。半人前の研究者の論考を単行本化するという無謀としか思えない決断によって本書は日の目を見ることができた。右も左もわからない私の執筆をいつも温かく見守り、ていねいなアドバイスで完成へと導いてくださった。記して深くお礼申し上げる。

本書を妻と二人の子供たちに捧げる。

【著者略歴】

北村匡平（きたむら・きょうへい）

1982年山口県生まれ。現在、東京大学大学院学際情報学府博士課程在籍・日本学術振興会特別研究員・立教大学兼任講師・都留文科大学非常勤講師。専門は映画学・歴史社会学・メディア文化論。主な論文に「映画スターへの価値転換――1950年代のスクリーンにおける観客の欲望モードの文化的変遷」（『社会学評論』270号）、「敗戦のスター女優――占領期における原節子のスターペルソナ」（『映像学』96号）、「スクリーンに投影される〈青春〉――黒澤明『わが青春に悔なし』のオーディエンス」（『マス・コミュニケーション研究』90号）、「重層化する身体への眼差し――ヴァンプ女優としての京マチ子の分析」（『マス・コミュニケーション研究』88号）、「映像化される『雁』の世界――戦後日本映画における女性表象の生成過程をめぐって」（『表象11』）。批評に「スクリーンの〈湿度〉と原節子の眼差し――『わが青春に悔なし』から『熱風』へ」（『ユリイカ』2016年2月号）、「絶望の深淵で輝きを見せるとき――『凶悪』、あるいは『白夜行』における演技について」（『ユリイカ』2017年8月臨時増刊号）など。

スター女優の文化社会学
戦後日本が欲望した聖女と魔女

2017年9月30日初版第1刷発行
2019年9月30日初版第2刷発行

著　者　北村匡平
発行者　和田肇
発行所　株式会社作品社
〒102-0072 東京都千代田区飯田橋2-7-4
TEL.03-3262-9753　FAX.03-3262-9757
http://www.sakuhinsha.com
振替口座00160-3-27183

編集担当　青木誠也
装幀・本文組版　前田奈々
印刷・製本　シナノ印刷株式会社

ISBN978-4-86182-651-1 C0036

【作品社の本】

日中映画論

四方田犬彦・倪震《ニイ・チエン》著　阿部範之・韓燕麗・垂水千恵訳

大島渚、謝飛《シエフエイ》、北野武、張芸謀《チャン・イーモウ》、塚本晋也、賈樟柯《ジャ・ジャンクー》。
日本で最も多作な映画批評家と、中国第五世代以降最良の伴奏者が、
双方の映画監督たち三人ずつを論じ合い、両国の映画の歴史と現在を探訪する。
まだ見ぬ中国、そしてまだ見ぬ日本の発見と展開！

ISBN978-4-86182-212-4

沖縄映画論

四方田犬彦・大嶺沙和編

沖縄の映像は、誰のために、誰に敵対して存在しているのか。
観光主義とオリエンタリズムのなかで、沖縄表象の可能性を問い直す。
「日本」の解体に向かう、日本映画史研究の最前線。
【沖縄関連映像作品リスト付】

ISBN978-4-86182-172-1

吉田喜重の全体像

四方田犬彦編

メロドラマと反メロドラマ、エロティシズムとテロリズム。
融合と反発を繰り返し、不断の変容を続ける映画監督・吉田喜重。
「松竹ヌーベルバーグ」の60年代から、最新作『鏡の女たち』まで、
本質的な映像作家の広大なる想像的宇宙の全貌に挑む、画期的論考。

ISBN978-4-87893-646-3

戦う女たち

日本映画の女性アクション

四方田犬彦・鷲谷花編

剣を取り、髪振り乱してスクリーンに跳躍する、強く、美しき女たち。
日本映画の歴史を彩る、絢爛たるその系譜を総覧！
戦前のヴァンプ・化け猫映画、女剣劇から、
『緋牡丹博徒』、『女必殺拳』、ピンキーヴァイオレンス、
そして『バトル・ロワイヤル』、『セーラームーン』まで。

ISBN978-4-86182-256-8

【作品社の本】

西部劇論

その誕生から終焉まで

吉田広明

ジョン・フォードからイーストウッドまで——

ハリウッドにおける西部劇の歴史を総覧し、映画にとって、
アメリカにとって西部劇とは何だったのかを明らかにする、圧倒的書き下ろし長篇評論！

西部劇は今、誰も知らなかった新たな相貌を見せる。

図版200点収録！　登場人物1000名以上！　670作品を紹介！

ISBN978-4-86182-724-2

スクリーンの裾をめくってみれば

誰も知らない日本映画の裏面史

木全公彦

黒澤明監督によるポルノ映画のポスターとは⁉

お蔵入りのはずが流出した三國連太郎の監督作品とは⁉

長谷川和彦のデビュー作となるはずだった“和製洋ピン”とは⁉

読んでびっくり、日本映画のちょっとセクシーなこぼれ話。

ISBN978-4-86182-716-7